QUÍMICA
na formação do Universo e nas atividades humanas 3

Caro leitor:

Visite o site **harbradigital.com.br** e tenha acesso aos **gabaritos e resoluções** especialmente desenvolvidos para esta obra, além de informação sobre o livro digital. Para isso, siga os passos abaixo:

⏩ acesse o endereço eletrônico **www.harbradigital.com.br**

⏩ clique em **Cadastre-se** e preencha os **dados** solicitados

⏩ inclua seu **código de acesso**:

```
4DC0C16730B9ED102AEA
```

Pronto! Seu cadastro já está feito! Agora, você poderá desfrutar dos conteúdos especialmente desenvolvidos para tornar seu estudo ainda mais agradável.

Requisitos do sistema
- O Portal é multiplataforma e foi desenvolvido para ser acessível em *tablets*, celulares, *laptops* e PCs.
- Resolução de vídeo mais adequada: 1024 x 768.
- É necessário ter acesso à internet, bem como saídas de áudio.
- Navegadores: Google Chrome, Mozilla Firefox, Internet Explorer 9+, Safari ou Edge.

Acesso
Seu código de acesso é válido por 1 ano a partir da data de seu cadastro no portal HARBRADIGITAL.

QUÍMICA 3
na formação do Universo e nas atividades humanas

José Ricardo L. Almeida
Nelson Bergmann
Franco A. L. Ramunno

Direção Geral:
　　Julio E. Emöd

Supervisão Editorial:
　　Maria Pia Castiglia

Programação Visual e Capa:
　　Mônica Roberta Suguiyama

Editoração Eletrônica:
　　Neusa Sayuri Shinya

Fotografias da Capa:
　　Shutterstock

Impressão e Acabamento:
　　Gráfica Forma Certa

CIP-BRASIL. CATALOGAÇÃO NA PUBLICAÇÃO
SINDICATO NACIONAL DOS EDITORES DE LIVROS, RJ

```
A448q
v. 3

   Almeida, José Ricardo L.
      Química na formação do universo e nas atividades humanas, volume 3 / José
   Ricardo L. Almeida, Nelson Bergmann, Franco A. L. Ramunno. - 1. ed. - São Paulo :
   HARBRA, 2022.
      320 p. : il. ; 28 cm.

      ISBN 978-85-294-0560-5

      1. Química (Ensino médio) - Estudo e ensino. I. Bergmann, Nelson. II. Ra-
   munno, Franco A. L. III. Título.

   21-75108                                    CDD: 540.712
                                               CDU: 373.5.016:54
```

Camila Donis Hartmann - Bibliotecária CRB-7/6472

QUÍMICA na formação do Universo e nas atividades humanas – volume 3
Copyright © 2022 por editora HARBRA ltda.
Rua Mauro, 400
04055-041 – São Paulo – SP
Tel.: (0.xx.11) 5084-2482. Site: www.harbra.com.br

Todos os direitos reservados. Nenhuma parte desta edição pode ser utilizada ou
reproduzida – em qualquer meio ou forma, seja mecânico ou eletrônico, fotocópia,
gravação etc. – nem apropriada ou estocada em sistema de banco de dados,
sem a expressa autorização da editora.

ISBN 978-85-294-0560-5

Impresso no Brasil   *Printed in Brazil*

APRESENTAÇÃO

> "A ciência é mais do que um corpo de conhecimento. É uma maneira de pensar; uma maneira de interrogar ceticamente o Universo com um bom entendimento da falibilidade humana."
>
> *Carl Sagan* (1934-1996)
> astrônomo estadunidense
> e um dos autores da série televisiva "Cosmos"

Prezado estudante:

De onde viemos? Para onde vamos?

Desde os primórdios da Humanidade, sempre nos instigamos e nos estimulamos a procurar as respostas para essas e outras perguntas. Desenvolvemos e organizamos os conhecimentos acumulados pela Humanidade em diversas ciências, entre elas a Química.

Se, antigamente, os egípcios afirmavam que o significado de Kēme (chem), a Química, era "terra" e, ao longo de nossa História, o conjunto de conhecimentos que hoje associamos à Química já chegou a ser visto como um tipo de "mágica", atualmente, a ciência Química se relaciona tanto com aspectos do nosso cotidiano quanto com questionamentos acerca do nosso papel no Universo.

Para que não nos amedrontemos ou sejamos paralisados pela amplitude e abrangência dessa ciência Química, precisamos conhecê-la. Não apenas o que foi ou o que ela é, mas também as potencialidades do que ela pode vir a ser.

Assim, sabendo que Química é transformação e conexão, desejamos (de forma nada modesta) que todos que nos acompanharem no estudo da Química transformem a visão que possuem dessa Ciência e a insiram em um mundo que faça jus às particularidades contemporâneas, sem, contudo, esvaziar a sua grandeza. Almejamos, com essa coleção, apresentar de forma descontraída, precisa e integrada não só os preceitos básicos, mas também as discussões mais aprofundadas sobre a Química.

Os livros da coleção "Química na Formação do Universo e nas Atividades Humanas" buscam aproximar e relacionar os conhecimentos da Química com o desenvolvimento do Universo, a partir do Big Bang, a formação do Sistema Solar e do planeta Terra, e da própria Humanidade, desde as primeiras interações do ser humano com o ambiente ao seu redor até os desdobramentos mais modernos e atuais, como a síntese de novos materiais e a procura por processos mais sustentáveis.

Nos três volumes desta coleção, a aproximação dos conceitos químicos discutidos à linha temporal do desenvolvimento do Universo e da Humanidade é apresentada na seção "Ligando os pontos!". Os conteúdos da seção "Fique por dentro!" trazem aprofundamentos ou conexões da temática, por exemplo, com aplicações no nosso cotidiano. Cada capítulo apresenta exercícios agrupados em séries em ordem crescente de dificuldade (Séries Bronze, Prata, Ouro e Platina), de modo a guiar os estudantes nessa escala de conhecimento. A presença de Exercícios Resolvidos também auxilia o estudante no processo de aprendizagem.

Desde já, deixamos nosso agradecimento especial aos estudantes por nos acompanharem no desenvolvimento de uma visão integrada e transformadora da Química, ressaltando sua importância no século XXI, de forma responsável e sustentável. E, esperamos que, nessa jornada, nunca deixemos de procurar as respostas às muitas perguntas que continuam a estimular nossos estudos.

Um abraço,

Os autores.

CONTEÚDO

UNIDADE 1 — Desenvolvimento da Indústria Química 9

CAPÍTULO 1 – Equilíbrio Químico Molecular 10

1.1 Reversibilidade das Reações 11
1.2 Equilíbrio Químico 13
    1.2.1 Representação gráfica do equilíbrio químico 13
1.3 Constante de Equilíbrio (K) 14
    1.3.1 Constante de equilíbrio em termos de pressão (K_p) 16
    1.3.2 Valor numérico da constante de equilíbrio 19
1.4 Operações Envolvendo a Constante de Equilíbrio 20
1.5 Quociente Reacional ou de Reação (Q) 22
Série Bronze 24
Série Prata 27
Série Ouro 32
Série Platina 37

CAPÍTULO 2 – Deslocamento de Equilíbrio 41

2.1 Princípio de Le Châtelier 42
2.2 Efeito da Variação da Concentração 43
2.3 Efeito da Variação da Pressão 44
2.4 Efeito da Variação da Temperatura 45
2.5 Efeito da Adição do Catalisador 48
Série Bronze 50
Série Prata 52
Série Ouro 56
Série Platina 61

CAPÍTULO 3 – Equilíbrios Iônicos em Solução Aquosa 63

3.1 Teoria da Dissociação de Arrhenius 64
3.2 Teoria de Ionização de Brönsted-Lowry 66
3.3 Deslocamento de Equilíbrios Iônicos 70
    3.3.1 Diluição de um ácido fraco e base fraca 70
    3.3.2 Efeito do íon comum e do íon não comum 71
3.4 Caráter Ácido e Básico nos Compostos Orgânicos 72
    3.4.1 Compostos orgânicos com caráter ácido 72
    3.3.2 Compostos orgânicos com caráter básico 73
Série Bronze 75
Série Prata 78
Série Ouro 81
Série Platina 88

CAPÍTULO 4 – pH e pOH 91

4.1 Autoionização da Água 92
4.2 pH e pOH 93
    4.2.1 Relação entre pH e pOH a 25 °C 94
    4.2.2 Escala de pH (e de pOH) 95
4.3 Cálculo do pH 96
    4.3.1 Cálculo do pH de uma solução de ácido forte 96

4.3.2 Cálculo do pH de uma solução de base forte 96
4.3.3 Cálculo do pH de uma solução de ácido fraco (ou base fraca) 96
4.4 Medida Experimental de pH 97
Série Bronze 100
Série Prata 101
Série Ouro 105
Série Platina 112

UNIDADE 2 — Impactos do Desenvolvimento Tecnológico — 119

CAPÍTULO 5 – Solubilidade e Curva de Solubilidade 120
5.1 Solubilidade 122
5.2 Curva de solubilidade 123
Série Bronze 126
Série Prata 127
Série Ouro 129
Série Platina 133

CAPÍTULO 6 – Equilíbrio de Solubilidade 135
6.1 Equilíbrio de Solubilidade 136
6.2 Efeito do Íon Comum 137
6.3 Solubilidade de Gases 140
Série Bronze 141
Série Prata 142
Série Ouro 144
Série Platina 147

CAPÍTULO 7 – Equilíbrio de Hidrólise 150
7.1 Equilíbrio de Hidrólise 150
7.2 Caráter Ácido-base de uma Solução Aquosa Salina 152
Série Bronze 154
Série Prata 154
Série Ouro 155
Série Platina 159

UNIDADE 3 — Novas Tecnologias para um Planeta Sustentável — 163

CAPÍTULO 8 – Reações de Oxirredução 164
8.1 Número de Oxidação (Nox) 167
8.2 Nox e Conceitos de Oxidação, Redução, Agente Oxidante e Redutor 169
8.3 Balanceamento de Reações de Oxirredução . 171
Série Bronze 174
Série Prata 177
Série Ouro 180
Série Platina 185

CAPÍTULO 9 – Reações de Oxirredução em Compostos Orgânicos 188
9.1 Oxidação de Alcenos 190
9.2 Oxidação de Compostos Oxigenados 192
Série Bronze 197
Série Prata 198
Série Ouro 200
Série Platina 207
Complemento: Reações do Tipo "Siga o Modelo"
Série Ouro 210
Série Platina 214

CAPÍTULO 10 – Células Voltaicas 219
10.1 Pilha de Daniell 220
10.2 Convenções nas Células Voltaicas........... 222
Série Bronze 224
Série Prata 225
Série Ouro 226
Série Platina 228

CAPÍTULO 11 – Potencial de Eletrodo 229
11.1 Diferença de Potencial (ddp) 230
11.2 Eletrodo-padrão de Hidrogênio 231
    11.2.1 Determinação do potencial de eletrodo do zinco. 232
    11.2.2 Determinação do potencial de eletrodo do cobre. 232
11.3 Tabela de Potencial-padrão de Eletrodo................................. 233
Série Bronze 238
Série Prata 239
Série Ouro 241
Série Platina 246

CAPÍTULO 12 – Pilhas Comerciais e Células Combustíveis 248
12.1 Pilha Seca 248
12.2 Pilha Alcalina 250
12.3 Bateria Chumbo-ácido 250
12.4 Pilha de Lítio.................................. 252
12.5 Células a Combustível 256
Série Bronze 259
Série Prata 260
Série Ouro 263
Série Platina 269

CAPÍTULO 13 – Corrosão 271
13.1 Corrosão do Ferro 271
13.2 Proteção contra Corrosão 273
Série Bronze 276
Série Prata 277
Série Ouro 278
Série Platina 283

CAPÍTULO 14 – Eletrólise......................... 286
14.1 Mecanismo da Eletrólise..................... 287
14.2 Eletrólise Ígnea 288
14.3 Eletrólise Aquosa............................. 290
14.4 Galvanoplastia................................. 294
Série Bronze 296
Série Prata 296
Série Ouro 299
Série Platina 307

CAPÍTULO 15 – Eletroquímica Quantitativa ... 308
5.1 Proporções Estequiométricas em Semirreações 309
15.2 Relação entre Quantidade em Mols de Elétrons e Carga Elétrica 310
Série Bronze 311
Série Prata 312
Série Ouro 313
Série Platina 317

UNIDADE 1

QUAIS AS RELAÇÕES ENTRE CIÊNCIA E TECNOLOGIA?

Ao longo das últimas décadas, as Ciências da Natureza, entre elas a Química, têm se tornado cada vez mais intrinsecamente ligadas aos empreendimentos industriais, como na procura por novos materiais e por novas fontes de energia. Entretanto, as interações entre a Química e a indústria remontam a séculos passados.

A Química sempre foi associada à "arte (técnica) do fogo", sendo relacionada a atividades (artesanais) e indústrias que usam o fogo, como a produção de metais, vidros e cerâmicas. Já com o desenvolvimento da medicina no início século XVII, a Química foi institucionalizada como a "arte (técnica) de produzir medicamentos".

Ao longo dos séculos XVII, XVIII e XIX, os conhecimentos químicos foram se especializando e se diferenciando dos da produção farmacêutica, tanto que na primeira metade do século XIX, o termo "indústria química" já havia se difundido pela Europa, referindo-se principalmente à produção de ácido sulfúrico (H_2SO_4), soda cáustica ($NaOH$) e alguns produtos químicos, como sal amoníaco (cloreto de amônio – NH_4Cl) e sais de mercúrio.

Foi durante o século XIX que outras indústrias, como a de fertilizantes, de sabões e de velas, tornaram-se mais proximamente conectadas à produção de soda e de ácidos e, como resultado, a indústria química passou a incorporar um grupo cada vez maior de atividades.

Entender como os conhecimentos químicos, especialmente aqueles relacionados ao estudo dos equilíbrios químicos, contribuíram para o desenvolvimento da indústria química é o principal objetivo desta Unidade! Vamos lá?

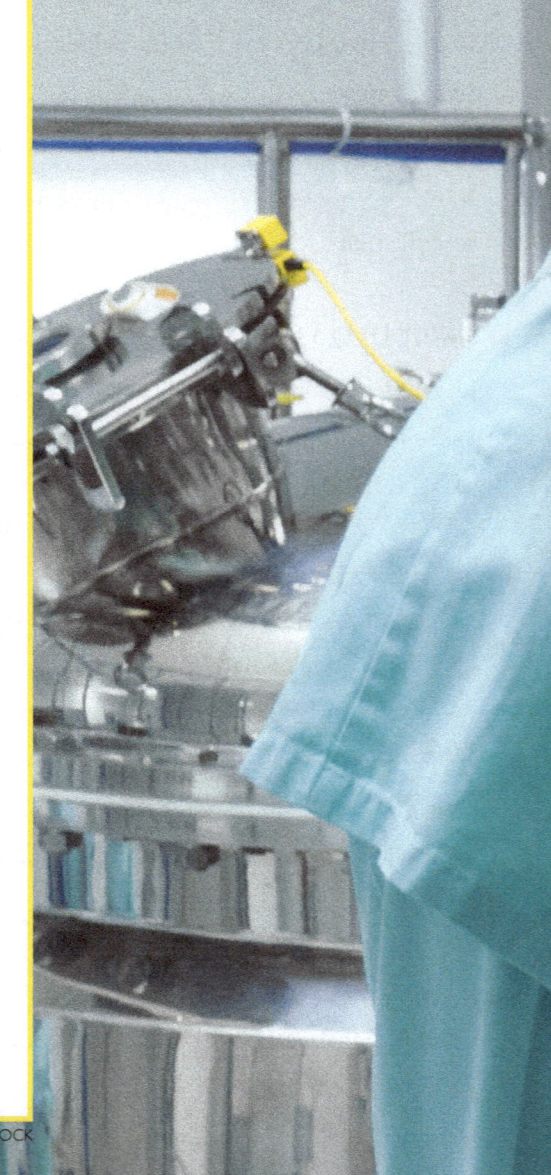

Desenvolvimento
DA INDÚSTRIA QUÍMICA

Conforme estimativas da ABIQUIM (Associação Brasileira da Indústria Química), a indústria química brasileira teria faturado mais de US$ 100 bilhões em 2020, o que torna esse setor responsável por 11% do PIB industrial brasileiro.

Capítulo 1 — Equilíbrio Químico Molecular

O desenvolvimento da Química como ciência está intrinsicamente relacionado ao desenvolvimento das práticas industriais associadas aos conhecimentos químicos. Na Idade Média, por exemplo, a Química, ou melhor, a Alquimia, pautava-se em encontrar formas de transformar metais em ouro ou em produzir um elixir para a vida eterna!

Entretanto, a partir do século XVIII, com base na realização de experimentos, os cientistas interessados em Química, os químicos, foram os responsáveis por estruturá-la como um campo de conhecimentos voltado para o estudo da constituição da matéria, em especial as ligações químicas, e das reações químicas.

Ao longo dos outros volumes dessa coleção, estudamos diversas reações químicas, sejam elas de compostos inorgânicos, como as reações de neutralização entre um ácido e uma base, quanto de compostos orgânicos, como as reações de esterificação e de polimerização.

A produção de fertilizantes respondeu por 9,2% do faturamento líquido da indústria química no Brasil em 2020, segundo dados da ABIQUIM, e seu uso é um dos responsáveis pela alta produtividade agrícola nos dias de hoje. Além do nitrogênio, os principais elementos presentes nos fertilizantes atuais são fósforo (P) e potássio (K). Na imagem, podem ser observados pulverizadores agrícolas aplicando fertilizantes em uma fazenda localizada em Monte Alegre de Minas, em Minas Gerais.

Discutimos, também, a velocidade dessas reações quando analisamos a Cinética Química, que estuda a rapidez (ou lentidão) com que as reações químicas ocorrem. Agora, neste capítulo, voltaremos nossa atenção para a **extensão** dessas reações, isto é, quanto dos reagentes efetivamente se transformam nos produtos para que, nos outros capítulos desta Unidade, possamos analisar como as condições nas quais as reações ocorrem interferem nas quantidades finais dos reagentes e produtos.

1.1 Reversibilidade das Reações

Na maior parte das reações que estudamos até o momento, consideramos que, uma vez que os reagentes se transformam nos produtos, esses produtos mantêm-se nesse estado.

Entretanto, em um **sistema fechado**, as partículas dos produtos colidem produzindo os reagentes. Assim, nesse sistema, teremos duas reações ocorrendo simultaneamente

- reação direta: reagentes ⟶ produtos
- reação inversa: produtos ⟶ reagentes

Dizemos, portanto, que essas reações são **reversíveis**, o que significa que não teremos o consumo total dos reagentes, ou seja, sempre teremos uma mistura de reagentes e produtos. Para representar a reversibilidade de uma reação, utilizamos um conjunto de setas duplas ($\rightleftarrows$ ou $\rightleftharpoons$):

$$\text{reagentes} \rightleftarrows \text{produtos}$$

que indica que tanto a reação direta quanto a inversa estão ocorrendo.

Para entendermos melhor a reversibilidade das reações químicas, vamos analisar, em detalhes, a decomposição do tetróxido de dinitrogênio (N_2O_4) em dióxido de nitrogênio (NO_2):

$$\underset{\text{incolor}}{N_2O_4(g)} \rightleftarrows \underset{\text{castanho}}{2\,NO_2(g)}$$

Você já ouviu falar de *smog*? Essa palavra, contração de *smoke* (fumaça) e *fog* (neblina), indica um tipo de poluição atmosférica caracterizado pela formação de uma nuvem de poluentes atmosféricos próxima à superfície. Entre esses poluentes, costuma estar presente o NO_2, subproduto de reações de combustão, que é responsável pela coloração castanha do *smog*, como pode ser visto na imagem da cidade de São Paulo (SP).

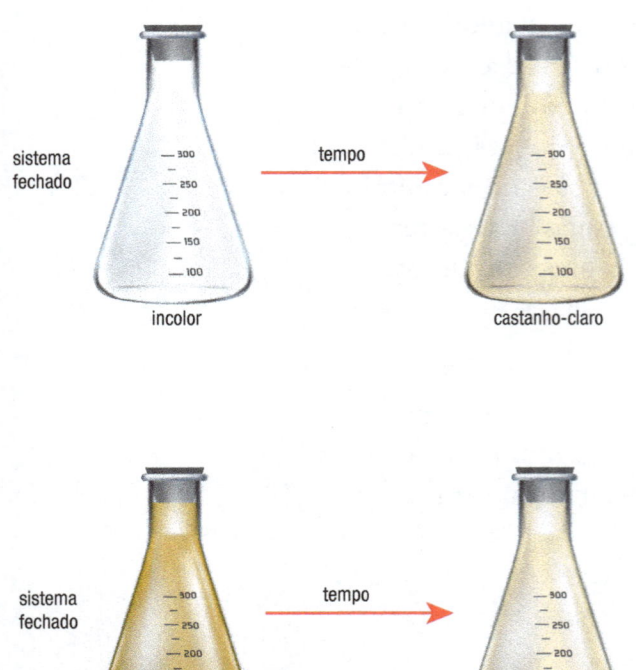

Em um primeiro experimento, colocamos, em um recipiente de 1 L a 100 °C, 0,5 mol de N_2O_4. Após determinado intervalo de tempo, observamos que a coloração do gás contido no recipiente muda de incolor para castanho-claro, evidenciando que a reação direta ($N_2O_4(g) \longrightarrow 2\ NO_2(g)$) ocorre em maior intensidade (pelo menos inicialmente).

Em um segundo experimento, partimos, utilizando um recipiente de 1 L a 100 °C, de 1 mol de NO_2. É importante destacar que a quantidade adicionada de NO_2 (1 mol) corresponde à quantidade que seria obtida se toda a quantidade utilizada de N_2O_4 no primeiro experimento (0,5 mol) sofresse decomposição. Nesse segundo experimento, após determinado intervalo de tempo, observamos que a coloração muda de castanho para castanho-claro, evidenciando que a reação inversa ($2\ NO_2(g) \longrightarrow N_2O_4(g)$) ocorre em maior intensidade (pelo menos inicialmente).

Comparando-se as colorações iniciais e finais de ambos os experimentos realizados, é possível concluir que nenhum dos experimentos ocorreu com rendimento total. No segundo experimento, não foi obtido um sistema incolor, o que indicaria a existência de apenas N_2O_4. E, no primeiro experimento, a coloração do sistema final (castanho-claro) não ficou igual à coloração inicial do sistema inicial do segundo experimento (castanho), que era composto apenas por NO_2. Dessa forma, podemos concluir que, em ambos os experimentos, os sistemas finais são compostos por misturas de N_2O_4 e NO_2 e que a transformação de N_2O_4 em NO_2 (e vice-versa) é reversível.

Em conclusão, dizemos que:

> **Reação reversível** é aquela que se processa, em um sistema fechado, simultaneamente nos dois sentidos, isto é, os reagentes se transformam nos produtos, e estes, à medida que se formam, regeneram os reagentes iniciais.

Outros exemplos de reações reversíveis, em sistemas fechados, são:

$$H_2(g) + I_2(g) \rightleftarrows 2\ HI(g)$$
$$N_2(g) + 3\ H_2(g) \rightleftarrows 2\ NH_3(g)$$
$$2\ SO_2(g) + O_2(g) \rightleftarrows 2\ SO_3(g)$$

1.2 Equilíbrio Químico

As imagens dos sistemas finais da reação $N_2O_4(g) \rightleftarrows 2\,NO_2(g)$ em ambos os experimentos na seção anterior não indicam apenas que os sistemas finais são compostos por misturas de N_2O_4 e de NO_2, mas também que a composição desses sistemas não se altera após determinado intervalo de tempo, pois não observamos variações na coloração do sistema.

Isso significa que as concentrações de N_2O_4 e NO_2 não se alteram, ou seja, permanecem constantes. A esse estado damos o nome de **equilíbrio químico**.

A tabela ao lado apresenta a evolução das concentrações em mol/L dos participantes do equilíbrio entre N_2O_4 e NO_2 para o experimento 1.

De acordo com os dados da tabela, a partir do instante t_4 não ocorrem mais variações nas concentrações de N_2O_4 e de NO_2 e, portanto, dizemos que o sistema (ou a reação) chegou ao equilíbrio.

TEMPO	[N_2O_4]	[NO_2]	
t_0 (início)	0,5	0	A reação vai começar.
t_1	0,421	0,158	A reação está caminhando.
t_2	0,384	0,232	
t_3	0,366	0,268	
t_4	0,362	0,276	A reação chegou ao equilíbrio.
t_5	0,362	0,276	

Entretanto, é importante destacar que, no equilíbrio químico, a reação não parou, mas sim que a **velocidade da reação direta (v_1) é igual à velocidade da reação inversa (v_2)**, de modo que a quantidade de moléculas de N_2O_4 que se transformam em NO_2 é igual à metade da quantidade de moléculas de NO_2 que se transformam em N_2O_4 (seguindo a proporção estequiométrica).

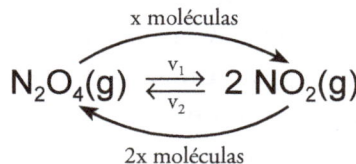

Assim, em resumo:

> **Equilíbrio químico** é um estado no qual a velocidade da reação direta é igual à velocidade da reação inversa e, consequentemente, as concentrações dos participantes do equilíbrio permanecem constantes.

1.2.1 Representação gráfica do equilíbrio químico

Os dados numéricos da tabela anterior podem ser organizados na forma de um gráfico de concentração em função do tempo, o que torna ainda mais evidente o fato de que, após a reação atingir o equilíbrio químico, não há mais variações nas concentrações de N_2O_4 e de NO_2.

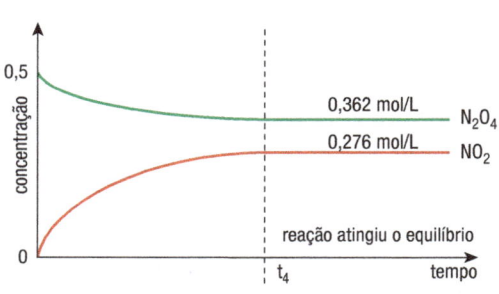

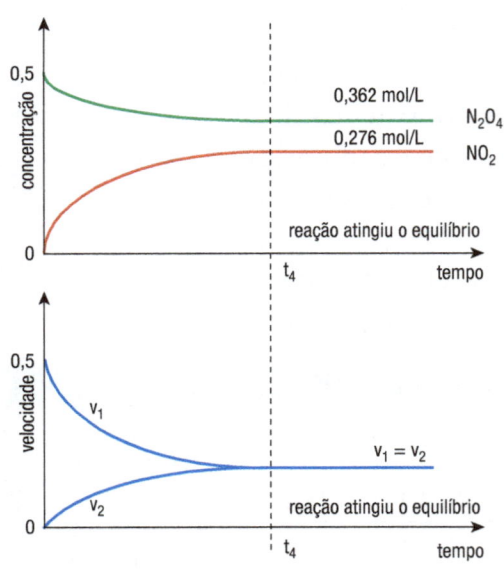

Como mencionamos, a manutenção das concentrações constantes após a reação atingir o equilíbrio é explicada pela igualdade entre as velocidades das reações direta

$$(N_2O_4(g) \longrightarrow 2\,NO_2(g))$$

e inversa

$$(2\,NO_2(g) \longrightarrow N_2O_4(g)),$$

o que também pode ser representado graficamente, como ao lado.

Para entendermos melhor o gráfico de velocidade em função do tempo, é importante retomarmos que a velocidade de uma reação pode ser descrita a partir da equação da velocidade ($v = k \cdot [\text{reagentes}]^{\text{ordem}}$), que estudamos em Cinética Química no volume 2. Se assumirmos que as reações direta e inversa do equilíbrio $N_2O_4(g) \rightleftharpoons 2\,NO_2(g)$ se comportam como reações elementares, as equações de velocidade que descrevem as reações direta e inversa ficam:

▶▶ reação direta: $v_1 = k_1 \cdot [N_2O_4]$

▶▶ reação inversa: $v_2 = k_2 \cdot [NO_2]^2$

Conforme a reação se desenvolve, a concentração de N_2O_4 diminui, o que explica a diminuição no valor de v_1. Ao mesmo tempo, ocorre aumento da concentração de NO_2, responsável pelo aumento no valor de v_2, até este se igualar a v_1, momento no qual o equilíbrio químico é alcançado.

Dessa forma, é importante reforçar que, embora não ocorra mudança alguma (cor, volume, pressão, concentração, temperatura) quando em equilíbrio, as reações direta e inversa continuam a ocorrer, razão pela qual dizemos que todos os equilíbrios químicos são **dinâmicos**.

1.3 Constante de Equilíbrio (K)

O estado de equilíbrio é descrito pelas concentrações dos participantes (reagentes e produtos) no equilíbrio, que é atingido quando as velocidades das reações direta e inversa se igualam. Se tomarmos como exemplo a decomposição do N_2O_4, podemos deduzir uma relação matemática envolvendo as concentrações no equilíbrio:

$$N_2O_4(g) \underset{v_2}{\overset{v_1}{\rightleftharpoons}} 2\,NO_2(g)$$

▶▶ $v_1 = k_1 \cdot [N_2O_4]$

▶▶ $v_2 = k_2 \cdot [NO_2]^2$

No equilíbrio, temos:

$$v_1 = v_2$$

$$k_1 \cdot [N_2O_4] = k_2 \cdot [NO_2]^2$$

$$K_C = \frac{k_1}{k_2} = \frac{[NO_2]^2}{[N_2O_4]}$$

$$K_C = \frac{[NO_2]^2}{[N_2O_4]} = \frac{0{,}276^2}{0{,}362} = 0{,}21 \text{ (a 100 °C)}$$

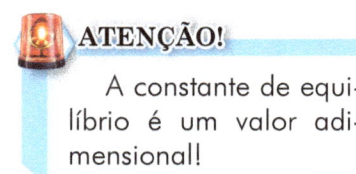

ATENÇÃO! A constante de equilíbrio é um valor adimensional!

A razão entre as constantes de velocidade $\left(\dfrac{k_1}{k_2}\right)$ dá origem a uma nova constante, chamada de **constante de equilíbrio** (K_C), onde a letra "C" indica que a concentração é expressa em termos de concentrações em mol/L.

Para um equilíbrio químico genérico, descrito pela equação

$$aA + bB \rightleftarrows cC + dD,$$

os químicos noruegueses Cato **Guldberg** (1836-1902) e Peter **Waage** (1833-1900) propuseram que a constante de equilíbrio poderia ser descrita pela razão entre a concentração dos produtos (elevada aos respectivos coeficientes estequiométricos) e a concentração dos reagentes (elevada aos respectivos coeficientes estequiométricos):

$$K_C = \frac{[C]^c \cdot [D]^d}{[A]^a \cdot [B]^b}$$

Essa relação, conhecida como lei de ação das massas ou Lei de Guldberg-Waage, depende da reação analisada e da temperatura, razão pela qual quando indicamos o valor de uma constante de equilíbrio é importante também mencionarmos o valor da temperatura.

Para os outros exemplos de equilíbrios químicos que apresentamos no início do capítulo, as expressões das constantes de equilíbrio são descritas como:

▶▶ $H_2(g) + I_2(g) \rightleftarrows 2\,HI(g)$

$$K_C = \frac{[HI]^2}{[H_2] \cdot [I_2]}$$

▶▶ $N_2(g) + 3\,H_2(g) \rightleftarrows 2\,NH_3(g)$

$$K_C = \frac{[NH_3]^2}{[N_2] \cdot [H_2]^3}$$

▶▶ $2\,SO_2(g) + O_2(g) \rightleftarrows 2\,SO_3(g)$

$$K_C = \frac{[SO_3]^2}{[SO_2]^2 \cdot [O_2]}$$

Os equilíbrios mencionados são classificados como equilíbrios **homogêneos** (monofásicos), pois todos os participantes se encontram em um mesmo estado físico (no caso, estado gasoso). Já para equilíbrios **heterogêneos**, é importante destacar que os sólidos não devem ser inseridos na expressão da constante de equilíbrio. Observe os exemplos a seguir:

▶▶ $CaCO_3(s) \rightleftarrows CaO(s) + CO_2(g)$

$$K_C = [CO_2]$$

▶▶ $C(s) + CO_2(g) \rightleftarrows 2\ CO(g)$

$$K_C = \frac{[CO]^2}{[CO_2]}$$

FIQUE POR DENTRO!

Por que o sólido não entra na expressão da constante de equilíbrio?

Para respondermos a essa pergunta, vamos analisar o equilíbrio heterogêneo entre $C(s)$, $CO_2(g)$ e $CO(g)$, partindo de um sistema inicial no qual há apenas $C(s)$ e $CO_2(g)$. Com o decorrer da reação, há consumo de $C(s)$ e $CO_2(g)$ para formação de $CO(g)$. Considerando uma temperatura na qual o equilíbrio é estabelecido com consumo de metade das quantidades iniciais de $C(s)$ e $CO_2(g)$, os sistemas inicial e em equilíbrio poderiam ser representados pelas imagens ao lado.

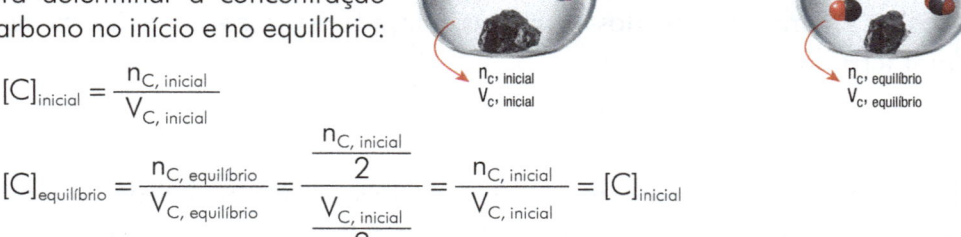

Vamos agora determinar a concentração em mol/L do carbono no início e no equilíbrio:

$$[C]_{inicial} = \frac{n_{C,\ inicial}}{V_{C,\ inicial}}$$

$$[C]_{equilíbrio} = \frac{n_{C,\ equilíbrio}}{V_{C,\ equilíbrio}} = \frac{\frac{n_{C,\ inicial}}{2}}{\frac{V_{C,\ inicial}}{2}} = \frac{n_{C,\ inicial}}{V_{C,\ inicial}} = [C]_{inicial}$$

Portanto, como o carbono é uma fase sólida, o volume ocupado pelos átomos de carbono também se reduz, na mesma proporção da redução da quantidade de partículas, conforme o carbono é consumido. Por esse motivo, a concentração de carbono sólido não se altera ao longo da reação, permanecendo constante e igual à concentração inicial, razão pela qual a concentração de sólidos não é inserida nas constantes de equilíbrio.

1.3.1 Constante de equilíbrio em termos de pressão (K_P)

Em um sistema em equilíbrio no qual há participação de um ou mais gases, a concentração em mol/L pode ser substituída pela pressão parcial do gás. Essa possibilidade deriva justamente da equação dos gases ideais (equação de Clapeyron), utilizada para descrever o comportamento dos gases ideais:

$$p \cdot V = n \cdot R \cdot T$$

onde p é a pressão, V é o volume, n é o número de mols, R é a constante universal dos gases (0,082 atm · L/mol · K) e T é a temperatura em Kelvin.

FIQUE POR DENTRO!

O que é pressão parcial?

A maioria dos sistemas gasosos presentes nas atividades humanas são compostos de misturas de gases, como o ar que respiramos ou os equilíbrios (homogêneos) que apresentamos neste capítulo, por exemplo. Para expressarmos a constante de equilíbrio em termos de pressão, é importante identificarmos qual pressão cada componente da mistura exerceria caso estivesse isolado. A essa pressão damos o nome de **pressão parcial**.

A pressão total da mistura gasosa é o resultado da soma das pressões parciais de cada componente dessa mistura. Esse resultado foi deduzido inicialmente pelo inglês John **Dalton** (1766-1844), proponente da teoria atômica de Dalton, sendo conhecido como "Lei de Dalton para as pressões parciais". Matematicamente, é escrita como:

$$p_{total} = p_1 + p_2 + p_3 + \ldots = \sum_{i=1}^{n} p_i$$

onde p_1, p_2 e p_3 são as pressões parciais dos diferentes gases em uma mistura e p_{total} é a pressão total da mistura.

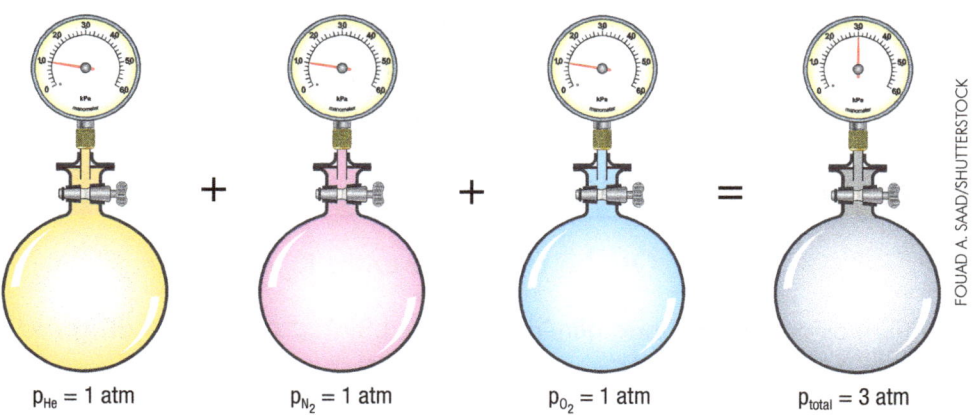

Para uma mistura composta por hélio (He), nitrogênio (N_2) e oxigênio (O_2), a pressão total da mistura é a soma da pressão parcial dos gases que a constituem: $p_{total} = p_{He} + p_{N_2} + p_{O_2} = 1 \text{ atm} + 1 \text{ atm} + 1 \text{ atm} = 3 \text{ atm}$.

Para os gases ideais, isto é, aqueles cujo comportamento pode ser descrito pela equação dos gases ideais, a razão entre a pressão parcial de determinado gás em uma mistura e a pressão total da mistura é igual à razão entre a quantidade em mol daquele gás e a quantidade em mol total da mistura.

Se considerarmos a mistura acima como sendo composta por gases ideias, teríamos que:

$$\frac{p_{He}}{p_{total}} = \frac{n_{He}}{n_{total}} \qquad \frac{p_{N_2}}{p_{total}} = \frac{n_{N_2}}{n_{total}} \qquad \frac{p_{O_2}}{p_{total}} = \frac{n_{O_2}}{n_{total}}$$

A razão entre a quantidade em mol de determinado gás e a quantidade total em mol da mistura é conhecida como **fração em mol** (antigamente, também conhecida como fração molar) e representada pela letra **X**. Para os casos acima, temos:

$$X_{He} = \frac{n_{He}}{n_{total}} \qquad X_{N_2} = \frac{n_{N_2}}{n_{total}} \qquad X_{O_2} = \frac{n_{O_2}}{n_{total}}$$

É importante destacar que a fração em mol somente pode assumir valores entre 0 e 1 e que a soma de todas as frações em mol para mistura é igual a 1. Essa grandeza, por sua vez, permite reescrever a equação que relaciona a pressão parcial de um gás e a pressão total:

$$p_{He} = X_{He} \cdot p_{total} \qquad p_{N_2} = X_{N_2} \cdot p_{total} \qquad p_{O_2} = X_{O_2} \cdot p_{total}$$

Isolando a pressão, concluímos que a pressão parcial é diretamente proporcional à concentração do gás:

$$p \cdot V = n \cdot R \cdot T \Rightarrow p = \frac{n}{V} \cdot R \cdot T \Rightarrow p = [\ ] \cdot R \cdot T$$

Por esse motivo, para equilíbrios que envolvem gases, podemos escrever a expressão da constante de equilíbrio em termos de pressão (K_P). Observe os exemplos a seguir:

▸ $H_2(g) + I_2(g) \rightleftharpoons 2\,HI(g)$

$$K_P = \frac{(p_{HI})^2}{p_{H_2} \cdot p_{I_2}}$$

▸ $N_2(g) + 3\,H_2(g) \rightleftharpoons 2\,NH_3(g)$

$$K_P = \frac{(p_{NH_3})^2}{p_{N_2} \cdot (p_{H_2})^3}$$

▸ $CaCO_3(s) \rightleftharpoons CaO(s) + CO_2(g)$

$$K_P = p_{CO_2}$$

▸ $C(s) + CO_2(g) \rightleftharpoons 2\,CO(g)$

$$K_P = \frac{(p_{CO})^2}{p_{CO_2}}$$

Assim, para um equilíbrio genérico $aA(g) + bB(g) \rightleftharpoons cC(g) + dD(g)$, temos:

$$K_P = \frac{(p_C)^c \cdot (p_D)^d}{(p_A)^a \cdot (p_B)^b}$$

FIQUE POR DENTRO!

Qual é a relação entre K_C e K_P?

Se partirmos de um equilíbrio genérico $aA(g) + bB(g) \rightleftharpoons cC(g) + dD(g)$, as constantes de equilíbrio K_C e K_P são dadas por:

$$K_C = \frac{[C]^c \cdot [D]^d}{[A]^a \cdot [B]^b} \quad \text{e} \quad K_P = \frac{(p_C)^c \cdot (p_D)^d}{(p_A)^a \cdot [p_B]^b}$$

Partindo de K_P, podemos substituir as pressões parciais por $p = [\ ] \cdot R \cdot T$, obtendo:

$$K_P = \frac{(p_C)^c \cdot (p_D)^d}{(p_A)^a \cdot [p_B]^b} = \frac{([C] \cdot R \cdot T)^c \cdot ([D] \cdot R \cdot T)^d}{([A] \cdot R \cdot T)^a \cdot ([B] \cdot R \cdot T)^b} = \underbrace{\frac{[C]^c \cdot [D]^d}{[A]^a \cdot [B]^b}}_{K_C} \cdot (R \cdot T)^{\frac{\Delta n}{c+d-a-b}}$$

Portanto,

$$K_P = K_C \cdot (R \cdot T)^{\Delta n}$$

onde $\Delta n = n_{\text{produtos gasosos}} - n_{\text{reagentes gasosos}}$.

Observe, agora, as relações entre K_P e K_C para os equilíbrios a seguir:

▸ $H_2(g) + I_2(g) \rightleftharpoons 2\,HI(g)$ \qquad $\Delta n = 2 - (1+1) = 0 \Rightarrow K_P = K_C$

▸ $N_2(g) + 3\,H_2(g) \rightleftharpoons 2\,NH_3(g)$ \qquad $\Delta n = 2 - (3+1) = -2 \Rightarrow K_P = K_C \cdot (R \cdot T)^{-2} = \frac{K_C}{(R \cdot T)^2}$

▸ $CaCO_3(s) \rightleftharpoons CaO(s) + CO_2(g)$ \qquad $\Delta n = 1 - (0) = 1 \Rightarrow K_P = K_C \cdot (R \cdot T)^1 = K_C \cdot R \cdot T$

▸ $C(s) + CO_2(g) \rightleftharpoons 2\,CO(g)$ \qquad $\Delta n = 2 - (1) = 1 \Rightarrow K_P = K_C \cdot (R \cdot T)^1 = K_C \cdot R \cdot T$

1.3.2 Valor numérico da constante de equilíbrio

Já vimos que os valores das constantes de equilíbrio dependem da reação e da temperatura. Nos próximos capítulos, discutiremos como alterar o valor dessas constantes a partir de variações de temperatura, porém, neste momento, é importante destacar que as constantes de equilíbrio podem variar por muitas ordens de grandeza.

A reação que estudamos sobre a decomposição de N_2O_4 em NO_2 apresenta, a 100 °C, $K_C = 0{,}21$. Já a reação entre monóxido de carbono e ozônio, equacionada por $NO(g) + O_3(g) \rightleftarrows NO_2(g) + O_2(g)$, apresenta

$$K_C = \frac{[NO_2] \cdot [O_2]}{[NO] \cdot [O_3]} = 6 \cdot 10^{34} \text{ a } 25\text{ °C}$$

Esse valor muito superior a 1 indica que, quando se misturam quantidades estequiométricas de NO e de O_3 em um recipiente fechado, quando o equilíbrio é estabelecido, praticamente toda a quantidade de NO e de O_3 dá origem aos produtos. Essa reação, portanto, apresenta rendimento muito próximo de 100%, razão pela qual dizemos que a "reação foi completa".

Por outro lado, a reação de formação do O_3 a partir do O_2, equacionada por $\frac{3}{2} O_2(g) \rightleftarrows O_3(g)$, apresenta

$$K_C = \frac{[O_3]}{[O_2]^{\frac{3}{2}}} = 2{,}5 \cdot 10^{-29} \text{ a } 25\text{ °C}$$

Isso significa que há pouca formação de produtos a partir dos reagentes, ou seja, se o O_2 for colocado em um recipiente fechado, será mínima a quantidade convertida em O_3 quando o equilíbrio for atingido; em outras palavras, trata-se de uma reação com baixo rendimento.

Em resumo, para reações com $K \gg 1$, dizemos que a reação é favorável aos produtos, o que significa que as concentrações dos produtos no equilíbrio são maiores do que as concentrações dos reagentes. Já para reações com $K \ll 1$, dizemos que a reação é favorável aos reagentes, o que significa que as concentrações dos reagentes no equilíbrio são maiores do que as concentrações dos produtos.

FIQUE POR DENTRO!

Grau de equilíbrio (α)

Acabamos de ver que o valor da constante de equilíbrio pode ser utilizado para indicar a extensão de uma reação, isto é, a quantidade de produto formada em comparação com a quantidade máxima que poderia ser formada caso a reação fosse completa. Essa relação, conhecida também como **rendimento**, é chamada, quando analisamos equilíbrios químicos, de **grau de equilíbrio** (α).

Vamos retomar o exemplo do início do capítulo para calcular o grau de equilíbrio a partir das quantidades no início da reação e quando em equilíbrio:

TEMPO	N_2O_4 $\rightleftarrows$	NO_2 (100 °C)
início	0,5	0
equilíbrio	0,362	0,276

Se 0,5 mol de N_2O_4 reagisse, teríamos uma reação completa e, portanto, α = 100%. Entretanto, apenas 0,5 − 0,362 = 0,138 mol reagiu. Logo:

0,5 mol ———— 100%
0,138 mol ———— α
α = 27,6%

Outra maneira de determinar o valor de α é por meio da fórmula:

$$\alpha = \frac{\text{quantidade em mols de } N_2O_4 \text{ que reagiu}}{\text{quantidade inicial em mols de } N_2O_4} = \frac{0,138}{0,5} = 0,276 = 27,6\%$$

1.4 Operações Envolvendo a Constante de Equilíbrio

Como o equilíbrio pode ser analisado em ambos os sentidos da reação química, a expressão e o valor da constante de equilíbrio também dependem de como a equação é escrita. Vamos retomar o exemplo que temos analisado neste capítulo:

$$N_2O_4(g) \rightleftarrows 2\,NO_2(g)$$

$$K_1 = \frac{[NO_2]^2}{[N_2O_4]} = 0,21 \text{ (a 100 °C)}$$

Agora, se escrevêssemos esse equilíbrio no **sentido inverso**, obteríamos outra expressão também para a constante de equilíbrio:

$$2\,NO_2(g) \rightleftarrows N_2O_4(g)$$

$$K_2 = \frac{[N_2O_4]}{[NO_2]^2}$$

A expressão de K_2 é o inverso da de K_1, o que possibilita também relacionar os valores das duas constantes de equilíbrio:

$$K_2 = \frac{1}{K_1} = \frac{1}{0,21} = 4,76 \text{ (a 100 °C)}$$

Essa mesma relação vale para outros equilíbrios, como podemos ver a seguir para o equilíbrio associado à síntese e à decomposição da amônia:

▶ $N_2(g) + 3\,H_2(g) \rightleftarrows 2\,NH_3(g)$

$$K = \frac{[NH_3]^2}{[N_2] \cdot [H_2]^3} = 2,7 \cdot 10^8 \text{ (a 27 °C)}$$

▶▶ $2\,NH_3(g) \rightleftharpoons N_2(g) + 3\,H_2(g)$

$$K' = \frac{[N_2] \cdot [H_2]^3}{[NH_3]^2} = \frac{1}{K} = \frac{1}{2{,}7 \cdot 10^8} = 3{,}7 \cdot 10^{-9} \text{ (a 27 °C)}$$

Portanto,

> As constantes de equilíbrio de uma equação e a da equação inversa são recíprocas entre si.

Voltando ao equilíbrio de dissociação do N_2O_4, poderíamos, em vez de inverter a equação, **multiplicá-la** (ou **dividi-la**) por um número, o que também alteraria a expressão e o valor da constante de equilíbrio. Observe os dois casos a seguir:

▶▶ multiplicação por 2:

$$2\,N_2O_4(g) \rightleftharpoons 4\,NO_2(g)$$

$$K_3 = \frac{[NO_2]^4}{[N_2O_4]^2} = (K_1)^2 = (0{,}21)^2 = 0{,}044 \text{ (a 100 °C)}$$

▶▶ divisão por 2:

$$\tfrac{1}{2}\,N_2O_4(g) \rightleftharpoons NO_2(g)$$

$$K_4 = \frac{[NO_2]}{[N_2O_4]^{\frac{1}{2}}} = (K_1)^{\frac{1}{2}} = \sqrt[2]{K_1} = \sqrt[2]{0{,}21} = 0{,}46 \text{ (a 100 °C)}$$

Portanto,

> Quando se multiplicam os coeficientes de uma equação por certo número, deve-se elevar K a um expoente igual ao número para se obter a constante da nova equação de equilíbrio.

Por fim, outra operação bastante frequente com equações químicas (e, portanto, com equilíbrios químicos) consiste em **somá-las** para obter novas equações. Quando se adicionam duas ou mais equações, a constante de equilíbrio da equação global também tem relação com a constante das equações somadas. Observe o exemplo a seguir, partindo do equilíbrio que já estudamos:

$N_2O_4(g) \rightleftharpoons 2\,\cancel{NO_2}(g)$ $\qquad K_1 = \dfrac{[NO_2]^2}{[N_2O_4]} = 0{,}21 \text{ (a 100 °C)}$

$2\,\cancel{NO_2}(g) \rightleftharpoons N_2(g) + 2\,O_2(g)$ $\quad K_5 = \dfrac{[N_2] \cdot [O_2]^2}{[NO_2]^2} = 7{,}8 \cdot 10^{14} \text{ (a 100 °C)}$

$N_2O_4(g) \rightleftharpoons N_2(g) + 2\,O_2(g)$ $\quad K_6 = \dfrac{[N_2] \cdot [O_2]^2}{[N_2O_4]} = \dfrac{[\cancel{NO_2}]^2}{[N_2O_4]} \cdot \dfrac{[N_2] \cdot [O_2]^2}{[\cancel{NO_2}]^2} = K_1 \cdot K_5 = 1{,}6 \cdot 10^{14}$

Portanto,

> Quando se adicionam duas ou mais equações de equilíbrio se deve multiplicar as constantes de equilíbrio para se obter K da equação total.

1.5 Quociente Reacional ou de Reação (Q)

Para determinar se um sistema está ou não em equilíbrio, utiliza-se a grandeza chamada de **quociente reacional ou de reação** (**Q**), cuja expressão é exatamente igual à da constante de equilíbrio. A principal diferença é que Q pode ser calculada para quaisquer concentrações de reagentes e produtos, estejam eles em equilíbrio ou não. Vamos novamente retomar o exemplo de dissociação do N_2O_4 e calcular o valor de Q para os instantes presentes na tabela da seção 1.2.

$$N_2O_4(g) \rightleftharpoons 2\,NO_2(g)$$

$$K_C = \frac{[NO_2]^2}{[N_2O_4]} = 0{,}21 \text{ (a 100 °C)}$$

$$Q = \frac{[NO_2]^2}{[N_2O_4]}$$

TEMPO	$[N_2O_4]$	$[NO_2]$	$Q = \frac{[NO_2]^2}{[N_2O_4]}$
t_0 (início)	0,5	0	0
t_1	0,421	0,158	0,059
t_2	0,384	0,232	0,14
t_3	0,366	0,268	0,20
t_4 (equilíbrio)	0,362	0,276	0,21
t_5	0,362	0,276	0,21

A partir dos valores de Q na tabela acima, percebemos que, quando o equilíbrio é atingido, os valores de Q ficam iguais aos de K_C. Nos instantes de tempo t_0, t_1, t_2 e t_3, temos $Q < K_C$, o que indica que reagentes precisam ser convertidos em produtos para que a reação atinja o equilíbrio. Nessa situação, a velocidade da reação direta (v_1) é superior à velocidade da reação inversa (v_2).

Por outro lado, se $Q > K_C$, temos a situação contrária: produtos precisam ser convertidos em reagentes para que a reação atinja o equilíbrio, o que será possível porque a velocidade da reação inversa (v_2) é superior à velocidade da reação direta (v_1).

Em resumo, temos que:

RELAÇÃO	DIREÇÃO DA REAÇÃO
$Q = K_C$	reação em equilíbrio ($v_1 = v_2$)
$Q < K_C$	reagentes $\longrightarrow$ produtos ($v_1 > v_2$)
$Q > K_C$	reagentes $\longleftarrow$ produtos ($v_1 < v_2$)

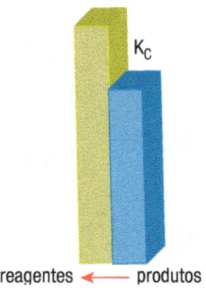
reagentes ← produtos

equilíbrio

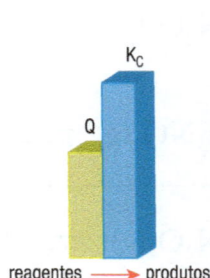
reagentes → produtos

LIGANDO OS PONTOS!

Demanda de fertilizantes no Brasil

Segundo estimativas do Centro de Estudos Avançados em Economia Aplicada (Cepea), o setor do agronegócio foi responsável por 26,6% do PIB brasileiro em 2020, o que corresponde a um valor de R$ 2 trilhões!

O Brasil ocupa uma importante posição na produção agrícola mundial, sendo um dos principais exportadores de café, cana-de-açúcar, suco de laranja e soja. O crescimento da produtividade agrícola no Brasil e no mundo é pautado, entre diversos fatores, pela utilização de fertilizantes químicos, como pode ser visto no gráfico a seguir, que contém a evolução da produção brasileira de grãos, da área plantada e do consumo de fertilizantes entre 1977 e 2011, em relação aos valores em 1977.

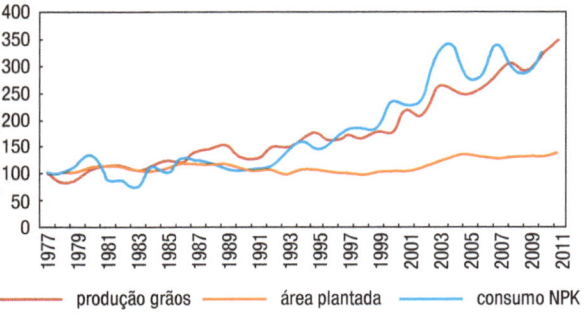

Fonte: COSTA, L. M. da; SILVA, M. F. de O. e. A indústria química e o setor de fertilizantes In: *BNDES 60 anos*: perspectivas setoriais. Rio de Janeiro: Banco Nacional de Desenvolvimento Econômico e Social, 2012, p. 12-60. *Disponível em:* <https://web.bndes.gov.br/bib/jspui/handle/1408/2025>. *Acesso em:* 12 out. 2021.

Até a década de 1990, as curvas mostram um baixo crescimento para as três variáveis. Entretanto, no período de 1990 a 2011, verifica-se o aumento da produção de grãos (5,02% ao ano), que foi acompanhado por um maior consumo de fertilizantes (5,92% ao ano), enquanto a área plantada apresentou crescimento menor (1,19% ao ano) nesse período.

Entre os diversos nutrientes necessários para o desenvolvimento das plantas, os fertilizantes químicos são responsáveis por fornecer principalmente três deles: **nitrogênio** (N), necessário para manutenção do crescimento da planta, formação de aminoácidos e proteínas; **fósforo** (P), necessário nos processos de fotossíntese, respiração, armazenamento e transferência de energia, divisão celular e crescimento das células; e **potássio** (K), necessário para manutenção de água nas plantas, formação de frutos, resistência ao frio e às doenças. É por esse motivo que os fertilizantes agrícolas são conhecidos como NPK.

No Brasil, diferentemente da média mundial, os fertilizantes mais consumidos não são os nitrogenados, mas sim os potássicos, que, no ano de 2019, responderam por 38% do total de nutrientes demandados, enquanto os fosfatados e nitrogenados foram responsáveis, respectivamente, por 33% e 29%. Essa inversão pode ser explicada pelo fato de a soja, principal cultura plantada no país, utilizar pouco nitrogênio e muito potássio para sua produção.

Fazenda produtora de soja em Campo Grande, Mato Grosso. Apenas essa cultura responde por mais de 30% de todo fertilizante consumido no Brasil.

Nódulos em raízes de soja. Neles podem ser encontradas bactérias fixadoras de nitrogênio. As plantas em geral não são capazes de fixar o nitrogênio presente no ar atmosférico, mas em raízes de leguminosas – e a soja é uma delas – estão presentes bactérias que conseguem transformar esse nitrogênio de forma que essas plantas possam utilizá-lo. É por causa dessa simbiose entre plantas de soja e bactérias que esse cultivar necessita de menor quantidade de fertilizante nitrogenado.

SÉRIE BRONZE

1. Considere o equilíbrio

$$CO(g) + NO_2(g) \rightleftarrows CO_2(g) + NO(g),$$
incolor   castanho   incolor   incolor

cujas concentrações dos participantes foram determinadas em função do tempo e estão indicadas na tabela:

TEMPO (min)	CO(g) +	NO$_2$(g) $\rightleftarrows$	CO$_2$(g) +	NO(g)
0	1	1	–	–
10	0,50	0,50	0,50	0,50
20	0,32	0,32	0,68	0,68
30	0,24	0,24	0,76	0,76
40	0,20	0,20	0,80	0,80
50	0,20	0,20	0,80	0,80
60	0,20	0,20	0,80	0,80

Sobre este equilíbrio, responda aos itens a seguir.

a) Complete as lacunas.

A intensidade da cor não mais variou a partir de _____ minutos, o que indica que as concentrações mantiveram-se _____ e que o sistema atingiu o _____.

b) Complete os gráficos

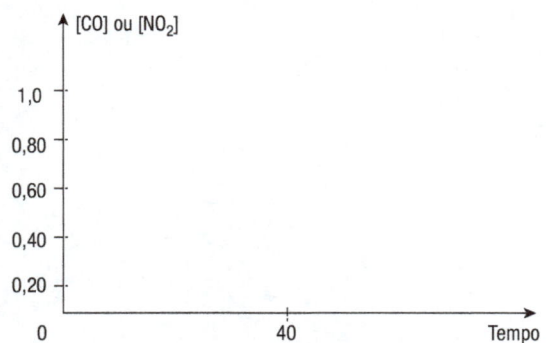

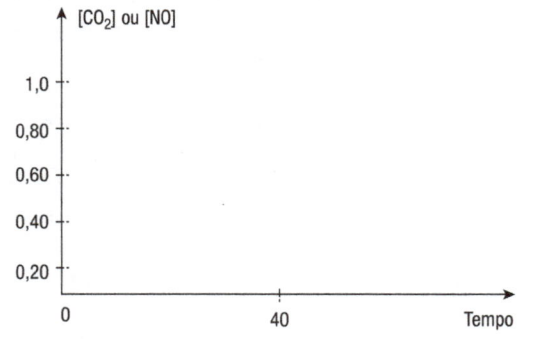

c) Complete com v_1, v_2, $v_1 = v_2$ ou $v_1 \neq v_2$.

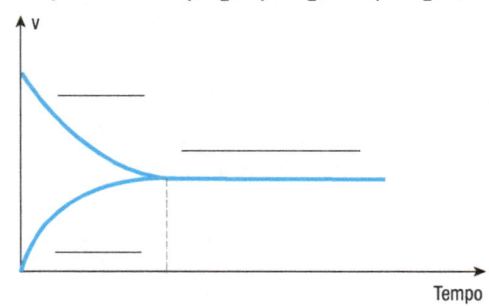

2. (FUVEST – SP) Em condições industrialmente apropriadas para se obter amônia, juntaram-se quantidades estequiométricas dos gases N$_2$ e H$_2$

$$N_2(g) + 3\,H_2(g) \longrightarrow 2\,NH_3(g)$$

Depois de alcançado o equilíbrio químico, uma amostra da fase gasosa poderia ser representada corretamente por:

a) 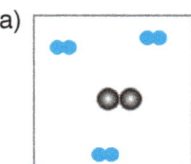   d)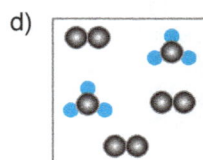

b) 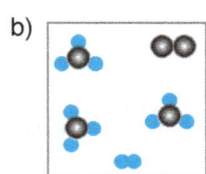   e)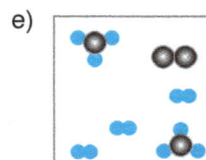

c)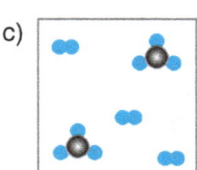

3. Escreva a expressão de K$_C$ para os equilíbrios a seguir.

a) $CO(g) + NO_2(g) \rightleftarrows CO_2(g) + NO(g)$

K$_C$ =

b) $CaCO_3(s) \rightleftarrows CaO(s) + CO_2(g)$

$K_C =$

c) $H_2(g) + I_2(g) \rightleftarrows 2\,HI(g)$

$K_C =$

d) $C(s) + CO_2(g) \rightleftarrows 2\,CO(g)$

$K_C =$

e) $3\,Fe(s) + 4\,H_2O(g) \rightleftarrows Fe_3O_4(s) + 4\,H_2(g)$

$K_C =$

4. Escreva a expressão de K_P para os equilíbrios a seguir.

a) $H_2(g) + CO_2(g) \rightleftarrows H_2O(g) + CO(g)$

$K_P =$

b) $2\,SO_2(g) + O_2(g) \rightleftarrows 2\,SO_3(g)$

$K_P =$

c) $CaCO_3(s) \rightleftarrows CaO(s) + CO_2(g)$

$K_P =$

d) $C(s) + CO_2(g) \rightleftarrows 2\,CO(g)$

$K_P =$

5. (Exercício resolvido) Na reação química

$$A + 2\,B \rightleftarrows C + 3\,D$$

determinaram-se, respectivamente, as seguintes concentrações no equilíbrio: 2 mol/L de A, 4 mol/L de B, 3 mol/L de C e 2 mol/L de D. Qual é o valor da constante de equilíbrio?

Resolução:

$A + 2\,B \rightleftarrows C + 3\,D$

$$K_C = \frac{[C] \cdot [D]^3}{[A] \cdot [B]^2} = \frac{(3) \cdot (2)^3}{(2) \cdot (4)^2} = \frac{3}{4}$$

6. Qual é a concentração de X presente em equilíbrio com 3 mol/L de Y e 6 mol/L de Z na reação:

$$X + 3\,Y \rightleftarrows 2\,Z$$

sabendo-se que, na temperatura em que a reação foi realizada, a constante de equilíbrio vale 2/3?

7. (Exercício resolvido) Em um recipiente de 1 L são introduzidos 5,0 mol de N_2O_4 que se transformam em NO_2:

$$N_2O_4(g) \rightleftarrows 2\,NO_2(g)$$

Uma vez atingido o equilíbrio, resta no sistema 1,3 mol de reagente. Calcule K_C na temperatura desse experimento.

Resolução:

	N_2O_4 $\rightleftarrows$	$2\,NO_2$
início	5	—
reage e forma	3,7	7,4
equilíbrio	1,3	7,4

$$K_C = \frac{[NO_2]^2}{[N_2O_4]} = \frac{(7,4)^2}{1,3} \cong 42,1$$

8. (UFRGS – RS) Num vaso de reação a 45 °C e 10 atm foram colocados 1,0 mol de N_2 e 3,0 mols de H_2. O equilíbrio que se estabeleceu pode ser representado pela equação:

$$N_2(g) + 3\,H_2(g) \rightleftarrows 2\,NH_3(g)$$

Qual é a composição da mistura no estado de equilíbrio se nessa condição é obtido 0,08 mol de NH_3?

	N_2	H_2	NH_3
a)	1,0 mol	3,0 mol	0,08 mol
b)	0,96 mol	2,92 mol	0,16 mol
c)	0,84 mol	2,84 mol	0,16 mol
d)	0,84 mol	2,92 mol	0,08 mol
e)	0,96 mol	2,88 mol	0,08 mol

9. (UFMG) 0,80 mol/L de A é misturado com 0,80 mol/L de B. Esses dois compostos reagem lentamente produzindo C e D, de acordo com a reação $A + B \rightleftarrows C + D$. Quando o equilíbrio é atingido, a concentração de C é medida, encontrando-se o valor 0,60 mol/L. Qual é o valor da constante de equilíbrio K_C dessa reação?

10. (UFPI) Um mol de um composto AB reage com um mol de um composto CD, conforme a equação:

$$AB(g) + CD(g) \rightleftarrows AD(g) + CB(g)$$

Quando se estabelece o equilíbrio, verifica-se que 3/4 de mol de cada um dos reagentes AB e CD foram transformados em AD e CB. Qual é a constante de equilíbrio da reação acima?
a) 9
b) 1/9
c) 9/16
d) 16/9
e) 2/9

11. (Exercício resolvido) Na esterificação de 1 mol de ácido acético com 1 mol de álcool etílico, a 25 °C, o equilíbrio é atingido com $K_C = 4$. Quais são as quantidades em mols das substâncias presentes no equilíbrio?

Resolução:

	ÁCIDO	+ ÁLCOOL	$\rightleftarrows$ ÉSTER	+ ÁGUA
início	1	1	0	0
reage e forma	x	x	x	x
equilíbrio	1 − x	1 − x	x	x

quantidade em mol

$$K_C = \frac{[\text{éster}] \cdot [\text{água}]}{[\text{ácido}] \cdot [\text{álcool}]} = \frac{\left(\frac{x}{V}\right) \cdot \left(\frac{x}{V}\right)}{\left(\frac{1-x}{V}\right) \cdot \left(\frac{1-x}{V}\right)} =$$

$$= \frac{x^2}{(1-x)^2} = 4 \Rightarrow \frac{x}{(1-x)} = 2 \Rightarrow x = 2 - 2x$$

$$3x = 2$$

$$x = \frac{2}{3}$$

Logo, no equilíbrio, temos $\frac{1}{3}$ mol de ácido, $\frac{1}{3}$ mol de álcool, $\frac{2}{3}$ mol de éster e $\frac{2}{3}$ mol de água.

12. (UFPB) Se 1 mol de H_2 e 1 mol de I_2, em um recipiente de 1 litro, atingiram a condição de equilíbrio a 500 °C, a concentração de HI no equilíbrio é:
a) 2,31
b) 5,42
c) 1,55
d) 3,29
e) 4,32

DADO: $K_C = 49$.

13. (UECE) A 1.200 °C, K_C é igual a 8 para a reação:

$$NO_2(g) \rightleftarrows NO(g) + \frac{1}{2} O_2(g)$$

Calcule K_C para:

$$2 NO_2(g) \rightleftarrows 2 NO(g) + O_2(g)$$

a) 16
b) 4
c) 32
d) 64

14. (PUC – SP) Sejam as reações e os valores de suas constantes de equilíbrio:

$2 A(g) + B(g) \rightleftarrows 2 C(g)$ $K_1 = 5$
$2 C(g) + B(g) \rightleftarrows 2 D(g)$ $K_2 = 20$

Qual é o valor da constante de equilíbrio para a reação:

$A(g) + B(g) \rightleftarrows D(g)$ $K_3 = ?$

15. Complete com =, > ou <.

a) predomina reação direta K_C Q
b) predomina reação inversa K_C Q
c) atingiu o equilíbrio K_C Q

16. (FCC – BA) A respeito da reação

$$A + B \rightleftarrows C + 2 D,$$

foram levantados os seguintes dados:

EXPERIMENTO	CONCENTRAÇÃO (mol · litro^{-1})			
	A	B	C	D
I	0,50	4,00	1,00	1,00
II	4,00	2,00	1,00	2,00
III	4,00	3,00	2,00	2,00
IV	9,00	2,00	1,00	3,00
V	16,00	8,00	4,00	4,00

Dos cinco experimentos realizados, quatro já atingiram o equilíbrio. Em qual dos experimentos o equilíbrio ainda não foi atingido?

SÉRIE PRATA

1. (ENEM) O equilíbrio químico se caracteriza por ser uma dinâmica em nível microscópico. Para se ter uma informação quantitativa da extensão do equilíbrio químico, usa-se a grandeza constante de equilíbrio. Considere a tirinha ao lado.

Adaptado de: FELTRE, R. **Fundamentos da Química**, volume único. São Paulo: Moderna, 1996. p. 351.

Aplicada ao equilíbrio químico, a ideia que o personagem tem sobre equilíbrio:

a) É correta, pois, no equilíbrio químico, metade das quantidades sempre é de produtos, e a outra metade é de reagentes.
b) Não é correta, pois, no equilíbrio químico, as concentrações de produtos e as de reagentes podem ser diferentes, mas são constantes.

c) É correta, pois, no equilíbrio químico, as concentrações de reagentes e as de produtos sempre são iguais, desde que o equilíbrio não seja perturbado por um efeito externo.
d) Não é correta, pois, no equilíbrio químico, as concentrações dos produtos sempre são maiores que as dos reagentes, desde que o equilíbrio não seja afetado por um fator externo.
e) É correta, pois, no equilíbrio químico, as concentrações de reagentes e as de produtos sempre não são iguais.

2. (UFMG) A figura representa dois recipientes de mesmo volume, interconectados, contendo quantidades iguais de $I_2(g)$ e $H_2(g)$, à mesma temperatura.

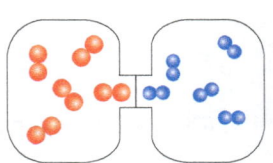

Inicialmente, uma barreira separa esses recipientes, impedindo a reação entre os dois gases. Retirada essa barreira, os dois gases reagem entre si, até que o sistema atinja um estado de equilíbrio, como descrito na equação:

$$H_2(g) + I_2(g) \rightleftharpoons 2HI(g)$$

Considerando o conceito de equilíbrio químico e as propriedades de moléculas gasosas, assinale a alternativa que contém a representação **mais** adequada do estado de equilíbrio nessa reação.

a) 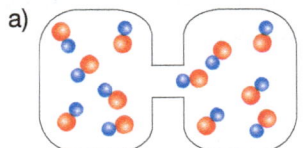   c) 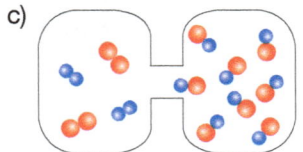   e)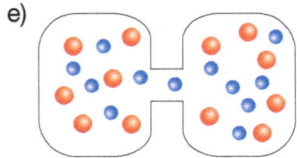

b) 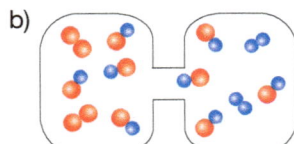   d)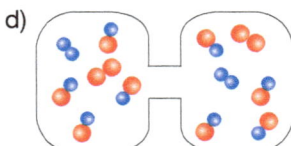

3. (MACKENZIE – SP) Considerando-se o equilíbrio químico equacionado por $A(g) + 2\,B(g) \rightleftharpoons AB_2(g)$, sob temperatura de 300 K, a alternativa que mostra a expressão correta da constante de equilíbrio em termos de concentração em mols por litro é

a) $\dfrac{[AB_2]}{[A] \cdot [B]^2}$ b) $\dfrac{[A] \cdot [B]^2}{[AB_2]}$ c) $\dfrac{[AB_2]}{[A] + [B]^2}$ d) $\dfrac{[A] + [B]^2}{[AB_2]}$ e) $\dfrac{[AB]^2}{[A] \cdot [B]^2}$

4. (CEFET – MG) O gráfico a seguir apresenta as variações das concentrações de três substâncias (A, B e C) durante uma reação química monitorada por 10 minutos.

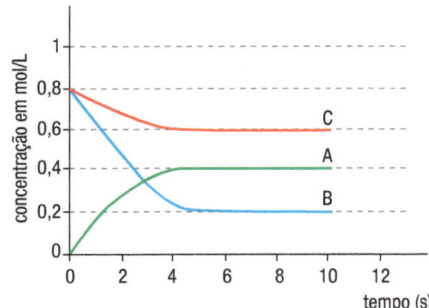

A equação química que representa estequiometricamente essa reação, é:

a) $2A + B \rightleftarrows 3C$ d) $3B + C \rightleftarrows 2A$
b) $2A \rightleftarrows 3C + B$ e) $6C + 4A \rightleftarrows 2B$
c) $2B \rightleftarrows 2C + A$

5. Dentro de um recipiente contendo inicialmente apenas NO_2, ocorre o seguinte processo, a temperatura constante:

$$2 NO_2(g) \rightleftarrows 2 NO(g) + O_2(g)$$

As concentrações dos participantes forma acompanhadas com o passar do tempo, tendo sido feito o gráfico abaixo.

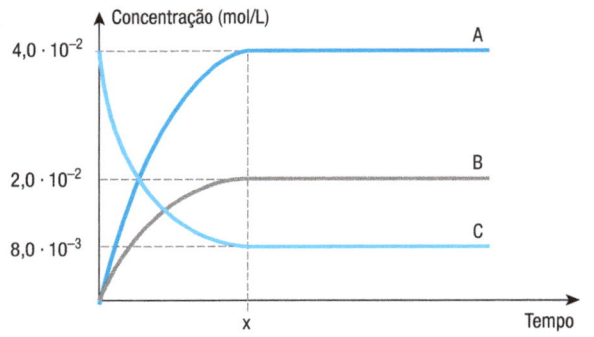

a) Associe as curvas A, B e C aos participantes da reação.
b) Que ocorre de especial no tempo x?
c) Calcule K_C para o equilíbrio em questão.

6. (UFMG) Na fase gasosa ocorre a reação descrita pela equação

$$A + B \rightleftarrows C + D$$

O gráfico representa a variação das concentrações das espécies em função do tempo.

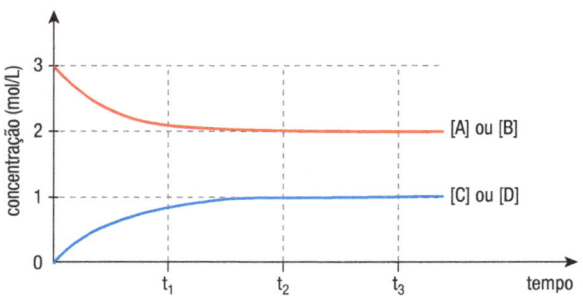

Considerando essas informações, todas as alternativas estão corretas, **exceto**

a) O sistema atinge o equilíbrio em t_2.
b) As concentrações das espécies em t_3 são as mesmas em t_2.
c) No equilíbrio a reação está deslocada no sentido da formação dos reagentes.
d) A velocidade da reação direta em t_1 é menor que em t_2.
e) O valor da constante de equilíbrio, K_C, é 0,25.

7. (VUNESP) Na síntese de amônia foram misturados N_2 e H_2 gasosos em recipiente fechado, com concentrações iniciais iguais a 0,9 mol/L e 1,15 mol/L, respectivamente. A mistura é aquecida a 350 °C e, no equilíbrio, foram observadas as seguintes concentrações: $[H_2]$ = 0,40 mol/L; $[N_2]$ = 0,65 mol/L e $[NH_3]$ = 0,5 mol/L Nessa temperatura, a constante de equilíbrio K_C é:

a) 2,0   b) 2,5   c) 2,7   d) 6,0   e) 9,1

10. (UEL – PR) Dentre os equilíbrios químicos

I. $N_2(g) + 3\ H_2(g) \rightleftharpoons 2\ NH_3(g)$
II. $N_2O_4(g) \rightleftharpoons 2\ NO_2(g)$
III. $PCl_3(g) + Cl_2(g) \rightleftharpoons PCl_5(g)$
IV. $H_2(g) + I_2(g) \rightleftharpoons 2\ HI(g)$
V. $2\ NO(g) + 2\ H_2(g) \rightleftharpoons N_2(g) + 2\ H_2O(g)$

aquele com $K_P = K_C$ é

a) I   b) II   c) III   d) IV   e) V

8. (UEL – PR) A figura seguinte representa a quantidade de moléculas de frutose e glicose, em solução aquosa, a 25 °C e em equilíbrio químico, de acordo com a equação:

frutose(aq) $\rightleftharpoons$ glicose(aq)

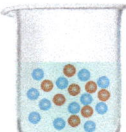

● representação de 1 mol de frutose
● representação de 1 mol de glicose

DADO: volume da solução = 3,0 L.

A constante de equilíbrio a 25 °C para a reação é igual a

a) 0,40.   b) 0,83.   c) 0,28.   d) 1,20.   e) 1,00.

11. (UECE) O tetróxido de dinitrogênio gasoso, utilizado como propelente de foguetes, dissocia-se em dióxido de nitrogênio, um gás irritante para os pulmões, que diminui a resistência às infecções respiratórias. Considerando que no equilíbrio a 60 °C, a pressão parcial do tetróxido de dinitrogênio é 1,4 atm e a pressão parcial do dióxido de nitrogênio é 1,8 atm, a constante de equilíbrio K_P será, em termos aproximados,

a) 0,77 atm.   d) 2,09 atm.
b) 1,09 atm.   e) 2,31 atm.
c) 1,67 atm.

9. (FUVEST – SP) A altas temperaturas, N_2 reage com O_2 produzindo NO, um poluente atmosférico:

$N_2(g) + O_2(g) \rightleftharpoons 2\ NO(g)$

À temperatura de 2.000 K, a constante do equilíbrio acima é igual a $4,0 \times 10^{-4}$. Nesta temperatura, se as concentrações de equilíbrio de N_2 e O_2 forem, respectivamente, $4,0 \times 10^{-3}$ e $1,0 \times 10^{-3}$ mol/L, qual será a de NO?

a) $1,6 \cdot 10^{-9}$ mol/L   d) $4,0 \cdot 10^{-5}$ mol/L
b) $4,0 \cdot 10^{-9}$ mol/L   e) $1,6 \cdot 10^{-4}$ mol/L
c) $1,0 \cdot 10^{-5}$ mol/L

12. (VUNESP) O hidrogênio pode ser obtido do metano, de acordo com a equação química em equilíbrio:

$CH_4(g) + H_2O(g) \rightleftharpoons CO(g) + 3\ H_2(g)$

A constante de equilíbrio dessa reação é igual a 0,20 a 900 K. Numa mistura dos gases em equilíbrio a 900 K, as pressões parciais de $CH_4(g)$ e de $H_2O(g)$ são ambas iguais a 0,40 atm e a pressão parcial de $H_2(g)$ é de 0,30 atm.

a) Dê a expressão da constante de equilíbrio.
b) Calcule a pressão parcial de CO(g) no equilíbrio.

13. (FUVEST – SP) No gráfico, estão os valores das pressões parciais de NO_2 e N_2O_4, para diferentes misturas desses dois gases, quando, a determinada temperatura, é atingido o equilíbrio.

$$2\ NO_2(g) \rightleftarrows N_2O_4(g)$$

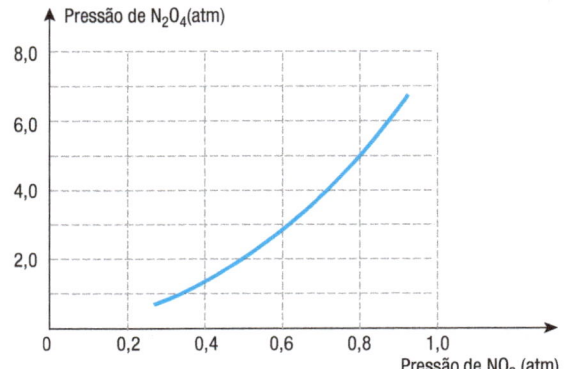

Com os dados desse gráfico, pode-se calcular o valor da constante (K_p) do equilíbrio atingido, naquela temperatura. Seu valor numérico é próximo de:

a) 1   b) 2   c) 4   d) 8   e) 12

15. (UEL – PR) Em um recipiente de capacidade de 2,0 L são colocados 8,0 mol de CO e 8,0 mol de Cl_2 para tomarem parte no seguinte processo, a temperatura constante:

$$CO(g) + Cl_2(g) \rightleftarrows COCl_2(g)$$

Sabendo que o grau de equilíbrio é 75%, calcule K, na temperatura do experimento.

16. 64,0 g de HI gasoso sofrem decomposição a temperatura constante em recipiente fechado:

$$2\ HI(g) \rightleftarrows H_2(g) + I_2(g)$$

Estabelecido o equilíbrio, verifica-se presença de 12,8 g de HI no sistema. Pede-se:

a) o grau de equilíbrio;
b) o valor da constante de equilíbrio.

Dado: massa molar do HI é 128 g/mol.

---

14. (Exercício resolvido) (IMT – SP) Um mol de HI gasoso, a determinada temperatura, está 20% dissociado em hidrogênio e iodo. Qual é o valor de constante de equilíbrio?

Resolução:

	2 HI $\rightleftarrows$	H_2 +	I_2
início	1	0	0
reage e forma	0,2	0,1	0,1
equilíbrio	0,8	0,1	0,1

quantidade em mol/L

$$K_c = \frac{[H_2][I_2]}{[HI]^2} = \frac{\left(\frac{0,1}{V}\right) \cdot \left(\frac{0,1}{V}\right)}{\left(\frac{0,8}{V}\right)^2} = \frac{1}{64}$$

17. Considere as duas reações abaixo e suas respectivas constantes de equilíbrio, em condições ambientes:

$2\,C(s) + 2\,H_2(g) \rightleftarrows C_2H_4(g)$ $K_1 = 1,2 \cdot 10^{-12}$
$2\,C(s) + 3\,H_2(g) \rightleftarrows C_2H_6(g)$ $K_2 = 5,7 \cdot 10^{5}$

Concluímos que nas mesmas condições, a constante de equilíbrio da reação:

$$C_2H_4(g) + H_2(g) \rightleftarrows C_2H_6(g)$$

será igual a:
a) $4,75 \cdot 10^{17}$
b) $6,8 \cdot 10^{5}$
c) $6,84 \cdot 10^{-7}$
d) $1,46 \cdot 10^{-8}$
e) $2,10 \cdot 10^{-18}$

SÉRIE OURO

1. (UFG – GO) Os seguintes gráficos representam variáveis de uma reação química.

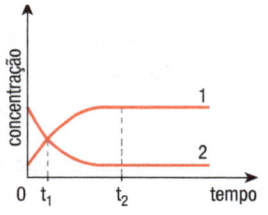
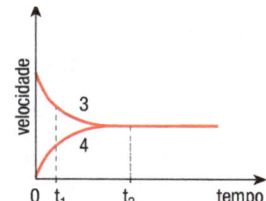

Os gráficos indicam que:
a) No instante t_1, a velocidade da reação direta é igual à da inversa.
b) Após t_2, não ocorre reação.
c) No instante t_1, a reação atingiu o equilíbrio.
d) A curva 4 corresponde à velocidade da reação inversa.
e) No ponto de intersecção das curvas 3 e 4, a concentração de produtos é igual à de reagentes.

2. (PUC – SP) Durante uma transformação química as concentrações das substâncias participantes foram determinadas ao longo do tempo. O gráfico a seguir resume os dados obtidos ao longo do experimento.

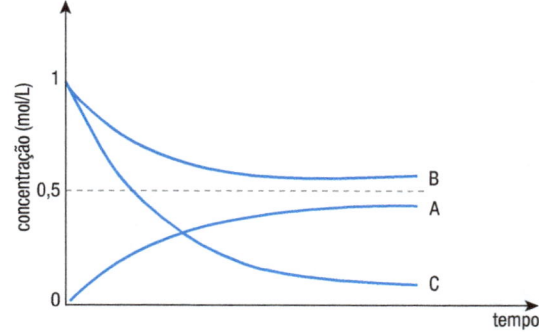

A respeito do experimento, foram feitas algumas afirmações:

I. A e B são reagentes e C é o produto da reação estudada.
II. A reação química estudada é corretamente representada pela equação:
$$B + 2\,C \rightleftarrows A$$
III. Não houve consumo completo dos reagentes, sendo atingido o equilíbrio químico.
IV. A constante de equilíbrio dessa reação, no sentido da formação de A, nas condições do experimento é menor do que 1.

Estão corretas apenas as afirmações:

a) I e IV.   b) II e III.   c) II e IV.   d) III e IV.

3. (MACKENZIE – SP – adaptada) Sob condições adequadas de temperatura e pressão, ocorre a formação do gás amônia. Assim, em um recipiente de capacidade igual a 10 L, foram colocados 6 mol de gás hidrogênio junto com 2 mol de gás nitrogênio. Ao ser atingido o equilíbrio químico, verificou-se que o grau de equilíbrio atingido foi de 75%.

Dessa forma, o valor da constante de equilíbrio (K_C) é igual a

a) $1,80 \cdot 10^{-4}$
b) $3,00 \cdot 10^{-2}$
c) $6,00 \cdot 10^{-1}$
d) $3,60 \cdot 10^{1}$
e) $5,33 \cdot 10^{2}$

4. (FUVEST – SP) A produção industrial de metanol envolve o equilíbrio representado por:

$$CO(g) + 2\,H_2(g) \rightleftarrows CH_3OH(g)$$

Numa experiência de laboratório colocaram-se 2 mol de CO e 2 mol de CH_3OH num recipiente vazio de 1 L. Em condições semelhantes às do processo industrial foi alcançado o equilíbrio. Quando a concentração de equilíbrio de H_2 for x mol/L, a de CH_3OH será:

a) $2 - x$
b) $2 - \dfrac{x}{2}$
c) $\dfrac{x}{2}$
d) $2 + x$
e) $2 + \dfrac{x}{2}$

5. (FGV) Uma indústria produz aromatizante artificial por um processo que é representado de acordo com a equação química seguinte:

$$CH_3CH_2CH_2C(=O)OH + CH_3OH \rightleftarrows CH_3CH_2CH_2C(=O)OCH_3 + H_2O$$

aroma de maçã

Em um teste de laboratório, foram adicionados 10 mol de butano e **n** mol de CH_3OH a um reator de 1 L.

O reator foi fechado e, ao se atingir o equilíbrio reacional, verificou-se a formação de 9 mol da substância com aroma de maçã e 9 mol de H_2O.

Considerando que a constante de equilíbrio referente às condições de temperatura e pressão do processo é $K_{eq} = 9$, o valor correto da quantidade, em mol, de CH_3OH adicionado ao reator é

a) 9. b) 10. c) 12. d) 18. e) 20.

6. (UNIFESP) A constante de equilíbrio para a reação na fase gasosa

$$CO(g) + H_2O(g) \rightleftarrows CO_2(g) + H_2(g)$$

vale 25, a 600 K. Foi feita uma mistura contendo 1,0 mol de CO, 1,0 mol de H_2O, 2,0 mol de CO_2 e 2,0 mol de H_2 em um frasco de 1,0 L, a 600 K. Quais as concentrações de CO(g) e CO_2(g), em mol/L, quando for atingido o equilíbrio?

a) 3,5 e 1,5
b) 2,5 e 0,5
c) 1,5 e 3,5
d) 0,5 e 2,5
e) 0,5 e 3,0

7. (FUVEST – SP – adaptada) A uma determinada temperatura, as substâncias HI, H_2 e I_2 estão no estado gasoso. A essa temperatura, o equilíbrio entre as três substâncias foi estudado, em recipientes fechados, partindo-se de uma mistura equimolar de H_2 e I_2 (experimento A) ou somente de HI (experimento B).

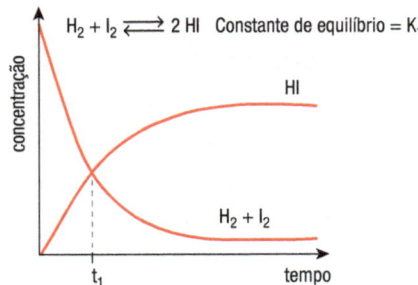

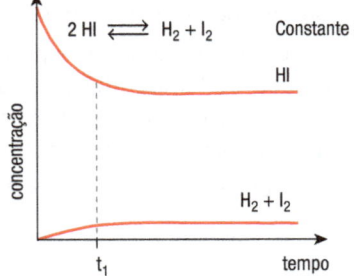

a) A partir da análise dos gráficos acima, determine para qual dos experimentos o valor da constante de equilíbrio (K_C) é maior do que 1. Justifique sua resposta.
Experimento:_____
Justificativa:

b) Um recipiente fechado de 1 litro, contendo inicialmente, à temperatura ambiente, 1 mol de I_2 e 1 mol de H_2, é aquecido a 300 °C. Com isso, estabelece-se o equilíbrio representado pelo experimento A. Sabendo que a constante de equilíbrio para essa reação é igual a $1,0 \cdot 10^2$, determine a concentração, em mol/L, de cada uma das espécies $H_2(g)$, $I_2(g)$ e $HI(g)$ no equilíbrio químico.

8. (FUVEST – SP) O Brasil produz, anualmente, cerca de $6 \cdot 10^6$ toneladas de ácido sulfúrico pelo processo de contacto. Em uma das etapas do processo há, em fase gasosa, o equilíbrio

$$2\ SO_2(g) + O_2(g) \rightleftarrows 2\ SO_3(g) \qquad K_P = 4,0 \cdot 10^4$$

que se estabelece à pressão total de P atm e temperatura constante. Nessa temperatura, para que o valor da relação $\dfrac{x^2_{SO_3}}{x^2_{SO_2} x_{O_2}}$ seja igual a $6,0 \cdot 10^4$, o valor de P deve ser:

a) 1,5
b) 3,0
c) 15
d) 30
e) 50

x = fração em quantidade de matéria (fração molar) de cada constituinte na mistura gasosa.
K_P = constante de equilíbrio.

9. (FUVEST – SP) Na síntese da amônia, pelo processo Haber, podem ser empregadas pressão de 200 atm e temperatura de 750 K.

O gráfico a seguir mostra a porcentagem, em volume, Q, de conversão dos reagentes (N_2 e H_2) em produto, no equilíbrio, em função da pressão P (em atm) a 750 K.

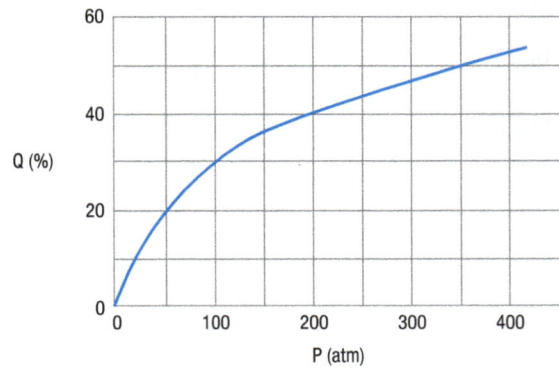

Utilizando $2,0 \times 10^5$ L de N_2 e $6,0 \times 10^5$ L de H_2, qual a massa aproximada de amônia, em kg, que pode ser obtida no equilíbrio, nas condições especificadas acima?

* Os volumes são medidos a 200 atm e 750 K. Nessas condições, o volume molar de um gás é igual a 0,30 L.

*A massa molar da amônia é igual a 17 g/mol.
a) $1{,}6 \times 10^3$
b) $3{,}2 \times 10^3$
c) $6{,}0 \times 10^3$
d) $9{,}0 \times 10^3$
e) 18×10^3

10. (UNICAMP – SP) Uma equação química é uma equação matemática no sentido de representar uma igualdade: todos os átomos e suas quantidades que aparecem nos reagentes também devem constar nos produtos. Considerando uma equação química e sua correspondente constante de equilíbrio, pode-se afirmar corretamente que, multiplicando-se todos os seus coeficientes por 2, a constante de equilíbrio associada a esta nova equação será

a) o dobro da constante da primeira equação química, o que está de acordo com um produtório.
b) o quadrado da constante da primeira equação, o que está de acordo com um produtório.
c) igual à da primeira equação, pois ela é uma constante, o que está de acordo com um somatório.
d) a constante da primeira equação multiplicada por ln 2, o que está de acordo com um somatório.

11. (ENEM) Vários ácidos são utilizados em indústrias que descartam seus efluentes nos corpos d'água, como rios e lagos, podendo afetar o equilíbrio ambiental. Para neutralizar a acidez, o sal carbonato de cálcio pode ser adicionado ao efluente, em quantidades apropriadas, pois produz bicarbonato, que neutraliza a água.

As equações envolvidas no processo são apresentadas:

I. $CaCO_3(s) + CO_2(g) + H_2O(l) \rightleftharpoons Ca^{2+}(aq) + 2\,HCO_3^-(aq)$

II. $HCO_3^-(aq) \rightleftharpoons H^+(aq) + CO_3^{2-}(aq)$
$$K_1 = 3{,}0 \times 10^{-11}$$

III. $CaCO_3(s) \rightleftharpoons Ca^{2+}(aq) + CO_3^{2-}(aq)$
$$K_2 = 6{,}0 \times 10^{-9}$$

IV. $CO_2(g) + H_2O(l) \rightleftharpoons H^+(aq) + HCO_3^-(aq)$
$$K_3 = 2{,}5 \times 10^{-7}$$

Com base nos valores das constantes de equilíbrio das reações II, III e IV a 25 °C, qual é o valor numérico da constante de equilíbrio da reação I?

a) $4{,}5 \cdot 10^{-26}$
b) $5{,}0 \cdot 10^{-5}$
c) $0{,}8 \cdot 10^{-9}$
d) $0{,}2 \cdot 10^5$
e) $2{,}2 \cdot 10^{26}$

12. (ITA – SP) Considere as seguintes reações químicas e respectivas constantes de equilíbrio:

$N_2(g) + O_2(g) \rightleftharpoons 2\,NO(g)$ \qquad K_1

$2\,NO(g) + O_2(g) \rightleftharpoons 2\,NO_2(g)$ \qquad K_2

$NO_2(g) \rightleftharpoons \frac{1}{2} N_2(g) + O_2(g)$ \qquad K_3

Então, K_3 é igual a

a) $\dfrac{1}{(K_1 K_2)}$.
b) $\dfrac{1}{(2 K_1 K_2)}$.
c) $\dfrac{1}{(4 K_1 K_2)}$.
d) $\left(\dfrac{1}{(K_1 K_2)}\right)^{\frac{1}{2}}$
e) $\left(\dfrac{1}{K_1 K_2}\right)^2$

13. (VUNESP) O equilíbrio gasoso $N_2O_4 \rightleftharpoons 2\ NO_2$ apresenta, a uma dada temperatura, constante de equilíbrio $K_C = 2$. Nesta temperatura foram feitas duas misturas diferentes, A e B, cada uma acondicionada em recipiente fechado, isolado e distinto. As condições iniciais estão mostradas na tabela ao lado.

	NO_2	N_2O_4
A	$2 \cdot 10^{-2}$	$2 \cdot 10^{-4}$
B	$2 \cdot 10^{-1}$	$2 \cdot 10^{-3}$

a) Efetue os cálculos necessários e conclua se a mistura A se encontra ou não em situação de equilíbrio.

b) Efetue os cálculos necessários e conclua se a mistura B se encontra ou não em situação de equilíbrio.

14. (FUVEST – SP) A reação de esterificação do ácido etanoico com etanol apresenta constante de equilíbrio igual a 4, à temperatura ambiente. Abaixo estão indicadas cinco situações, dentre as quais apenas uma é compatível com a reação, considerando-se que a composição final é a de equilíbrio. Qual alternativa representa, nessa temperatura, a reação de esterificação citada?

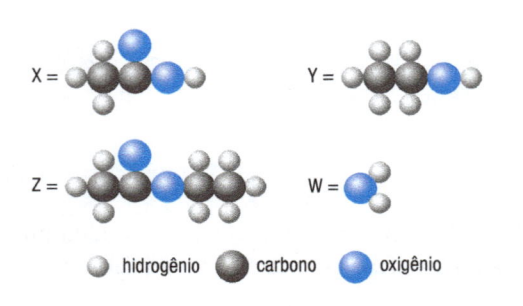

	COMPOSIÇÃO INICIAL EM MOLS				COMPOSIÇÃO FINAL EM MOLS			
	X	Y	Z	W	X	Y	Z	W
a)	6	6	0	0	2	2	4	4
b)	6	5	0	0	4	3	2	2
c)	4	5	0	0	2	3	2	2
d)	3	3	1	0	1	1	3	2
e)	0	0	6	6	3	3	3	3

15. (ITA – SP) A constante de equilíbrio da reação:

$$H_2O(g) + Cl_2O(g) \rightleftharpoons 2\,HOCl(g)$$

a 25 °C, é $K_C = K_P = 0{,}0900$. Recipientes fechados, numerados de I até IV, e mantidos na temperatura de 25 °C, contêm somente as três espécies químicas gasosas envolvidas na reação acima. Imediatamente após cada recipiente ter sido fechado, as pressões e/ou as quantidades de cada uma destas substâncias, em cada um dos recipientes, são:

I. 5 mmHg de $H_2O(g)$; 400 mmHg de $Cl_2O(g)$ e 10 mmHg de $HOCl(g)$

II. 10 mmHg de $H_2O(g)$; 200 mmHg de $Cl_2O(g)$ e 10 mmHg de $HOCl(g)$

III. 1,0 mol de $H_2O(g)$; 0,080 mol de $Cl_2O(g)$ e 0,0080 mol de $HOCl(g)$

IV. 0,50 mol de $H_2O(g)$; 0,0010 mol de $Cl_2O(g)$ e 0,20 mol de $HOCl(g)$

É **correto** afirmar que:

a) Todos os recipientes contêm misturas gasosas em equilíbrio químico.
b) Todos os recipientes não contêm misturas gasosas em equilíbrio químico e, em todos eles, o avanço da reação se dá no sentido da esquerda para a direita.
c) A mistura gasosa do recipiente III não está em equilíbrio químico e a reação avança no sentido da esquerda para a direita.
d) A mistura gasosa do recipiente IV não está em equilíbrio químico e a reação avança no sentido da esquerda para a direita.
e) As misturas gasosas dos recipientes I e II não estão em equilíbrio químico e as reações avançam no sentido da direita para a esquerda.

SÉRIE PLATINA

1. (FUVEST – SP – adaptada) A reação química de hidrólise de ésteres de ácidos carboxílicos é catalisada por ácidos e segue uma cinética de primeira ordem. Uma solução aquosa 0,1 mol/L de acetato de etila (etanoato de etila) praticamente não apresenta hidrólise em pH = 7; porém, ao se adicionar HCl até a concentração de 0,1 mol/L, observa-se o início da hidrólise, de modo que a concentração de éster cai pela metade a cada 17,5 horas, ou seja, o tempo de meia-vida da reação de hidrólise do acetato de etila é considerado constante e igual a 17,5 horas. A reação prossegue até praticamente todo o éster reagir.

a) Escreva a fórmula estrutural do ester citado no enunciado.

b) A hidrólise de ésteres ocorre conforme o esquema:

R–COOR′ + H–OH $\rightleftharpoons$ R–COOH + R′–OH

R = orgânicos

A partir da análise do esquema apresentado, escreva a reação de hidrólise do acetato de etila e dê o nome dos produtos formados.

c) Preencha a tabela abaixo, lembrando que "a concentração de estar cai pela metade a cada 17,5 horas", conforme o enunciado.

REAÇÃO:	ÉSTER	+ ÁGUA $\rightleftharpoons$ ÁCIDO	+ ÁLCOOL
$T_1 = 0\,h$	0,1 mol/L	0,1 mol/L	0	0
$T_2 = 17{,}5\,h$				
$T_3 = 35{,}0\,h$				
$T_4 = 52{,}7\,h$				
$T_5 = 70{,}0\,h$				
$T_6 = 87{,}5\,h$				
$T_7 = 105\,h$				
$T_8 = 122{,}5\,h$				

Com os dados obtidos na tabela, esboce, no quadriculado abaixo, o gráfico da variação de concentração de éster, de etanol e de HCl, nomeando a curva referente a cada composto.

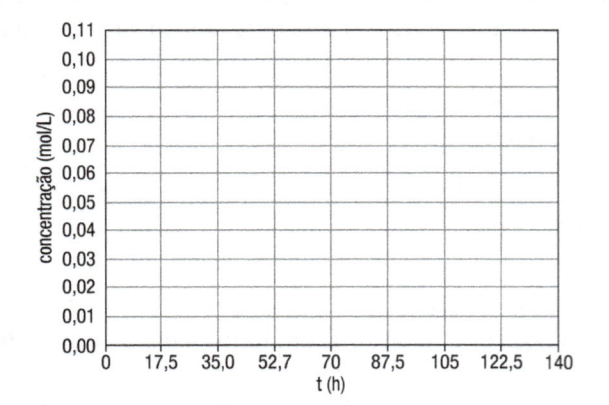

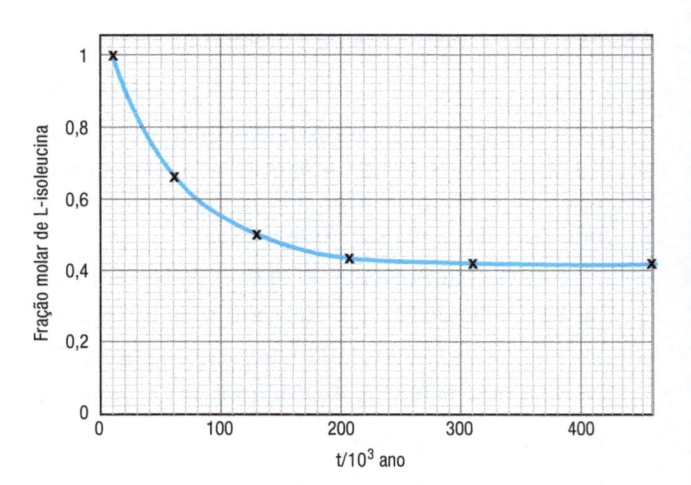

a) Leia no gráfico as frações molares de L-isoleucina indicadas com uma cruz e construa uma tabela com esses valores e com os tempos correspondentes.
b) Complete sua tabela com os valores da fração molar de D-isoleucina formada nos tempos indicados. Explique.
c) Calcule a constante do equilíbrio da isomerização.
$$\text{L-isoleucina} \rightleftarrows \text{D-isoleucina}$$
d) Qual é a idade de um osso fóssil em que o quociente entre as quantidades de D-isoleucina e L-isoleucina é igual a 1?

2. (FUVEST – SP) A L-isoleucina é um aminoácido que, em milhares de anos, se transforma no seu isômero, a D-isoleucina. Assim, quando um animal morre e aminoácidos deixam de ser incorporados, o quociente entre as quantidades, em mol, de D-isoleucina e de L-isoleucina, que é igual a zero no monumento da morte, aumenta gradativamente até atingir o valor da constante de equilíbrio. A determinação desses aminoácidos, num fóssil, permite datá-lo. O gráfico traz a fração molar de L-isoleucina, em uma mistura dos isômeros D e L, em função do tempo.

3. (FAMERP – SP) A solubilização do SO_2, gás produzido pela combustão do enxofre presente em combustíveis fósseis e responsável pela presença de ácido sulfuroso (H_2SO_3) na atmosfera, ocorre de acordo com a equação:

$SO_2(g) + H_2O(l) \rightleftarrows SO_2 \cdot H_2O(aq)$

$K = 1,2 \times 10^{-5}$ mol $\cdot$ L^{-1} $\cdot$ Pa^{-1}

Em um local onde a atmosfera está submetida a grandes emissões de SO_2, coletou-se a água da chuva em determinada ocasião. A análise dessa água detectou a presença de $2,4 \times 10^{-3}$ mol/L de $SO_2 \cdot H_2O$. A classificação da qualidade do ar, em relação à presença de dióxido de enxofre na atmosfera, é apresentada na tabela:

QUALIDADE	PRESSÃO DE SO_2 NA ATMOSFERA (PASCAL)
Boa	0 a 160
Moderada	160 a 330
Ruim	330 a 3.000
Muito ruim	3.000 a 6.700
Péssima	> 6.700

Adaptado de: <www.ecycle.com.br>.

a) Qual o nome do fenômeno atmosférico relacionado à presença do H_2SO_3 em grandes concentrações na água da chuva? Qual a massa de $SO_2 \cdot H_2O$ (massa molar = 82 g/mol) presente em um litro da água da chuva coletada no experimento descrito?

b) Utilizando a simbologia [ ] para concentração em mol/L e p( ) para pressão, escreva a expressão da constante de equilíbrio para a reação de solubilização do SO_2. Com base nas informações apresentadas, classifique a qualidade do ar na ocasião da análise.

NOTA: neste equilíbrio, como a água é, além de reagente, solvente do processo, a [H_2O] não é inserida na constante de equilíbrio.

4. (FUVEST – SP – adaptada) Coloca-se para reagir, em um recipiente isolado e de volume constante, um mol de gás hidrogênio e um mol de vapor de iodo, ocorrendo a formação de HI(g), conforme representado pela equação química

$H_2(g) + I_2(g) \rightleftarrows 2\,HI(g)$

Atingido o equilíbrio químico, a uma dada temperatura (mantida constante), as pressões parciais das substâncias envolvidas satisfazem a igualdade

$$\frac{(P_{HI})^2}{P_{H_2} \cdot P_{I_2}} = 49$$

NOTA: $K_P = K_C \cdot (RT)^{\Delta n_{gás}}$

a) Determine o valor numérico da constante de equilíbrio em termos de concentração em mol/L.
b) Calcule a concentração de HI(g), em mol/L, no equilíbrio.
c) Expresse o valor da pressão parcial de hidrogênio (P_{H_2}) como função do valor da pressão total da mistura (P), no equilíbrio.

5. (FUVEST – SP) O carbamato de amônio sólido, NH_4OCONH_2, se decompõe facilmente formando os gases NH_3 e CO_2. Em recipiente fechado estabelece-se o equilíbrio:

$$NH_4OCONH_2(s) \rightleftarrows 2\,NH_3(g) + CO_2(g)$$

A 20 °C, a constante desse equilíbrio, em termos de concentração mol/L, é igual a $4 \cdot 10^{-9}$.

a) Um recipiente de 2 L, evacuado, contendo inicialmente apenas carbamato de amônio na quantidade de $4 \cdot 10^{-3}$ mol foi mantido a 20 °C até não se observar mais variação de pressão. Nessas condições, resta algum sólido dentro do recipiente? Justifique com cálculos.

b) Para a decomposição do carbamato de amônio em sistema fechado, faça um gráfico da concentração de NH_3, em função do tempo, mostrando a situação de equilíbrio.

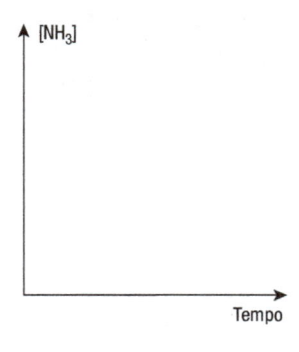

6. (FUVEST – SP – adaptada) A oxidação de SO_2 a SO_3 é uma das etapas da produção de ácido sulfúrico.

$$2\,SO_2(g) + O_2(g) \rightleftarrows 2\,SO_3(g) \qquad \Delta H < 0$$

a) Em um dado instante t_1, foram medidas as concentrações de SO_2, O_2 e SO_3 em um reator fechado, a 1.000 °C, obtendo-se os valores:

$$[SO_2] = 1{,}0\ \text{mol/L};\ [O_2] = 1{,}6\ \text{mol/L};$$
$$[SO_3] = 20\ \text{mol/L}.$$

Considerando esses valores, como é possível saber se o sistema está ou não em equilíbrio? Justifique com os cálculos necessários.

NOTE E ADOTE: para a reação dada, $K_C = 250$ a 1.000 °C.

b) No gráfico abaixo, represente o comportamento das concentrações dessas substâncias no intervalo de tempo entre t_1 e t_2, considerando que, em t_2, o sistema está em equilíbrio químico.

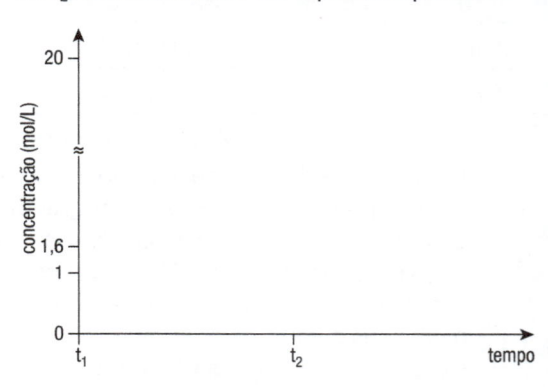

Obs.: $\approx$: fora de escala.

Deslocamento de Equilíbrio

2

No capítulo anterior, vimos que as reações químicas podem se desenvolver em ambos os sentidos (reagentes se transformam em produtos e produtos se transformam em reagentes) e que, em sistemas fechados, estabelece-se, depois de determinado intervalo de tempo, um estado chamado de **equilíbrio**, no qual as concentrações de reagentes e produtos mantêm-se constantes.

Neste capítulo, por sua vez, vamos discutir o que ocorre com um sistema em equilíbrio quando esse equilíbrio é **perturbado** e como o sistema evolui para retornar a um novo estado de equilíbrio.

Como uma diversidade de produtos químicos são obtidos em processos que podem atingir o equilíbrio, entender como **deslocar** um equilíbrio no sentido dos produtos, para aumentar o rendimento, ou no sentido dos reagentes, para evitar, por exemplo, que determinado produto indesejado seja obtido, é um conhecimento bastante importante para os químicos e os engenheiros responsáveis pela gestão e pelo planejamento das fábricas e indústrias.

A **amônia (NH_3)** é utilizada como matéria-prima para produção de sais de amônio, que estão presentes na maioria dos produtos de limpeza. Eles são usados em desinfetantes, surfactantes e **amaciantes de roupas**.

2.1 Princípio de Le Châtelier

No início do século XX, o químico industrial francês Henri Louis **Le Châtelier** (1850-1936) foi um dos pioneiros em **alterar** (**perturbar**) um equilíbrio químico buscando principalmente aumentar o rendimento da reação, obtendo um novo equilíbrio com concentrações diferentes das do equilíbrio original.

Essa alteração foi chamada de **deslocamento de equilíbrio** e os **fatores** (também chamados de **força aplicada** ou **perturbação externa**) responsáveis por deslocar um equilíbrio químico são a **concentração** (adição ou remoção de um reagente ou produto), a **pressão** (devido ao aumento ou à diminuição do volume) e a **temperatura** (aumento ou diminuição da temperatura).

Se retomarmos o equilíbrio que estudamos no Capítulo 1, podemos, por alterações dos fatores acima mencionados, favorecer a reação direta (no sentido de formação de NO_2) ou favorecer a reação inversa (no sentido de formação de N_2O_4). Nesses casos, dizemos, respectivamente, que o equilíbrio foi deslocado para a direita ou para a esquerda.

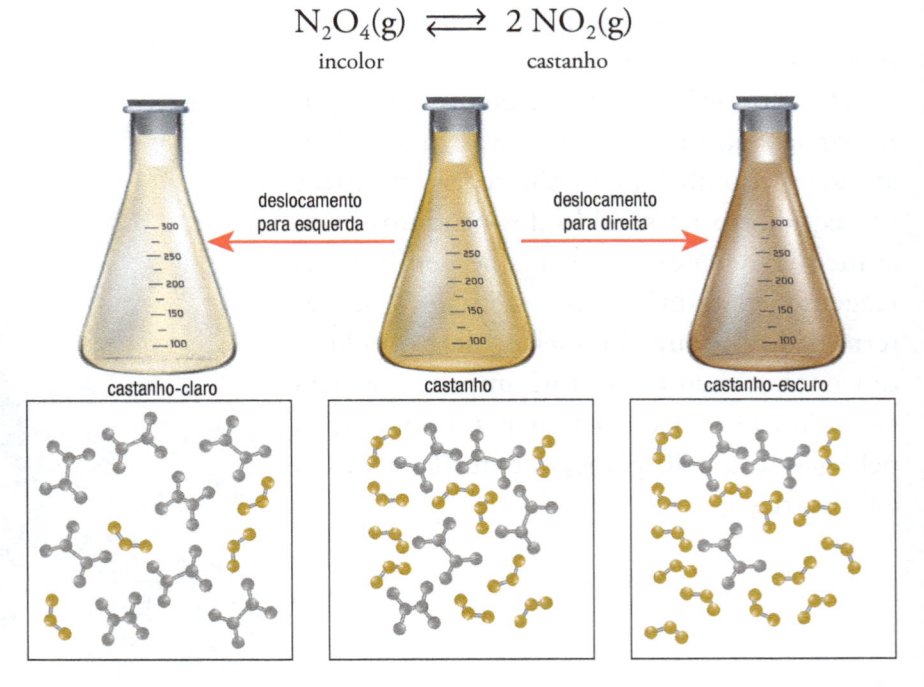

Le Châtelier é reconhecido por suas importantes contribuições no campo da Química aplicada à indústria.

$$N_2O_4(g) \rightleftarrows 2\,NO_2(g)$$
incolor — castanho

Se o equilíbrio é deslocado para a direita, aumenta a quantidade de NO_2 (de coloração castanha), tornando a cor do gás contido no recipiente mais escura. Já se o equilíbrio é deslocado para a esquerda, aumenta a quantidade de N_2O_4 (de coloração incolor), tornando a cor do gás contido no recipiente mais clara.

deslocamento para esquerda — castanho-claro
castanho
deslocamento para direita — castanho-escuro

Le Châtelier, com base em observações experimentais, explicou qualitativamente o deslocamento do equilíbrio em um enunciado que ficou conhecido como **Princípio de Le Châtelier**:

> Se um sistema em equilíbrio é perturbado por uma variação na concentração, na pressão ou na temperatura, o equilíbrio deslocar-se-á de forma a diminuir o efeito dessa perturbação.

2.2 Efeito da Variação da Concentração

Vamos novamente retomar o equilíbrio de dissociação do N_2O_4 em NO_2:

$$N_2O_4(g) \rightleftarrows 2\,NO_2(g)$$

Podemos prever o sentido do deslocamento de equilíbrio devido à variação da concentração dos participantes no equilíbrio a partir do Princípio de Le Châtelier. Observe os exemplos a seguir.

▸▸ Se adicionarmos, por exemplo, N_2O_4 (reagente), aumentaremos momentaneamente a concentração de N_2O_4 (em relação àquela do equilíbrio). Como resposta, o equilíbrio deslocar-se-á para a direita, no sentido de consumo de N_2O_4 e de formação de NO_2.

▸▸ Se adicionarmos, por exemplo, NO_2 (produto), aumentaremos momentaneamente a concentração de NO_2 (em relação àquela do equilíbrio). Como resposta, o equilíbrio deslocar-se-á para a esquerda, no sentido de consumo de NO_2 e de formação de N_2O_4.

▸▸ Se removermos, por exemplo, NO_2 (produto), diminuiremos momentaneamente a concentração de NO_2 (em relação àquela do equilíbrio). Como resposta, o equilíbrio deslocar-se-á para a direita, no sentido de formação de NO_2.

Assim, em resumo, podemos dizer que:

▸▸ O **aumento da concentração** de um participante provoca o deslocamento do equilíbrio no sentido do seu **consumo**.

↑ reagentes ⇌ produtos   reagentes ⇌ produtos ↑

▸▸ A **diminuição da concentração** de um participante provoca o deslocamento do equilíbrio no sentido da sua **formação**.

↓ reagentes ⇌ produtos   reagentes ⇌ produtos ↓

ATENÇÃO!

Assim como sólidos não são incorporados à constante de equilíbrio, a adição ou remoção de sólido também não desloca o equilíbrio!

FIQUE POR DENTRO!

Quociente de reação (Q) e deslocamento de equilíbrio

O Princípio de Le Châtelier permite identificar qualitativamente o sentido do deslocamento do equilíbrio após uma perturbação, por exemplo, na concentração de um reagente desse equilíbrio.

Esse sentido também pode ser identificado a partir da comparação entre o valor do quociente da reação (Q) e a constante de equilíbrio (K_C).

Observe esse cálculo para o seguinte exemplo. Considere um sistema em equilíbrio a 100 °C, contendo N_2O_4 e NO_2 em um recipiente de 1 L. Sabemos, do capítulo anterior, que as concentrações $[N_2O_4]_{equilíbrio} = 0{,}362$ mol/L e $[NO_2]_{equilíbrio} = 0{,}276$ mol/L configuram um sistema em equilíbrio:

$$N_2O_4(g) \rightleftarrows 2\,NO_2(g) \qquad K_C = 0{,}21 \text{ (a 100 °C)}$$

$$Q = \frac{[NO_2]^2}{[N_2O_4]} = \frac{(0{,}276)^2}{0{,}362} = 0{,}21 = K_C \Rightarrow \text{sistema está em equilíbrio}$$

Se adicionarmos 1 mol de N_2O_4 ao recipiente, teríamos, imediatamente após a adição, $[N_2O_4] = 1{,}362$ mol/L. Usando essa concentração momentânea, podemos calcular novamente o valor do quociente da reação:

$$Q = \frac{[NO_2]^2}{[N_2O_4]} = \frac{(0{,}276)^2}{1{,}362} = 0{,}056 \neq K_C \Rightarrow \text{sistema } \mathbf{não} \text{ está em equilíbrio}$$

O fato de $Q \neq K_C$ mostra que o sistema não está mais em equilíbrio, ou seja, que a adição de N_2O_4 retirou o sistema do equilíbrio. Porém, o fato de $Q < K_C$ também indica que a reação direta será favorecida pela adição de N_2O_4 para que o valor de Q volte a se igualar ao valor de K_C.

A adição de N_2O_4 (reagente) favorece a reação direta, isto é, desloca o equilíbrio para a direita, no sentido de formação de NO_2 (e de consumo de N_2O_4). Essa é a mesma conclusão que alcançamos a partir do Princípio de Le Châtelier!

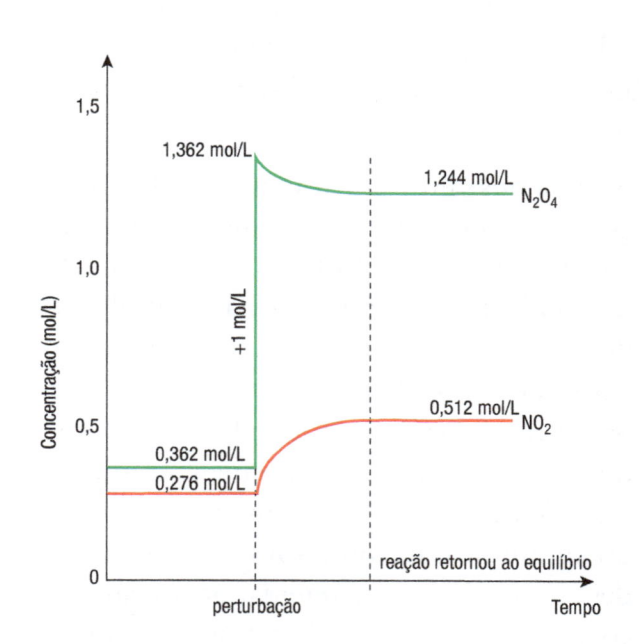

2.3 Efeito da Variação da Pressão

O princípio de Le Châtelier prediz que, quando um equilíbrio contendo gases é comprimido (seu volume diminui, provocando aumento da pressão), a composição do equilíbrio muda, favorecendo o sentido que promove a contração do volume. Isto é, favorecendo o sentido com menor número de moléculas na fase gasosa, para diminuir o efeito do aumento da pressão. A expansão do sistema, por sua vez, provoca a resposta contrária, ou seja, desloca o equilíbrio no sentido com maior número de moléculas na fase gasosa.

Para o equilíbrio que estamos estudando, o aumento da pressão (provocado pela diminuição do volume) desloca o equilíbrio para a esquerda. Já a diminuição da pressão (provocada pelo aumento do volume) desloca o equilíbrio para a direita.

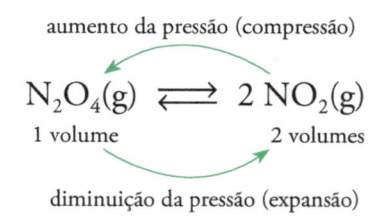

aumento da pressão (compressão)

$$N_2O_4(g) \rightleftarrows 2\,NO_2(g)$$
1 volume 2 volumes

diminuição da pressão (expansão)

Há ainda equilíbrios químicos que não são afetados pela variação da pressão: são aqueles equilíbrios nos quais o volume gasoso é igual em ambos os lados da equação como, por exemplo:

$$① H_2(g) + ① I_2(g) \rightleftarrows ② HI(g)$$

Esse equilíbrio **não** pode ser deslocado por variações da pressão.

Por fim, vale reforçar que o efeito da variação da pressão está relacionado aos participantes gasosos do equilíbrio. Assim, para equilíbrios heterogêneos, devemos considerar apenas os gases na nossa análise. Observe os exemplos a seguir:

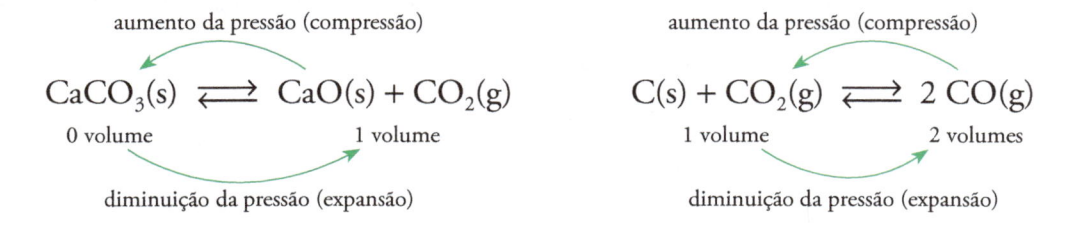

aumento da pressão (compressão)

$$CaCO_3(s) \rightleftarrows CaO(s) + CO_2(g)$$
0 volume 1 volume

diminuição da pressão (expansão)

aumento da pressão (compressão)

$$C(s) + CO_2(g) \rightleftarrows 2\,CO(g)$$
1 volume 2 volumes

diminuição da pressão (expansão)

> **ATENÇÃO!**
> A adição de um gás inerte (como argônio, Ar, e hélio, He) em um equilíbrio químico aumenta a pressão total do sistema, mas não provoca o deslocamento do equilíbrio, pois o volume permanece constante e não há alteração das concentrações dos participantes do equilíbrio.

2.4 Efeito da Variação da Temperatura

Uma forma simples de aplicar o Princípio de Le Châtelier para variações de temperatura é considerar o calor como um participante do equilíbrio. Quando o sentido direto é endotérmico, podemos considerar o calor um reagente do processo; já em reações nas quais o sentido direto é exotérmico, o calor deve ser considerado um produto.

▶▶ Equilíbrio 1: reação direta endotérmica:

$$\text{reagentes} + \text{calor} \rightleftarrows \text{produtos}$$

▶▶ Equilíbrio 2: reação direta exotérmica:

$$\text{reagentes} \rightleftarrows \text{produtos} + \text{calor}$$

Com essas considerações, aumentar a temperatura pode ser entendido como "fornecer calor" para o sistema, o que provoca o deslocamento para a direita do equilíbrio 1 e para a esquerda do equilíbrio 2. Já diminuir a temperatura pode ser entendido como "retirar calor" do sistema, o que provoca o deslocamento para a esquerda do equilíbrio 1 e para a direita do equilíbrio 2.

Podemos resumir ambos os casos da seguinte forma: o princípio de Le Châtelier prediz que um aumento da temperatura em um equilíbrio químico provocará o deslocamento no sentido da reação endotérmica (que absorve calor), o que possibilita a diminuição do efeito do aumento da temperatura. Já a diminuição da temperatura favorecerá o sentido exotérmico da reação (que libera calor).

Para o equilíbrio entre N_2O_4 e NO_2, que é endotérmico no sentido de formação de NO_2 (= 58,1 kJ/mol N_2O_4), o aumento da temperatura desloca o equilíbrio para a direita, favorecendo a formação de NO_2; já a diminuição da temperatura desloca o equilíbrio para a esquerda, favorecendo a formação de N_2O_4.

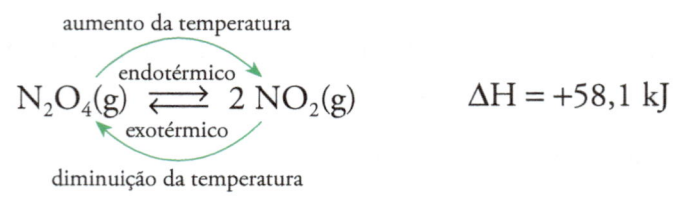

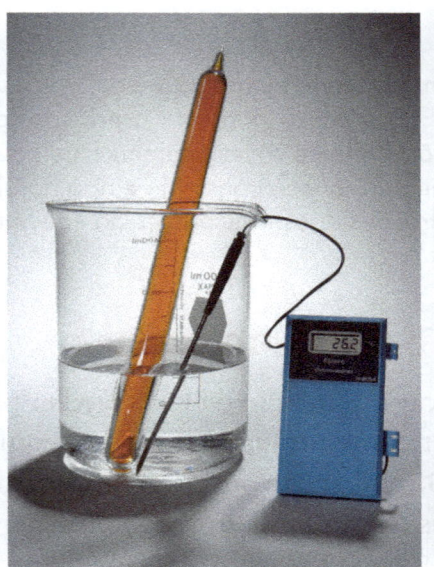

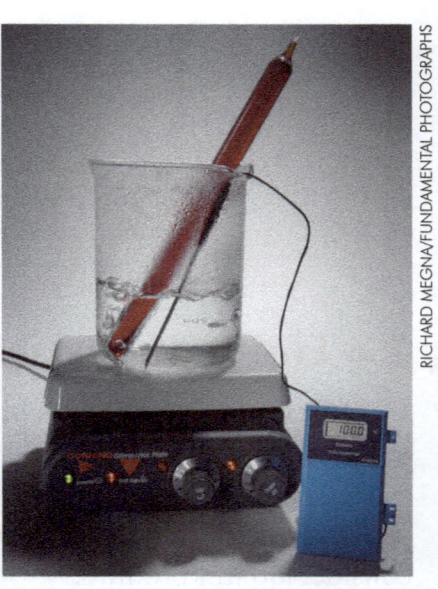

$$N_2O_4(g) \underset{\text{exotérmico}}{\overset{\text{endotérmico}}{\rightleftarrows}} 2\,NO_2(g) \qquad \Delta H = +58,1 \text{ kJ}$$

aumento da temperatura

diminuição da temperatura

Da esquerda para direita, é possível observar o efeito do aumento da temperatura sobre a coloração do sistema formado pelo equilíbrio entre N_2O_4 e NO_2. O aumento da temperatura desloca o equilíbrio no sentido endotérmico, de formação de NO_2, que apresenta coloração castanha. Com o aumento da concentração de NO_2, fica mais escura a coloração da mistura gasosa.

Por fim, deve ser feita uma observação importante sobre o efeito da variação da temperatura no equilíbrio químico. Os dois fatores anteriores (concentração e pressão) promovem, assim como a temperatura, deslocamento do equilíbrio e alteração do rendimento, porém a temperatura é o único fator que promove alteração no valor da constante de equilíbrio. Observe na tabela a seguir os valores de K_C em função da temperatura para o equilíbrio acima: nesse equilíbrio, que apresenta uma reação direta endotérmica, o aumento de temperatura provoca aumento do valor da constante de equilíbrio.

TEMPERATURA (°C)	$K_C = \dfrac{[NO_2]^2}{[N_2O_4]}$
0	0,00038
25	0,0059
50	0,022
100	0,21

Já para um equilíbrio que apresenta reação direta exotérmica, como o da síntese de amônia (NH_3), o comportamento é o oposto: o aumento de temperatura provoca diminuição do valor da constante de equilíbrio.

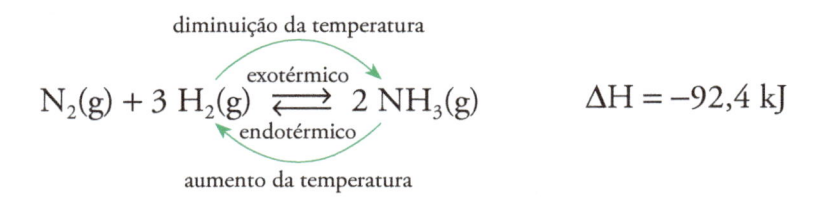

TEMPERA-TURA (°C)	$K_C = \dfrac{[NH_3]^2}{[N_2] \cdot [H_2]^3}$
200	650
300	9,6
400	0,41
450	0,16
500	0,058
550	0,027
600	0,012

diminuição da temperatura
exotérmico
$$N_2(g) + 3\ H_2(g) \rightleftarrows 2\ NH_3(g) \qquad \Delta H = -92,4\ kJ$$
endotérmico
aumento da temperatura

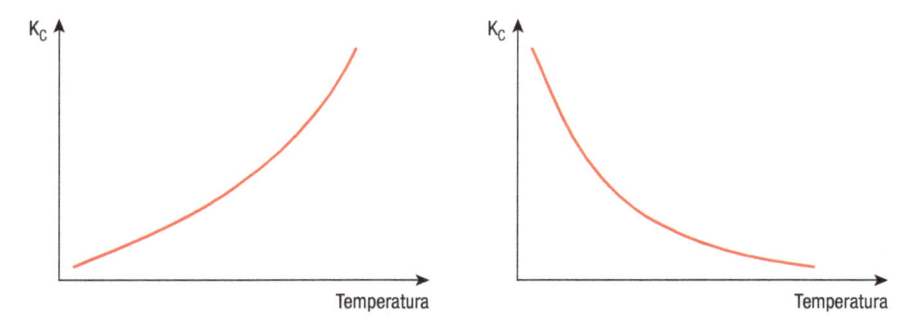

Para um equilíbrio com reação direta endotérmica, o aumento da temperatura provoca o aumento do valor da constante de equilíbrio, o que está representado no gráfico à esquerda. Já, quando a reação direta é exotérmica, o aumento da temperatura provoca a diminuição do valor da constante de equilíbrio.

Tanques contendo amônia (NH_3), matéria-prima utilizada para produção de fertilizantes nitrogenados. No início do século XX, o desenvolvimento de novos métodos de produção de amônia foi um dos grandes propulsores da indústria química.

2.5 Efeito da Adição do Catalisador

E o que ocorre com o equilíbrio quando adicionamos um catalisador? Já sabemos do nosso estudo em Cinética Química que um catalisador tem a função de aumentar a velocidade da reação a partir da diminuição da energia de ativação.

Contudo, essa diminuição da energia de ativação ocorre tanto para a reação direta quanto para a reação inversa. Assim, se ambas as reações têm suas velocidades igualmente aumentadas, o equilíbrio não se deslocará no sentido direto nem no inverso.

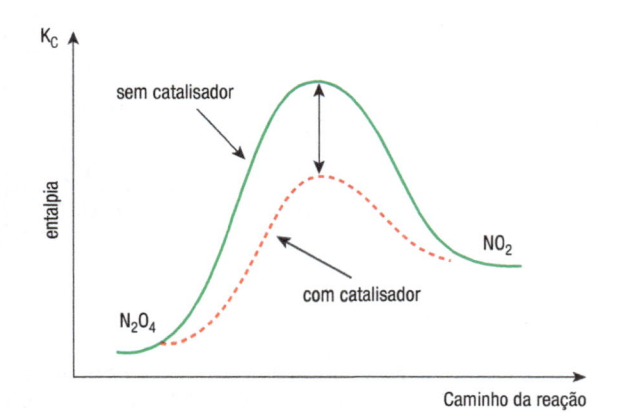

Se utilizássemos um catalisador no início da reação de decomposição do N_2O_4, observaríamos, como pode ser visualizado nos gráficos a seguir, que o equilíbrio seria alcançado mais rapidamente, porém apresentaria as mesmas concentrações de reagentes e produtos.

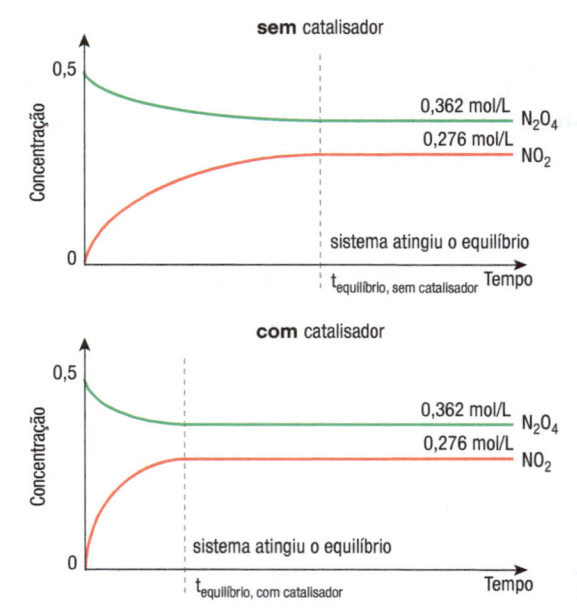

O catalisador não altera a condição de equilíbrio, porém faz com que ele seja atingido mais rapidamente.

LIGANDO OS PONTOS!

Síntese de Haber-Bosch – uma descoberta que mudou o mundo!

Se alguém lhe pedir para citar as dez ou mesmo as cem descobertas científicas mais importantes do século XX, você provavelmente não se lembrará do processo de síntese da amônia (NH_3) a partir dos gases nitrogênio (N_2) e hidrogênio (H_2).

$$N_2(g) + 3\ H_2(g) \rightleftarrows 2\ NH_3(g)$$

Essa descoberta, contudo, é de enorme importância e foi determinante para configurar a situação econômica e ambiental existente atualmente em nosso planeta.

Embora o nitrogênio seja um componente majoritário da atmosfera terrestre – responde por cerca de 78% de sua composição –, ele está presente apenas na forma gasosa (N_2), incapaz de ser aproveitada diretamente pela imensa maioria dos seres vivos. Por isso, estes se tornam dependentes da atividade de organismos, como algumas espécies de bactérias, capazes de captar o N_2 atmosférico e fixá-lo em compostos químicos utilizáveis pelos seres vivos. Dentre esses compostos, destaca-se a amônia, NH_3.

Essa molécula pode ser transformada em nitritos e nitratos, essenciais para a produção tanto dos fertilizantes nitrogenados quanto de explosivos e armamentos. Há mais de cem anos, em 1908, o químico alemão Fritz **Haber** (1868-1934) deu um grande passo para solucionar o problema da fixação do N_2 atmosférico em amônia sem precisar da ação de outros organismos. De forma resumida, Haber criou uma forma de reagir o N_2 com H_2 na presença de um catalisador à base de ósmio e urânio.

Posteriormente, um engenheiro químico alemão, chamado Carl **Bosch** (1874-1940), continuou o trabalho de Haber e conseguiu desenvolver um catalisador à base de ferro, o que possibilitou implementar a síntese de amônia em escala industrial.

A reação de síntese da amônia foi desenvolvida pelos alemães Fritz Haber (à esquerda) e Carl Bosch (à direita), prêmios Nobel de Química de 1918 e 1931.

O processo desenvolvido por Haber-Bosch forneceu à Alemanha um grande suprimento de amônia, suficiente para que o país se tornasse independente de seus fornecedores habituais. Com isso, esse composto e seus derivados, como o ácido nítrico, poderiam ser empregados para produzir **fertilizantes** e **explosivos**, como a nitroglicerina e o trinitrotolueno (TNT).

Atribui-se à síntese da amônia um aumento de 30 a 50% da produção agrícola. Com isso, os fertilizantes nitrogenados garantiram a sobrevivência de mais de um quarto da população mundial durante o século XX. A importância desses fertilizantes nitrogenados tem se ampliado nos últimos anos. Estima-se que, atualmente, cerca de metade da humanidade tenha a sua subsistência alimentar associada com o processo de fixação de nitrogênio desenvolvido por Haber-Bosch.

$$N_2(g) + 3\ H_2(g) \underset{\text{expansão, endotérmica}}{\overset{\text{compressão, exotérmica}}{\rightleftharpoons}} 2\ NH_3(g) \qquad \Delta H < 0$$

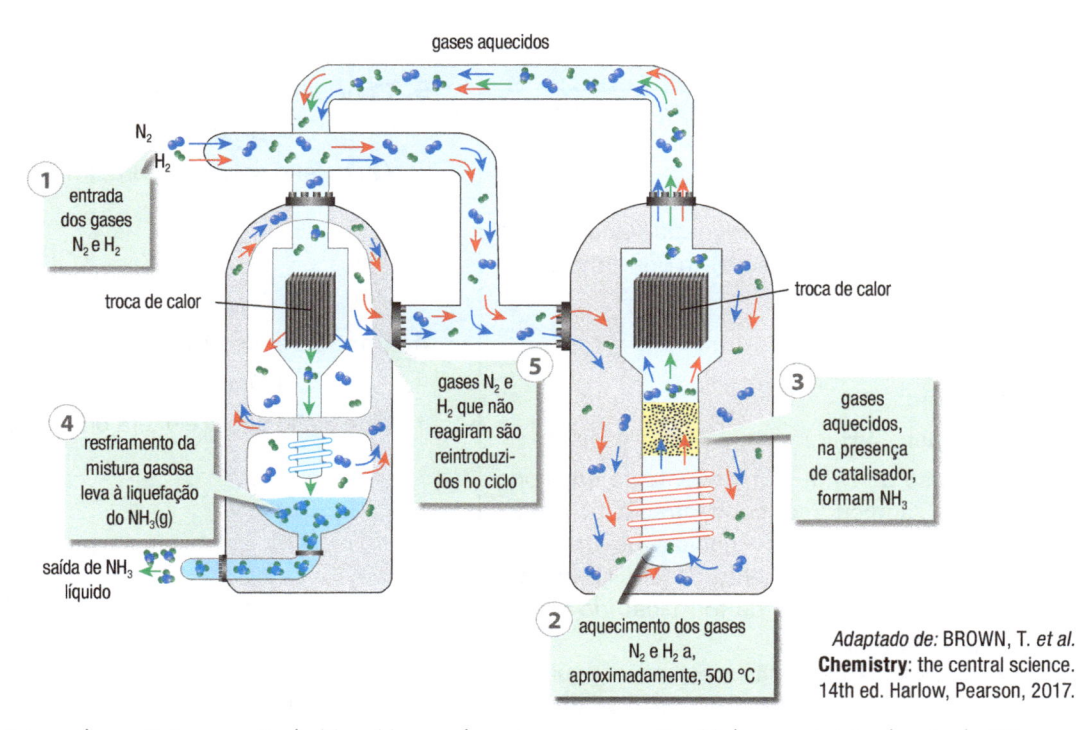

1. entrada dos gases N_2 e H_2
2. aquecimento dos gases N_2 e H_2 a, aproximadamente, 500 °C
3. gases aquecidos, na presença de catalisador, formam NH_3
4. resfriamento da mistura gasosa leva à liquefação do $NH_3(g)$
5. gases N_2 e H_2 que não reagiram são reintroduzidos no ciclo

gases aquecidos
troca de calor
saída de NH_3 líquido

Adaptado de: BROWN, T. *et al.* **Chemistry**: the central science. 14th ed. Harlow, Pearson, 2017.

Como a síntese de amônia a partir de N_2 e H_2 envolve uma compressão, Haber, no início do século XX, percebeu a importância de comprimir os gases e utilizar pressões altas (entre 200 e 600 atm) para aumentar o rendimento do processo. Além disso, a liquefação da amônia (etapa 4 do fluxograma acima) remove o produto do processo, também contribuindo para aumento do rendimento. Por ser uma síntese exotérmica, o ideal seria desenvolver a reação na menor temperatura possível para aumentar o rendimento, porém essa temperatura reduzida também reduzia a velocidade dessa reação. Por esse motivo, em escalas industriais, são utilizadas temperaturas relativamente altas (400 a 500 °C), além do uso de catalisadores!

SÉRIE BRONZE

1. Dado o equilíbrio químico $N_2O_4(g) \rightleftarrows 2\ NO_2(g)$.
Complete.
a) Adição de NO_2 desloca para _____ .
b) Adição de N_2O_4 desloca para _____ .
c) Retirada parcial de NO_2 desloca para _____ .
d) A substância adicionada é _____ .
(ver gráfico)

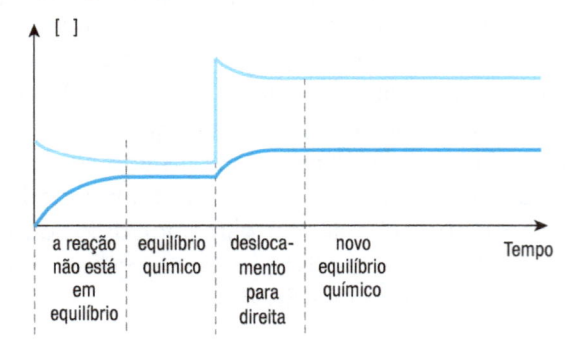

[gráfico: eixo y [ ], eixo x Tempo, com as regiões: a reação não está em equilíbrio | equilíbrio químico | deslocamento para direita | novo equilíbrio químico]

2. (Exercício resolvido) (VUNESP) Considerar o equilíbrio:
$$Fe_3O_4(s) + 4\ H_2(g) \rightleftarrows 3\ Fe(s) + 4\ H_2O(g)$$
a 150 °C em recipiente fechado. Qual será o efeito da adição ao sistema em equilíbrio de:
a) mais $H_2(g)$?
b) mais $Fe(s)$?

Resolução:
$$Fe_3O_4(s) + 4\ H_2(g) \rightleftarrows 3\ Fe(s) + 4\ H_2O(g)$$
a) A adição de $H_2(g)$, um reagente no equilíbrio acima, aumenta a concentração de $H_2(g)$ e, de acordo com o Princípio de Châtelier, provoca o deslocamento do equilíbrio para a direita, no sentido da formação de ferro e vapor-d'água.
b) A adição de $Fe(s)$ não desloca o equilíbrio químico, uma vez que essa espécie química está no estado sólido. É importante lembrar que sólidos não são inseridos na constante de equilíbrio:
$$K_C = \frac{[H_2O]^4}{[H_2]^4}$$
Portanto, adicionar ou remover sólidos não desloca um equilíbrio químico.

3. O que acontece com o equilíbrio:
$$CH_4(g) + H_2O(g) \rightleftarrows CO(g) + 3\ H_2(g)$$
quando a concentração de:
a) CH_4 é aumentada?   c) CO é aumentada?
b) CH_4 é diminuída?   d) CO é diminuída?

4. Preveja o que deve acontecer com o seguinte equilíbrio
$$N_2(g) + 3\ H_2(g) \rightleftarrows 2\ NH_3(g)$$
se for submetido a:
a) um aumento da pressão.
b) uma diminuição de pressão.

5. Considere o equilíbrio:
$$Br_2(g) + Cl_2(g) \rightleftarrows 2\ BrCl(g)$$
Que efeito sobre ele terá um aumento de pressão?

6. Considere o equilíbrio:
$$H_2O(g) + C(s) \rightleftarrows CO(g) + H_2(g)$$
Que efeito sobre ele terá um aumento de pressão?

7. O que deve acontecer com o equilíbrio químico
$$2\ NO(g) + O_2(g) \rightleftarrows 2\ NO_2(g) \qquad \Delta H = -113\ kJ$$
a) quando a temperatura aumenta?
b) quando a temperatura diminui?

8. Complete com **exotérmica** ou **endotérmica**.

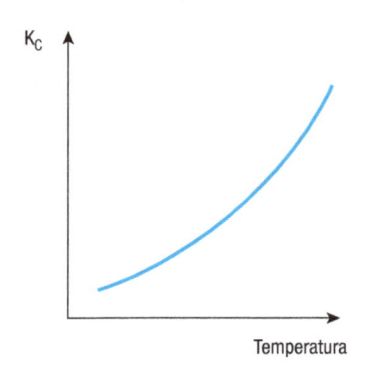

a) reação _____ .

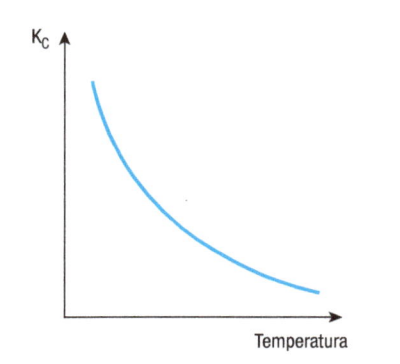

b) reação _____ .

9. Complete com **desloca** ou **não desloca**.

Catalisador _____ equilíbrio. Um catalisador faz com que um processo chegue mais rapidamente à situação de equilíbrio químico.

10. Complete com **com catalisador** e **sem catalisador**.

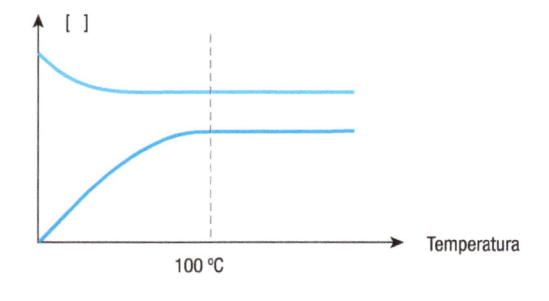

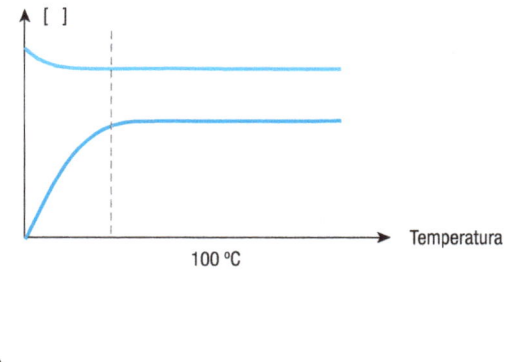

a) _____

b) _____

11. Complete o quadro.

	PERTURBAÇÃO EXTERNA	DESLOCA	ALTERA O VALOR DE K?
a)	aumento da concentração		
b)	diminuição da concentração		
c)	aumento da pressão		
d)	diminuição da pressão		
e)	aumento da temperatura		
f)	diminuição da temperatura		
g)	presença de catalisador		

SÉRIE PRATA

1. (UFFS – BA) Considere o gráfico abaixo, o qual se refere à reação:

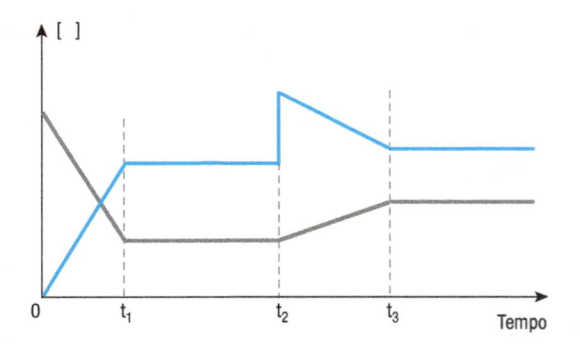

$$A + B \rightleftarrows C + D$$

Analise as proposições:

I. No intervalo de tempo t_1 a t_2, as concentrações dos produtos e dos reagentes permaneceram constantes.
II. Em t_2, houve adição de produtos ao sistema em equilíbrio.
III. No intervalo de tempo t_2 a t_3, ocorreu um aumento na concentração dos reagentes.
IV. O estado de equilíbrio foi destruído após t_3.

Estão corretas as proposições:

a) II e III apenas.
b) II e IV apenas.
c) I, III e IV apenas.
d) I, II e III apenas.

2. (MACKENZIE – SP)

$$CHCl_3(g) + Cl_2(g) \rightleftarrows CCl_4(g) + HCl(g)$$

No sistema em equilíbrio acima equacionado, para aumentar a produção de tetracloreto de carbono, deve-se:

a) aumentar a pressão do sistema.
b) diminuir a concentração de Cl_2.
c) aumentar a concentração de HCl.
d) aumentar a concentração de $CHCl_3$.
e) diminuir a pressão do sistema.

3. (UEMG) O sistema a seguir tem constante de equilíbrio igual a 0,003 a 627 °C e 0,2 a 927 °C.

$$H_2O(g) + C(s) \rightleftarrows CO(g) + H_2(g)$$

Pode-se concluir corretamente sobre esse sistema que:

a) A produção de CO(g) é exotérmica.
b) O aumento da pressão provoca aumento da constante de equilíbrio.
c) A expressão da constante de equilíbrio é:

$$K_C = \frac{[CO][H_2]}{[H_2][C]}$$

d) A produção de CO(g) é favorecida com o aumento da temperatura.

4. (UPF – RS) Faça uma análise da seguinte reação, considerando as afirmações abaixo:

$$4\,HCl(g) + O_2(g) \rightleftarrows 2\,H_2O(g) + 2\,Cl_2(g)$$

I. Um aumento da pressão deslocará o equilíbrio para a direita.
II. A adição de O_2 diminuirá a concentração de cloro gasoso.
III. A adição de HCl aumentará a concentração de cloro gasoso.
IV. A adição de um catalisador diminui a velocidade da reação.

As afirmativas verdadeiras, que correspondem à reação acima, são:

a) I e II.
b) I e III.
c) I e IV.
d) II e III.
e) II e IV.

5. (UNIRIO–RJ) Considere que, no sangue, as moléculas de hemoglobina e de gás oxigênio dissolvido estão em equilíbrio com a oxiemoglobina, de acordo com equação abaixo:

$$\text{hemoglobina} + \text{oxigênio} \underset{2}{\overset{1}{\rightleftarrows}} \text{oxiemoglobina}$$

Em grandes altitudes, quando o ar se torna rarefeito, essa posição de equilíbrio é alterada, causando distúrbios orgânicos.

A combinação correta entre o fator cuja variação é responsável pelo deslocamento do equilíbrio e o sentido desse deslocamento, indicado na equação, é:

a) concentração de oxigênio: 1.
b) concentração de oxigênio: 2.
c) temperatura ambiente: 1.
d) temperatura ambiente: 2.

6. (UFPE) No sistema em equilíbrio:

$$CH_3OH(l) + \frac{3}{2} O_2(g) \rightleftarrows CO_2(g) + 2 H_2O(l)$$
$$\Delta H^0 = -726 \text{ kJ/mol}$$

a quantidade de CO_2 aumenta com a:

a) adição de um catalisador.
b) diminuição da concentração de oxigênio.
c) diminuição da pressão.
d) diminuição da temperatura.
e) introdução de um gás inerte.

7. (VUNESP) O estireno, matéria-prima indispensável para a produção do poliestireno, é obtido industrialmente pela desidrogenação catalítica do etilbenzeno, que se dá por meio do seguinte equilíbrio químico:

$$\text{etilbenzeno (g)} \underset{}{\overset{\text{catalisador}}{\rightleftarrows}} \text{estireno (g)} + H_2(g) \quad \Delta H = 121 \text{ kJ/mol}$$

Analisando-se a equação de obtenção do estireno e considerando o princípio de Le Châtelier, é correto afirmar que

a) a entalpia da reação aumenta com o emprego do catalisador.
b) a entalpia da reação diminui com o emprego do catalisador.
c) o aumento de temperatura favorece a formação de estireno.
d) o aumento de pressão não interfere na formação de estireno.
e) o aumento de temperatura não interfere na formação de estireno.

8. (ENEM) Para garantir que produtos eletrônicos estejam armazenados de forma adequada antes da venda, algumas empresas utilizam cartões indicadores de umidade nas embalagens desses produtos. Alguns desses cartões contêm um sal de cobalto que muda de cor em presença de água, de acordo com a equação química:

$$CoCl_2(s) + 6\ H_2O(g) \rightleftarrows CoCl_2 \cdot 6\ H_2O(s) \quad \Delta H < 0$$
(azul) \hspace{3cm} (rosa)

Como você procederia para reutilizar, num curto intervalo de tempo, um cartão que já estivesse com a coloração rosa?

a) Resfriaria no congelador.
b) Borrifaria com *spray* de água.
c) Envolveria com papel alumínio.
d) Aqueceria com secador de cabelos.
e) Embrulharia em guardanapo de papel.

9. (FGV) Os automóveis são os principais poluidores dos centros urbanos. Para diminuir a poluição, a legislação obriga o uso de catalisadores automotivos. Eles viabilizam reações que transformam os gases de escapamento dos motores, óxidos de nitrogênio e monóxido de carbono, em substâncias bem menos poluentes.

Os catalisadores _____ a energia de ativação da reação no sentido da formação dos produtos, _____ a energia de ativação da reação no sentido dos reagentes e _____ no equilíbrio reacional.

No texto, as lacunas são preenchidas, correta e respectivamente, por:

a) diminuem ... aumentam ... interferem
b) diminuem ... diminuem ... não interferem
c) diminuem ... aumentam ... não interferem
d) aumentam ... diminuem ... interferem
e) aumentam ... aumentam ... interferem

10. (SANTA CASA – SP) A síntese do metano a partir da reação entre o gás monóxido de carbono e o gás hidrogênio é representada pelo equilíbrio químico:

$$CO(g) + 3\ H_2(g) \rightleftarrows CH_4(g) + H_2O(g) \quad \Delta H < 0$$

Para avaliar as alterações no sistema que resultassem no aumento da produção de metano, o sistema em equilíbrio passou por quatro testes, indicados na tabela:

NÚMERO DO TESTE	TESTE REALIZADO
1	Aumento da temperatura
2	Diminuição da temperatura
3	Diminuição da pressão
4	Adição de gás hidrogênio

Resultaram no aumento da produção de metano no sistema apenas os testes de números

a) 2 e 4.   c) 1 e 4.   e) 3 e 4.
b) 1 e 3.   d) 2 e 3.

11. (A. EINSTEIN – SP) O NO, óxido nítrico, é um poluente atmosférico formado em câmaras de combustão ou devido à ação de descargas elétricas. A reação a partir dos gases nitrogênio e oxigênio pode ser representada pela equação:

$$N_2(g) + O_2(g) \rightleftarrows 2\ NO(g) \quad \Delta H = +180\ kJ$$

Sobre a formação do óxido nítrico é possível afirmar que:

I. Se a reação for realizada em recipiente rígido e fechado, mantendo-se a temperatura constante, a pressão também se manterá constante.
II. O aumento de temperatura aumenta o rendimento da formação do NO.
III. Trata-se de um processo exotérmico, pois o produto apresenta maior energia do que os reagentes.

Pode-se dizer que

a) apenas as afirmações I e II estão corretas.
b) apenas as afirmações I e III estão corretas.
c) apenas as afirmações II e III estão corretas.
d) todas as afirmações estão corretas.
e) todas as afirmações estão incorretas.

12. (Exercício resolvido) Os dados da tabela se referem ao equilíbrio:

$$N_2O_4(g) \rightleftarrows 2\,NO_2(g)$$

TEMPERATURA (°C)	K_C
25	$4,0 \cdot 10^{-2}$
100	$3,6 \cdot 10^{-1}$
127	1,4
150	3,2
227	4,1

a) A reação direta é endotérmica ou exotérmica?
b) Em qual dessas temperaturas o equilíbrio está mais deslocado no sentido do produto?

Resolução:

a) o equilíbrio $N_2O_4 \rightleftarrows 2\,NO_2(g)$ apresenta constante de equilíbrio igual a

$$K_C = \frac{[NO_2]^2}{[N_2O_4]}$$

Pela análise dos valores fornecidos na tabela, observamos que o aumento da temperatura implica o aumento do valor de K_C. Agora, para que K_C aumente, é necessário que $[NO_2]$ aumente e $[N_2O_4]$ diminua.
Assim, o aumento da temperatura desloca o equilíbrio para a direita.
Portanto, concluímos que a reação direta é endotérmica.

b) O equilíbrio está mais deslocado no sentido do produto para o valor de temperatura que apresenta maior K_C. Dos valores fornecidos na tabela, isso ocorre para 227 °C ($K_C = 4,1$). Ou seja, no equilíbrio acima, é necessário que ele seja deslocado para a direita.

13. (VUNESP) Considere o equilíbrio a 25 °C

$$2\,NO_2(g) \rightleftarrows N_2O_4(g) \quad \Delta H = -57,2\,kJ$$
marrom   incolor

a) Explique por que a constante de equilíbrio (K_C) aumenta quando a temperatura de 25 °C é reduzida a 0 °C.
b) Explique por que, reduzindo-se o volume do sistema em equilíbrio, a cor marrom passa a amarelo-pálido a 25 °C.

14. (SANTA CASA – SP) No processo de produção de ácido sulfúrico, uma das etapas envolve a reação dos gases dióxido de enxofre e oxigênio, formando o trióxido de enxofre, de acordo com a reação representada pela equação:

$$2\,SO_2(g) + O_2(g) \rightleftarrows 2\,SO_3(g)$$

Dados da reação de formação do trióxido de enxofre são apresentados na tabela:

TEMPERATURA (K)	CONSTANTE DE EQUILÍBRIO
289	4×10^{24}
700	3×10^4

Trata-se de uma reação _____, favorecida _____ da temperatura. Nessa reação, a formação do gás SO_3 é favorecida _____ da pressão.

As lacunas são preenchidas, respectivamente, por:

a) endotérmica; pela diminuição; pelo aumento.
b) exotérmica; pela diminuição; pela diminuição.
c) exotérmica; pelo aumento; pela diminuição.
d) endotérmica; pelo aumento; pelo aumento.
e) exotérmica; pela diminuição; pelo aumento.

SÉRIE OURO

1. (PUC – PR) O Princípio de Le Châtelier infere que quando uma perturbação é imposta a um sistema químico em equilíbrio, este irá se deslocar de forma a minimizar tal perturbação.

Disponível em: <brasilescola.com/exercicios-quimica/exercicios-sobre-principio-le-chatelier.htm>.

O gráfico apresentado a seguir indica situações referentes à perturbação do equilíbrio químico indicado pela equação $H_2(g) + I_2(g) \rightleftarrows 2\,HI(g)$.

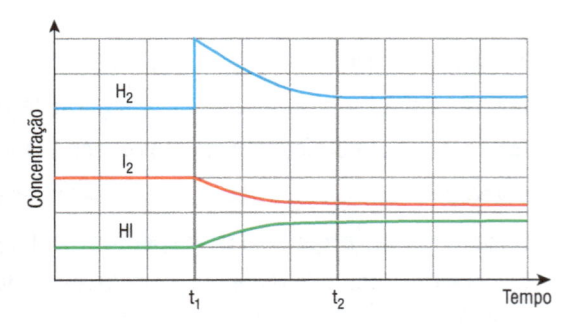

A partir da equação química apresentada e da observação do gráfico, considerando também que a reação é endotérmica em favor da formação do ácido iodídrico, a dinâmica do equilíbrio favorecerá

a) a formação de iodo quando da adição de gás hidrogênio.
b) o consumo de iodo quando da adição de gás hidrogênio.
c) a diminuição na quantidade de ácido iodídrico quando do aumento da temperatura.
d) o aumento na quantidade das substâncias simples quando ocorrer elevação da pressão total do sistema.
e) formação de gás hidrogênio na reação direta a partir de t_1, em virtude da adição de ácido iodídrico.

2. (UFC – CE) No estudo da ação do gás venenoso $COCl_2$, usado como arma química, observa-se seu processo de decomposição de acordo com a reação:

$$COCl_2(g) \rightleftarrows CO(g) + Cl_2(g)$$

Partindo de uma situação de equilíbrio, adicionou-se 0,10 mol de CO, e o sistema, após algum tempo, chegou a uma nova situação de equilíbrio.

Marque a opção que indica como as novas concentrações do equilíbrio estão relacionadas com as antigas.

	$[COCl_2]$	$[CO]$	$[Cl_2]$
a)	nova > antiga	nova > antiga	nova < antiga
b)	nova > antiga	nova > antiga	nova > antiga
c)	nova < antiga	nova > antiga	nova < antiga
d)	nova > antiga	nova < antiga	nova < antiga
e)	mesma	mesma	mesma

3. (UFPE) A fixação do nitrogênio, fundamental na produção de adubos inorgânicos, pode ser conseguida através da reação exotérmica:

$$3\,H_2(g) + N_2(g) \rightleftarrows 2\,NH_3(g)$$

No processo em equilíbrio, é possível aumentar a produção de amônia:

a) aumentando o volume do recipiente no qual se realiza a reação.
b) retirando hidrogênio do interior do recipiente.
c) introduzindo ar no recipiente.
d) introduzindo um catalisador no sistema.
e) aumentando a temperatura.

4. (FATEC – SP) Para o seguinte equilíbrio gasoso

$$CO(g) + 3\,H_2(g) \rightleftarrows CH_4(g) + H_2O(g)$$

foram determinadas as constantes de equilíbrio (K_C) em diferentes temperaturas. Os dados obtidos estão na tabela abaixo:

TEMPERATURA (K)	K_C
300	$5 \cdot 10^{27}$
1.000	$3 \cdot 10^2$
1.200	4

Sobre esse equilíbrio, foram feitas as seguintes afirmações:

I. A reação, considerada no sentido da formação do metano (CH_4), é endotérmica.
II. O aumento da temperatura do sistema favorece a formação de gás hidrogênio (H_2).
III. O aumento da pressão sobre o sistema não provoca o deslocamento desse equilíbrio.

Dessas afirmações, somente

a) I é correta.
b) II é correta.
c) III é correta.
d) I e II são corretas.
e) I e III são corretas.

5. (A. EINSTEIN – adaptada) O trióxido de enxofre (SO_3) é obtido a partir da reação do dióxido de enxofre (SO_2) com o gás oxigênio (O_2), representada pelo equilíbrio a seguir.

$$2\ SO_2(g) + O_2(g) \rightleftarrows 2\ SO_3(g) \quad \Delta H = -198\ kJ$$

A constante de equilíbrio, K_C, para esse processo a 1.000 °C é igual a 280. A respeito dessa reação, foram feitas as seguintes afirmações:

I. A constante de equilíbrio da síntese do SO_3 a 200 °C deve ser menor que 280.

II. Se na condição de equilíbrio a 1.000 °C a concentração de O_2 é de 0,1 mol · L^{-1} e a concentração de SO_2 é de 0,01 mol · L^{-1}, então a concentração de SO_3 é de 2,8 mol · L^{-1}.

III. Se, atingida a condição de equilíbrio, o volume do recipiente for reduzido sem alteração na temperatura, não haverá alteração no valor da constante de equilíbrio, mas haverá aumento no rendimento de formação do SO_3.

Estão **corretas** apenas as afirmações:

a) I.
b) II.
c) III.
d) I e II.
e) II e III.

6. (FATEC – SP) O gás dióxido de nitrogênio, NO_2, é castanho-avermelhado, e o gás tetróxido de nitrogênio, N_2O_4, é praticamente incolor. Considere uma ampola fechada contendo estes gases, em equilíbrio, a 25 °C, como representado a seguir:

$$2\ NO_2(g) \rightleftarrows N_2O_4(g) + energia$$
castanho-avermelhado   incolor

mistura em equilíbrio a 25 °C castanho-avermelhado

•⚬• representa NO_2
⚬•⚬• representa N_2O_4

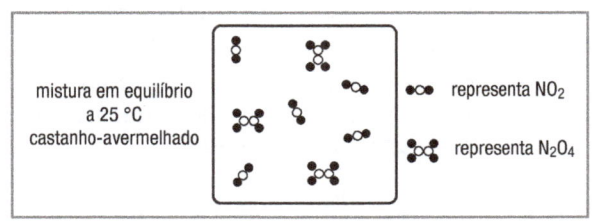

Suponha que o equilíbrio é perturbado por variações de temperatura, e novo estado de equilíbrio se estabelece, como representado pelas ilustrações (a), (b) e (c) seguintes.

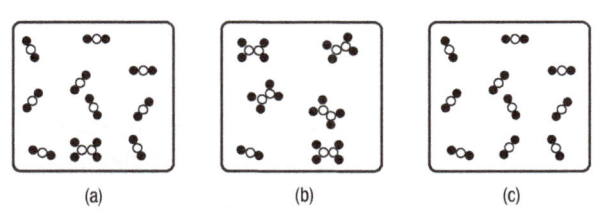

(a)   (b)   (c)

I. A ilustração (a) representa as concentrações dos gases, quando o equilíbrio se restabelece, após a temperatura ter variado de 25 °C para 0 °C.

II. A ilustração (b) representa as concentrações dos gases, quando o equilíbrio se restabelece após a temperatura ter variado de 25 °C para 0 °C.

III. A ilustração (c) representa as concentrações dos gases, quando o equilíbrio se restabelece após a temperatura ter variado de 25 °C para 100 °C.

Dessas afirmações são corretas apenas:

a) I e II.
b) I e III.
c) II.
d) II e III.
e) III.

7. (UEL – PR) Uma reação exotérmica, representada por ⚬ (g) $\rightleftarrows$ ● (g), foi acompanhada até o equilíbrio químico, como representado no sistema X:

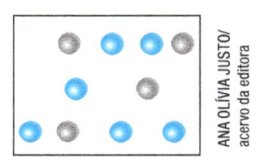

Sistema X: Sistema em equilíbrio químico

Algumas alterações foram realizadas, separada e individualmente, no sistema X.

Alteração 1 – Algumas ⚬ foram adicionadas no sistema X em equilíbrio.

Alteração 2 – A temperatura do sistema X em equilíbrio foi aumentada.

Alteração 3 – A pressão do sistema X em equilíbrio foi aumentada.

A seguir estão representados os sistemas Y, Z, W, T e J, todos em equilíbrio químico, que podem representar as alterações ocorridas.

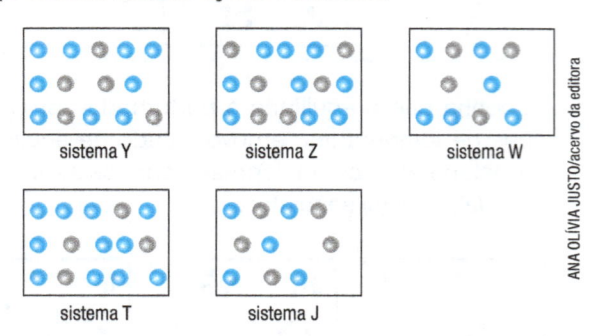

sistema Y   sistema Z   sistema W

sistema T   sistema J

Com base no enunciado e nos conhecimentos sobre equilíbrio químico, considere as afirmativas.

I. O sistema Z é aquele que melhor representa a nova posição de equilíbrio após a alteração 1 no sistema X.

II. O sistema J é aquele que melhor representa a nova posição de equilíbrio após a alteração 2 no sistema X.

III. O sistema W é aquele que melhor representa a nova posição de equilíbrio após a alteração 3 no sistema X.

IV. Os sistemas Y e T são aqueles que melhor representam as novas posições de equilíbrio após as alterações 2 e 3, respectivamente no sistema X.

Assinale a alternativa correta.

a) Somente as afirmativas I e II são corretas.
b) Somente as afirmativas II e IV são corretas.
c) Somente as afirmativas III e IV são corretas.
d) Somente as afirmativas I, II e III são corretas.
e) Somente as afirmativas I, III e IV são corretas.

8. (UFMG) O gráfico a seguir ilustra a variação da concentração, no equilíbrio, de um determinado produto X de uma reação química, com as variações de pressão e temperatura. Reagentes e produtos são todos gasosos.

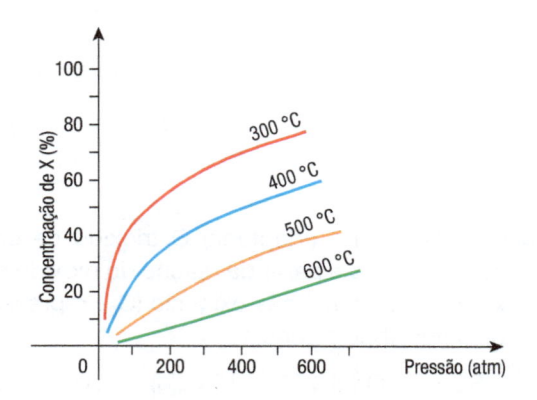

Do exposto e da análise do gráfico, pode-se concluir que:

a) a reação, na direção da produção de X, é endotérmica.
b) o aumento da pressão faz o equilíbrio deslocar-se na direção dos reagentes.
c) na equação química balanceada, o número total de mols dos produtos é menor do que o de reagentes.
d) a temperaturas suficientemente baixas, poder-se-ia obter 100% de X.
e) a adição de um catalisador aumentaria a concentração de X em qualquer temperatura.

9. (FUVEST – SP) Em determinado processo industrial, ocorre uma transformação química, que pode ser representada pela equação genérica:

$$xA(g) + yB(g) \rightleftarrows zC(g)$$

em que x, y e z são, respectivamente, os coeficientes estequiométricos das substâncias A, B e C.

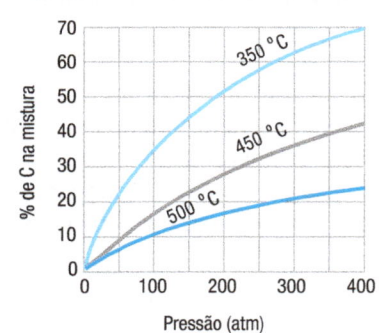

O gráfico representa a porcentagem, em mol, de C na mistura, sob várias condições de pressão e temperatura. Com base nesses dados, pode-se afirmar que essa reação é

a) exotérmica, sendo x + y = z.
b) endotérmica, sendo x + y < z.
c) exotérmica, sendo x + y > z.
d) endotérmica, sendo x + y = z.
e) endotérmica, sendo x + y > z.

10. (PUC) O gráfico abaixo correlaciona os valores da constante de equilíbrio (K_C) em função da temperatura para a reação de síntese da amônia:

$$N_2(g) + 3\ H_2(g) \rightleftarrows 2\ NH_3(g)$$

Sobre o comportamento dessa reação, no intervalo de temperatura considerado no experimento, foram feitas algumas afirmações:

I. A reação é exotérmica no sentido de formação da amônia.
II. Com o aumento da temperatura, a velocidade da reação diminui.
III. Com o aumento da temperatura, o rendimento da reação diminui, formando-se menos amônia na situação de equilíbrio.

SOMENTE está correto o que se afirma em

a) I.   b) II.   c) III.   d) I e II.   e) I e III.

11. (UNIFESP) O monóxido de nitrogênio é um dos poluentes atmosféricos lançados no ar pelos veículos com motores mal regulados. No cilindro de um motor de explosão interna de alta compressão, a temperatura durante a combustão do combustível com excesso de ar é da ordem de 2.400 K e os gases de descarga estão ao redor de 1.200 K. O gráfico representa a variação da constante de equilíbrio (escala logarítmica) em função da temperatura, para a reação de formação do NO, dada por

$$\frac{1}{2}\ N_2(g) + \frac{1}{2}\ O_2(g) \rightleftarrows NO(g)$$

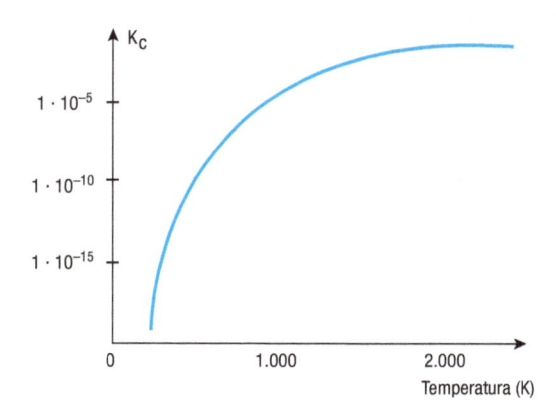

Considere as seguintes afirmações:

I. Um catalisador adequado deslocará o equilíbrio da reação no sentido da conversão do NO em N_2 e O_2.
II. O aumento da pressão favorece a formação do NO.
III. A 2.400 K há maior quantidade de NO do que a 1.200 K.
IV. A reação de formação do NO é endotérmica.

São corretas as afirmações contidas somente em

a) I, II e III.   d) II e IV.
b) II, III e IV.   e) III e IV.
c) I e III.

12. (UNICAMP – SP) Um dos pilares da nanotecnologia é o fato de as propriedades dos materiais dependerem do seu tamanho e da sua morfologia. Exemplo: a maior parte do H_2 produzido industrialmente advém da reação de reforma de hidrocarbonetos: $CH_4(g) + H_2O(g) \longrightarrow 3\ H_2(g) + CO(g)$. Uma forma de promover a descontaminação do hidrogênio é reagir o CO com largo excesso de água:

$$CO(g) + H_2O(g) \rightleftarrows CO_2(g) + H_2(g)$$
$$\Delta H = -41,6\ kJ\ mol^{-1}$$

A figura abaixo mostra resultados da velocidade (em unidade arbitrária, ua) dessa conversão em função da temperatura, empregando-se um nanocatalisador com duas diferentes morfologias.

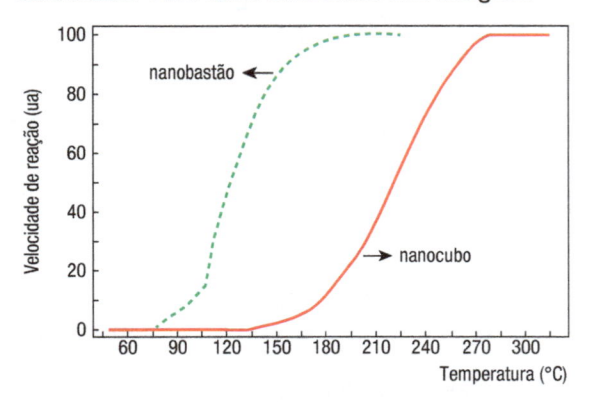

Considerando essas informações, é correto afirmar que, com essa tecnologia, a descontaminação do hidrogênio por CO é mais eficiente na presença do catalisador em forma de

a) nanobastão, pois a transformação do CO ocorreria em temperaturas mais baixas, o que também favoreceria o equilíbrio da reação no sentido dos produtos, uma vez que a reação é exotérmica.
b) nanobastão, pois a transformação do CO ocorreria em temperaturas mais baixas, o que também favoreceria o equilíbrio da reação no sentido dos produtos, uma vez que a reação é endotérmica.
c) nanocubo, pois a transformação do CO ocorreria em temperaturas mais elevadas, o que também favoreceria o equilíbrio da reação no sentido dos produtos, uma vez que a reação é exotérmica.
d) nanocubo, pois a transformação do CO ocorreria em temperaturas mais elevadas, o que também favoreceria o equilíbrio da reação no sentido dos produtos, uma vez que a reação é endotérmica.

13. (FUVEST – SP) A hemoglobina (Hb) é a proteína responsável pelo transporte de oxigênio. Nesse processo, a hemoglobina se transforma em oxi-hemoglobina ($Hb(O_2)_n$). Nos fetos, há um tipo de hemoglobina diferente da do adulto, chamada de hemoglobina fetal. O transporte de oxigênio pode ser representado pelo seguinte equilíbrio:

$$Hb + nO_2 \rightleftarrows Hb(O_2)_n,$$

em que Hb representa tanto a hemoglobina do adulto quanto a hemoglobina fetal. A figura mostra a porcentagem de saturação de Hb por O_2 em função da pressão parcial de oxigênio no sangue humano, em determinado pH e em determinada temperatura.

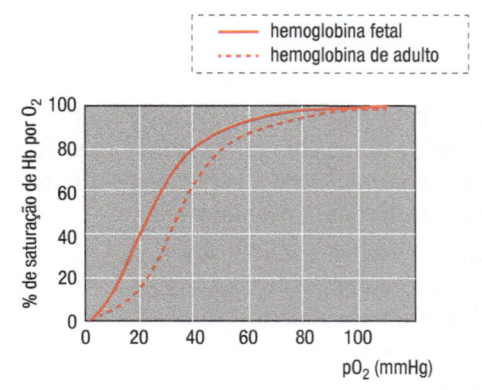

A porcentagem de saturação pode ser entendida como:

$$\%\ de\ saturação = \frac{[Hb(O_2)_n]}{[Hb(O_2)_n] + [Hb]} \cdot 100$$

Com base nessas informações, um estudante fez as seguintes afirmações:

I. Para uma pressão parcial de O_2 de 30 mmHg, a hemoglobina fetal transporta mais oxigênio do que a hemoglobina do adulto.

II. Considerando o equilíbrio de transporte de oxigênio, no caso de um adulto viajar do litoral para um local de grande altitude, a concentração de Hb em seu sangue deverá aumentar, após certo tempo, para que a concentração de $Hb(O_2)_n$ seja mantida.

III. Nos adultos, a concentração de hemoglobina associada a oxigênio é menor no pulmão do que nos tecidos.

É correto apenas o que o estudante afirmou em

a) I.   b) II.   c) I e II.   d) I e III.   e) II e III.

NOTE E ADOTE:

pO_2 pulmão > pO_2 tecidos

SÉRIE PLATINA

1. (UFPR) O bicarbonato de sódio é um produto químico de grande importância. Ele possui diversas aplicações, sendo largamente utilizado como antiácido, para neutralizar a acidez estomacal, e como fermento químico, na produção de pães, bolos etc. Nos EUA, a produção industrial do bicarbonato de sódio utiliza o método de extração do mineral Trona. Já no Brasil e em vários países da Europa, o bicarbonato de sódio é produzido industrialmente pelo Processo Solvay, um dos poucos processos industriais não catalíticos. Esse processo consiste em duas etapas. Na primeira, a salmoura é saturada com amônia. Na segunda, injeta-se gás carbônico na salmoura saturada, o que provoca a precipitação do bicarbonato de sódio. As duas etapas podem ser descritas pelas duas equações a seguir:

$$NH_3(g) + H_2O(l) \rightleftharpoons NH_4^+(aq) + OH^-(aq)$$
$$\Delta H = -30,6 \text{ kJ} \cdot \text{mol}^{-1}$$

$$CO_2(g) + OH^-(aq) + Na^+(aq) \rightleftharpoons NaHCO_3(s)$$
$$\Delta H = -130 \text{ kJ} \cdot \text{mol}^{-1}$$

Sobre essas etapas, responda:

a) Por que se adiciona amônia na primeira etapa do processo?

b) Utilizando as informações fornecidas e os conceitos do Princípio de Le Châtelier, que condições experimentais de temperatura e pressão favorecerão maior eficiência do processo nas duas etapas? Justifique com base no deslocamento dos equilíbrios acima.

2. (UNICAMP – SP) Apesar de ser um combustível alternativo em relação aos combustíveis fósseis, o gás hidrogênio apresenta alguns problemas em seu uso direto. Uma alternativa é produzir o gás hidrogênio por eletrólise da água, para depois utilizá-lo na síntese do ácido fórmico, a partir da hidrogenação catalítica de gás carbônico. A possibilidade de utilizar o ácido fórmico como combustível tem feito crescer a demanda mundial por esse produto. A figura a seguir ilustra como seria o ciclo de produção e consumo do ácido fórmico, conforme indica o texto.

a) Considerando as informações do texto e a figura, cite duas vantagens em se adotar a alternativa descrita.

Adaptado de: Team Fast. *Disponível em:* <https://www.teamfast.nl/hydrozine/>. *Acesso em:* 10 ago. 2017.

b) A reação de síntese do ácido fórmico a partir da hidrogenação catalítica de gás carbônico, em fase gasosa, apresenta um valor muito pequeno de constante de equilíbrio. Visando a aumentar o seu rendimento, imagine que sejam promovidos, separadamente, um aumento do volume e um aumento da temperatura da mistura reacional em equilíbrio.
Preencha a tabela abaixo de modo a informar o que ocorre com a quantidade de ácido fórmico. Use as palavras aumenta ou diminui e justifique cada escolha no espaço correspondente.
Na temperatura da síntese, considere que as entalpias de formação do gás carbônico, do ácido fórmico e do hidrogênio são (em kJ · mol^{-1}) –394, –363 e 0, respectivamente.

	AUMENTO DE VOLUME	AUMENTO DE TEMPERATURA
Quantidade de ácido fórmico		
Justificativa		

3. (UNIFESP) Na indústria, a produção do ácido nítrico (HNO_3) a partir da amônia (NH_3) se dá em três etapas:

etapa 1:
$4\ NH_3(g) + 5\ O_2(g) \rightleftarrows 4\ NO(g) + 6\ H_2O(g)$
$\Delta H < 0$

etapa 2:
$2\ NO(g) + O_2(g) \rightleftarrows 2\ NO_2(g)$ $\Delta H < 0$

etapa 3:
$3\ NO_2(g) + H_2O(l) \rightleftarrows 2\ HNO_3(aq) + NO(g)$
$\Delta H < 0$

A fim de verificar as condições que propiciam maior rendimento na produção de NO na etapa 1, um engenheiro realizou testes com modificações nos parâmetros operacionais desta etapa, indicadas na tabela.

TESTE	MODIFICAÇÕES DA ETAPA 1
1	aquecimento e aumento de pressão
2	aquecimento e diminuição de pressão
3	resfriamento e aumento de pressão
4	resfriamento e diminuição de pressão

a) Com base nas três etapas, escreva a equação balanceada para a reação global de obtenção do ácido nítrico cujos coeficientes estequiométricos são números inteiros. Essa reação tem como reagentes NH_3 e O_2 e como produtos HNO_3, H_2O e NO, sendo que o coeficiente estequiométrico para o HNO_3 é 8.
b) Qual teste propiciou maior rendimento na produção de NO na etapa 1? Justifique sua resposta.

o que provocaria uma redução desastrosa na produção de alimentos em todo o mundo. A catástrofe não ocorreu graças ao trabalho de dois alemães – o químico Fritz Haber e o engenheiro William Carl Bosch – que criaram um processo pelo qual conseguiram sintetizar a amônia a partir de seus elementos constituintes, o processo de Haber-Bosch.

A equação e a figura a seguir mostram a reação de obtenção da amônia e as condições industriais nas quais ela ocorre.

$N_2(g) + 3\ H_2(g) \rightleftarrows 2\ NH_3(g)$ $\Delta H = -92,22\ kJ$

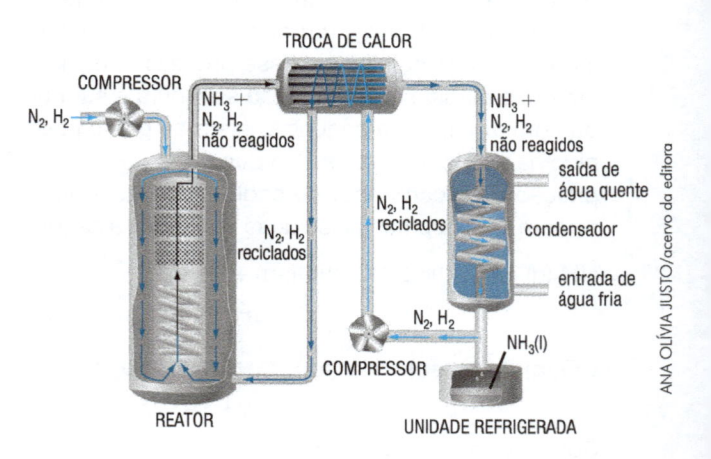

Temperatura: 400 a 600 °C
Pressão: 140 a 340 atm
Catalisador: Fe_3O_4, com pequenas impurezas de Al_2O_3, MgO, CaO e K_2O.

a) Explique a utilidade do condensador no processo de obtenção da amônia.
b) Por que no reator a temperatura é da ordem de 500 °C e a pressão da ordem de 200 atm? Justifique.
c) Se utilizarmos 2,8 t de N_2, obteremos 3,4 t de NH_3? Justifique.

DADOS: N = 14 g/mol; H = 1 g/mol.

4. A amônia (NH_3) é um dos produtos químicos mais importantes para o ser humano e uma das cinco substâncias produzidas em maior quantidade no mundo. Sua importância está relacionada a seu uso direto como fertilizante. Em 1898, Sir William Ramsey – o descobridor dos gases nobres – previu uma catástrofe para a humanidade: a escassez de fertilizantes nitrogenados para meados do século XX,

Equilíbrios Iônicos em Solução Aquosa

CAPÍTULO 3

Vimos, nesta Unidade, que a produtividade agrícola está intimamente relacionada à utilização de fertilizantes, entre eles os fertilizantes fosfatados, que são produzidos a partir de rochas fosfáticas, isto é, minerais que contêm principalmente o ânion fosfato (PO_4^{3-}) em sua composição.

Na cadeia produtiva desses fertilizantes, além das rochas fosfáticas, um importante insumo é o **ácido sulfúrico** (H_2SO_4), utilizado para converter os minerais fosfatados encontrados na natureza em compostos de maior solubilidade.

Atualmente, a produção industrial de ácido sulfúrico baseia-se no **processo de contato**, no qual o enxofre (S) reage com gás oxigênio (O_2) para formar SO_2 e, depois, SO_3, que reage em água para formar o ácido sulfúrico. Nessa sequência de etapas, também são estabelecidos **equilíbrios químicos**, que podem ser deslocados de acordo com o Princípio de Châtelier estudado no capítulo anterior.

A fosforite é uma rocha mineral fosfatada, que contém altos teores de apatita, $Ca_5(PO_4)_3F$.

Na Alemanha, em Ludwigshafen, está localizado o maior complexo industrial do mundo, com cerca de 10 km², onde também é desenvolvido o processo de contato de produção de ácido sulfúrico.

Entretanto, no nosso estudo sobre equilíbrio químico, analisamos, até o momento, apenas equilíbrios que não envolvem íons. Essa restrição limita bastante nossa análise, uma vez que muitas das reações desenvolvidas pelos seres humanos (ou que acontecem dentro do nosso próprio corpo) ocorrem em **soluções aquosas** e, portanto, envolvem **íons**.

Assim, neste capítulo, vamos expandir nosso estudo sobre equilíbrios químicos, passando a analisar os **equilíbrios iônicos**, como os íons interferem na posição do equilíbrio e seus cálculos correspondentes.

3.1 Teoria da Dissociação de Arrhenius

Entre a diversidade de fenômenos que envolvem íons em solução aquosa, provavelmente a dissolução de ácidos e bases em água talvez seja um dos mais importantes e estudados pelos seres humanos.

No Volume 1, apresentamos a definição de **Arrhenius** para os **ácidos**, segundo a qual ácidos são substâncias que, em solução aquosa, liberam como único cátion H^+. Para Arrhenius, ao dissolver um ácido na água ocorre a **dissociação** do ácido. Essa dissociação (separação) acontece devido às colisões entre as moléculas do ácido com as moléculas da água, que rompem a ligação covalente estabelecida pelo hidrogênio no ácido, formando íons. Na teoria proposta por Arrhenius, a água é considerada um **agente dissociante**.

Quando temos um **ácido fraco** não haverá consumo total do ácido e, portanto, teremos um **equilíbrio iônico** em que as concentrações permanecem constantes. A constante de equilíbrio associada a esse equilíbrio é chamada **constante de dissociação do ácido (K_a)**.

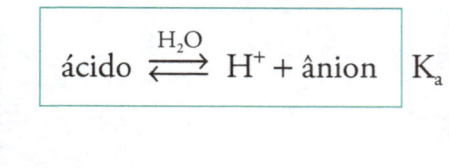

$$\text{ácido} \xrightleftharpoons{H_2O} H^+ + \text{ânion} \qquad K_a$$

Em nosso dia a dia, são vários os ácidos que estão presentes. As baterias de carro, por exemplo, contêm ácido sulfúrico; nos refrigerantes, temos o ácido carbônico e o ácido fosfórico; o vinagre, com o qual temperamos os alimentos, é uma solução de ácido acético e em nosso estômago temos o ácido clorídrico.

Observe os exemplos a seguir, nos quais os valores de K_a são fornecidos a 25 °C:

▸▸ $CH_3COOH \rightleftarrows H^+ + CH_3COO^-$ $K_a = 1,8 \cdot 10^{-5}$

$$K_a = \frac{[H^+] \cdot [CH_3COO^-]}{[CH_3COOH]}$$

▸▸ $HCN \rightleftarrows H^+ + CN^-$ $K_a = 4,9 \cdot 10^{-10}$

$$K_a = \frac{[H^+] \cdot [CN^-]}{[HCN]}$$

A constante de dissociação também permite estimar a força dos ácidos, isto é, a facilidade com que um ácido libera íons. Quanto maior for o valor da constante de dissociação (K_a) de um ácido, maior será a força desse ácido. Se compararmos os valores de K_a fornecidos acima, concluiremos que, para soluções de mesma concentração, a solução de CH_3COOH (ácido acético) será mais ácida que a solução de HCN (ácido cianídrico).

Já quando temos **ácidos fortes**, como HCl e HNO_3, o equilíbrio está tão deslocado no sentido dos produtos, o que é evidenciado por altos valores de K_a, que consideramos que a dissociação é total. Para a dissociação do HCl em água, a 25 °C, temos $K_a = 10^7$, razão pela qual escreveremos apenas:

$$HCl \longrightarrow H^+ + Cl^-$$

> **ATENÇÃO!**
>
> Outra maneira de comparar a força relativa dos ácidos é a partir do **grau de dissociação** (α), que corresponde ao rendimento da reação, calculado por:
>
> $$\alpha = \frac{\text{quantidade em mols de ácido dissociado}}{\text{quantidade em mols de ácido dissolvido}}$$
>
> Para ácidos fortes, temos $\alpha \cong 1$ (100%). Já para ácidos fracos, geralmente $\alpha < 0,05$ (5%). Para os ácidos fracos que analisamos ao lado, soluções de concentração igual a 1 mol/L apresentam $\alpha \cong 0,4\%$ para o ácido acético e $\alpha \cong 0,002\%$ para o ácido cianídrico.

FIQUE POR DENTRO!

Ácidos polipróticos

Para ácidos que podem liberar mais do que um H^+, verifica-se que o processo de dissociação ocorre por etapas. Vamos dissolver H_2S em água para analisar esse processo.

Por meio de uma análise química da solução, identificamos a presença de íons H^+, HS^- e S^{2-}, sendo que a quantidade de íons HS^- é maior que S^{2-}. Isso é explicado pelo fato de a primeira dissociação ser mais intensa do que a segunda, pois a carga negativa no HS^- dificulta a saída do H^+:

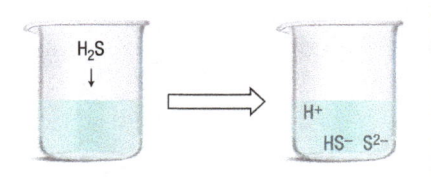

$H_2S \rightleftarrows H^+ + HS^-$ $K_{a_1} = \dfrac{[H^+] \cdot [HS^-]}{[H_2S]} = 1,3 \cdot 10^{-7}$

$HS^- \rightleftarrows H^+ + S^{2-}$ $K_{a_2} = \dfrac{[H^+] \cdot [S^{2-}]}{[HS^-]} = 7,1 \cdot 10^{-15}$

Equação global: $H_2S \rightleftarrows 2\,H^+ + S^{2-}$ $K = \dfrac{[H^+]^2 \cdot [S^{2-}]}{[H_2S]} = K_{a_1} \cdot K_{a_2} = 9,2 \cdot 10^{-22}$

Para poliácidos, sempre teremos que $K_{a_1} > K_{a_2} > \ldots$.

A mesma análise que fizemos para os ácidos de Arrhenius pode ser realizada para as **bases**, que, segundo a teoria de Arrhenius, ao serem dissolvidas em água ocorre uma separação entre o cátion e o ânion hidróxido (OH^-).

Quando temos uma **base fraca**, a dissociação não será total e, portanto, teremos um equilíbrio iônico em que as concentrações permanecem constantes. A constante de equilíbrio associada a esse equilíbrio é chamada **constante de dissociação da base (K_b)**.

$$\text{base} \xrightleftharpoons[]{H_2O} \text{cátion} + OH^- \quad K_b$$

Observe o exemplo do equilíbrio de dissociação do NH_4OH:

$$NH_4OH \rightleftharpoons NH_4^+ + OH^- \qquad K_b = 1,8 \cdot 10^{-5}$$

$$K_b = \frac{[NH_4^+] \cdot [OH^-]}{[NH_4OH]}$$

Para **bases fortes**, como as formadas por íons de metais alcalinos (grupo 1) e por Ca^{2+} e Ba^{2+}, a dissociação será total e, portanto, não teremos um equilíbrio:

$$NaOH \longrightarrow Na^+ + OH^-$$

3.2 Teoria de Ionização de Brönsted-Lowry

A teoria de dissociação proposta por Arrhenius no final do século XIX possibilitou o estudo dos íons em soluções aquosas, porém restringia sua aplicação justamente ao meio aquoso.

No início do século XX, os químicos Brönsted e Lowry verificaram que certas reações químicas ocorriam com **transferência de prótons (H^+)** de uma espécie química para outra. Essas reações poderiam ocorrer ou não em meio aquoso, porém o caso mais importante são exatamente as reações de ácidos e bases com a água.

Observe o equilíbrio estabelecido entre HF, um ácido fraco ($K_a = 6,8 \cdot 10^{-4}$), e água.

Thomas M. **Lowry** (1874-1936), físico-químico britânico.

| | 10 prótons 10 elétrons | 10 prótons 10 elétrons | 11 prótons 10 elétrons | 9 prótons 10 elétrons |

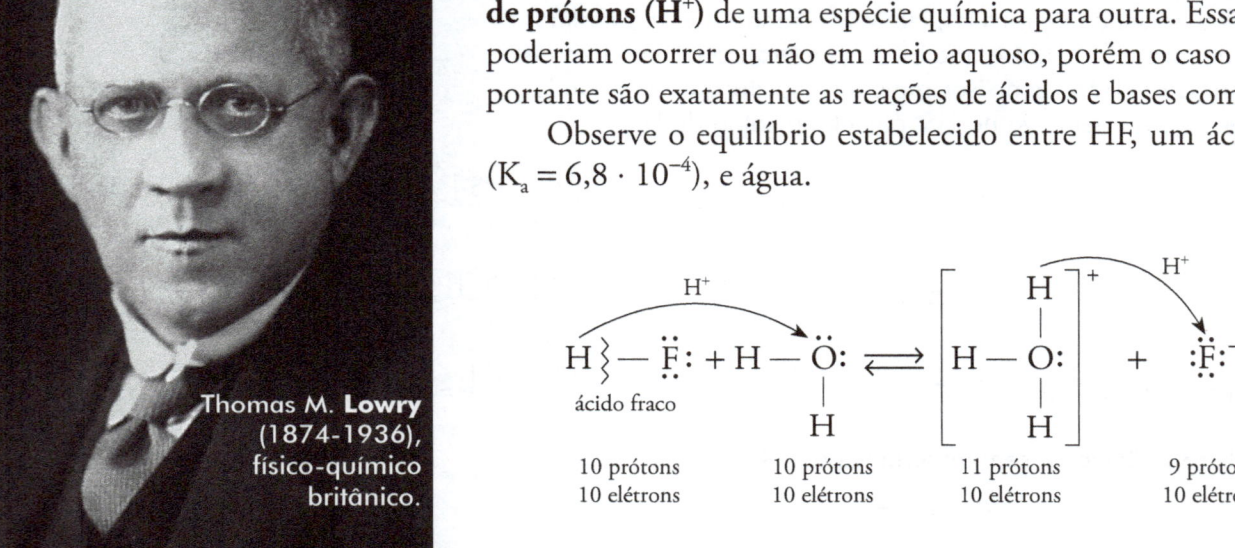

Essa reação, no sentido direto, é denominada de **ionização**, devido à formação de íons (H_3O^+ e F^-) a partir de moléculas neutras (HF e H_2O). Nesse caso, diferentemente da teoria de Arrhenius, a água assume um **papel ativo** no equilíbrio, sendo considerada, inclusive, um **reagente** do processo. A maneira mais usual de representar o equilíbrio acima é dada por:

$$\overset{H^+}{\overset{\frown}{HF} + H_2O} \rightleftarrows \overset{H^+}{\overset{\frown}{H_3O^+} + F^-}$$

> **LEMBRE-SE!**
> Embora a ionização seja o mais correto, os químicos continuam usando a dissociação de acordo com a teoria de Arrhenius.

Segundo a teoria de Brönsted-Lowry, um **ácido de Brönsted-Lowry** (chamado também de ácido de Brönsted) é uma espécie química (molécula ou íon) que **fornece próton** (H^+) para uma base. Já uma **base de Brönsted-Lowry** (chamada também de **base de Brönsted**) é uma espécie química (molécula ou íon) que **recebe próton** (H^+) de um ácido.

Como a ionização é um processo reversível, representado pelo equilíbrio químico, podemos classificar tanto reagentes quanto produtos do equilíbrio acima como ácidos e bases de Brönsted:

$$\underset{\text{ácido}}{HF} + \underset{\text{base}}{H_2O} \rightleftarrows \underset{\text{ácido}}{H_3O^+} + \underset{\text{base}}{F^-}$$

Quando um ácido de Brönsted fornece um H^+, origina uma espécie química chamada **base conjugada**:

$$\text{ácido de Brönsted} \xrightarrow{\text{doa } H^+} \text{base conjugada}$$

$$\underset{\text{ácido}}{HF} \xrightarrow{\text{doa } H^+} \underset{\text{base conjugada}}{F^-}$$

Quando uma **base de Brönsted** recebe H^+, origina uma espécie química chamada **ácido conjugado**:

$$\underset{H_2O}{\text{base de Brönsted}} \xrightarrow{\text{recebe } H^+} \underset{H_3O^+}{\text{ácido conjugado}}$$

Johannes Niclaus **Brönsted** (1879-1947), químico dinamarquês.

Os pares de espécies químicas formados por um ácido e sua base conjugada ou por uma base e seu ácido conjugado diferem entre si por um H⁺ (próton), sendo chamados de **pares conjugados**. Observe, novamente, o equilíbrio entre HF e água, porém com as indicações dos pares conjugados. Na teoria proposta por Brönsted-Lowry, K_a é chamada de **constante de acidez** ou **constante de ionização do ácido** e α recebe o nome de **grau de ionização**.

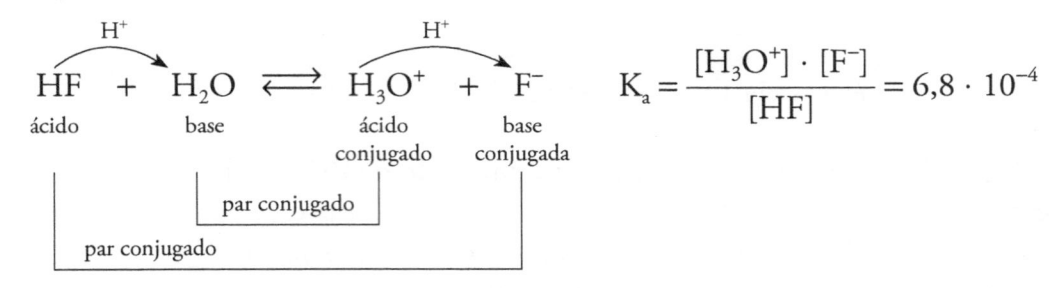

$$HF + H_2O \rightleftharpoons H_3O^+ + F^- \qquad K_a = \frac{[H_3O^+] \cdot [F^-]}{[HF]} = 6{,}8 \cdot 10^{-4}$$

ácido / base / ácido conjugado / base conjugada

par conjugado (H₂O / H₃O⁺)
par conjugado (HF / F⁻)

Outro exemplo:

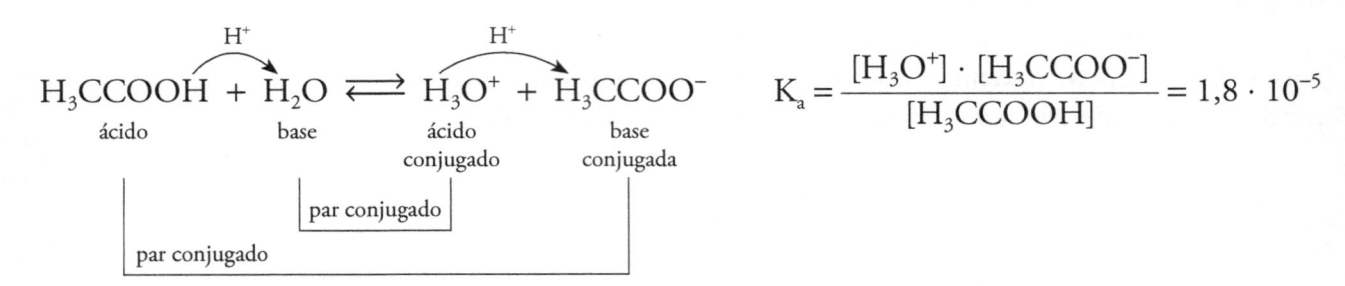

$$H_3CCOOH + H_2O \rightleftharpoons H_3O^+ + H_3CCOO^- \qquad K_a = \frac{[H_3O^+] \cdot [H_3CCOO^-]}{[H_3CCOOH]} = 1{,}8 \cdot 10^{-5}$$

ácido / base / ácido conjugado / base conjugada

par conjugado (H₂O / H₃O⁺)
par conjugado (H₃CCOOH / H₃CCOO⁻)

A identificação dos pares conjugados possibilita explicar a força relativa dos ácidos. Para verificarmos como isso é possível, vamos comparar os equilíbrios de ionização de dois ácidos fracos: HF e HCN.

$$HF + H_2O \rightleftharpoons H_3O^+ + F^- \qquad K_a = \frac{[H_3O^+] \cdot [F^-]}{[HF]} = 6{,}8 \cdot 10^{-4}$$

$$HCN + H_2O \rightleftharpoons H_3O^+ + CN^- \qquad K_a = \frac{[H_3O^+] \cdot [CN^-]}{[HCN]} = 4{,}9 \cdot 10^{-10}$$

Comparando-se as constantes de acidez, concluímos que o HF é um ácido mais forte que o HCN, o que significa que o equilíbrio de ionização do HF está proporcionalmente mais deslocado para direita que o do HCN.

Isso ocorre porque o F⁻, base conjugada do HF, é uma estrutura mais estável e, portanto, com menor tendência em receber H⁺ e deslocar o equilíbrio para a esquerda. Em outras palavras, o F⁻ é uma base (conjugada do HF) mais fraca que o CN⁻ (base conjugada do HCN).

Essa análise permite concluir que:

> Se o **ácido** é **forte**, sua **base conjugada** é **fraca**, e vice-versa.

Capítulo 3 – Equilíbrios Iônicos em Solução Aquosa   **69**

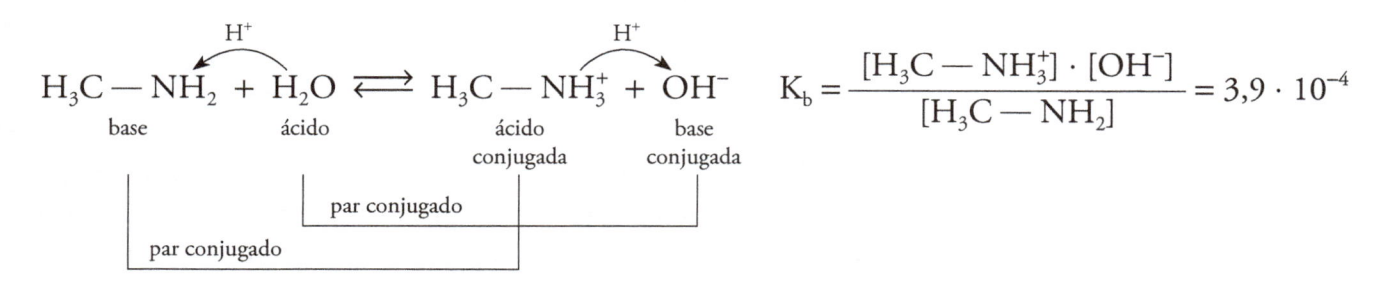

FIQUE POR DENTRO!

Por que a concentração da água não entra na expressão da constante de ionização?

$$HF + H_2O \rightleftarrows H_3O^+ + F^-$$

No equilíbrio acima, a água, apesar de participar ativamente da reação, também é o solvente no processo. Como nos equilíbrios analisados, as soluções são bastante diluídas, a concentração da água é muito grande e praticamente invariável durante o desenvolvimento da reação.

$$[H_2O]_{inicial} >> [HF]_{inicial} \qquad [H_2O]_{equilíbrio} \cong [H_2O]_{inicial}$$

Por esse motivo, a concentração em mol/L da água não é incluída na expressão de constante de equilíbrio, de forma similar ao que ocorre no caso dos sólidos nos equilíbrios heterogêneos:

$$HF + H_2O \rightleftarrows H_3O^+ + F^-$$

$$K_C = \frac{[H_3O^+] \cdot [F^-]}{[H_2O] \cdot [HF]} \Rightarrow \overbrace{K \cdot \underbrace{[H_2O]}_{constante}}^{K_a} = \frac{[H_3O^+] \cdot [F^-]}{[HF]} \Rightarrow K_a = \frac{[H_3O^+] \cdot [F^-]}{[HF]}$$

Entretanto, devemos ficar atentos, pois nem sempre é possível desconsiderar a concentração da água nas constantes de equilíbrio. No exemplo, a seguir, temos um processo no qual é utilizado um solvente orgânico e a água é um participante do equilíbrio como as demais substâncias. Nesse caso, portanto, $[H_2O]$ aparecerá na constante de equilíbrio.

$$CH_3COOH(solv) + CH_3CH_2OH(solv) \rightleftarrows CH_3COOCH_2CH_3(solv) + H_2O(solv)$$

$$K_C = \frac{[CH_3COOCH_2CH_3] \cdot [H_2O]}{[CH_3COOH] \cdot [CH_3CH_2OH]}$$

A teoria de ionização de Brönsted-Lowry também pode ser aplicada para equilíbrios que envolvem a ionização de bases fracas. Observe a seguir os equilíbrios entre amônia e água e entre metilamina e água:

$$\underset{base}{NH_3} + \underset{ácido}{H_2O} \rightleftarrows \underset{\substack{ácido \\ conjugado}}{NH_4^+} + \underset{\substack{base \\ conjugada}}{OH^-} \qquad K_b = \frac{[NH_4^+] \cdot [OH^-]}{[NH_3]} = 1{,}8 \cdot 10^{-5}$$

$$\underset{base}{H_3C-NH_2} + \underset{ácido}{H_2O} \rightleftarrows \underset{\substack{ácido \\ conjugado}}{H_3C-NH_3^+} + \underset{\substack{base \\ conjugada}}{OH^-} \qquad K_b = \frac{[H_3C-NH_3^+] \cdot [OH^-]}{[H_3C-NH_2]} = 3{,}9 \cdot 10^{-4}$$

> ### FIQUE POR DENTRO!
>
> **Espécies anfóteras ou anfipróticas**
>
> Observe, nos equilíbrios envolvendo ácidos e bases em água apresentados nesta seção, a classificação da água: ao reagir com os ácidos HF e H_3CCOOH, a água assume caráter básico; por outro lado, ao reagir com as bases NH_3 e H_3CNH_2, assume caráter ácido.
>
> Uma espécie química capaz de agir como ácido ou como base é chamada **anfótera**. Uma espécie anfótera age como base quando reage com uma espécie bem mais ácida que ela própria (exemplo 1) e como ácido quando reage com uma espécie bem mais básica que ela própria (exemplo 2).
>
> 1) $HF + \underset{\text{base}}{H_2O} \rightleftarrows H_3O^+ + F^-$
>
> 2) $NH_3 + \underset{\text{ácido}}{H_2O} \rightleftarrows NH_4^+ + OH^-$
>
> Uma espécie que tem a capacidade tanto de receber próton (atuar como base de Brönsted) quanto de doar próton (atuar como ácido de Brönsted) também é chamada de **anfiprótica**.

3.3 Deslocamento de Equilíbrios Iônicos

3.3.1 Diluição de um ácido fraco e base fraca

Os valores de K_a e K_b, como todas as constantes de equilíbrio, só mudam com a alteração da temperatura. Portanto, quando realizamos uma operação de **diluição**, pela adição de **água** em temperatura constante, os valores de K_a e K_b mantêm-se constantes.

Considere o equilíbrio de um ácido fraco, como o do ácido acético (H_3CCOOH):

$$H_3CCOOH \rightleftarrows H^+ + H_3CCOO^- \qquad K_a = 1,8 \cdot 10^{-5}$$

Ao adicionar água, o volume da solução aumenta, provocando diminuição das concentrações de H_3CCOOH, H^+ e H_3CCOO^-. E, portanto, perturbando o equilíbrio.

Para entendermos para qual lado o equilíbrio de ionização deslocará, podemos retomar o conceito de equilíbrio químico apresentado no Capítulo 1: no equilíbrio, as velocidades das reações direta (v_1) e inversa (v_2) se igualam, de modo que as concentrações das espécies químicas mantêm-se constantes. Com base no equilíbrio acima, podemos escrever que:

▶▶ $v_1 = k_1 \cdot \underbrace{[H_3CCOOH]}_{\text{diminui}}$ ▶▶ $v_2 = k_2 \cdot \underbrace{[H^+]}_{\text{diminui}} \cdot \underbrace{[H_3CCOO^-]}_{\text{diminui}}$

Com a redução de todas as concentrações, v_2 diminui mais que v_1, razão pela qual o equilíbrio desloca-se no sentido dos produtos, provocando aumento da quantidade em mols dos íons H^+ e H_3CCOO^-. Contudo, como o aumento do volume é maior que o aumento das quantidades em mol, as concentrações dos produtos reduzem com a adição de água.

$$\underbrace{[H^+]}_{\text{diminui}} = \frac{\overbrace{n_{H^+}}^{\text{aumenta}}}{\underbrace{V}_{\substack{\text{aumenta} \\ \text{muito}}}}$$

$$\underbrace{[H_3CCOO^-]}_{\text{diminui}} = \frac{\overbrace{n_{H_3CCOO^-}}^{\text{aumenta}}}{\underbrace{V}_{\substack{\text{aumenta} \\ \text{muito}}}}$$

Em conclusão, a **diluição** (adição de água) de um ácido fraco ou de uma base fraca desloca o equilíbrio de ionização no sentido dos produtos, favorecendo a ionização (o que aumenta o grau de ionização), porém sem alterar o valor da constante de ionização (de acidez ou de basicidade).

3.3.2 Efeito do íon comum e do íon não comum

Um equilíbrio químico e, portanto, um equilíbrio iônico pode ser deslocado pela adição ou remoção dos participantes do equilíbrio. No caso de um equilíbrio iônico, essas perturbações podem ser realizadas adicionando-se espécies químicas que liberem íons que interfiram nas concentrações do equilíbrio analisado.

Considere, por exemplo, a adição de acetato de sódio ($H_3CCOONa$) a uma solução aquosa de ácido acético. Nessa solução, há o estabelecimento do equilíbrio de ionização do ácido:

$$H_3CCOOH \rightleftharpoons H^+ + H_3CCOO^-$$

O acetato de sódio é um sal solúvel que libera os íons acetato (H_3CCOO^-) e sódio (Na^+):

$$H_3CCOONa \longrightarrow H_3CCOO^- + Na^+$$

A adição desse sal provoca, portanto, o aumento da concentração de acetato (um **íon comum** ao equilíbrio), o que desloca o equilíbrio de ionização do sentido do H_3CCOOH, reduzindo o grau de ionização do ácido.

É também possível deslocar um equilíbrio iônico mesmo sem adicionar um íon comum. Para isso basta que o íon adicionado reaja com um dos participantes do equilíbrio. Nesse caso, o íon adicionado, como não estava presente no equilíbrio, é chamado de **íon não comum**.

Como exemplo, vamos analisar o equilíbrio estabelecido, em meio ácido aquoso, entre cromato (CrO_4^{2-}) e dicromato ($Cr_2O_7^{2-}$).

$$2\,CrO_4^{2-}(aq) + 2\,H^+(aq) \rightleftharpoons$$
$$\rightleftharpoons Cr_2O_7^{2-}(aq) + H_2O(l)$$

Os sais cromato de chumbo(II) ($PbCrO_4$) e dicromato de potássio ($K_2Cr_2O_7$) apresentam cores distintas em virtude da coloração dos ânions: o cromato, CrO_4^{2-}, é amarelo, enquanto o dicromato, $Cr_2O_7^{2-}$, é alaranjado.

Da esquerda para direita, temos soluções com caráter cada vez mais básico, o que é obtido pela adição de solução de NaOH. A adição de OH^-, liberado pelo NaOH, no equilíbrio entre cromato e dicromato desloca-o para a esquerda, pois reage com H^+ diminuindo sua concentração, de acordo com a equação química $H^+ + OH^- \longrightarrow H_2O$. Como consequência, a solução fica amarela.

3.4 Caráter Ácido e Básico nos Compostos Orgânicos

Nos exemplos anteriores, focamos principalmente na análise de compostos inorgânicos. Isso ocorre porque a maioria dos compostos orgânicos (hidrocarbonetos, haletos orgânicos, álcoois, éteres, aldeídos, cetonas, ésteres e amidas) não se ionizam na presença de água e, portanto, apresentam caráter neutro.

Entretanto, há alguns grupos de compostos orgânicos que podem, sim, ionizar na presença de água, apresentando caráter ácido ou básico, como veremos a seguir.

3.4.1 Compostos orgânicos com caráter ácido

Os principais compostos orgânicos que apresentam caráter ácido são os **ácidos carboxílicos** e os **fenóis**. Ambos, em água, podem transferir próton (H^+) para água, atuando como ácidos de Brönsted. Observe os exemplos a seguir:

▶▶ $H_3C-COOH \underset{}{\overset{H_2O}{\rightleftharpoons}} H^+ + H_3C-COO^-$ $K_a = 1{,}8 \cdot 10^{-5}$
   ácido acético   ânion acetato

▶▶ $C_6H_5-COOH \underset{}{\overset{H_2O}{\rightleftharpoons}} H^+ + C_6H_5-COO^-$ $K_a = 6{,}3 \cdot 10^{-3}$
   ácido benzoico   ânion benzoato

▶▶ $C_6H_5-OH \underset{}{\overset{H_2O}{\rightleftharpoons}} H^+ + C_6H_5-O^-$ $K_a = 1{,}3 \cdot 10^{-10}$
   benzenol ou fenol   ânion fenóxido

Os fenóis, quando comparados aos ácidos carboxílicos, geralmente são ácidos mais fracos, o que pode ser verificado pela menor constante de acidez.

E, por apresentarem caráter ácido, tanto ácidos carboxílicos quantos fenóis podem reagir com bases em reações de neutralização:

▶▶ $H_3C-COOH + NaOH \longrightarrow H_3CCOO^-Na^+ + HOH$
   ácido etanoico   etanoato de sódio
   ácido acético   acetato de sódio

▶▶ $C_6H_5-OH + NaOH \longrightarrow C_6H_5-O^-Na^+ + HOH$
   benzenol   fenóxido de sódio

FIQUE POR DENTRO!

Fatores que alteram a acidez de um ácido carboxílico

A acidez de um ácido carboxílico está relacionada à facilidade de o grupo carboxila (—COOH) doar um próton (H⁺) para a água. De outra forma, a acidez está relacionada à facilidade de a água romper a ligação O — H no grupo carboxila.

Como o oxigênio é um elemento mais eletronegativo do que o hidrogênio, o par eletrônico da ligação O — H está naturalmente mais deslocado para o lado do oxigênio, o que facilita a atração do H pelo polo negativo da molécula de água:

$H_3C-COOH$ $K_a = 1{,}8 \cdot 10^{-5}$

$ClH_2C-COOH$ $K_a = 1{,}4 \cdot 10^{-3}$

$Cl_2HC-COOH$ $K_a = 5{,}6 \cdot 10^{-2}$

$Cl_3C-COOH$ $K_a = 2{,}3 \cdot 10^{-1}$ (mais forte)

Assim, quanto mais próximo do oxigênio estiver o par de elétrons da ligação O — H, mais fácil será a saída do íon H⁺, pois a atração entre esse par de elétrons e o núcleo do hidrogênio será menor. Por esse motivo, dependendo do grupo ligado à carboxila, teremos ácidos mais ou menos fortes. Observe os exemplos a seguir:

▶▶ a presença de **grupos elétron-atraentes**, como grupos que contêm elementos bastante eletronegativos (—F, —Cl, —Br, —I, —NO₂, —OH), atrai os pares eletrônicos das ligações, aproximando o par de elétrons da ligação O — H do oxigênio, o que aumenta a acidez:

▶▶ a presença de **grupos elétron-repelentes**, como cadeias carbônicas (—CH₃, —CH₂—CH₃ etc.), repele os pares eletrônicos das ligações, aproximando o par de elétrons da ligação O — H do hidrogênio, o que diminui a acidez.

H — COOH H_3C — COOH
$K_a = 1{,}8 \cdot 10^{-4}$ $K_a = 1{,}8 \cdot 10^{-5}$

H_3C — CH_2 — COOH
$K_a = 1{,}3 \cdot 10^{-5}$

Observe que, quanto maior a cadeia carbônica, menor a acidez, pois está aumentando o efeito do grupo elétron-repelente.

3.4.2 Compostos orgânicos com caráter básico

Uma das principais propriedades das **aminas** é o caráter **básico**. Qualquer tipo de amina (primária, secundária e terciária), assim como a amônia, reage com a água e com os ácidos de forma semelhante, atuando como base de Brönsted e recebendo próton (H⁺). Observe os exemplos ao lado:

▶▶ $H_2O + NH_3 \rightleftharpoons NH_4^+ + OH^-$ (amônio)

▶▶ $H_2O + H_3C-NH_2 \rightleftharpoons H_3C-NH_3^+ + OH^-$ (metilamônio)

▶▶ $HCl + NH_3 \rightleftharpoons NH_4^+Cl^-$ (cloreto de amônio)

▶▶ $HCl + H_3C-NH_2 \rightleftharpoons H_3C-NH_3^+Cl^-$ (cloreto de metilamônio)

LIGANDO OS PONTOS!

Ácido sulfúrico e o desenvolvimento da indústria química

Acredita-se que nossos antepassados tenham conhecimento do ácido sulfúrico desde o século VIII. Na Idade Média, por exemplo, alquimistas desenvolveram um procedimento para produzir H_2SO_4 a partir da reação, sob aquecimento, entre **vitríolo verde** (um mineral que contém $FeSO_4$), nitrato de potássio (KNO_3) e água. O produto (H_2SO_4) era um líquido viscoso, que ficou conhecido como **óleo de vitríolo**.

O mineral vitríolo verde recebe esse nome em virtude de sua aparência, que lembra a de um vidro colorido.

A demanda por ácido sulfúrico manteve-se baixa até por volta de meados do século XVIII. Até esse período, o principal uso era para produção de sulfato de sódio decaidratado, $Na_2SO_4 \cdot 10\,H_2O$, um composto utilizado como **laxante**.

A partir de 1760, o ácido sulfúrico passou a ser usado na **indústria têxtil**, como branqueador, e na produção de um corante azul, derivado do índigo, que pudesse ser dissolvido em água. Seu uso como branqueador foi rapidamente substituído pelo uso de cloro, mais eficiente, porém essa substituição não reduziu a importância econômica desse ácido, pois o H_2SO_4 passou a ser utilizado como matéria-prima para a produção de HCl:

$$H_2SO_4 + 2\,NaCl \longrightarrow 2\,HCl + Na_2SO_4$$

O ácido sulfúrico também desempenhou um papel importante no balonismo no final do século XVIII, quando foram introduzidos os **balões de hidrogênio**. Para produzir gás hidrogênio (H_2), reagia-se ferro com ácido sulfúrico:

$$Fe + H_2SO_4 \longrightarrow FeSO_4 + H_2$$

Entretanto, entre todas as aplicações do ácido sulfúrico, a mais importante provavelmente esteja relacionada à produção de **fertilizantes**, entre eles os superfosfatos, que já eram bastante utilizados a partir de meados do século XIX. Minerais fosfatados, como $Ca_3(PO_4)_2$, não são muito solúveis. Para que possam ser utilizados como fertilizantes, eles precisam primeiro ter sua solubilidade em água aumentada, o que pode ser alcançado a partir da sua reação com ácido sulfúrico, produzindo $CaHPO_4$, que é solúvel em água e pode ser absorvido pelas plantas.

Atualmente, mais de metade da produção de ácido sulfúrico é utilizada na indústria de fertilizantes.

SÉRIE BRONZE

1. A dissociação do ácido acético, presente no vinagre, pode ser assim equacionada:

$$CH_3COOH \rightleftharpoons CH_3COO^- + H^+$$

A expressão correta para a constante de acidez (constante de dissociação) desse composto é:

a) $\dfrac{[H^+]}{[CH_3COO^-]}$

b) $\dfrac{[H^+] \cdot [CH_3COO^-]}{[CH_3COOH]}$

c) $\dfrac{[H^+] + [CH_3COOH]}{[CH_3COO^-]}$

d) $\dfrac{[CH_3COOH]}{[H^+] \cdot [CH_3COO^-]}$

e) $\dfrac{[H^+] + [CH_3COO^-]}{[CH_3COOH]}$

2. (UEL – PR) Na comparação entre as forças de ácidos é correto afirmar que o ácido mais forte tem maior:

a) massa molecular.
b) densidade.
c) temperatura de ebulição.
d) temperatura de fusão.
e) constante de dissociação.

3. **(Exercício resolvido)** (PUC – MG) A constante de dissociação dos ácidos em água (K_a) indica a força relativa dos ácidos. De acordo com a tabela abaixo, o ácido mais fraco é o:

ÁCIDO	K_a (25 °C)
H_2SO_3	$1,6 \cdot 10^{-2}$
HNO_2	$4,0 \cdot 10^{-4}$
C_6H_5COOH	$6,6 \cdot 10^{-5}$
H_2S	$1,0 \cdot 10^{-7}$
HCN	$4,0 \cdot 10^{-10}$

a) HCN
b) H_2S
c) C_6H_5COOH
d) HNO_2
e) H_2SO_3

Resolução:

Todos os ácidos fornecidos na tabela são monoácidos, isto é, liberam um único H^+. Nesse caso, quanto maior a constante de acidez (K_a), mais forte será o ácido. Portanto, o ácido mais fraco será aquele que apresenta menor valor de K_a. Dentre os ácidos apresentados, o mais fraco é o HCN, que apresenta $K_a = 4,0 \cdot 10^{-10}$.

4. (UNIFOR – CE) O ácido mais forte da série é:

ÁCIDO	K_a (25 °C)
nitroso – HNO_2	$4,5 \cdot 10^{-4}$
fórmico – HCOOH	$1,8 \cdot 10^{-4}$
acético – H_3COOH	$1,8 \cdot 10^{-5}$
hipocloroso – HClO	$3,5 \cdot 10^{-8}$
hipobromoso – HBrO	$2,0 \cdot 10^{-9}$

a) HNO_2
b) HCOOH
c) H_3CCOOH
d) HClO
e) HBrO

5. (FUC – MT) Considere soluções aquosas de mesma concentração em mol/L dos ácidos relacionados na tabela.

ÁCIDO	K_a (25 °C)
ácido nitroso (HNO_2)	$5,0 \cdot 10^{-4}$
ácido acético ($H_3C-COOH$)	$1,8 \cdot 10^{-5}$
ácido hipocloroso ($HClO$)	$3,2 \cdot 10^{-8}$
ácido cianídrico (HCN)	$4,0 \cdot 10^{-10}$

Podemos concluir que:

a) o ácido que apresenta maior acidez é o ácido cianídrico.
b) o ácido que apresenta menor acidez é o ácido acético.
c) o ácido que apresenta menor acidez é o ácido hipocloroso.
d) o ácido que apresenta maior acidez é o ácido nitroso.
e) todos os ácidos apresentam a mesma acidez.

6. (UFES) Considere as dissociações:

$H_2S \rightleftarrows H^+ + HS^- \quad \alpha_1, K_1$
$HS^- \rightleftarrows H^+ + S^{2-} \quad \alpha_2, K_2$

Podemos afirmar que:

a) $\alpha_1 = \alpha_2$ e $K_1 = K_2$
b) $\alpha_1 > \alpha_2$ e $K_1 < K_2$
c) $\alpha_1 < \alpha_2$ e $K_1 < K_2$
d) $\alpha_1 > \alpha_2$ e $K_1 > K_2$

7. (UFES) Considere as dissociações e complete.

$H_2S \rightleftarrows H^+ + HS^- \quad K_1$
$HS^- \rightleftarrows H^+ + S^{2-} \quad K_2$
_____
$H_2S \rightleftarrows 2H^+ + S^{2-} \quad K =$

8. (UFRN) A amônia (NH_3) é um gás incolor e de cheiro irritante que, quando borbulhado em água, origina uma solução denominada amoníaco, utilizada na fabricação de produtos de limpeza doméstica. Quando dissolvida em água, a amônia sofre ionização, que pode ser representada por:

$NH_3(g) + H_2O(l) \rightleftarrows NH_4^+(aq) + OH^-(aq)$

No equilíbrio acima, as espécies que se comportam como ácidos de Brönsted-Lowry são:

a) H_2O e NH_4^+
b) NH_3 e NH_4^+
c) H_2O e NH_3
d) NH_3 e OH^-

9. (UFAL) De acordo com Brönsted-Lowry, "um ácido libera prótons para uma base e uma base aceita prótons de um ácido".

$HCl(aq) + NH_3(aq) \rightleftarrows NH_4^+(aq) + Cl^-(aq)$

Na equação acima, dentro do conceito de Brönsted-Lowry, são ácidos as espécies químicas:

a) $HCl(aq)$ e $NH_3(aq)$
b) $HCl(aq)$ e $NH_4^+(aq)$
c) $HCl(aq)$ e $Cl^-(aq)$
d) $NH_3(aq)$ e $NH_4^+(aq)$
e) $NH_4^+(aq)$ e $Cl(aq)$

10. (UNIRIO – RJ) "Imagens de satélite do norte da África mostram que áreas do Deserto do Saara afetadas durante décadas pela seca estão ficando verdes novamente. (...) A causa dessa retração deve-se provavelmente ao maior volume de chuvas que cai sobre a região." (www.bbc.co.uk)

A água é uma substância peculiar e sua molécula possui propriedades anfipróticas. A seguir estão descritas três reações:

$NH_3 + H_2O \rightleftarrows NH_4^+ + OH^-$ (reação 1)
$HBr + H_2O \rightleftarrows Br^- + H_3O^+$ (reação 2)
$HNO_2 + H_2O \rightleftarrows NO_2^- + H_3O^+$ (reação 3)

Assinale a opção que contém o comportamento da água em cada reação:

	REAÇÃO 1	REAÇÃO 2	REAÇÃO 3
a)	ácido	base	ácido
b)	base	base	ácido
c)	ácido	ácido	base
d)	ácido	base	base

11. (UFFRJ) Sabe-se que, em água, alguns ácidos são melhores doadores de prótons que outros e algumas bases são melhores receptoras de prótons que outras. Seguindo Brönsted, por exemplo, o HCl é um bom doador de prótons e considerado um ácido forte.

a) Quanto mais forte a base, mais forte é seu ácido conjugado.
b) Quanto mais forte o ácido, mais fraca é sua base conjugada.
c) Quanto mais fraco o ácido, mais fraca é sua base conjugada.
d) Quanto mais forte a base, mais fraca é sua base conjugada.
e) Quanto mais forte o ácido, mais fraco é seu ácido conjugado.

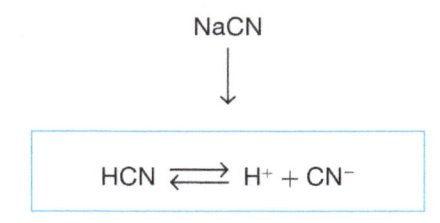

12. Complete as lacunas com base no esquema a seguir:

$$\downarrow \text{água}$$

$$HA \rightleftarrows H^+ + A^-$$
ácido fraco

a) As concentrações HA, H^+ e A^- _____ devido à adição de água.
b) O equilíbrio se desloca para a _____ devido à adição de água.
c) A quantidade de íons H^+ e A^- _____ devido à adição de água.
d) O valor de K_a permanece _____ devido à adição de água.

13. (ITA – SP – adaptada) Observe o esquema:

$$NaCN \downarrow$$

$$HCN \rightleftarrows H^+ + CN^-$$

a) Indique para qual lado o equilíbrio é deslocado.
b) O grau de ionização aumenta, diminui ou não se altera?
c) A [H^+] aumenta, diminui ou não se altera?
d) A Ka aumenta, diminui ou não se altera?

14. (FUVEST – SP) No vinagre ocorre o seguinte equilíbrio:

$$H_3CCOOH \rightleftarrows H^+ + H_3CCOO^-$$

Que efeito provoca nesse equilíbrio a adição de uma substância básica? Justifique sua resposta.

15. (PUC) Os frascos **A**, **B**, **C** e **D** apresentam soluções aquosas das seguintes substâncias:

Frasco A

fenol (C₆H₅OH)

Frasco B

$H_3C - CH_2 - OH$

etanol

Frasco C

$H_3C - COOH$ (ácido acético)

Frasco D

$H_3C - NH_2$

metilamina

Assinale a alternativa que apresenta corretamente o pH dessas soluções.

	FRASCO A	FRASCO B	FRASCO C	FRASCO D
a)	pH = 7	pH = 7	pH = 7	pH = 7
b)	pH > 7	pH > 7	pH < 7	pH > 7
c)	pH > 7	pH > 7	pH > 7	pH = 7
d)	pH < 7	pH = 7	pH < 7	pH > 7
e)	pH < 7	pH < 7	pH < 7	pH < 7

DADO: a 25 °C, soluções ácidas apresentam pH < 7, soluções neutras apresentam pH = 7 e soluções básicas apresentam pH > 7.

SÉRIE PRATA

1. (UPF – RS) Para os ácidos listados abaixo, foram preparadas soluções aquosas de mesmo volume e concentração.

I. Ácido cloroso (HClO₂) $K_a = 1,1 \cdot 10^{-2}$
II. Ácido fluorídrico (HF) $K_a = 6,7 \cdot 10^{-4}$
III. Ácido hipocloroso (HClO) $K_a = 3,2 \cdot 10^{-8}$
IV. Ácido cianídrico (HCN) $K_a = 4,0 \cdot 10^{-10}$

Considerando as constantes de ionização (K_a), a concentração do íon H⁺ é:

a) menor na solução do ácido I.
b) maior na solução do ácido I.
c) igual nas soluções dos ácidos III e IV.
d) igual nas soluções dos ácidos I, II, III e IV.
e) maior na solução do ácido IV.

2. (UFSJ – MG) Abaixo, são fornecidas as constantes de dissociação para alguns ácidos monopróticos a 25° C:

ÁCIDO	K_a
acético	$1,8 \times 10^{-5}$
cloroso	$1,1 \times 10^{-2}$
cianídrico	$4,0 \times 10^{-10}$
fluorídrico	$6,7 \times 10^{-4}$
hipocloroso	$3,2 \times 10^{-8}$

Considerando soluções aquosas contendo a mesma concentração desses ácidos, a ordenação **correta** de suas forças é

a) cloroso > fluorídrico > acético > hipocloroso > cianídrico.
b) cianídrico > hipocloroso > acético > fluorídrico > cloroso.
c) fluorídrico > cianídrico > hipocloroso > acético > cloroso.
d) fluorídrico = cianídrico = hipocloroso = acético = cloroso, pois são monopróticos.
e) hipocloroso > fluorídrico > cianídrico > cloroso > acético.

3. (UEPE) Analisando a tabela a seguir, com valores de constantes de basicidade, K_b, a 25 °C para diversas bases, podemos afirmar que:

BASE	K_b
dimetilamina, $(CH_3)_2NH$	$5,4 \times 10^{-4}$
amônia, NH_3	$1,8 \times 10^{-5}$
hidróxido de zinco, $Zn(OH)_2$	$1,2 \times 10^{-7}$
piridina, C_5H_5N	$1,8 \times 10^{-9}$
anilina, $C_6H_5NH_2$	$4,3 \times 10^{-10}$

a) a amônia é uma base mais fraca que o hidróxido de zinco.
b) a anilina é a base mais forte.
c) a piridina e a amônia têm a mesma força básica.
d) a dimetilamina é a base mais forte.
e) a anilina é mais básica que a piridina.

4. (FGV) A água participa em reações com diversas espécies químicas, o que faz com que ela seja empregada como solvente e reagente; além disso, ela toma parte em muitos processos, formando espécies intermediárias e mais reativas.

I. $HNO_2 + H_2O \rightleftharpoons NO_2^- + H_3O^+$
II. $NH_3 + H_2O \rightleftharpoons NH_4^+ + OH^-$
III. $O^{2-} + H_2O \rightleftharpoons OH^- + OH^-$

De acordo com a teoria de ácidos e bases de Brönsted-Lowry, a classificação correta da água nas equações I, II e III é, respectivamente:

a) base, base e ácido.   d) ácido, base e ácido.
b) base, ácido e ácido   e) ácido, base e base.
c) base, ácido e base.

5. (FGV) A teoria ácido-base de Brönsted-Lowry tem grande importância e aplicação na Química, pois ela pode ser útil para elucidar mecanismos de reações e, portanto, otimizar suas condições para aplicações em processos industriais.

Considere as reações:

I. $CN^- + H_2O \rightleftharpoons HCN + OH^-$
II. $CN^- + NH_3 \rightleftharpoons HCN + NH_2^-$
III. $H_2O + NH_3 \rightleftharpoons NH_4^+ + OH^-$

De acordo com essa teoria ácido-base, o cianeto, em I e II, e a amônia, em II e III, são classificados, respectiva e corretamente, como:

a) base, base, ácido, base.
b) base, base, base, ácido.
c) base, ácido, base, ácido.
d) ácido, ácido, base, ácido.
e) ácido, base, ácido, base.

6. (PUC – RJ) Dado que $CO_2(g)$ dissolvido em água, H_2CO_3 no meio aquoso, e HCO_3^-, no meio aquoso, encontram-se em equilíbrio de acordo com as representações abaixo:

I. $CO_2(aq) + H_2O(l) \rightleftharpoons H_2CO_3(aq)$
II. $H_2CO_3(aq) + H_2O(l) \rightleftharpoons HCO_3^-(aq) + H_3O^+(aq)$
III. $HCO_3^-(aq) + H_2O(l) \rightleftharpoons CO_3^{2-}(aq) + H_3O^+(aq)$

Sobre esse comportamento é correto afirmar que:
a) H_2CO_3 é base de Arrhenius na equação II.
b) A expressão da constante de equilíbrio de ionização do H_2CO_3 (equação II) é $K = \dfrac{[H_3O^+]^2\,[CO_3^{2-}]}{[H_2CO_3]}$.
c) Em ambos os equilíbrios em que participa (II e III), o HCO_3^- é base de Brönsted-Lowry.
d) No equilíbrio III, o CO_3^{2-} é base conjugada no HCO_3^-.
e) Os equilíbrios são heterogêneos.

7. (Exercício resolvido) Sabendo-se que o ácido cianídrico, HCN, em uma solução aquosa 0,1 mol/L, encontra-se 0,007% ionizado, determine a concentração de H^+ e de CN^- na solução.

Resolução:

$$HCN(aq) \rightleftharpoons H^+(aq) + CN^-(aq)$$

O grau de ionização corresponde à porcentagem de HCN que ioniza na solução aquosa. Como o HCN é um ácido monoprótico (libera apenas H^+), podemos determinar $[H^+]$ a partir de:

0,1 mol/L —————— 100%

$[H^+]$ —————— 0,007%

$100 \cdot [H^+] = 7 \cdot 10^{-4}$

$[H^+] = 7 \cdot 10^{-6}$ mol/L

Como a proporção estequiométrica é 1 H^+ : 1 CN^-, temos que: $[CN^-] = [H^+] = 7 \cdot 10^{-6}$ mol/L.

8. Calcule a concentração de H^+ em uma solução aquosa 0,1 mol/L de um monoácido fraco que está 0,01% ionizado.

9. (Exercício resolvido) Um monoácido fraco tem constante de ionização igual a 10^{-9}, a 25 °C. Esse ácido numa solução 0,1 mol/L terá que grau de ionização?

Resolução:

Como foi fornecida a constante de acidez da ionização do monoácido, para determinarmos o grau de ionização primeiro precisamos calcular $[H^+]$ no equilíbrio:

	HX ⇌	H^+ +	X^-
início	0,1	0	0
reage e forma	x	x	x
equilíbrio	0,1 − x	x	x

concentração em mol/L

Como a $K_a = 10^{-9} \ll 1$, podemos assumir que $0,1 - x \cong 0,1$. Portanto,

$$K_a = \frac{[H^+] \cdot [X^-]}{[HX]}$$

$$10^{-9} = \frac{x^2}{0,1}$$

$$x^2 = 10^{-10}$$

$$x = 10^{-5}$$

Logo, $[H^+] = 10^{-5}$ mol/L, o que possibilita determinar o valor do grau de ionização:

0,1 mol/L ——— 100%
10^{-5} mol/L ——— α

α = 0,01%

10. Um ácido HX apresenta uma constante de ionização igual a 10^{-6}, a 25 °C. Calcule o grau de ionização desse ácido numa solução 0,01 mol/L a 25 °C.

11. Qual é a concentração em mol/L de uma solução de ácido cianídrico, sabendo-se que ele está 0,01% dissociado e que a constante de dissociação, na mesma temperatura, é $7,2 \cdot 10^{-10}$?

12. Podemos considerar a constante de basicidade (Kb) da amônia como valendo $2 \cdot 10^{-5}$. Qual o valor de $[OH^-]$ numa solução 0,05 mol/L de amônia?

13. (PUC – Campinas – SP) Para aumentar efetivamente a concentração de íons carbonato no equilíbrio:

$$HCO_3^- + OH^- \rightleftarrows H_2O + CO_3^{2-}$$

deve-se adicionar:

a) HCl.
b) NaOH.
c) H_2SO_4.
d) H_2O.
e) CH_3COOH.

14. No equilíbrio

$$HS^- + H_2O \rightleftarrows H_3O^+ + S^{2-}$$

a adição de qual íon irá aumentar efetivamente a concentração de íons S^{2-}?

a) H_3O_7
b) Br^-
c) Cl^-
d) OH^-
e) Na^+

15. (FUVEST – SP) Considere o seguinte equilíbrio em solução aquosa:

$$2\ CrO_4^{2-} + 2\ H^+ \rightleftarrows Cr_2O_7^{2-} + H_2O$$

Para deslocar o equilíbrio no sentido da formação do íon dicromato será necessário adicionar:

a) ácido clorídrico.
b) hidróxido de sódio.
c) hidróxido de amônio.
d) água.
e) sal de bário para precipitar $BaCrO_4$.

16. (CESGRANRIO – RJ) Qual dos sais abaixo poderia diminuir o grau de ionização da base NH_4OH?

a) NaCl
b) $NaNO_3$
c) NH_4Cl
d) H_2SO_4
e) $CaCl_2$

17. (FUVEST – SP) Abaixo estão tabeladas as constantes de dissociação (K_a) de uma série de ácidos carboxílicos:

ÁCIDO CARBOXÍLICO	K_a
CH_3COOH	$1,8 \cdot 10^{-5}$
$CH_2ClCOOH$	$1,4 \cdot 10^{-3}$
$CHCl_2COOH$	$5,6 \cdot 10^{-2}$
CCl_3COOH	$2,3 \cdot 10^{-1}$

a) Justifique a ordem relativa dos valores de Ka.
b) Considerando soluções equimolares desses ácidos, qual tem maior pH? Justifique.

18. Considere os seguintes dados:

FÓRMULA ESTRUTURAL	K_a
HCOOH	$1,8 \cdot 10^{-4}$
CH_3COOH	$1,8 \cdot 10^{-5}$
CH_3CH_2COOH	$1,8 \cdot 10^{-5}$

a) Qual dos ácidos mostrados é o mais forte?
b) Qual dos ácidos mostrados é o mais fraco?
c) Como você explica a variação da força dos ácidos, observada pelos dados da tabela?

SÉRIE OURO

1. (UFPel – RS) Os fabricantes de guloseimas têm avançado no poder de sedução de seus produtos, uma vez que passaram a incorporar substâncias de caráter ácido (ácido málico e ácido cítrico) e de caráter básico (bicarbonato de sódio) a elas. Criaram balas e gomas de mascar em que o sabor inicial é azedo graças, principalmente, aos ácidos presentes e que, após alguns minutos de mastigação, começam a produzir uma espuma brilhante, doce e colorida, que, acumulando-se na boca, passa a transbordar por sobre os lábios – essa espuma é uma mistura de açúcar, corante, saliva e bolhas de gás carbônico liberadas pela reação do cátion hidrônio, H_3O^+ ou simplesmente H^+ (proveniente da ionização dos ácidos málico e cítrico na saliva), com o ânion bicarbonato, conforme a equação:

$$H^+(aq) + HCO_3^-(aq) \rightleftarrows CO_2(g) + H_2O(l)$$

A ionização do ácido málico presente nas balas acontece na saliva, de acordo com a equação:

$$\begin{pmatrix} H_2C-COOH \\ | \\ HC-COOH \\ | \\ OH \end{pmatrix} (aq) + 2\ H_2O(l) \rightleftharpoons$$

$$\rightleftharpoons \begin{pmatrix} H_2C-COO^- \\ | \\ HC-COO^- \\ | \\ OH \end{pmatrix} (aq) + 2\ H_3O^+(aq)$$

Sobre a atuação da água na reação acima representada é correto afirmar que ela atua como

a) uma base de Brönsted-Lowry por ceder prótons H^+ para o ácido málico.
b) uma base de Arrhenius por receber prótons H^+ do ácido málico.
c) uma base de Brönsted-Lowry por receber prótons H^+ do ácido málico.
d) uma base de Arrhenius por ceder prótons H^+ para o ácido málico.
e) uma base de Arrhenius por ceder par de elétrons para o ácido málico.

2. (UNESP) O ácido etanoico, popularmente chamado de ácido acético, é um ácido fraco e um dos componentes do vinagre, sendo o responsável por seu sabor azedo. Dada a constante de ionização, K_a, igual a $1,8 \times 10^{-5}$, assinale a alternativa que apresenta a concentração em $mol \cdot L^{-1}$ de H^+ em uma solução deste ácido de concentração $2,0 \times 10^{-2}\ mol \cdot L^{-1}$.

a) $0,00060\ mol \cdot L^{-1}$
b) $0,000018\ mol \cdot L^{-1}$
c) $1,8\ mol \cdot L^{-1}$
d) $3,6\ mol \cdot L^{-1}$
e) $0,000060\ mol \cdot L^{-1}$

3. (UFPE) Quando somos picados por uma formiga, ela libera ácido metanoico (fórmico), HCOOH. Supondo que a dor que sentimos seja causada pelo aumento da acidez e que, ao picar, a formiga libera um micromol (10^{-6} mol) de ácido metanoico num volume de um microlitro (10^{-6} L), qual deve ser a concentração de $H^+(aq)$ na região da picada? Admita que a solução tem comportamento ideal e que a autoionização da água é desprezível.

DADO: $K_a \approx 10^{-4}$ (constante de dissociação do ácido metanoico).

a) 1 mol/L
b) 10^{-1} mol/L
c) 10^{-2} mol/L
d) 10^{-3} mol/L
e) 10^{-4} mol/L

4. (FMC – RJ) Considerando que, para o ácido acético ($HC_2H_3O_2$), o valor de $K_a = 1 \cdot 8 \times 10^{-5}$ mol/L, a concentração desse ácido necessária para produzir uma concentração hidrogeniônica de $4,8 \times 10^{-3}$ mol/L, é, aproximadamente, de:

a) 1,3 mol/L
b) 1,8 mol/L
c) 4,8 mol/L
d) 2,4 mol/L
e) 1,1 mol/L

5. (PUC – RJ) A dissolução do gás amoníaco (NH_3) em água produz uma solução básica. O valor da constante de ionização (K_b) do NH_3 em água a 25 °C é $2,0 \times 10^{-5}$.

$$NH_3(aq) + H_2O(l) \rightleftharpoons NH_4^+(aq) + OH^-(aq)$$

Considerando-se a dissolução de $2,0 \cdot 10^{-1}$ mol de NH_3 em 1 L de água, pede-se:

a) a expressão da constante K_b;
b) o valor da concentração de OH^-, em mol/L;

c) o reagente (lado esquerdo) que atua como base de Brönsted e Lowry e o seu ácido conjugado, produto da reação (lado direito);
d) a porcentagem em massa do elemento N na molécula de NH_3. Mostre os cálculos;
e) a massa de NH_3 que foi dissolvida em 1 L de água. Mostre os cálculos.

DADOS: massas molares (g/mol): H = 1; N = 14.

6. (FAMERP – SP) O fenol é uma substância de caráter ácido, que sofre ionização de acordo com a equação a seguir.

$$C_6H_5OH + H_2O \rightleftharpoons C_6H_5O^- + H_3O^+ \qquad K_a = 1,3 \times 10^{-10}$$

fenol → íon fenolato

Com base nessas informações, pode-se afirmar que:

a) o íon fenolato é um ácido conjugado.
b) a reação inversa é mais rápida que a reação direta.
c) o equilíbrio é fortemente deslocado para a esquerda.
d) a adição de uma base forte aumenta o valor da constante K_a.
e) no equilíbrio, predominam as espécies ionizadas.

---

7. (ENEM) Após seu desgaste completo, os pneus podem ser queimados para a geração de energia. Dentre os gases gerados na combustão completa da borracha vulcanizada, alguns são poluentes e provocam a chuva ácida. Para evitar que escapem para a atmosfera, esses gases podem ser borbulhados em uma solução aquosa contendo uma substância adequada. Considere as informações das substâncias listadas no quadro.

SUBSTÂNCIA	EQUILÍBRIO EM SOLUÇÃO AQUOSA	VALOR DA CONSTANTE DE EQUILÍBRIO
fenol	$C_6H_5OH + H_2O \rightleftharpoons C_6H_5O^- + H_3O^+$	$1,3 \times 10^{-10}$
piridina	$C_5H_5N + H_2O \rightleftharpoons C_5H_5NH^+ + OH^-$	$1,7 \times 10^{-9}$
metilamina	$CH_3NH_2 + H_2O \rightleftharpoons CH_3NH_3^+ + OH^-$	$4,4 \times 10^{-4}$
hidrogenofosfato de potássio	$HPO_4^{2-} + H_2O \rightleftharpoons H_2PO_4^- + OH^-$	$2,8 \times 10^{-2}$
hidrogenossulfato de potássio	$HSO_4^- + H_2O \rightleftharpoons SO_4^{2-} + H_3O^+$	$3,1 \times 10^{-2}$

Dentre as substâncias listadas no quadro, aquela capaz de remover com maior eficiência os gases poluentes é o(a)
a) fenol. b) piridina. c) metilamina. d) hidrogenofosfato de potássio. e) hidrogenossulfato de potássio.

8. (ENEM) A formação de estalactites depende da reversibilidade de uma reação química. O carbonato de cálcio ($CaCO_3$) é encontrado em depósitos subterrâneos na forma de pedra calcária. Quando um volume de água rica em CO_2 dissolvido infiltra-se no calcário, o minério dissolve-se formando íons Ca^{2+} e HCO_3^-. Numa segunda etapa, a solução aquosa desses íons chega a uma caverna e ocorre a reação inversa, promovendo a liberação de CO_2 e a deposição de $CaCO_3$, de acordo com a equação apresentada.

$$Ca^{2+}(aq) + 2\ HCO_3^-(aq) \rightleftarrows$$
$$\rightleftarrows CaCO_3(s) + CO_2(g) + H_2O(l)$$
$$\Delta H = +40,94\ kJ/mol$$

Considerando o equilíbrio que ocorre na segunda etapa, a formação de carbonato será favorecida pelo(a)

a) diminuição da concentração de íons OH^- no meio.
b) aumento da pressão do ar no interior da caverna.
c) diminuição da concentração de HCO_3^- no meio.
d) aumento da temperatura no interior da caverna.
e) aumento da concentração de CO_2 dissolvido.

9. (FUVEST – SP) O gás carbônico atmosférico reage com a água do mar conforme detalhado em (I):

(I) $CO_2 + H_2O \rightleftarrows H_2CO_3 \rightleftarrows HCO_3^- + H^+$

As condições ambientais causadas pelo aumento de gás carbônico na atmosfera influenciam em processos caracterizados pela reação (II) durante o desenvolvimento de diversos organismos marinhos:

(II) $Ca^{2+} + CO_3^{2-} \rightleftarrows CaCO_3$

Tendo por base essas afirmações, assinale a alternativa correta.

a) O processo (I) resulta em diminuição da alcalinidade da água do mar, comprometendo a estruturação de recifes por interferir na formação dos esqueletos calcários dos corais, conforme a reação (II).
b) O processo (I) resulta em aumento da alcalinidade da água do mar, comprometendo processos de contração muscular de vertebrados marinhos por diminuir o cálcio livre disponível, como demonstrado em (II).
c) O processo (I) não altera a alcalinidade da água do mar, mas compromete o processo de formação de conchas de moluscos marinhos, nos quais a estrutura básica é o carbonato de cálcio, produto da reação (II).
d) O processo (I) resulta em diminuição da alcalinidade da água do mar, aumentando o pH e beneficiando o processo demonstrado em (II), o que favorece o crescimento de recifes de algas calcárias.
e) O processo (I) resulta em aumento da alcalinidade da água do mar, beneficiando os processos de fermentação por bactérias marinhas em regiões de recifes de coral, que são formados pelo processo (II).

NOTE E ADOTE:

Considere o bicarbonato solúvel e o carbonato de cálcio insolúvel.

10. (UNESP) Para a produção de energia, os mamíferos oxidam compostos de carbono nos tecidos, produzindo dióxido de carbono gasoso, $CO_2(g)$, como principal subproduto. O principal meio de remoção do $CO_2(g)$ gerado nos tecidos envolve sua dissolução em água (processo exotérmico), seguida da reação do gás dissolvido com a água, sob a ação de um catalisador biológico, a enzima anidrase carbônica, como representado a seguir.

$$CO_2(g) \xrightleftharpoons{H_2O} CO_2(aq) + calor \quad \text{(etapa 1)}$$

$$CO_2(aq) + H_2O(l) \xrightleftharpoons{\text{catalisador biológico}}$$
$$\rightleftarrows HCO_3^-(aq) + H^+(aq) \quad \text{(etapa 2)}$$

A respeito desse processo, é correto afirmar que

a) a reação de formação de HCO_3^- na etapa 2 só ocorre na presença do catalisador biológico.
b) a concentração de $CO_2(aq)$ não influi na acidez do meio.
c) a concentração de $H^+(aq)$ aumenta com a elevação da temperatura.
d) a concentração de $H^+(aq)$ não varia com a elevação da temperatura.
e) o aumento da concentração de $CO_2(aq)$ aumenta a acidez do meio.

11. (CESGRANRIO – RJ – adaptada) Os recipientes I, II, III contêm, respectivamente, solução saturada de cloreto de sódio, solução aquosa de ácido acético e água, com seus respectivos equilíbrios sendo representados por:

I. $NaCl(s) \rightleftarrows Na^+(aq) + Cl^-(aq)$

II. $CH_3COOH(aq) + H_2O(l) \rightleftarrows$
$\rightleftarrows H_3O^+(aq) + CH_3COO^-(aq)$

III. $2 H_2O(l) \rightleftarrows H_3O^+(aq) + OH^-(aq)$

De acordo com o Princípio de Le Châtelier, ao se adicionarem gostas de HCl concentrado a cada recipiente ocorrerá em:

a) I, aumento da constante de equilíbrio.
b) I, aumento da concentração de $Na^+(aq)$.
c) II, diminuição da concentração do íon $CH_3COO^-(aq)$.
d) II, diminuição da concentração do íons $H_3O^+(aq)$.
e) III, aumento da concentração do íon OH^-.

12. (MACKENZIE – SP)

$[CoCl_4]^{2-}(aq) + 6 H_2O \underset{endo}{\overset{exo}{\rightleftarrows}} [Co(H_2O)_6]^{2+}(aq) + 4 Cl^{1-}(aq)$
azul   rosa

Essa equação representa a reação que ocorre no "galinho do tempo", enfeite cuja superfície é impregnada por uma solução em que se estabelece o equilíbrio dado acima. O "galinho do tempo" indica, pela cor, como o tempo vai ficar.

Fazem-se as afirmações:

I. Quando a umidade relativa do ar está alta, o galinho fica rosa.
II. Quando a temperatura aumenta, o galinho fica azul.
III. Quando o galinho fica azul, há indicativo de tempo bom sem previsão de chuva.

Das afirmações,
a) somente II está correta.
b) somente I e III estão corretas.
c) somente III está correta,
d) I, II e III estão corretas.
e) somente I e II estão corretas.

13. (FGV) A água dura não é adequada para usos domésticos e industriais. Uma das maneiras para remoção do excesso de Ca^{2+} consiste em tratar a água dura em tanques de decantação, envolvendo os equilíbrios representados pelas equações:

$Ca^{2+}(aq) + 2 HCO_3^-(aq) \rightleftarrows CaCO_3(s) + CO_2(g) + H_2O(l)$
$CO_2(g) + 2 H_2O(l) \rightleftarrows HCO_3^-(aq) + H_3O^+(aq)$

Três soluções são adicionadas, separadamente, no processo de tratamento da água dura:

I. ácido nítrico;
II. hidróxido de sódio;
III. bicarbonato de sódio.

Pode-se afirmar que favorece a remoção de íons cálcio da água dura o contido em:

a) I, II e III.
b) II e III, apenas.
c) I e III, apenas.
d) I e II, apenas.
e) I, apenas.

14. (UNESP) Os analgésicos acetominofen e aspirina têm as fórmulas estruturais

acetaminofen   aspirina

As afirmações seguintes referem-se a esses dois analgésicos.

I. Ambos possuem anel aromático.
II. O acetaminofen possui as funções álcool e amida.
III. A aspirina possui a função ácido carboxílico.
IV. Tanto a aspirina como o acetaminofen têm comportamento ácido em solução aquosa.

São verdadeiras as afirmações:

a) I e II, apenas.
b) I e III, apenas.
c) II, III e IV, apenas.
d) I, III e IV, apenas.
e) I, II, III e IV.

15. (ITA – SP) Considere os seguintes ácidos:

I. CH₃COOH
II. CH₃CH₂COOH
III. CH₂ClCH₂COOH
IV. CHCl₂CH₂COOH
V. CCl₃CH₂COOH

Identifique a opção que contém a sequência CORRETA para ordem crescente de caráter ácido:

a) I < II < III < IV < V
b) II < I < III < IV < V
c) II < I < V < IV < III
d) III < IV < V < II < I
e) V < IV < III < II < I

16. (PUC – MG) O composto de caráter ácido mais acentuado é:

a) 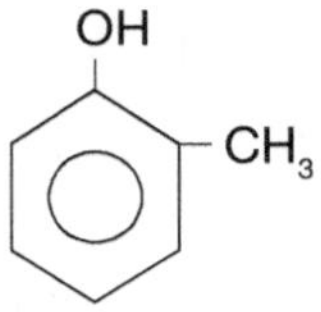 2-metilfenol (OH, CH₃)
b) 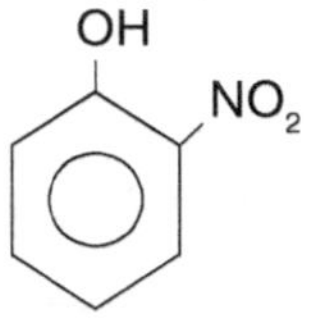 2-nitrofenol (OH, NO₂)
c) 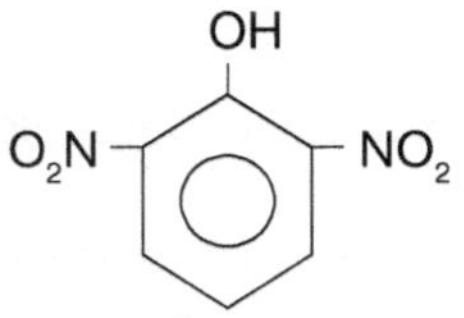 2,6-dinitrofenol (O₂N, OH, NO₂)
d) fenol (OH)
e) 2,4,6-trinitrofenol (O₂N, OH, NO₂, NO₂)

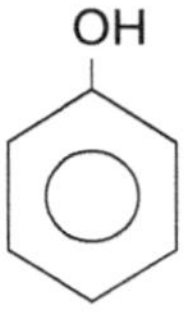

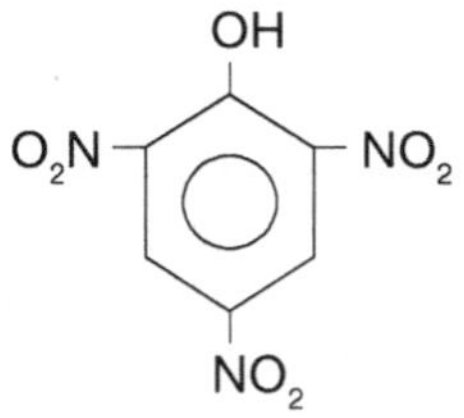

17. (MACKENZIE – SP) O etanoato de sódio, encontrado na forma de cristais incolores, inodoros e solúveis em água, é utilizado na fabricação de corantes e sabões.

As fórmulas das substâncias que podem ser usadas para obtê-lo são:

a) 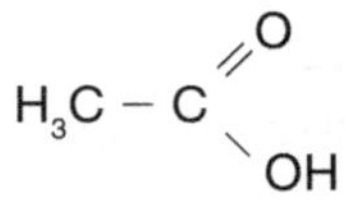 H₃C–COOH e NaOH

b) 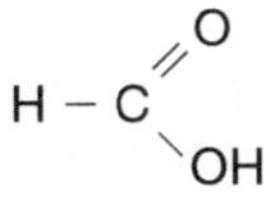 H–COOH e Na

c) 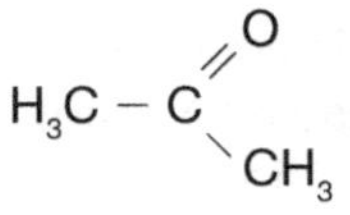 H₃C–CO–CH₃ e NaOH

d) 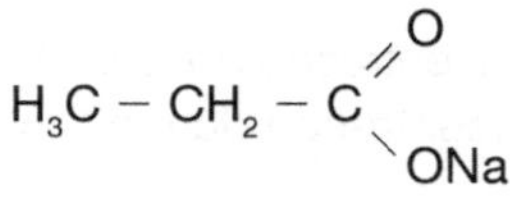 H₃C–CH₂–COONa e NaOH

e) 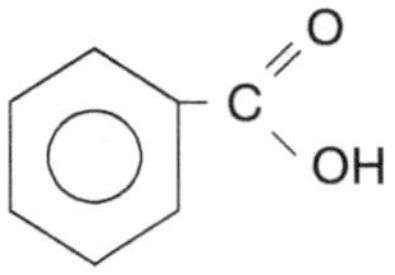 C₆H₅–COOH e Na

18. (UNICAMP – SP) Uma das substâncias responsáveis pelo odor característico do suor humano é o ácido caproico ou hexanoico, C₅H₁₁COOH. Seu sal de sódio é praticamente inodoro por ser menos volátil. Em consequência dessa propriedade, em algumas formulações de talco adiciona-se "bicarbonato de sódio" (hidrogenocarbonato de sódio, NaHCO₃) para combater os odores da transpiração.

a) Dê a equação química representativa da reação do ácido caproico com o NaHCO₃.
b) Qual é o gás que se desprende da reação?

19. (A. EINSTEIN – SP) A metilamina e a etilamina são duas substâncias gasosas à temperatura ambiente que apresentam forte odor, geralmente caracterizado como de peixe podre.

Uma empresa pretende evitar a dispersão desses gases e para isso adaptou um sistema de borbulhamento do gás residual do processamento de carne de peixe em uma solução aquosa.

Um soluto adequado para neutralizar o odor da metilamina e etilamina é

a) amônia.
b) nitrato de potássio.
c) hidróxido de sódio.
d) ácido sulfúrico.
e) etanol.

20. (UNICAMP – SP) A comunicação que ocorre entre neurônios merece ser destacada. É através dela que se manifestam as nossas sensações. Dentre as inúmeras substâncias que participam desse processo, está 2-feniletilamina, à qual se atribui "ficar enamorado". Algumas pessoas acreditam que sua ingestão poderia estimular o "processo do amor" mas, de fato, isto não se verifica. A estrutura da molécula dessa substância está abaixo representada.

a) Considerando que alguém ingeriu certa quantidade de 2-feniletilamina, com a intenção de cair de amores, escreva a equação que representa o equilíbrio ácido-base dessa substância no estômago. Use fórmulas estruturais.
b) Em que meio (aquoso) a 2-feniletilamina é mais solúvel: básico, neutro ou ácido? Justifique.

21. A produção industrial do ácido acetilsalicílico (aspirina) aparece esquematizada a seguir.

Nesse esquema, I é o composto de partida e VI é a aspirina. Sobre as substâncias envolvidas:

a) Equacione a ionização em água do composto II.
b) Equacione a ionização em água da aspirina.
c) Que substância permite transformar II em III?

SÉRIE PLATINA

1. (UNIFESP – adaptada) Certo produto utilizado como "tira-ferrugem" contém solução aquosa de ácido oxálico, $H_2C_2O_4$, a 2% (m/V). O ácido oxálico é um ácido diprótico e em suas soluções aquosas ocorrem duas reações de ionização simultâneas, representadas pelas seguintes equações químicas:

Primeira ionização:

$H_2C_2O_4(aq) + H_2O(l) \rightleftharpoons HC_2O_4^-(aq) + H_3O^+(aq)$ $\qquad K_{a_1} = 5,9 \times 10^{-2}$

Segunda ionização:

$HC_2O_4^-(aq) + H_2O(l) \rightleftharpoons C_2O_4^{2-}(aq) + H_3O^+(aq)$ $\qquad K_{a_2} = 6,4 \times 10^{-5}$

Equilíbrio global:

$H_2C_2O_4(aq) + 2\,H_2O(l) \rightleftharpoons C_2O_4^{2-}(aq) + 2\,H_3O^+(aq)$ $\qquad K_a = ?$

a) Considerando as informações presentes acima para o ácido oxálico, escreva a sua fórmula estrutural.

b) Expresse a concentração de ácido oxálico no produto em g/L e em mol/L. Mostre os cálculos.
   DADOS: massas molares (g/mol): H = 1; C = 12; O = 16.

c) Classifique o carácter ácido-base, de acordo com o conceito de Brönsted-Lowry, da espécie $HC_2O_4^-$ nos equilíbrios da primeira e da segunda ionização.

   Primeira ionização: _____

   Segunda ionização: _____

d) Escreva a expressão da constante K_a do equilíbrio global e calcule seu valor numérico a partir das constantes K_{a_1} e K_{a_2}. Mostre os cálculos.

2. (UNICAMP – adaptada) A maratona feminina fez história nos Jogos Olímpicos de 1984, realizados em Los Angeles, pois foi *a primeira vez na qual mulheres participaram desse tipo de prova*. Uma delas deixou uma forte impressão na história do atletismo: a suíça Gabriele Andersen, de 39 anos. Apesar de cruzar a linha de chegada apenas na 37ª posição, o seu estado no final da prova surpreendeu a todos: completamente desidratada e desorientada pelo esforço, além de estar com fortes cãibras na perna esquerda, cambaleou na última volta da maratona, levando 5 minutos para completá-la até cair desacordada nos braços dos médicos sobre a linha de chegada.

a) Elenque uma causa possível para o estado da maratonista Gabriela ao final da prova.

b) Durante a última volta e meia, devido ao seu estado lastimável, foi perguntado a Gabriele pelo pessoal da organização da prova se ela precisava de ajuda ou se queria desistir. Contudo, Gabriele recusou ajuda até completar a prova. Por que, na sua opinião, Gabriele mostrou-se irredutível nos metros finais da prova? Justifique.

Enquanto a participação das mulheres em maratonas iniciou-se apenas na década de 1980, a primeira prova de 100 m rasos com participação feminina ocorreu em 1928 em Amsterdã. Nessas provas de curta distância, é prática comum entre os competidores respirarem rápida e profundamente (hiperventilação) por cerca de meio minuto. Essa prática leva a uma remoção mais efetiva do gás carbônico dos pulmões imediatamente antes da corrida e ajuda a aliviar as tensões da prova. Fisiologicamente, isso faz o valor do pH sanguíneo se alterar, podendo chegar a valores de até 7,6.

c) Mostre com uma equação química e explique como a hiperventilação faz o valor do pH sanguíneo se alterar.

d) Durante esse tipo de corrida, os músculos do competidor produzem uma grande quantidade de ácido lático, $CH_3CH(OH)COOH$, que é transferido para o plasma sanguíneo. Qual é a fórmula da espécie química predominante no equilíbrio ácido-base dessa substância no plasma, ao término da corrida? Justifique com cálculos.

DADOS: K_a do ácido lático = $1,4 \times 10^{-4}$. Considerar a concentração de H^+ = $5,6 \times 10^{-8}$ mol L^{-1} no plasma.

3. (FUVEST – SP) Para estudar equilíbrio químico de íons Co^{2+} em solução, uma turma de estudantes realizou uma série de experimentos explorando a seguinte reação:

$$[Co(H_2O)_6]^{2+}(aq) + 4\ Cl^-(aq) \rightleftharpoons$$
vermelho

$$\rightleftharpoons [CoCl_4]^{2-}(aq) + 6\ H_2O(l)$$
azul

Nesse equilíbrio, o composto de cobalto com água, $[Co(H_2O)_6]^{2+}(aq)$, apresenta coloração vermelha, enquanto o composto com cloretos, $[CoCl_4]^{2-}(aq)$, possui coloração azul.

Para verificar o efeito de ânions de diferentes sais nessa mudança de cor, 7 ensaios diferentes foram realizados. Aos tubos contendo apenas alguns mL de uma solução de nitrato de cobalto(II), de coloração vermelha, foram adicionadas pequenas quantidades de diferentes sais em cada tubo, como apresentado na tabela, com exceção do ensaio 1, no qual nenhum sal foi adicionado.

Após agitação, os tubos foram deixados em repouso por um tempo, e a cor final foi observada.

ENSAIO	SAL ADICIONADO	COR INICIAL	COR FINAL
1	nenhum	vermelha	vermelha
2	KCl	vermelha	azul
3	Na_2SO_4	vermelha	vermelha
4	CuCl	vermelha	vermelha
5	K_2SO_4	vermelha	?
6	AgCl	vermelha	?
7	NaCl	vermelha	?

A alternativa que representa a cor final observada nos ensaios 5, 6 e 7, respectivamente, é:

	COR FINAL OBTIDA NO:		
	Ensaio 5 Adição de K_2SO_4	Ensaio 6 Adição de AgCl	Ensaio 7 Adição de NaCl
a)	azul	azul	vermelha
b)	azul	vermelha	azul
c)	vermelha	azul	azul
d)	vermelha	vermelha	azul
e)	vermelha	azul	vermelha

NOTE E ADOTE:
solubilidade dos sais em g/100 mL de água a 20 °C

AgCl	$1,9 \times 10^{-4}$	NaCl	35,9
CuCl	$9,9 \times 10^{-3}$	Na_2SO_4	13,9
KCl	34,2	K_2SO_4	11,1

4. (FAMERP – SP – adaptada) Analise a tabela que apresenta a fórmula estrutural e as constantes de ionização de alguns ácidos monocarboxílicos encontrados na natureza.

ÁCIDO	FÓRMULA ESTRUTURAL	K_a
Fórmico	H — COOH	$1,8 \times 10^{-4}$
Acético	H_3C — COOH	$1,75 \times 10^{-5}$
Butanoico	H_3C — CH_2 — CH_2 — COOH	$1,44 \times 10^{-5}$

Considere que três soluções de mesma concentração, em mol/L, uma de cada um desses ácidos, foram preparadas à mesma temperatura.

a) Qual das três soluções preparadas apresentará maior condutividade elétrica? Justifique sua resposta.
b) Com base nas estruturas dos ácidos carboxílicos da tabela, compare a acidez dos três compostos relacionando seus valores de constante de equilíbrio (K_a) com as suas fórmulas estruturais. Justifique.
c) Em uma **solução de ácido acético**, foi adicionada certa quantidade de acetato de sódio (CH_3 — COONa) mantendo-se a temperatura constante. **Indique o que deverá ocorrer com o grau de ionização** do ácido acético. Justifique sua resposta com base no princípio de Le Châtelier e na equação de ionização a seguir:

$$CH_3 — COOH \rightleftharpoons CH_3 — COO^- + H^+$$

pH e pOH

4

No capítulo anterior, analisamos, do ponto de vista do equilíbrio químico, a ionização de ácidos e bases fracos. Nesses equilíbrios, a transferência de prótons altera as concentrações de H_3O^+ (ou H^+) e de OH^-, interferindo na acidez e na basicidade das soluções aquosas.

Nessa análise, podem surgir perguntas do tipo: quão ácida é essa solução? ou quão básica é essa solução? Essas perguntas podem ser respondidas com base na comparação de constantes de ionização ou de concentrações em mol/L, porém, na prática e no dia a dia, a utilização de uma **escala** que apresente valores mais "amigáveis" torna a resposta a essas perguntas mais imediatas.

Entre essas escalas, a **escala de pH** é provavelmente a mais famosa, sendo introduzida no início do século XX pelo bioquímico dinamarquês Soren Peter Lauritz **Sorensen** (1868-1939), enquanto era chefe do Centro de Pesquisa Carlsberg, laboratório responsável por estudar processos de fabricação de cerveja. Nos seus estudos, Sorensen verificou que atividade enzimática durante a fermentação do malte, uma das etapas de produção da cerveja, era dependente da acidez ou da basicidade da solução.

Foi nesse contexto que ele propôs, para facilitar a representação das concentrações de H_3O^+ e OH^-, a utilização de uma escala logarítmica, a escala de pH, que será o tema de estudo deste capítulo!

Tanques de fermentação em cervejaria. Para que haja um adequado desenvolvimento das leveduras, o pH do mosto deve estar entre 4,5 e 5. A temperatura também é importante para esse desenvolvimento, sendo a faixa 32-34 °C a mais apropriada.

4.1 Autoionização da Água

Como a água, mesmo a pura, é **anfiprótica** (porque ela atua tanto como ácido de Brönsted quanto como base de Brönsted), pode ocorrer transferência de prótons (H^+) entre suas moléculas, equilíbrio conhecido como **autoionização de água**.

$$2\ H_2O(l) \rightleftharpoons H_3O^+(aq) + OH^-(aq)$$

Nenhuma molécula de água permanece ionizada individualmente por muito tempo e as reações são extremamente rápidas em ambos os sentidos. À temperatura ambiente, apenas em torno de duas de cada 10^9 moléculas está ionizada a qualquer momento. Assim, a água pura consiste quase inteiramente em moléculas de H_2O e é um condutor de eletricidade extremamente ruim. Como as ligações $O - H$ são fortes, podemos esperar que a fração de prótons transferida seja muito pequena.

Como a autoionização da água é um processo em equilíbrio, podemos escrever uma constante de equilíbrio chamada **produto iônico da água** (K_w).

$$2\ H_2O(l) \rightleftharpoons H_3O^+(aq) + OH^-(aq)$$
$$K_w = [H_3O^+] \cdot [OH^-]$$

Em água pura, a 25 °C, as concentrações em mol/L de H_3O^+ e OH^- são iguais e têm o valor experimental $1{,}0 \cdot 10^{-7}$ mol/L. Assim:

$$K_w = 1{,}0 \cdot 10^{-7} \cdot 1{,}0 \cdot 10^{-7} = 1{,}0 \cdot 10^{-14} \text{ a 25 °C}$$

É bastante frequente escrever o equilíbrio de autoionização da água simplificando o H_3O^+ por H^+:

$$H_2O \rightleftharpoons H^+ + OH^-$$
$$K_w = [H^+] \cdot [OH^-]$$

Na água pura ou em qualquer solução aquosa teremos a presença de íons H^+ e OH^- e, de acordo com as concentrações relativas de H^+ e OH^-, temos as seguintes classificações:

- meio neutro: $[H^+] = [OH^-]$: água pura
- meio ácido: $[H^+] > [OH^-]$: solução aquosa de um ácido
- meio básico: $[OH^-] > [H^+]$: solução aquosa de uma base

Nas soluções aquosas, as concentrações dos íons H^+ e OH^- estão relacionadas pelo produto iônico da água. Assim, se uma concentração aumenta, a outra diminui fazendo com que o valor de K_w permaneça constante (considerando que não houve alteração no valor da temperatura).

4.2 pH e pOH

Para soluções ácidas utilizadas no nosso dia a dia, as concentrações de H⁺ (ou de H_3O^+) são geralmente menores do que 1. Esse também era o caso dos estudos que Sorensen desenvolvia no início do século XX: a concentração dos íons H⁺ na cerveja era em média igual a $10^{-4,5}$ mol/L.

Para facilitar a representação dessas concentrações, Sorensen propôs a utilização de um **operador matemático** (p), baseado no logaritmo negativo da concentração do íon hidrogênio:

$$pH = -\log [H^+]$$

Ele chamou essa relação de **pH**, derivado no latim *pondus hidrogenii*, que significa potencial de hidrogênio. Observe como, para a concentração de H⁺ presente na cerveja, o número fica bem mais simples:

Soren Sorensen

$$[H^+] = 10^{-4,5} \text{ mol/L} \Rightarrow pH = -\log [10^{-4,5}] \Rightarrow pH = 4,5$$

Para a água pura, a 25 °C, que apresenta $[H^+] = 10^{-7}$ mol/L, teríamos:

$$[H^+] = 10^{-7} \text{ mol/L} \Rightarrow pH = -\log [10^{-7}] \Rightarrow pH = 7$$

De forma análoga, podemos definir o pOH de uma solução a partir da concentração de íons hidroxila (OH^-):

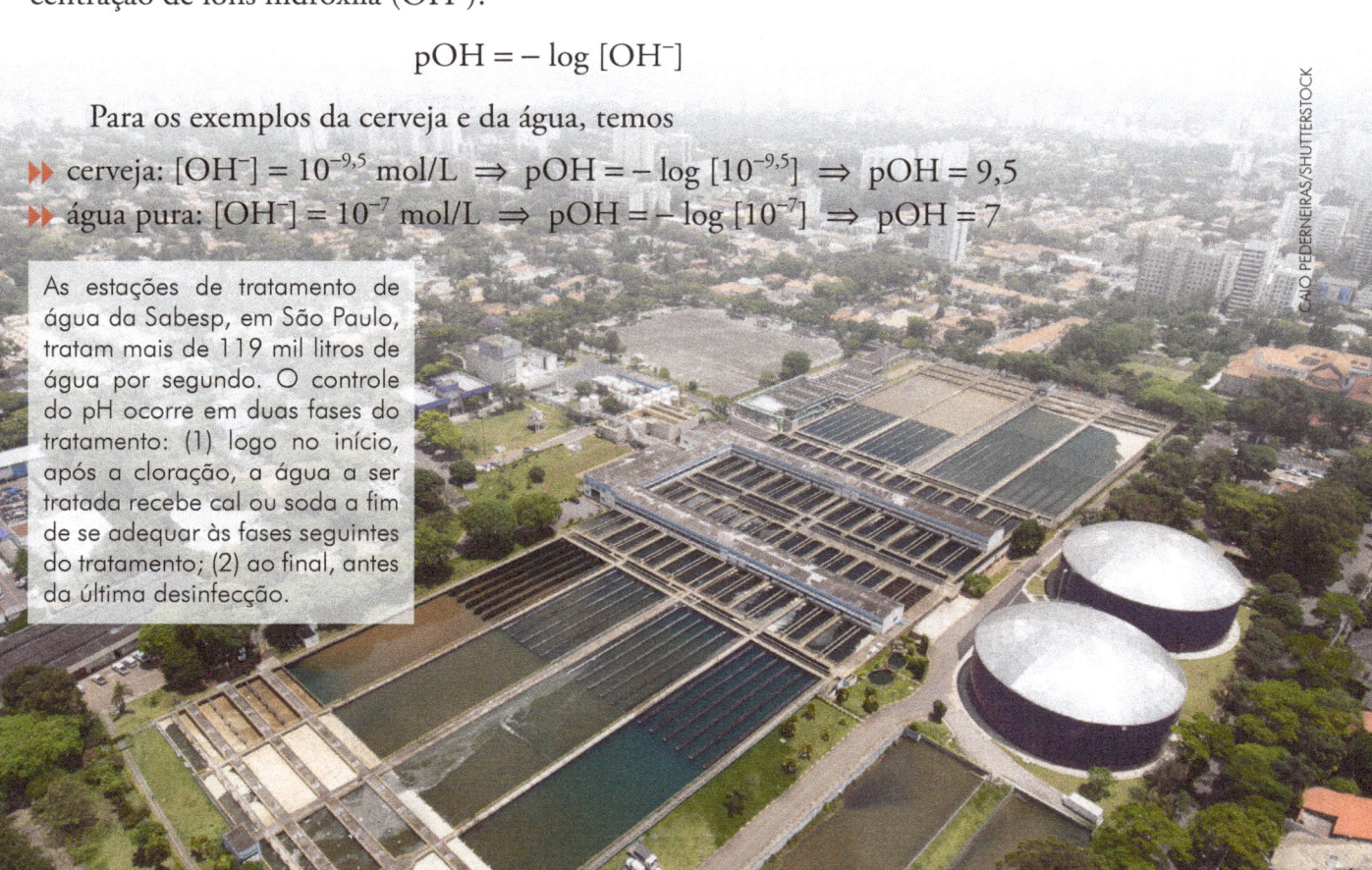

$$pOH = -\log [OH^-]$$

Para os exemplos da cerveja e da água, temos

- cerveja: $[OH^-] = 10^{-9,5}$ mol/L $\Rightarrow pOH = -\log [10^{-9,5}] \Rightarrow pOH = 9,5$
- água pura: $[OH^-] = 10^{-7}$ mol/L $\Rightarrow pOH = -\log [10^{-7}] \Rightarrow pOH = 7$

As estações de tratamento de água da Sabesp, em São Paulo, tratam mais de 119 mil litros de água por segundo. O controle do pH ocorre em duas fases do tratamento: (1) logo no início, após a cloração, a água a ser tratada recebe cal ou soda a fim de se adequar às fases seguintes do tratamento; (2) ao final, antes da última desinfecção.

FIQUE POR DENTRO!

pK_a, pK_b e pK_w

A ideia de utilizar o logaritmo negativo para representar números menores que 1 de forma mais simples também pode ser utilizada para os valores de constantes de acidez, de basicidade e do produto iônico da água. Observe os casos a seguir, nos quais as constantes são dadas a 25 °C.

- Ionização do ácido fluorídrico:

$$HF + H_2O \rightleftharpoons H_3O^+ + F^-$$

$K_a = 6{,}8 \cdot 10^{-4} \Rightarrow$
$\Rightarrow pK_a = -\log K_a = -\log 6{,}8 \cdot 10^{-4} \Rightarrow$
$\Rightarrow pK_a = 3{,}2$

- Ionização do ácido cianídrico:

$$HCN + H_2O \rightleftharpoons H_3O^+ + CN^-$$

$K_a = 4{,}9 \cdot 10^{-10} \Rightarrow$
$\Rightarrow pK_a = -\log K_a = -\log 4{,}9 \cdot 10^{-10} \Rightarrow$
$\Rightarrow pK_a = 9{,}3$

> Observe que quanto menor o K_a, maior o valor do pK_a, e vice-versa.

- Ionização da amônia:

$$NH_3 + H_2O \rightleftharpoons NH_4^+ + OH^-$$

$K_b = 1{,}8 \cdot 10^{-5} \Rightarrow$
$\Rightarrow pK_b = -\log K_b = -\log 1{,}8 \cdot 10^{-5} \Rightarrow$
$\Rightarrow pK_b = 4{,}8$

- Ionização da metilamina:

$$H_3C-NH_2 + H_2O \rightleftharpoons H_3C-NH_3^+ + OH^-$$

$K_b = 3{,}9 \cdot 10^{-4} \Rightarrow$
$\Rightarrow pK_b = -\log K_b = -\log 3{,}9 \cdot 10^{-4} \Rightarrow$
$\Rightarrow pK_b = 3{,}4$

- Autoionização da água:

$$H_2O \rightleftharpoons H^+ + OH^-$$

$K_w = 10^{-4} \Rightarrow$
$\Rightarrow pK_w = -\log K_w = -\log 10^{-14} \Rightarrow$
$\Rightarrow pK_w = 14$

4.2.1 Relação entre pH e pOH a 25 °C

É possível deduzir, a partir da expressão de K_w, uma expressão que relaciona os valores de pH e de pOH de uma solução aquosa.

$$H_2O \rightleftharpoons H^+ + OH^-$$

$$K_w = [H^+] \cdot [OH^-]$$

Aplicando $-\log$ dos dois lados dessa equação, obtemos:

$$-\log [H^+] \cdot [OH^-] = -\log K_w$$
$$-\log [H^+] - \log [OH^-] = -\log K_w$$

Substituindo pelas definições apresentadas anteriormente, obtemos:

$$pH + pOH = pK_w$$

A 25 °C, sabemos que $pK_w = 14$. Portanto, nessa temperatura, é válido:

$$pH + pOH = 14$$

4.2.2 Escala de pH (e de pOH)

Os valores de pH de uma solução aquosa possibilitam classificá-la em neutra, ácida ou básica.

Em **meio neutro**, temos $[H^+] = [OH^-]$. A 25 °C, como pH + pOH = 14 e, para uma solução neutra, como pH = pOH, concluímos que, para o meio neutro:

- pH = 7 ($[H^+] = 10^{-7}$ mol/L);
- pOH = 7 ($[OH^-] = 10^{-7}$ mol/L).

Para um **meio ácido**, temos $[H^+] > [OH^-]$. A presença de uma espécie de caráter ácido em uma solução aquosa faz com que, devido à ionização do ácido, a $[H^+]$ aumente e fique maior que 10^{-7} mol/L (considerando 25 °C). Consequentemente, podemos concluir que, para o meio ácido a 25 °C:

- pH < 7 ($[H^+] > 10^{-7}$ mol/L);
- pOH > 7 ($[OH^-] < 10^{-7}$ mol/L).

Por fim, para um **meio básico** ou **alcalino**, temos $[H^+] < [OH^-]$. Nesse caso, a presença de uma espécie de caráter básico em uma solução aquosa faz com que, devido à dissociação ou à ionização da base, a $[OH^-]$ aumente e fique maior que 10^{-7} mol/L. Consequentemente, podemos concluir que, para meio básico a 25 °C:

- pH > 7 ($[H^+] < 10^{-7}$ mol/L);
- pOH < 7 ($[OH^-] > 10^{-7}$ mol/L).

Concentrações de H^+ e OH^- de alguns materiais comuns a 25 °C.

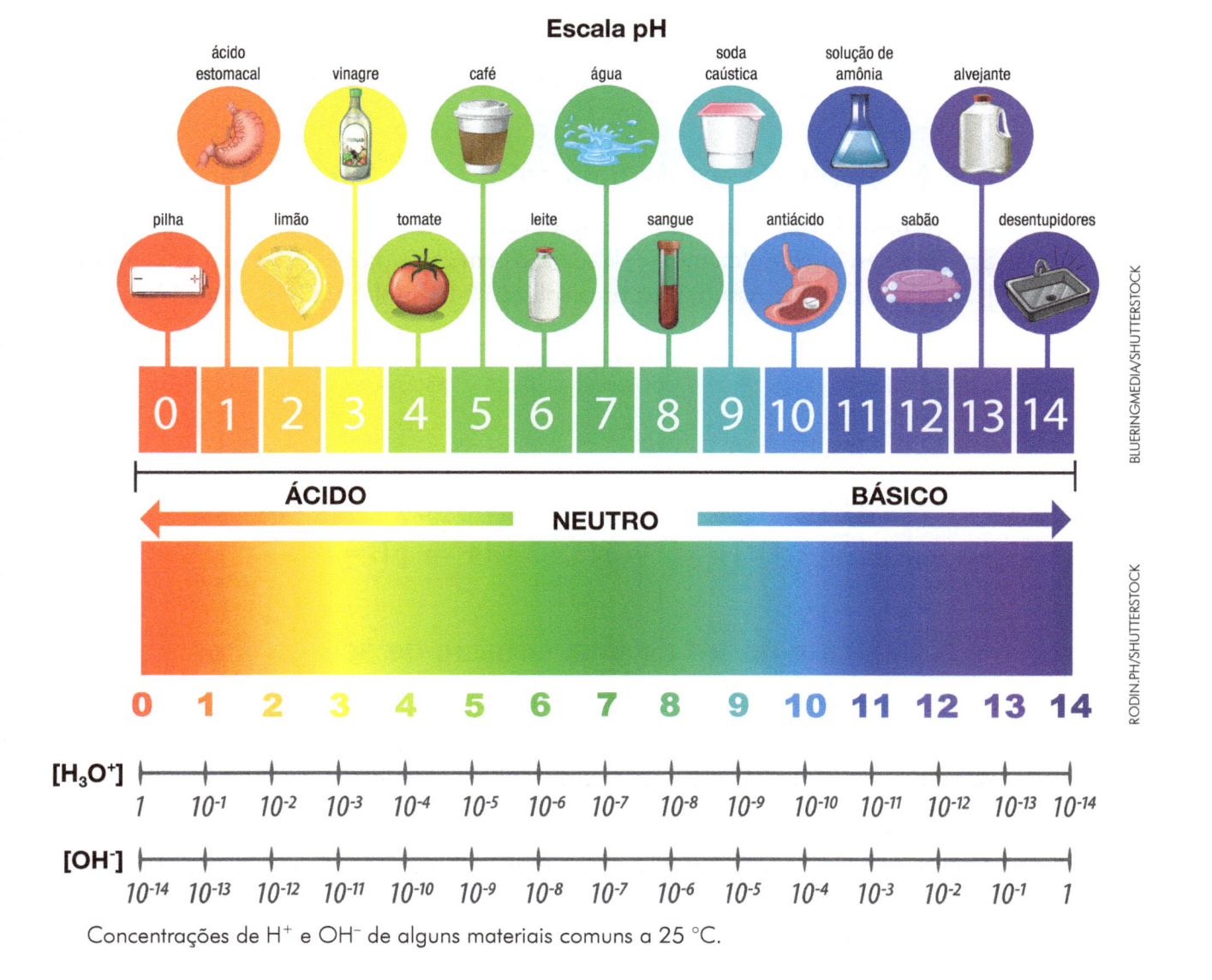

4.3 Cálculo do pH

A forma como determinamos matematicamente o pH de uma solução depende se estamos falando de um ácido ou de uma base e se esse ácido (ou essa base) é forte ou fraco. Vamos iniciar essas determinações partindo de exemplos de um ácido e de uma base fortes e, na sequência, discutiremos o cálculo se estivermos analisando um ácido ou uma base fracos.

4.3.1 Cálculo do pH de uma solução de ácido forte

Os **ácidos fortes** (como, por exemplo, HCl, HBr, HI, HNO_3 e $HClO_4$) estão completamente ionizados em água, razão pela qual dizemos que o grau de ionização é 100%. Nessa situação, $[H^+] = [\text{ácido}]_{inicial}$. Assim, para uma solução 0,01 mol/L de HCl, temos:

$$\underset{0,01 \text{ mol/L}}{HCl} \longrightarrow \underset{0,01 \text{ mol/L}}{H^+} + Cl^-$$

$[H^+] = 10^{-2}$ mol/L

$pH = -\log [H^+] \Rightarrow pH = -\log 10^{-2} \Rightarrow \mathbf{pH = 2}$

4.3.2 Cálculo do pH de uma solução de base forte

As **bases fortes** (como, por exemplo, LiOH, NaOH, KOH, $Ca(OH)_2$, $Ba(OH)_2$, $Sr(OH)_2$) estão completamente dissociadas em água. Por esse motivo, sabemos que $[OH^-] = [\text{base}]_{inicial}$. Assim, para uma solução 0,01 mol/L de NaOH a 25 °C, temos:

$$\underset{0,01 \text{ mol/L}}{NaOH} \longrightarrow Na^+ + \underset{0,01 \text{ mol/L}}{OH^-}$$

$[OH^-] = 10^{-2}$ mol/L

$pOH = -\log [OH^-] \Rightarrow pOH = -\log 10^{-2} \Rightarrow pOH = 2$

$pH + pOH = 14 \Rightarrow pH + 2 = 14 \Rightarrow \mathbf{pH = 12}$

4.3.3 Cálculo do pH de uma solução de ácido fraco (ou base fraca)

Para a dissolução de um ácido fraco ou de base fraca em água, o rendimento será menor ou igual a 5%, razão pela qual teremos $[H^+] \ll [\text{ácido}]_{inicial}$ (ou $[OH^-] \ll [\text{base}]_{inicial}$).

Para calcular o pH são possíveis dois caminhos:

1) usar a tabela de equilíbrio (início – reage e forma – equilíbrio), que utilizamos no Capítulo 1 ou
2) usar fórmulas derivadas da tabela de equilíbrio.

Para derivar essas fórmulas, vamos aplicar o procedimento da tabela de equilíbrio, porém utilizando valores literais para as grandezas que participam do cálculo de pH:

K (K_a ou K_b); α (grau de ionização); $\mathcal{M}$ (concentração mol/L)

$$HA \rightleftarrows H^+ + A^-$$

	HA	H⁺	A⁻
início	$\mathcal{M}$	—	—
reage e forma	$\alpha \cdot \mathcal{M}$	$\alpha \cdot \mathcal{M}$	$\alpha \cdot \mathcal{M}$
equilíbrio	$\mathcal{M}(1-\alpha)$	$\alpha \cdot \mathcal{M}$	$\alpha \cdot \mathcal{M}$

Para um ácido fraco ou uma base fraca, que apresenta $\alpha < 0{,}05$ (5%), podemos assumir que $(1-\alpha) \cong 1$ e, portanto, a constante de equilíbrio pode ser simplificada para:

$$K = \frac{\alpha\mathcal{M} \cdot \alpha\mathcal{M}}{\mathcal{M}} \quad \therefore \quad \boxed{K = \alpha^2 \mathcal{M}}$$

ATENÇÃO!

As fórmulas deduzidas nesta seção somente podem ser utilizadas para monoácidos e monobases. Além disso, as fórmulas que relacionam [H⁺] ou [OH⁻] diretamente à constante de equilíbrio e à concentração inicial do ácido ou da base somente são válidas para ácidos e bases fracos (que apresentam $\alpha < 0{,}05$).

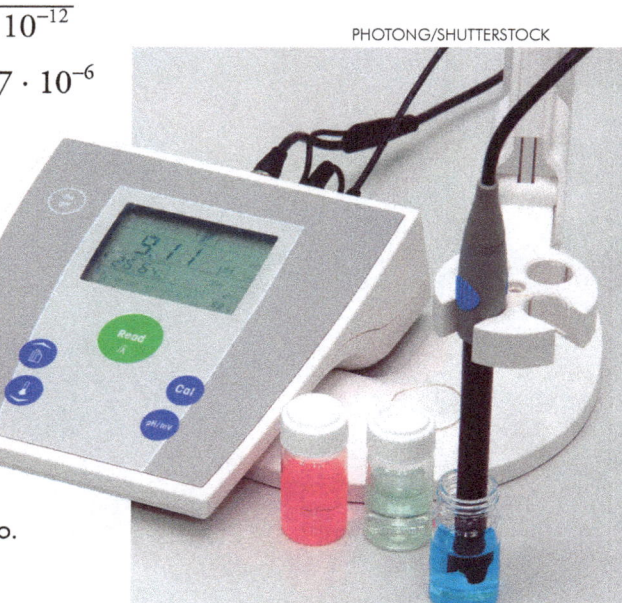

Como sabemos que $[H^+] = \alpha\mathcal{M}$ ($[OH^-] = \alpha\mathcal{M}$, para um equilíbrio envolvendo uma base fraca), substituindo α^2 temos $\frac{[H^+]^2}{\mathcal{M}^2}$, obtemos:

$$K = \frac{[H^+]^2}{\mathcal{M}^2} \cdot \mathcal{M} \quad \therefore \quad \boxed{[H^+] = \sqrt{K \cdot \mathcal{M}}}$$

De forma análoga, se estivéssemos analisando um equilíbrio envolvendo uma base fraca, obteríamos:

$$\boxed{[OH^-] = \sqrt{K \cdot \mathcal{M}}}$$

Com base nas fórmulas acima deduzidas, podemos calcular o pH de uma solução 0,1 mol/L de HCN, sabendo que $K_a = 4{,}9 \cdot 10^{-10}$ e $\log 7 = 0{,}85$.

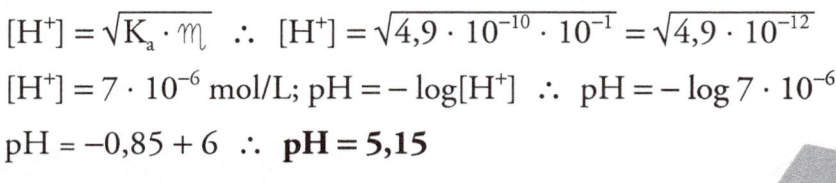

$[H^+] = \sqrt{K_a \cdot \mathcal{M}} \quad \therefore \quad [H^+] = \sqrt{4{,}9 \cdot 10^{-10} \cdot 10^{-1}} = \sqrt{4{,}9 \cdot 10^{-12}}$

$[H^+] = 7 \cdot 10^{-6}$ mol/L; $pH = -\log[H^+] \quad \therefore \quad pH = -\log 7 \cdot 10^{-6}$

$pH = -0{,}85 + 6 \quad \therefore \quad \mathbf{pH = 5{,}15}$

4.4 Medida Experimental de pH

Experimentalmente, o pH de uma solução aquosa pode ser determinado por meio de um **peagâmetro** ou de um **indicador ácido-base**.

Um **peagâmetro** é um equipamento digital que mede a condutividade elétrica da solução e a converte para um valor na escala de pH, possibilitando determinar o pH com alto grau de exatidão.

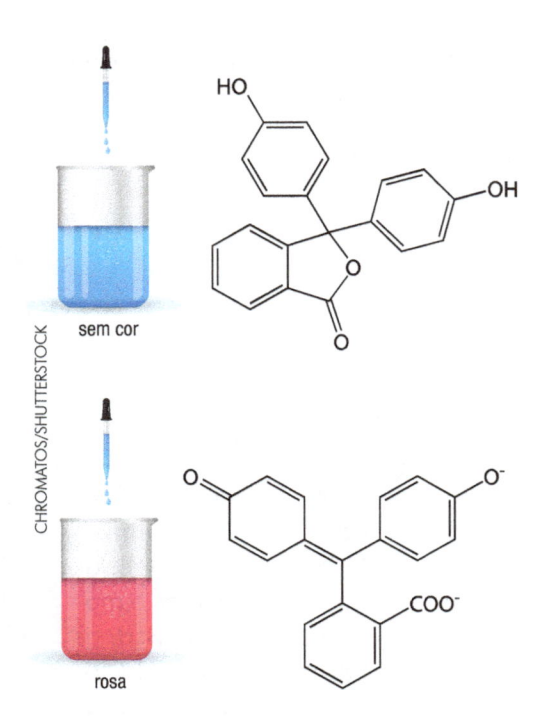

A fenolftaleína é um dos indicadores mais utilizados em laboratórios de análise química. Em pH entre 3 e 8 assume coloração incolor, enquanto em pH entre 10 e 12 assume coloração rosa.

É muito comum também a utilização da fita de **indicador universal**, que é impregnada com vários indicadores, possibilitando a determinação aproximada dos valores de pH.

Um **indicador ácido-base** permite determinar aproximadamente o valor do pH do meio a partir de mudanças de cor. Essas mudanças de cor podem ser explicadas se considerarmos esses indicadores como ácidos fracos (ou bases fracas) que apresentam uma cor na forma de ácido (representado por HIn, em que In significa indicador) e outra cor na forma de base conjugada (In$^-$). A mudança de cor acontece porque o próton (H$^+$) altera a estrutura da molécula de HIn e faz com que a interação com a luz seja diferente na forma HIn e In$^-$.

$$\underset{\text{cor A}}{HIn + H_2O} \rightleftarrows \underset{\text{cor B}}{H_3O^+ + In^-}$$

Em meio ácido, o aumento da concentração de H$^+$ (H$_3$O$^+$) desloca o equilíbrio acima para a esquerda, prevalecendo a cor A. Já em meio básico, o aumento da concentração de OH$^-$ reage com o H$^+$ (H$_3$O$^+$), deslocando o equilíbrio para a direita e fazendo prevalecer a cor B.

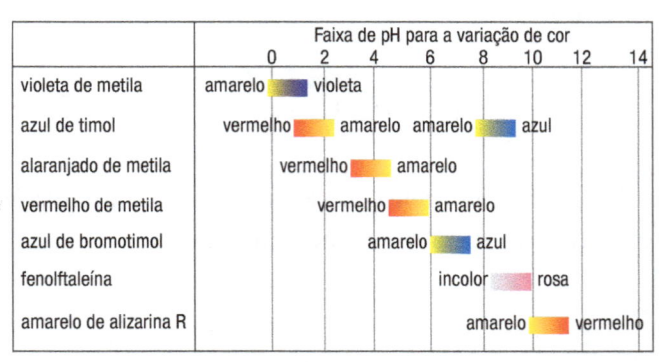

Indicador	Faixa de pH para a variação de cor (0–14)
violeta de metila	amarelo → violeta (≈0–2)
azul de timol	vermelho → amarelo (≈1–3); amarelo → azul (≈8–10)
alaranjado de metila	vermelho → amarelo (≈3–5)
vermelho de metila	vermelho → amarelo (≈4–6)
azul de bromotimol	amarelo → azul (≈6–8)
fenolftaleína	incolor → rosa (≈8–10)
amarelo de alizarina R	amarelo → vermelho (≈10–12)

Fonte: BROWN, T. L. et al. **Química** – a ciência central. 9. ed. São Paulo: Pearson, 2007. p. 576.

A mudança de coloração dos indicadores ácido-base ocorre durante um intervalo de pH, chamado de faixa ou intervalo de viragem. Para a fenolftaleína, por exemplo, a mudança de incolor ocorre entre o pH 8 e 10. Observe acima os intervalos de viragem para outros indicadores.

LIGANDO OS PONTOS!

A importância da medição do pH na indústria química

Determinar o pH de uma solução é uma atividade frequente para cientistas, pesquisadores e gerentes industriais: a água utilizada ou consumida por nós deve apresentar certos valores de pH. Se ela se apresentar muito básica, passa a ter um gosto amargo, além de favorecer o depósito de sólidos nas máquinas e tubulações. Por outro lado, se ela se apresentar muito ácida, pode favorecer a corrosão de metais, bem como interferir na vida aquática e das plantas.

Basicamente, qualquer atividade industrial que demande água precisa determinar o pH da água utilizada, pelo menos periodicamente, para verificar se os valores estão dentro dos intervalos aceitáveis para sua aplicação.

Além das atividades de tratamento de água para consumo humano, uma das indústrias mais sensíveis a variações de pH é a **alimentícia**. Por exemplo, quando a água utilizada para produção de bebidas é muito ácida, ela pode inclusive danificar os dentes dos consumidores. O pH também deve ser controlado na produção de laticínios e de bebidas alcóolicas uma vez que envolvem a fermentação, processo cuja atividade enzimática depende justamente da acidez (e da basicidade) da solução. Além disso, os valores de pH devem ser monitorados para inibir o crescimento de microrganismos patogênicos responsáveis pela degradação dos alimentos e pela alteração do gosto e da qualidade do produto.

Outra indústria dependente de medidas precisas de pH é a **têxtil**, uma vez que os processos de tintura devem ser realizados em valores específicos de pH, que determinam a sua velocidade e a durabilidade do corante. Por esse motivo, as águas descartadas contêm efluentes que devem ser tratados e controlados, a fim de não interferir no meio ambiente.

As situações apresentadas acima são apenas alguns exemplos da importância da medição do pH nas atividades industriais, porém é válido destacar que a importância dessa medição não reside apenas na produtividade da fábrica, mas também no cuidado que devemos ter durante o descarte dos materiais no meio ambiente.

Materiais utilizados e respectivos valores de pH da solução de corante natural para tingimento de tecido orgânico, como o algodão, por exemplo. (a) Casca de cebola (*Allium cepa*), pH da solução 4,6; (b) grãos de café (*Coffea arabica*), 5,8; (c) fruto do jenipapo (*Genipa americana*), 6,3; (d) casca de barbatimão (*Stryphnodendron sp.*), 6,4; (e) folhas de erva-mate (*Ilex paraguariensis*), 6,7; (f) sementes de urucum (*Bixa orellana*), 8,7. Observe que os valores de pH da solução variam do ácido ao básico, porém se apresentam próximos da neutralidade, o que reduz o impacto ambiental do descarte da água de tingimento.

Fonte: DAMASCENO, S. M. B.; SILVA, F. T. F. da; FRANCISCO, A. C. de. Sustentabilidade do processo de tingimento do tecido de algodão orgânico. In: XXX ENCONTRO NACIONAL DE ENGENHARIA DE PRODUÇÃO. São Carlos: Associação Brasileira de Engenharia de Produção, 2010. p. 6-9.

a) TIBESTY/SHUTTERSTOCK

b) BOYLOSO/SHUTTERSTOCK

c) ALTRENDO IMAGES/SHUTTERSTOCK

d) TARCISIO SCHNAIDER/SHUTTERSTOCK

e) PABLO RODRIGUEZ MERKEL/SHUTTERSTOCK

f) ALF RIBEIRO/SHUTTERSTOCK

SÉRIE BRONZE

1. Sobre o processo de autoionização da água, complete as lacunas a seguir.

– a água pode atuar tanto como ácido de Brönsted-Lowry, a. _____ próton, quanto como base de Brönsted-Lowry, b. _____ próton. Trata-se, portanto, de uma espécie c. _____ .

– por esse motivo, a água pode doar prótons para ela mesma, estabelecendo um equilíbrio que pode ser equacionado por d. _____

– a esse equilíbrio está associada uma constante de equilíbrio chamada de e. _____ . e dada pela equação f. _____ , que, a 25 °C, apresenta valor igual a g. _____ .

2. Calcule as concentrações de H^+ e OH^- de uma solução aquosa 0,1 mol/L de HCl a 25 °C.

DADO: $K_w = 10^{-14}$.

3. Calcule as concentrações de H^+ e OH^- de uma solução aquosa 0,1 mol/L de NaOH a 25 °C.

DADO: $K_w = 10^{-14}$.

4. Complete com =, > ou <.
 a) solução neutra $[H^+]$ ____ $[OH^-]$
    25 °C $[H^+] = 10^{-7}$ mol/L
 b) solução ácida $[H^+]$ ____ $[OH^-]$
    25 °C $[H^+] > 10^{-7}$ mol/L
 c) solução básica $[H^+]$ ____ $[OH^-]$
    25 °C $[H^+] < 10^{-7}$ mol/L

5. Sobre as definições e escalas de pH e pOH, complete com as informações corretas.

– Definições:
 a) pH = _____ ;
 b) pOH = _____ .

– A 25 °C, c) pH + pOH = _____ . Nesta temperatura:
 d) meio ácido: pH _____ ; pOH _____ .
 e) meio neutro: pH _____ ; pOH _____ .
 f) meio básico: pH _____ ; pOH _____ .

6. Qual o pH de uma solução cuja concentração hidrogeniônica é 10^{-4}? A solução é ácida, neutra ou básica?

7. (PUC – MG) A análise de uma determinada amostra de refrigerante detectou pH = 3. A concentração de íons H^+ nesse refrigerante é, em mol/L:
 a) 10^{-3}
 b) 10^{-6}
 c) 10^{-7}
 d) 10^{-8}
 e) 10^{-11}

8. (Exercício resolvido) Calcule o pH de uma solução cuja concentração hidrogeniônica é $[H^+] = 3{,}45 \cdot 10^{-11}$ mol/L.

DADO: log 3,45 = 0,54.

Resolução:

pH = – log $[H^+]$
pH = – log $(3{,}45 \cdot 10^{-11})$
pH = – log 3,45 – log 10^{-11}
pH = –0,54 + 11
pH = 10,46

9. Calcule o pH de uma solução cuja concentração de H^+ é igual a $4,5 \cdot 10^{-8}$ mol/L.

Dado: log 4,5 = 0,65.

10. O indicador ácido-base fenolftaleína, que sofre viragem de incolor a vermelha na faixa de pH de aproximadamente 8 a 10, pode ser usado para diferenciar soluções que apresentam pH.

a) 3 e 11?
b) 5 e 7?
c) 11 e 12?

SÉRIE PRATA

1. (ENEM) Cinco indústrias de ramos diferentes foram instaladas ao longo do curso de um rio. O descarte dos efluentes dessas indústrias acarreta impacto na qualidade de suas águas. O pH foi determinado em diferentes pontos desse rio, a 25 °C, e os resultados são apresentados no quadro.

PONTOS DE COLETA	VALOR DO pH
Antes da primeira indústria	5,5
Entre a primeira e a segunda indústria	5,5
Entre a segunda e a terceira indústria	7,5
Entre a terceira e a quarta indústria	7,0
Entre a quarta e a quinta indústria	7,0
Após a quinta indústria	6,5

A indústria que descarta um efluente com características básicas é a

a) primeira.
b) segunda.
c) terceira.
d) quarta.
e) quinta.

2. (UERJ) Em um reservatório contendo água com pH igual a 7, houve um descarte acidental de ácido sulfúrico.

Em seguida, foi adicionada uma determinada substância de caráter básico, em quantidade suficiente para neutralizar a acidez.

O gráfico que representa o comportamento do pH durante esse processo é:

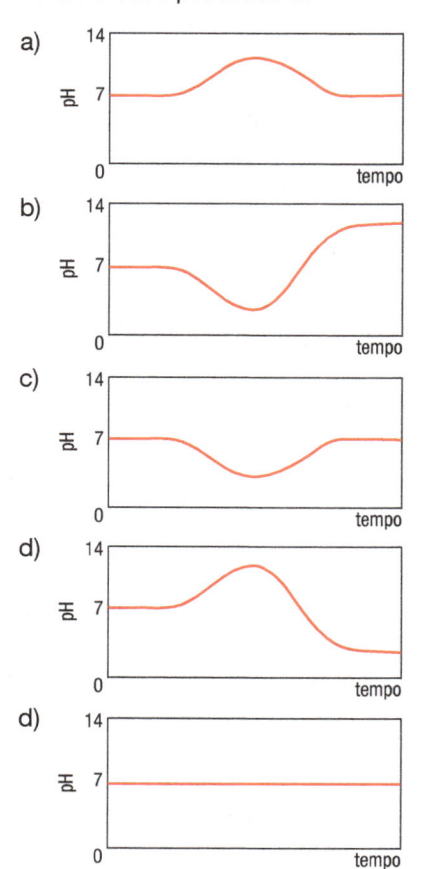

a)
b)
c)
d)
d)

3. (UNICAMP – SP) A tira tematiza a contribuição da atividade humana para a deterioração do meio ambiente. Do diálogo apresentado, pode-se depreender que os ursos já sabiam

Disponível em: <http://www.caglecartoons.com/viewimage.asp?ID={15E52E8D3CE2-4DF6-B331-D109F2DD2BBCC}>.

a) do aumento do pH dos mares e acabam de constatar o abaixamento do nível dos mares.
b) da diminuição do pH dos mares e acabam de constatar o aumento do nível dos mares.
c) do aumento do nível dos mares e acabam de constatar o abaixamento do pH dos mares.
d) da diminuição do nível dos mares e acabam de constatar o aumento do pH dos mares.

4. (UNICAMP – SP) O refluxo gastroesofágico é o retorno do conteúdo do estômago para o esôfago, em direção à boca, podendo causar dor e inflamação. A pHmetria esofágica de longa duração é um dos exames que permitem avaliar essa doença, baseando-se em um resultado como o que é mostrado a seguir.

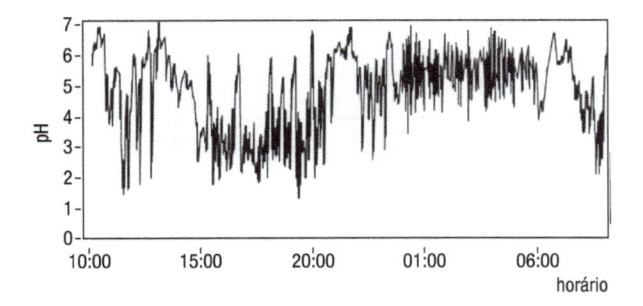

DADOS: O pH normal no esôfago mantém-se em torno de 4 e o pH da saliva entre 6,8-7,2.

Assim, episódios de refluxo gastroesofágico acontecem quando o valor de pH medido é

a) menor que 4; no exemplo dado eles ocorreram com maior frequência durante o dia.
b) maior que 4; no exemplo dado eles ocorreram com maior frequência à noite.
c) menor que 4; no exemplo eles não ocorreram nem durante o dia nem à noite.
d) maior que 4; no exemplo eles ocorreram durante o período do exame.

5. (FMABC – SP) Considere os seguintes equilíbrios existentes numa solução de comprimido antiácido efervescente:

$$CO_3^{2-}(aq) + H_2O(l) \rightleftharpoons HCO_3^-(aq) + OH^-(aq)$$

$$HCO_3^-(aq) + H_2O(l) \rightleftharpoons H_2CO_3(aq) + OH^-(aq)$$

$$H_2CO_3(aq) \rightleftharpoons H_2O(l) + CO_2(g)$$

Essa solução, ao entrar em contato com o suco gástrico estomacal, provocará

a) aumento da produção do $CO_2(g)$ sem alteração do pH estomacal.
b) aumento do pH estomacal e diminuição da produção de $CO_2(g)$.
c) aumento do pH estomacal e aumento da produção de $CO_2(g)$.
d) diminuição do pH estomacal e diminuição da produção de $CO_2(g)$.
e) diminuição do pH estomacal e aumento da produção de $CO_2(g)$.

6. (Exercício resolvido) (UNESP) Determinada variedade de suco de limão tem pH = 2,3 e determinada variedade de suco de laranja tem pH = 4,3. Quantas vezes o suco de limão é mais ácido que o de laranja?

Resolução:

Suco de limão: $pH_{limão} = 2,3 \Rightarrow$

$\Rightarrow [H^+]_{limão} = 10^{-2,3}$ mol/L

Suco de laranja: $pH_{laranja} = 4,3 \Rightarrow$

$\Rightarrow [H^+]_{laranja} = 10^{-4,3}$ mol/L

$$\frac{[H^+]_{limão}}{[H^+]_{laranja}} = \frac{10^{-2,3}}{10^{-4,3}}$$

$[H^+]_{limão} = 100 \cdot [H^+]_{laranja}$

Portanto, o suco de limão é 100 vezes mais ácido que o suco de laranja.

7. (UNESP) As antocianinas existem em plantas superiores e são responsáveis pelas tonalidades vermelhas e azuis das flores e frutos. Esses corantes naturais apresentam estruturas diferentes conforme o pH do meio, o que resulta em cores diferentes.

O cátion flavílio, por exemplo, é uma antocianina que apresenta cor vermelha e é estável em pH ≈ 1. Se juntarmos uma solução dessa antocianina a uma base, de modo a ter pH por volta de 5, veremos, durante a mistura, uma bonita cor azul, que não é estável e logo desaparece.

Verificou-se que a adição de base a uma solução do cátion flavílio com pH ≈ 1 dá origem a uma cinética com 3 etapas de tempos muito diferentes. A primeira etapa consiste na observação da cor azul, que ocorre durante o tempo de mistura da base. A seguir, na escala de minutos, ocorre outra reação, correspondendo ao desaparecimento da cor azul e, finalmente, uma terceira que, em horas, dá origem a pequenas variações no espectro de absorção, principalmente na zona do ultravioleta.

Adaptado de: CAMEIRA DOS SANTOS, P. J. F. *et al.* Sobre a cor dos vinhos: o estudo das antocianinas e compostos análogos não parou nos anos 80 do século passado. www.iniav.pt, 2018.

A variação de pH de ≈1 para ≈5 significa que a concentração de íons H^+(aq) na solução _____ _____, aproximadamente, _____ vezes. Entre as etapas cinéticas citadas no texto, a que deve ter maior energia de ativação e, portanto, ser a etapa determinante da rapidez do processo como um todo é a _____ .

As lacunas do texto são preenchidas, respectivamente, por:

a) aumentou; 10.000; primeira.
b) aumentou; 10.000; terceira.
c) diminuiu; 10.000; terceira.
d) aumentou; 5; terceira.
e) diminuiu; 5; primeira.

8. Qual o pH de uma solução de HCl 0,1 mol/L?

9. A 25 °C, uma solução aquosa de NaOH tem concentração 0,1 mol/L. Qual é o pH dessa solução?

10. (Exercício resolvido) Em solução aquosa 0,1 mol/L, o ácido acético está 1% ionizado. Calcule a concentração hidrogeniônica e o pH da solução.

Resolução:

Se o ácido acético está 1% ionizado, então, em uma solução 0,1 mol/L, teremos a seguinte concentração de H^+:

0,1 mol/L ———— 100%

[H^+] ———— 1%

[H^+] = 0,001 mol/L = 10^{-3} mol/L

pH = – log [H^+]

pH = – log 10^{-3}

pH = 3

11. Uma solução 0,1 mol/L de um monoácido apresenta pH 3. Calcule o grau de ionização dessa solução.

12. (Exercício resolvido) Qual é o pH de uma solução 0,01 mol/L de um monoácido que apresenta $K_a = 10^{-6}$?

Resolução:

Por se tratar de um monoácido, o equilíbrio de ionização pode ser descrito por

$$HX \rightleftarrows H^+ + X^-$$

Para determinar o pH, primeiro precisamos calcular [H⁺] na solução:

	HX	$\rightleftarrows$	H⁺	+ X⁻
início	0,001		0	0
reage e forma	x		x	x
equilíbrio	0,01 − x ≅ 0,01		x	x

$$K_a = \frac{[H^+] \cdot [X^-]}{[HX]} \Rightarrow 10^{-6} = \frac{x \cdot x}{10^{-2}} \Rightarrow x^2 = 10^{-8} \Rightarrow$$
$$\Rightarrow x = 10^{-4}$$

Portanto, $[H^+] = 10^{-4}$ mol/L e, consequentemente, pH = 4.

INDICADOR	COLORAÇÃO ADQUIRIDA	
	MEIO ÁCIDO	MEIO BÁSICO
fenolftaleína	incolor	róseo
suco de repolho roxo	vermelho	verde
azul de bromotimol	amarelo	azul

Assim, um estudante preparou três soluções aquosas concentradas de diferentes substâncias, de acordo com a ilustração abaixo.

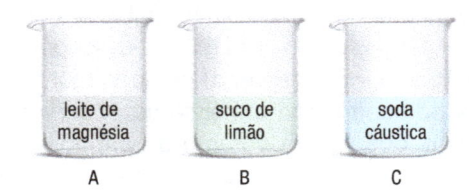

A - leite de magnésia
B - suco de limão
C - soda cáustica

Após o preparo, o estudante adicionou ao recipiente **A** (fenolftaleína), ao **B** (suco de repolho roxo) e ao **C** (azul de bromotimol). Sendo assim, as cores obtidas, respectivamente, nos recipientes **A**, **B** e **C**, foram

a) róseo, vermelho e amarelo.
b) incolor, verde e amarelo.
c) incolor, verde e azul.
d) róseo, vermelho e azul.
e) incolor, vermelho e azul.

13. Considerando a constante de basicidade da amônia como sendo $2 \cdot 10^{-5}$ mol/L, determine o pH de uma solução de amônia 0,05 mol/L.

14. (MACKENZIE – SP) Indicadores são substâncias que mudam de cor na presença de íons H⁺ e OH⁻ livres em uma solução. Justamente por esta propriedade, são usados para indicar o pH, ou seja, os indicadores "indicam" se uma solução é ácida ou básica. Esses indicadores podem ser substâncias sintéticas como a fenolftaleína e o azul de bromotimol, ou substâncias que encontramos em nosso cotidiano, como, por exemplo, o suco de repolho roxo, que apresenta uma determinada coloração em meio ácido e uma outra coloração em meio básico. A tabela a seguir ilustra as cores características dessas substâncias nos intervalos ácido e básico.

15. (FATEC – SP) A tabela seguinte fornece os intervalos de pH de viragem de cor correspondentes a alguns indicadores.

	INDICADOR	INTERVALO DE pH DE VIRAGEM
I.	azul de bromotimol	amarelo 6,0 a 7,6 azul
II.	vermelho de metila	vermelho 4,4 a 6,2 amarelo alaranjado
III.	timolftaleína	incolor 9,3 a 10,5 azul
IV.	azul de bromofenol	amarelo 3,0 a 4,6 violeta alaranjado
V.	alaranjado de metila	vermelho 3,1 a 4,4 alaranjado

Suponha que três copos contenham água mineral. Cada um contém água de uma fonte diferente das demais. Uma das águas apresenta pH = 4,5, outra pH = 7,0 e a outra pH = 10,0.

Para identificar qual a água contida em cada copo, entre os indicadores relacionados na tabela, o mais apropriado é:

a) I.　　b) II.　　c) III.　　d) IV.　　e) V.

16. (EEM – SP) Uma substância ácida HA apresenta, em solução aquosa, o seguinte equilíbrio:

$$HA \rightleftarrows H^+ + A^-$$
amarela　　vermelha

Se for borbulhado NH_3 nessa solução, qual será a cor por ela adquirida? Por quê?

16. (FATEC – SP) Indicadores ácido-base são substâncias que apresentam colorações diferentes em meio ácido e meio básico. Considere o indicador abaixo, para o qual existe o equilíbrio:

incolor　　　　　　　　　　　　　rósea

Esse indicador assumirá a cor rósea quando adicionado a

a) suco de limão.
b) suco gástrico.
c) água com gás.
d) água sanitária ("cândida").
e) cerveja.

SÉRIE OURO

1. (EINSTEIN – SP) A tabela mostra valores do pH da água líquida em diferentes temperaturas.
A análise desses dados permite afirmar que o produto iônico da água, K_W, _____ com a elevação da temperatura e que a reação de autoionização da água _____ energia, sendo, portanto, um processo _____ .

As lacunas do texto devem ser preenchidas por:

a) aumenta – absorve – endotérmico.
b) aumenta – absorve – exotérmico.
c) diminui – libera – exotérmico.
d) aumenta – libera – endotérmico.
e) diminui – absorve – endotérmico

TEMPERATURA (°C)	pH
0	7,47
10	7,27
20	7,08
25	7,00
30	6,92
40	6,77
50	6,63
100	6,14

2. (FUVEST – SP) A autoionização da água é uma reação endotérmica. Um estudante mediu o pH da água recém-destilada, isenta de CO_2 e a 50 °C, encontrando o valor 6,6. Desconfiado de que o aparelho de medida estivesse com defeito, pois esperava o valor 7,0, consultou um colega que fez as seguintes afirmações:

I. O seu valor (6,6) pode estar correto, pois 7,0 é o pH da água pura, porém a 25 °C.
II. A aplicação do princípio de Le Chatelier ao equilíbrio da ionização da água justifica que, com o aumento da temperatura, aumenta a concentração de H^+.
III. Na água, o pH é tanto menor quanto maior a concentração de H^+.

Está correto o que se afirma:
a) somente em I.
b) somente em II.
c) somente em III.
d) somente em I e II.
e) em I, II e III.

3. (UNIFESP) O equilíbrio ácido básico do sangue pode ser representado como segue:

$$CO_2 + H_2O \rightleftarrows H_2CO_3 \rightleftarrows H^+ + HCO_3^-$$

Assinale a alternativa que apresente dois fatores que combateriam a alcalose respiratória (aumento do pH sanguíneo).
a) Aumento da concentração de CO_2 e HCO_3^-.
b) Diminuição da concentração de CO_2 e HCO_3^-.
c) Diminuição da concentração de CO_2 e aumento da concentração de HCO_3^-.
d) Aumento da concentração de CO_2 e diminuição da concentração de HCO_3^-.
e) Aumento da concentração de CO_2 e diminuição da concentração de H_2O.

4. (FUVEST – SP) Considere um aquário tampado contendo apenas água e plantas aquáticas, em grande quantidade, e iluminado somente por luz solar. O gráfico que melhor esboça a variação de pH da água em função do horário do dia, considerando que os gases envolvidos na fotossíntese e na respiração das plantas ficam parcialmente dissolvidos na água, é:

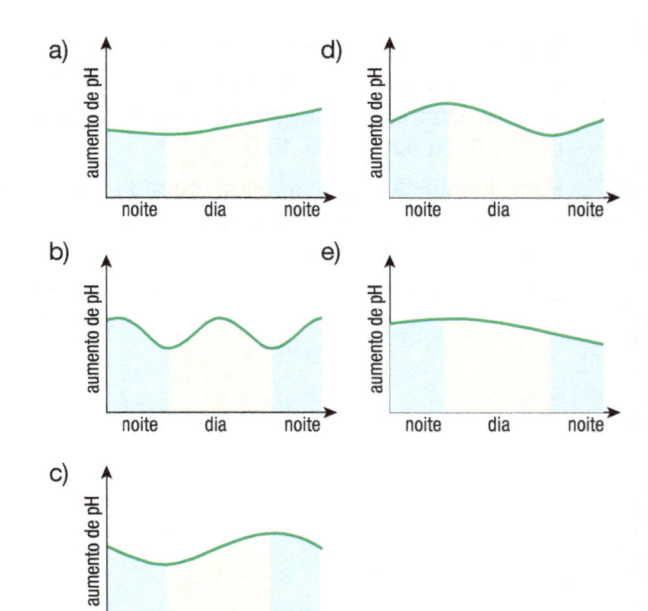

5. (FUVEST – SP) O fitoplâncton consiste em um conjunto de organismos microscópicos encontrados em certos ambientes aquáticos. O desenvolvimento desses organismos requer luz e CO_2, para o processo de fotossíntese, e requer também nutrientes contendo os elementos nitrogênio e fósforo.

Considere a tabela que mostra dados de pH e de concentrações de nitrato e de oxigênio dissolvidos na água, para amostras coletadas durante o dia, em dois diferentes pontos (A e B) e em duas épocas do ano (maio e novembro), na represa Billings, em São Paulo.

	pH	CONCENTRAÇÃO DE NITRATO (mg/L)	CONCENTRAÇÃO DE OXIGÊNIO (mg/L)
ponto A (novembro)	9,8	0,14	6,5
ponto B (novembro)	9,1	0,15	5,8
ponto A (maio)	7,3	7,71	5,6
ponto B (maio)	7,4	3,95	5,7

Com base nas informações da tabela e em seus próprios conhecimentos sobre o processo de fotossíntese, um pesquisador registrou três conclusões:

I. Nessas amostras, existe uma forte correlação entre as concentrações de nitrato e de oxigênio dissolvidos na água.
II. As amostras de água coletadas em novembro devem ter menos CO_2 dissolvido do que aquelas coletadas em maio.

III. Se as coletas tivessem sido feitas à noite, o pH das quatro amostras de água seria mais baixo do que o observado.

É correto o que o pesquisador concluiu em
a) I, apenas.
b) III, apenas.
c) I e II, apenas.
d) II e III, apenas.
e) I, II e III.

6. (UNESP) Para evitar o desenvolvimento de bactérias em alimentos, utiliza-se ácido benzoico como conservante.

Sabe-se que:

I. Em solução aquosa, ocorre o equilíbrio:

$$BzH \rightleftharpoons Bz^- + H^+$$

(onde BzH é o ácido benzoico — COOH no anel — e Bz⁻ é o ânion benzoato — COO⁻ no anel)

II. A ação bactericida é devido exclusivamente à forma não dissociada do ácido (BzH).

III. Com base nessas informações e a tabela seguinte

ALIMENTO	pH
refrigerante	3,0
picles	3,2
leite	6,5

pode-se afirmar que é possível utilizar ácido benzoico como conservante do:

a) refrigerante, apenas.
b) leite, apenas.
c) refrigerante e picles, apenas.
d) refrigerante e leite, apenas.
e) picles e leite, apenas.

7. (FGV) *Mudanças climáticas estão tornando oceanos mais ácidos.*

Segundo um estudo publicado na edição desta semana da revista científica "Nature", o pH dos oceanos caiu 6% nos últimos anos, de 8,3 para 8,1 e, sem controle de CO_2 nos próximos anos, a situação chegará a um ponto crítico por volta do ano 2300, quando o pH dos oceanos terá caído para 7,4 e permanecerá assim por séculos. (...) A reação do CO_2 com a água do mar produz íons bicarbonato e íons hidrogênio, o que eleva a acidez. (...) Os resultados do aumento da acidez da água ainda são incertos, mas, como o carbonato tende a se dissolver em meios mais ácidos, as criaturas mais vulneráveis tendem a ser as que apresentam exoesqueletos e conchas de carbonato de cálcio, como corais, descreveu, em uma reportagem sobre a pesquisa, a revista "New Scientist".

globonews.com, 25 set. 2003.

Com base no texto, analise as afirmações:

I. A reação responsável pela diminuição do pH das águas dos mares é:

$$CO_2(g) + H_2O(l) \rightleftharpoons HCO_3^-(aq) + H^+(aq)$$

II. Os exoesqueletos e conchas de carbonato de cálcio não sofrem modificações em meio ácido.

III. Se o pH do mar variar de 8,4 para 7,4, a concentração de H^+ aumentará por um fator de 10.

Está correto apenas o que se afirma em
a) I
b) II
c) III
d) I e II
e) I e III

8. (EsPCEx – AMAN – RJ) Na indústria de alimentos, para se evitar que a massa de pães e biscoitos fique com aspecto amarelado, utiliza-se como aditivo um ácido orgânico fraco monoprótico, o propanoico. Considerando a constante de ionização do ácido propanoico igual a $1,0 \cdot 10^{-5}$ e as condições de temperatura e pressão de 25 °C e 1 atm, o pH aproximado de uma solução de concentração 0,001 mol · L⁻¹ desse ácido é

a) 2.   b) 4.   c) 6.   d) 7.   e) 8.

a) 1.   b) 3.   c) 5.   d) 9.   e) 11.

9. (UNESP) A solução aquosa de anilina é básica devido à ocorrência do equilíbrio:

$$C_6H_5NH_2(aq) + H_2O(l) \underset{}{\overset{K_b}{\rightleftarrows}} C_6H_5NH_3^+(aq) + OH^-(aq)$$

Sabe-se que $K_b \approx 4 \cdot 10^{-10}$ a 25 °C e que o valor de pH de uma solução aquosa saturada de anilina a 25 °C é próximo de 9. Com base nessas informações e sabendo que K_W nessa temperatura é igual a $1 \cdot 10^{-14}$, a concentração aproximada da solução saturada de anilina a 25 °C é

a) 0,02 mol/L.   d) 0,3 mol/L.
b) 0,5 mol/L.   e) 0,8 mol/L.
c) 0,1 mol/L.

11. (FUVEST – SP) Dispõe-se de 2 litros de uma solução aquosa de soda cáustica que apresenta pH 9. O volume de água, em litros, que deve ser adicionado a esses 2 litros para que a solução resultante apresente pH 8 é

a) 2.   b) 6.   c) 10.   d) 14.   e) 18.

10. (FGV) A furaltadona ($C_{13}H_{16}N_4O_6$) é uma substância bactericida empregada no combate à salmonela, sendo adicionada à água de bebedouros em criadouros de aves. A furaltadona interage com a água de acordo com a reação representada pela equação:

$$C_{13}H_{16}N_4O_6(aq) + H_2O(l) \rightleftarrows$$
$$\rightleftarrows C_{13}H_{16}N_4O_6H^+(aq) + OH^-(aq)$$

Sabendo que a constante de equilíbrio dessa reação, a 25 °C, é $K_b = 1,0 \times 10^{-5}$, uma solução 0,1 mol/L de furaltadona a 25 °C apresenta pH igual a

12. (FMABC – SP) As betalaínas são pigmentos que apresentam uma coloração amarelo-alaranjado ou vermelho-violeta, encontrados num número limitado de espécies vegetais. Mais de setenta betalaínas de ocorrência natural já foram identificadas e estão divididas em dois grupos, as betacianinas (apresentando cor vermelho-violeta) e as betaxantinas (de cor amarela).

As betalaínas ocorrem principalmente na bunganvília, na beterraba, na pitaia, na acelga e no figo-da-Índia. A betacianina mais comum é a betanina, o principal pigmento das beterrabas vermelhas.

Relativamente aos valores de pH, quando compreendidos no intervalo entre 3 e 7, não afetam a cor das betacianinas, de uma forma geral. Abaixo do pH 3, a cor da betanina se altera para violeta e acima de pH 7 a cor passa para azul. Acima de pH

10, a betanina é degradada, originando um produto amarelo e um produto incolor.

GONÇALVES, B.S.G. **Pigmentos naturais de origem vegetal**: betalaínas, 2018. Adaptado.

A fórmula estrutural da betanina está representada a seguir.

betanina

Considere duas soluções aquosas preparadas da seguinte maneira:

Solução 1 – preparada pela diluição de 1,0 mL de HCl 1,0 mol/L em água destilada até completar o volume de 100 mL.

Solução 2 – preparada pela diluição de 1,0 mL de NaOH 0,01 mol/L em água destilada até completar o volume de 1,0 L.

Considerando que tanto o ácido quanto a base estejam 100% ionizados, pode-se afirmar que a betanina, em presença das soluções 1 e 2, apresentará, respectivamente, as cores

a) violeta e azul.
b) azul e amarela.
c) azul e violeta.
d) violeta e violeta.
e) violeta e amarela.

13. (SANTA CASA – SP) Uma indústria de galvanoplastia tinha 100 L de um efluente de ácido sulfúrico (H_2SO_4) 0,01 mol · L^{-1}. Para o tratamento desse efluente, o operador de processos químicos utilizou uma das soluções relacionadas na tabela.

SOLUÇÃO	pH	pOH
1	13	1
2	12	2
3	3	11

Para neutralizar completamente esse efluente foram utilizados

a) 100 L da solução 2.
b) 10 L da solução 1.
c) 200 L da solução 1.
d) 200 L da solução 2.
e) 100 L da solução 3.

14. (SANTA CASA – SP) A ureia, ao ser aquecida a uma temperatura entre 85 °C e 90° C, sofre decomposição conforme a equação a seguir:

$$CO(NH_2)_2 + 3\ H_2O \xrightarrow{85\ °C\text{-}90\ °C} 2\ NH_4^+ + CO_2 + 2\ OH^-$$

O OH^- gerado na decomposição térmica de 10^{-5} mol de ureia foi adicionado a 1 L de solução ácida de pH = 5. Considerando o produto iônico da água (K_W) igual a 10^{-14}, o novo pH dessa solução é igual a

a) 9.   b) 11.   c) 10.   d) 8.   e) 7.

15. (MACKENZIE – SP) Uma amostra desconhecida de uma substância incolor foi submetida a testes de laboratório com indicadores ácido base, apresentando o seguinte resultado.

INDICADOR	COLORAÇÃO OBTIDA	FAIXA DE VIRAGEM (pH)	
fenolftaleína	incolor	incolor < 8,2	rosa > 10,0
azul de bromotimol	amarelo-esverdeado	amarelo < 6,0	azul > 7,6
vermelho de metila	amarelo-alaranjado	vermelho < 4,4	amarelo > 6,2

De acordo com o resultado obtido experimentalmente, pode-se seguramente afirmar que a faixa de pOH da amostra desconhecida, de acordo com a coloração obtida, encontra-se entre

a) 7,8 e 8,0.   b) 6,0 e 6,2.   c) 7,2 e 7,6.   d) 6,4 e 6,8.   e) 7,0 e 7,4.

16. (UNESP) Uma amostra de água mineral natural a 25 °C foi testada com três indicadores ácido-base. Os resultados desse teste estão indicados na última coluna da tabela.

INDICADOR	VIRAGEM DE COR DO INDICADOR	INTERVALO DE pH DE VIRAGEM DE COR	COR APRESENTADA PELA AMOSTRA DE ÁGUA MINERAL
vermelho neutro	vermelho-azulado para amarelo-alaranjado	6,8 a 8,0	amarelo-alaranjado
amarelo de alizarina	amarelo-claro para amarelo-acastanhado	10,0 a 12,1	amarelo-claro
púrpura de m-cresol	amarelo para púrpura	7,4 a 9,0	púrpura

Analisando as informações da tabela e sabendo que o produto iônico da água a 25 °C, K_w, é igual a 1×10^{-14}, a concentração de íons $OH^-(aq)$ nessa água mineral, em mol/L, está entre

a) 1×10^{-9} e 1×10^{-8}.
b) 1×10^{-10} e 1×10^{-9}.
c) 1×10^{-5} e 1×10^{-4}.
d) 1×10^{-6} e 1×10^{-5}.
e) 1×10^{-12} e 1×10^{-10}.

17. (PUC) **DADO:** coloração do indicador azul de bromotimol

pH < 6 ⇒ solução amarela
6 < pH < 8 ⇒ solução verde
pH > 8 ⇒ solução azul

Em um béquer, foram colocados 20,0 mL de solução aquosa de hidróxido de sódio (NaOH) de concentração 0,10 mol/L e algumas gotas do indicador azul de bromotimol. Com auxílio de uma bureta, foram adicionados 20,0 mL de uma solução aquosa de ácido sulfúrico (H_2SO_4) de concentração 0,10 mol/L.

A cada alíquota de 1,0 mL adicionada, a mistura resultante era homogeneizada e a condutibilidade da solução era verificada através de um sistema bastante simples e comum em laboratórios de ensino médio.

Uma lâmpada presente no sistema acende quando em contato com um material condutor, como água do mar ou metais, e não acende em contato com materiais isolantes, como água destilada, madeira ou vidro.

A respeito do experimento, é correto afirmar que

a) após a adição de 10,0 mL da solução de H_2SO_4, a solução apresenta coloração azul e a lâmpada acende.
b) após a adição de 10,0 mL da solução de H_2SO_4, a solução apresenta coloração verde e a lâmpada não acende.
c) após a adição de 12,0 mL da solução de H_2SO_4, a solução apresenta coloração azul e a lâmpada acende.

d) após a adição de 12,0 mL da solução de H_2SO_4, a solução apresenta coloração amarela e a lâmpada acende.
e) após a adição de 20,0 mL da solução de H_2SO_4, a solução apresenta coloração verde e a lâmpada não acende.

SÉRIE PLATINA

1. (UNICAMP – SP) A hemoglobina é uma proteína composta por quatro cadeias polipeptídicas. Cada cadeia está associada a um grupo heme que contém ferro, capaz de se ligar reversivelmente ao oxigênio, permitindo assim sua função primária, que é a do transporte de oxigênio dos pulmões aos tecidos periféricos.

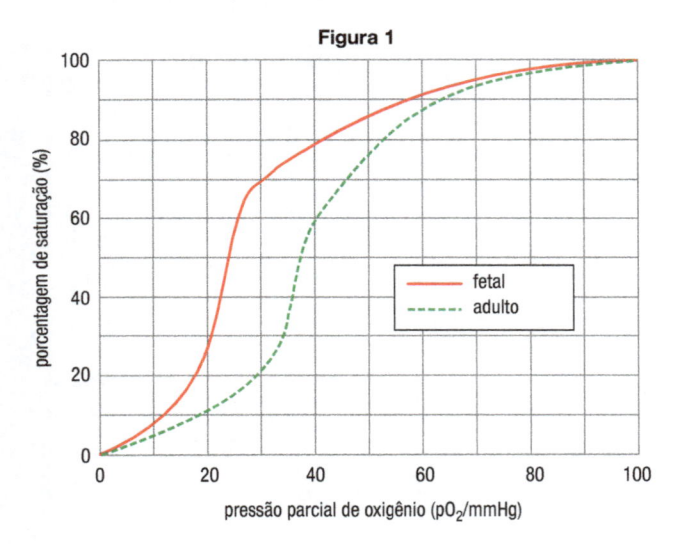

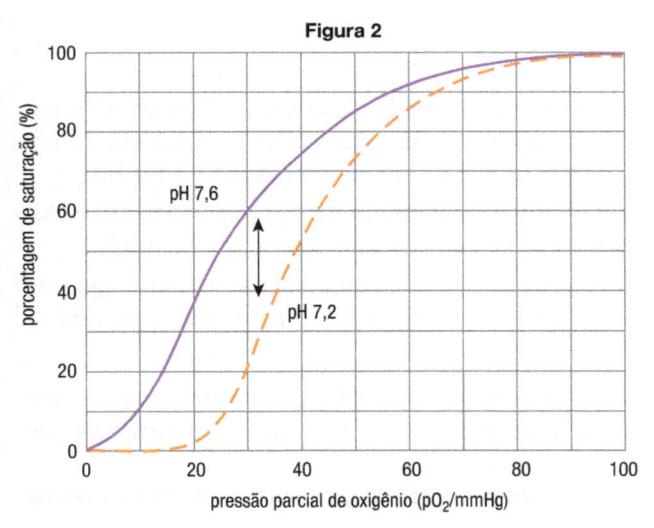

a) A **Figura 1** apresenta a curva de dissociação para duas hemoglobinas humanas: em adultos (linha tracejada) e fetais (linha sólida). Considerando elementos de equilíbrio químico e esse gráfico, indique qual hemoglobina tem maior afinidade com o oxigênio: a do **adulto** ou a **fetal**? Justifique sua resposta.

b) O efeito Bohr, representado na **Figura 2**, ocorre quando células com metabolismo aumentado liberam maiores quantidades de CO_2 no sangue. Entre as curvas do gráfico (linhas **sólida** ou **tracejada**), identifique aquela que representa o **resultado final** do efeito Bohr. Explique, do ponto de vista químico, como você chegou a esta conclusão.

Figura 1

(Gráfico: porcentagem de saturação (%) vs pressão parcial de oxigênio (pO_2/mmHg); curvas: fetal e adulto)

Figura 2

(Gráfico: porcentagem de saturação (%) vs pressão parcial de oxigênio (pO_2/mmHg); curvas: pH 7,6 e pH 7,2)

2. (UNESP) No cultivo hidropônico, a composição da solução nutritiva deve ser adequada ao tipo de vegetal que se pretende cultivar. Uma solução específica para o cultivo do tomate, por exemplo, apresenta as seguintes concentrações de macronutrientes:

SUBSTÂNCIA	CONCENTRAÇÃO (mmol/L)
KNO_3	1,00
$MgSO_4$	0,11
$Ca(NO_3)_2$	0,39
$NH_4H_2PO_4$	0,26

BRACCINI, M. C. L. *et al.* **Semina**: Ciências agrárias, março de 1999.

Durante o desenvolvimento das plantas, é necessário um rígido controle da condutividade elétrica da solução nutritiva, cuja queda indica diminuição da concentração de nutrientes. É também necessário o controle do pH dessa solução que, para a maioria dos vegetais, deve estar na faixa de 5,0 a 6,5.

a) Por que a solução nutritiva para o cultivo hidropônico de tomate é condutora de eletricidade? Calcule a quantidade, em mmol, do elemento nitrogênio presente em 1,0 L dessa solução.

b) Considere que 1,0 L de uma solução nutritiva a 25 °C, inicialmente com pH = 6,0, tenha, em um controle posterior, apresentado o valor mínimo tolerável de pH = 4,0. Nessa situação, quantas vezes variou a concentração de íons H^+(aq)? Sabendo que o produto iônico da água, K_w, a 25 °C, é igual a $1,0 \times 10^{-14}$, calcule as quantidades, em mol, de íons OH^-(aq) presentes, respectivamente, na solução inicial e na solução final.

3. (A. EINSTEIN – SP) Agentes desinfetantes são produtos químicos altamente oxidantes que, mesmo em baixa concentração, têm ação contra todos os microrganismos, inclusive esporos bacterianos.

Um dos grupos de desinfetantes é o dos peróxidos, caracterizados por apresentarem a estrutura geral representada a seguir, em que X e Y podem ser H ou radicais orgânicos.

$$X-O-O-Y$$

O ácido peracético, cuja fórmula é CH_3COOOH, é um desinfetante pertencente a esse grupo. Ele é usado em soluções estabilizadas, nas quais ocorre o equilíbrio químico representado pela equação:

$$\underset{\text{ácido peracético}}{CH_3COOOH(aq)} + \underset{\text{água}}{H_2O(l)} \rightleftarrows$$

$$\rightleftarrows \underset{\text{ácido acético}}{CH_3COOH(aq)} + \underset{\substack{\text{peróxido de} \\ \text{hidrogênio}}}{H_2O_2(aq)}$$

Para que a ação desinfetante das soluções de ácido peracético seja efetiva, as seguintes condições devem ser obedecidas:

1. a concentração de ácido peracético em solução deve estar entre 300 e 700 mg/L;
2. o pH da solução deve estar entre 2 e 4.

a) Apresente a fórmula estrutural do ácido peracético, mostrando todas as ligações químicas existentes entre os átomos.
   Escreva a expressão da constante do equilíbrio existente nas soluções aquosas de ácido peracético.

b) Demonstre, por meio de cálculos, que a concentração de íons $H^+(aq)$ presente na solução de ácido peracético varia 100 vezes ao passar do limite inferior ao limite superior do intervalo de pH indicado.
   Considerando o valor médio do intervalo de concentração de ácido peracético recomendado, 300 a 700 mg/L, expresse, em mol/L, o valor médio da concentração desse ácido na solução desinfetante.

4. Metilfenidato, comercializado com o nome de Ritalina®, é uma substância química utilizada como fármaco. O remédio, que pertence à classe das anfetaminas, é um estimulante leve do sistema nervoso central, com mecanismo de ação no organismo humano ainda não bem elucidado, porém, sabe-se que é absorvido somente na forma neutra. A estrutura e os efeitos do metilfenidato foram descobertos durante a Segunda Guerra Mundial, quando foi utilizado em soldados que precisavam de mais foco e concentração durante os longos dias de batalhas. Atualmente, Ritalina® é usada no tratamento medicamentoso dos casos de transtorno do déficit de atenção e hiperatividade (TDAH), narcolepsia e hipersonia idiopática do sistema nervoso central (SNC).

NOTE E ADOTE:

massa molar metilfenidato: 230 g/mol; constante de ionização do metilfenidato: $2 \cdot 10^{-4}$; log 2 = 0,3; log 4 = 0,6; log 6 = 0,7

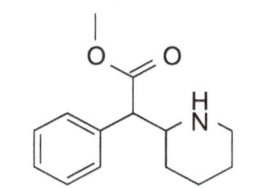

a) Escreva a equação química que representa a ionização do metilfenidato em meio aquoso (segundo Brönsted-Lowry), utilizando fórmulas estruturais.
b) Escreva a expressão da constante de equilíbrio para a ionização do composto.
c) O metilfenidato pode ser comercializado em cartelas de comprimidos contendo 46 mg do princípio ativo em cada comprimido.
Considere um comprimido de Ritalina®, totalmente dissolvido em 1 L de água. Calcule a concentração, em mol/L, dos íons OH⁻ nessa solução e determine o pH da solução.

Fórmula estrutural do metilfenidato

O sistema digestório é responsável pela digestão, isto é, processamento e absorção de nutrientes e substâncias importantes para o funcionamento adequado do organismo de modo a suprir a necessidade de todas as células. A digestão e consequente absorção de substâncias depende de fatores químicos importantes, como o pH. O pH do corpo humano varia ao longo do sistema digestório, como pode ser observado na imagem ao lado.

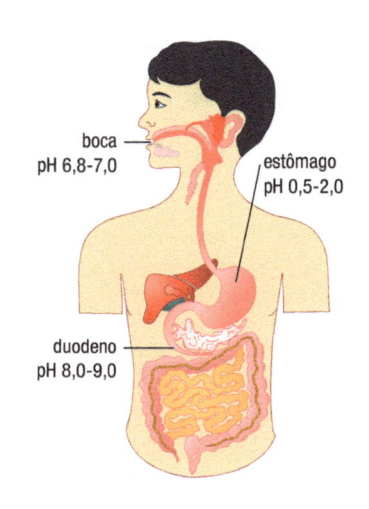

d) Levando em conta os valores de pH apresentados na imagem para a boca, o estômago e o duodeno, em qual parte do sistema digestório o metilfenidato será preferencialmente absorvido? Justifique com base no equilíbrio de ionização do metilfenidato em meio aquoso apresentado no item (a).

boca
pH 6,8-7,0

estômago
pH 0,5-2,0

duodeno
pH 8,0-9,0

5. (FUVEST – SP) Algumas gotas de um indicador de pH foram adicionadas a uma solução aquosa saturada de CO_2, a qual ficou vermelha. Dessa solução, 5 mL foram transferidos para uma seringa, cuja extremidade foi vedada com uma tampa (**Figura I**). Em seguida, o êmbolo da seringa foi puxado até a marca de 50 mL e travado nessa posição, observando-se liberação de muitas bolhas dentro da seringa e mudança da cor da solução para laranja (**Figura II**). A tampa e a trava foram então removidas, e o êmbolo foi empurrado de modo a expulsar totalmente a fase gasosa, mas não o líquido (**Figura III**). Finalmente, a tampa foi recolocada na extremidade da seringa (**Figura IV**) e o êmbolo foi novamente puxado para a marca de 50 mL e travado (**Figura V**). Observou-se, nessa situação, a liberação de poucas bolhas, e a solução ficou amarela. Considere que a temperatura do sistema permaneceu constante ao longo de todo o experimento.

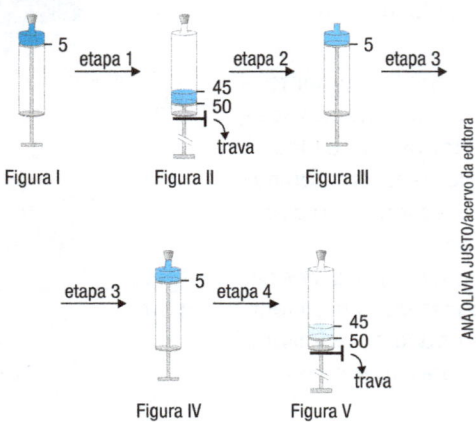

a) Explique, incluindo em sua resposta as equações químicas adequadas, por que a solução aquosa inicial, saturada de CO_2, ficou vermelha na presença do indicador de pH.
b) Por que a coloração da solução mudou de vermelho para laranja ao final da Etapa 1?
c) A pressão da fase gasosa no interior da seringa, nas situações ilustradas pelas figuras II e V, é a mesma? Justifique.

Dados:														
pH	1,0	1,5	2,0	2,5	3,0	3,5	4,0	4,5	5,0	5,5	6,0	6,5	7,0	7,5
cor da solução contendo o indicador de pH	vermelho							laranja			amarelo			

6. (FUVEST – SP) Para exemplificar probabilidade, um grupo de estudantes fez uma atividade envolvendo química, conforme o procedimento descrito.

Cada estudante recebeu um recipiente contendo 800 mL de água destilada com algumas gotas do indicador de pH alaranjado de metila e soluções de HCl e NaOH em diversas concentrações.

Cada estudante deveria jogar apenas uma vez dois dados, um amarelo e um vermelho, ambos contendo os números de 1 a 6.

▶▶ Ao jogar o dado vermelho, o estudante deveria adicionar ao recipiente 100 mL de solução do ácido clorídrico na concentração 10^{-n} mol/L, sendo n o número marcado no dado (por exemplo, se saísse o número 1 no dado, a solução seria de 10^{-1} mol/L; se saísse 6, a solução seria de 10^{-6} mol/L).

▶▶ Ao jogar o dado amarelo, o estudante deveria executar o mesmo procedimento, mas substituindo o ácido por NaOH, totalizando assim 1,0 L de solução.

▶▶ O estudante deveria observar a cor da solução ao final do experimento.

A professora mostrou a tabela com alguns valores de pH resultantes conforme os números tirados nos dados. Ela pediu, então, aos estudantes que utilizassem seus conhecimentos e a tabela para prever em quais combinações de dados a cor final do indicador seria vermelha.

NOTE E ADOTE: considere a seguinte relação entre pH do meio e coloração do indicador alaranjado de metila:

menor que 3,3	3,3 a 4,4	maior que 4,4
vermelho	laranja	amarelo

NÚMERO TIRADO NOS DADOS		DADO AMARELO (ADIÇÃO DE BASE)					
		1	2	3	4	5	6
DADO VERMELHO (ADIÇÃO DE ÁCIDO)	1	7,0	2,1				2,0
	2			3,1			
	3			7,0			4,1
	4				7,0		
	5	11,9			8,9		
	6					7,9	7,0

A probabilidade de, após realizar o procedimento descrito, a solução final preparada por um estudante ser vermelha é de:

a) 1/12.
b) 1/6.
c) 1/4.
d) 11/36.
e) 5/12.

UNIDADE 2

A Revolução Industrial intensificou o processo de urbanização e atraiu as populações para as cidades, aumentando a demanda por recursos naturais, o que acarretou problemas relacionados com a geração de resíduos e com a ocupação desordenada do solo.

Esse processo de degradação ambiental se acelerou entre os séculos XVII e XIX, tomando proporções nunca vistas antes pela Humanidade. Com as grandes navegações e a descoberta do "Novo Mundo", os europeus repartiram os territórios conquistados e exploraram ao máximo os recursos naturais das novas colônias como forma de garantirem a manutenção dos seus poderes.

Essa dinâmica de exploração tem impactos até os dias de hoje! Se, na época do Brasil colônia, os portugueses exploraram pau-brasil, café e ouro, atualmente, o principal papel desempenhado pelo Brasil na balança comercial mundial continua sendo como exportador de *commodities*, com destaque para petróleo, soja e minério de ferro.

Para alavancar a exploração de minério de ferro, terceiro produto mais exportado pelo Brasil em 2019, foi criada, em 1942, a estatal Companhia Vale do Rio Doce, que foi privatizada em 1997. Hoje, conhecida apenas como Vale, essa empresa é a segunda maior companhia de mineração do mundo e responsável por 70% da exploração do minério de ferro no Brasil – atividade que causa grandes impactos ambientais, uma vez que, na extração e no refino do minério, são produzidas enormes quantidades de resíduos.

O terceiro produto mais exportado em 2019 foi o minério de ferro, perdendo apenas para a soja e o petróleo e, para lidar com a alta demanda, criou-se a Vale S.A. O processo de implementação e operação de uma mineradora causa grandes impactos ambientais já que, além de extração e refino do minério, são produzidas enormes quantidades de rejeitos.

No Brasil, estima-se que para cada tonelada de minério de ferro produzida é gerada 1,8 tonelada de rejeitos, que é armazenada em uma barragem, reservatório criado justamente para conter esses resíduos.

O grande problema associado a essas barragens é que elas podem se deteriorar e, eventualmente, romper, como ocorreu nas cidades de Mariana, em 2015, e de Brumadinho, em 2019, em que as minas eram exploradas pela Vale. Com o rompimento dessas barragens, milhões de metros cúbicos de lama de rejeitos foram lançados no ambiente.

O impacto desses desastres foi enorme, tendo provocado tanto perdas de vidas humanas, quanto contaminação ambiental, uma vez que a lama lançada contém diversas substâncias que podem atingir rios e leitos d'água, além de se depositar formando uma espécie de "cimento" infértil, abalando o ecossistema de toda a região afetada.

Nessa unidade, vamos discutir como o estudo da **solubilidade** e dos **equilíbrios de solubilidade** e **de hidrólise** podem ser associados a esses desastres e seus impactos ambientais.

LEONARDO MERCON/SHUTTERSTOCK

Impactos do desenvolvimento
TECNOLÓGICO

A lama liberada após a destruição da barragem em Mariana atingiu o Rio Doce, interferindo no meio ambiente a centenas de quilômetros do local do incidente.

Capítulo 5: Solubilidade e Curva de Solubilidade

> **LEMBRE-SE!**
>
> Alguns autores sugerem substituir o termo "metais pesados" por "metais tóxicos". Entretanto, o termo "metal pesado" já está bastante difundido em diversas áreas fora da Química, razão pela qual optamos pela sua utilização neste livro.

Na exploração de minério de ferro na região de Minas Gerais, é utilizada uma grande quantidade de água para lavar e separar o minério de ferro (Fe_2O_3) das impurezas presentes (principalmente SiO_2 e outros minerais), sendo os rejeitos – na forma de uma lama, que contém de 50% a 70% de sólidos (e de 30% a 50% de líquidos) – desse processo armazenados em **barragens**.

Com o rompimento de barragem, como o ocorrido em 2015 na cidade de Mariana, essa lama é liberada para o meio ambiente, contaminando extensas áreas pela incorporação de **íons de metais pesados**.

Segundo dados do IGAM (Instituto Mineiro de Gestão das Águas), após o rompimento da barragem em Mariana, a cerca de 30 km de distância do local do incidente, em novembro de 2015, foram determinadas as concentrações de alguns íons desses metais, com destaque para mercúrio (0,16 mg/L) e chumbo (25 mg/L).

Se ingeridos, esses íons podem se acumular nos organismos vivos e interferir em seu metabolismo, razão pela qual os processos de remoção desses íons são muito importantes para a remediação dos danos ambientais causados por esse tipo de desastre.

Vista aérea de Bento Rodrigues, distrito mais afetado de Mariana (MG) com o rompimento da barragem de rejeitos da mineração de ferro.

Esses processos são bastante complexos e pautados na **solubilidade** dessas substâncias em solução aquosa, tema de estudo deste capítulo!

LIGANDO OS PONTOS!

Metais pesados

Os íons de metais pesados, como Cd^{2+}, Hg^{2+} e Pb^{2+}, podem ser absorvidos pelo nosso organismo e interagir com nosso corpo de diversas formas.

O Pb^{2+}, por exemplo, pode levar a problemas de hipertensão, declínio cognitivo e até mudança de personalidade, com aumento da irritabilidade das pessoas. Os efeitos da contaminação por chumbo são inclusive associados à queda do Império Romano, que utilizava tubulações feitas de chumbo para distribuição de água.

Já a contaminação por mercúrio está associada à "doença do chapeleiro maluco", personagem descrito no famoso livro de Lewis Caroll, *Alice no país das maravilhas*. Na confecção de chapéus à base de peles, o mercúrio era utilizado para acelerar o processo de adesão dos pelos entre si, tornando os chapéus mais resistentes e atendendo aos requisitos de elegância exigidos pela época. A exposição prolongada ao mercúrio pode levar a distúrbios característicos do movimento, como tremores de pequena amplitude e dificuldade de coordenação motora.

Em linhas gerais, uma possibilidade de interação é de esses íons se ligarem às proteínas de nosso corpo, fazendo com que elas não funcionem normalmente. Diz-se que as proteínas são desnaturadas (isto é, perdem sua estrutura tridimensional e também sua funcionalidade no corpo humano) por esses íons.

Outra possibilidade pode ser de esses íons substituírem íons que apresentam função importante no nosso corpo: por exemplo, o Cd^{2+} pode substituir o Ca^{2+} na composição dos ossos, tornando-os mais frágeis.

Escultura em homenagem à obra *Alice no país das maravilhas* no Central Park, Nova York, em que à direita se vê o "chapeleiro maluco".

5.1 Solubilidade

Já vimos no curso de Química que, para caracterizar as substâncias, é importante conhecer suas propriedades físico-químicas, que também podem ser utilizadas para estudar o impacto delas no meio ambiente. Entre essas propriedades, destaca-se a **solubilidade** ou **coeficiente de solubilidade**, que indica a *quantidade máxima de soluto que pode ser dissolvida em determinada quantidade de água a dada temperatura*.

Para ilustrarmos melhor como essa propriedade está relacionada à contaminação das águas do rio Doce, contaminadas com a lama de rejeitos pelo rompimento da barragem em Mariana, MG, vamos analisar a solubilidade do **nitrato de chumbo (II)**, $Pb(NO_3)_2$.

O $Pb(NO_3)_2$ é um composto iônico que, à temperatura ambiente, é um sólido branco. Como vimos quando estudamos ligações químicas, a ligação iônica corresponde à atração eletrostática entre cátions (íons positivos) e ânions (íons negativos), que formam uma estrutura cristalina.

Quando dissolvemos certa quantidade de $Pb(NO_3)_2$ em água a uma temperatura constante, ocorre o processo de dissolução que, para compostos iônicos, está relacionado com a liberação de íons, como podemos ver na seguinte equação química:

$$Pb(NO_3)_2(s) \longrightarrow Pb(NO_3)_2(aq) \longrightarrow Pb^{2+}(aq) + 2\ NO_3^-(aq)$$

Os íons liberados (Pb^{2+} e NO_3^-) são estabilizados pelas moléculas de água por meio de interações íon-dipolo, que mantêm os íons separados e dissolvidos.

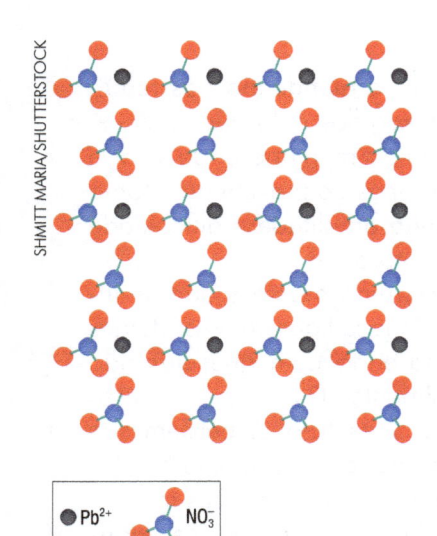

Estrutura cristalina do $Pb(NO_3)_2$: a atração entre cátions e ânions ocorre em todas as direções, formando uma estrutura tridimensional.

A molécula de água (H_2O) é um dipolo elétrico, com o oxigênio, mais eletronegativo, apresentando uma carga parcial negativa (δ^-) e os hidrogênios, menos eletronegativos, apresentando carga parcial positiva (δ^+). Por esse motivo, enquanto o nitrato (NO_3^-) atrai o polo positivo da água, o Pb^{2+} atrai o polo negativo.

Solubilidade é uma propriedade quantitativa, mas é frequente dividirmos os sais em duas categorias: solúveis e pouco solúveis.

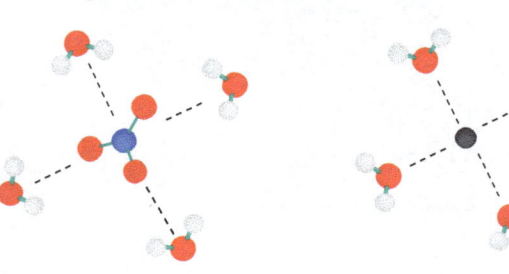

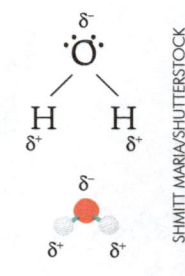

Tabela de solubilidade.

ÍON	SOLÚVEL	EXCEÇÃO
grupo 1 (Li^+, Na^+, K^+) e NH_4^+	sim	——
NO_3^-	sim	——
Cl^-, Br^-, I^-	sim	Ag^+, Pb^{2+}, Hg^{2+}
SO_4^{2-}	sim	Pb^{2+}, Sr^{2+}, Ca^{2+}, Ba^{2+}
CO_3^{2-}, PO_4^{3-}	não	grupo 1 e NH_4^+

Entretanto, há uma quantidade máxima que pode ser dissolvida em determinado volume a uma dada temperatura, chamada, como já mencionamos, de **solubilidade** ou **coeficiente de solubilidade**. Para o $Pb(NO_3)_2$, experimentalmente, determina-se que, a 20 °C, a solubilidade desse composto é igual a 54 g $Pb(NO_3)_2$/100 g H_2O.

Isso significa que podemos dissolver, no máximo, 54 g de $Pb(NO_3)_2$ em 100 g de água a 20 °C obtendo uma mistura homogênea ou solução, que denominamos de **solução saturada.**

> **LEMBRE-SE!**
>
> Quando a quantidade dissolvida for menor do que a solubilidade em determinada temperatura, a solução (mistura homogênea) resultante é chamada de *solução insaturada*.

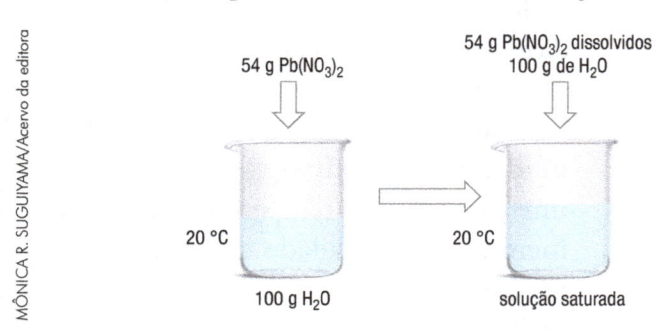

Agora, se na temperatura de 20 °C tivéssemos adicionado 64 g de $Pb(NO_3)_2$ em 100 g de água, toda a massa adicionada além do valor da solubilidade (64 g − 54 g = 10 g) não se dissolveria, depositando-se diretamente no fundo do béquer (pois a densidade do $Pb(NO_3)_2$ é maior do que a da solução aquosa nesse sistema), formando o que chamamos de **corpo de fundo** ou **corpo de chão**.

Nesse caso, temos a formação de uma **mistura heterogênea**, formada pela solução saturada de $Pb(NO_3)_2$ (54 g de $Pb(NO_3)_2$ dissolvidos em 100 g de H_2O) e por uma fase sólida (10 g de $Pb(NO_3)_2(s)$).

> **LEMBRE-SE!**
>
> Uma solução é uma mistura homogênea composta por um ou mais solutos completamente dissolvidos no solvente, apresentando uma única fase. Já uma solução saturada mantém sempre uma proporção constante entre as quantidades de soluto (no caso, $Pb(NO_3)_2$) e de solvente (no caso, H_2O). Portanto, mantendo-se a temperatura constante, se reduzirmos à metade a quantidade de água (de 100 g para 50 g), a solubilidade também se reduzirá à metade (de 54 g de $Pb(NO_3)_2$ para 27 g de $Pb(NO_3)_2$).

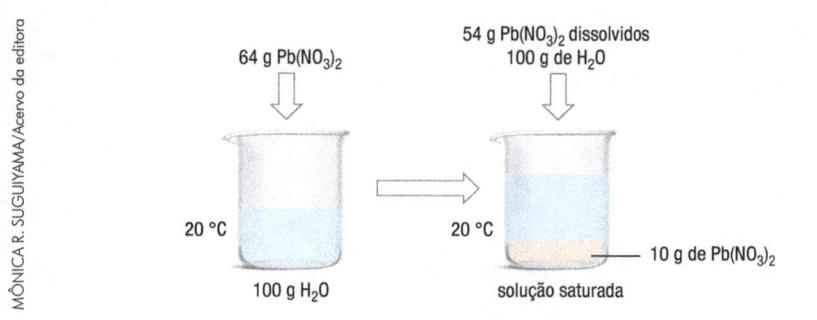

5.2 Curva de Solubilidade

No exemplo anterior, vimos que a solubilidade do $Pb(NO_3)_2$ a 20 °C vale 54 g/100 g H_2O. Você deve ter percebido que sempre tomamos o cuidado de indicar a **temperatura** na qual estávamos

Variação da solubilidade em água de $Pb(NO_3)_2$ em função da temperatura.

TEMPERATURA (°C)	SOLUBILIDADE (g de $Pb(NO_3)_2$/100 g H_2O)
20	54
40	72
60	92
80	111

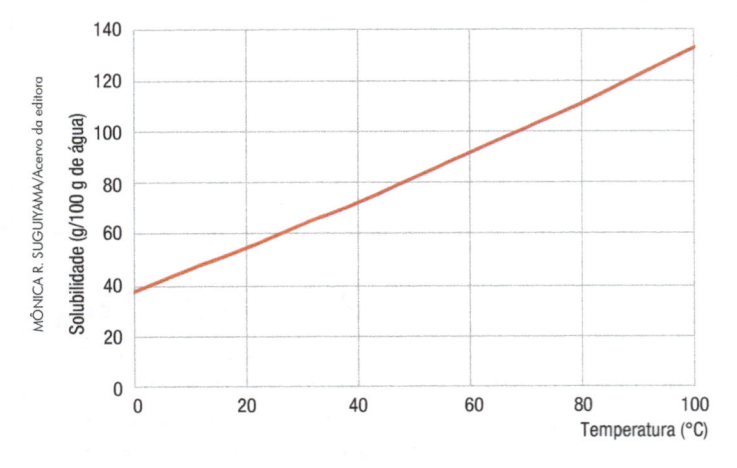

realizando os experimentos. Esse cuidado é necessário porque a temperatura influencia no valor da solubilidade. Para o sal que estamos analisando, a tabela ao lado indica como a solubilidade varia com a alteração da temperatura.

Esses dados, determinados experimentalmente, podem ser utilizados para construir a **curva de solubilidade**, que corresponde a um gráfico no qual o eixo da ordenadas (vertical) indica os valores de solubilidade e o eixo das abscissas (horizontal) indica valores de temperatura.

No caso do $Pb(NO_3)_2$, a curva de solubilidade é **ascendente**, o que significa que um aumento da temperatura implica o aumento da solubilidade desse composto. Isso ocorre porque o processo de dissolução do $Pb(NO_3)_2$ é **endotérmico**, ou seja, o aumento de temperatura favorece o processo de dissolução, aumentando a solubilidade.

$$Pb(NO_3)_2(s) \longrightarrow Pb^{+2}(aq) + NO_3^-(aq) \quad \Delta H = +34 \text{ kJ/mol}$$

FIQUE POR DENTRO!

A maioria dos sais apresenta **dissolução endotérmica**, porém, para alguns sais, a solubilidade diminui com o aumento da temperatura da água. Nesse caso, a curva de solubilidade é **descendente** e o processo de dissolução é **exotérmico**.

É comum apresentar várias curvas de solubilidade de sais diferentes em um mesmo gráfico, como pode ser visto ao lado. É importante destacar, nessas curvas, que os pontos sobre elas representam soluções saturadas. Já um ponto localizado abaixo de determinada curva indica que temos uma solução insaturada, uma vez que temos dissolvido uma quantidade de soluto inferior à solubilidade em determinada temperatura.

Entre as curvas apresentadas no gráfico acima, observe a **curva de solubilidade do NaCl**, um dos principais sais estudados na Química e a principal substância dissolvida na água do mar. Essa curva é **levemente ascendente**, o que significa que o aumento de temperatura pouco influencia o valor da solubilidade desse sal. Isso ocorre porque a variação de entalpia associada ao processo de dissolução é próxima de zero:

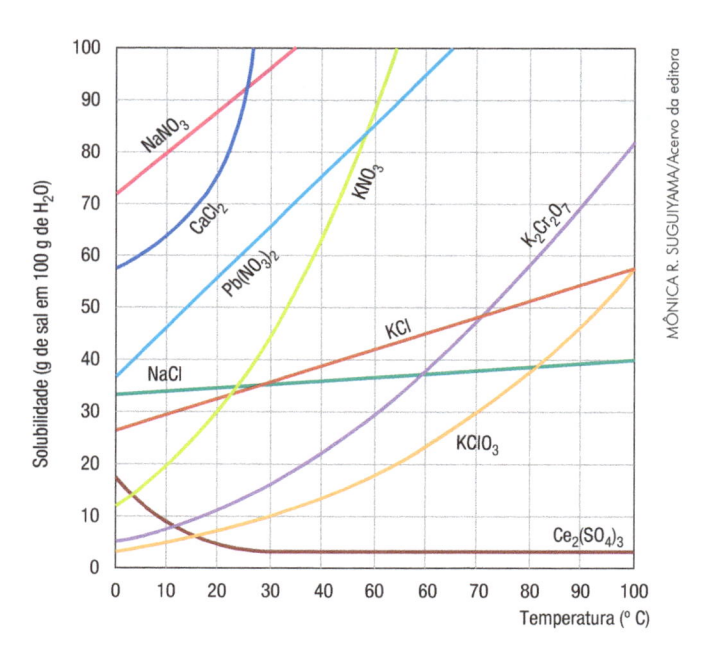

Curvas de solubilidade para diferentes sais. De todos os sais apresentados no gráfico, apenas o sulfato de cério (III), $Ce_2(SO_4)_3$ apresenta dissolução exotérmica. Todos os demais apresentam dissolução endotérmica, o que significa que o aumento da temperatura implica o aumento da solubilidade do sal.

$$NaCl(s) \longrightarrow Na^+(aq) + Cl^-(aq) \qquad \Delta H = + 6 \text{ kJ/mol}$$

As águas do oceano Atlântico também foram contaminadas com os rejeitos de mineração liberados com o rompimento da barragem em Mariana. Depois de percorrer mais de 800 km, passando pelos estados de Minas Gerais e Espírito Santo, as águas do rio Doce desaguaram no oceano Atlântico, interferindo também no ecossistema marinho.

SÉRIE BRONZE

1. Complete o texto a seguir com os conceitos corretos.

Na dissolução de compostos iônicos, como sais, a ligação a. _____
é rompida pela ação da água, liberando os íons em solução aquosa, que são estabilizados por meio de interações do tipo b. _____

$$Pb(NO_3)_2 \text{ (s)} \longrightarrow Pb^{2+}\text{(aq)} + 2\ NO_3^-\text{(aq)}$$

2. Complete o diagrama a seguir com as informações corretas.

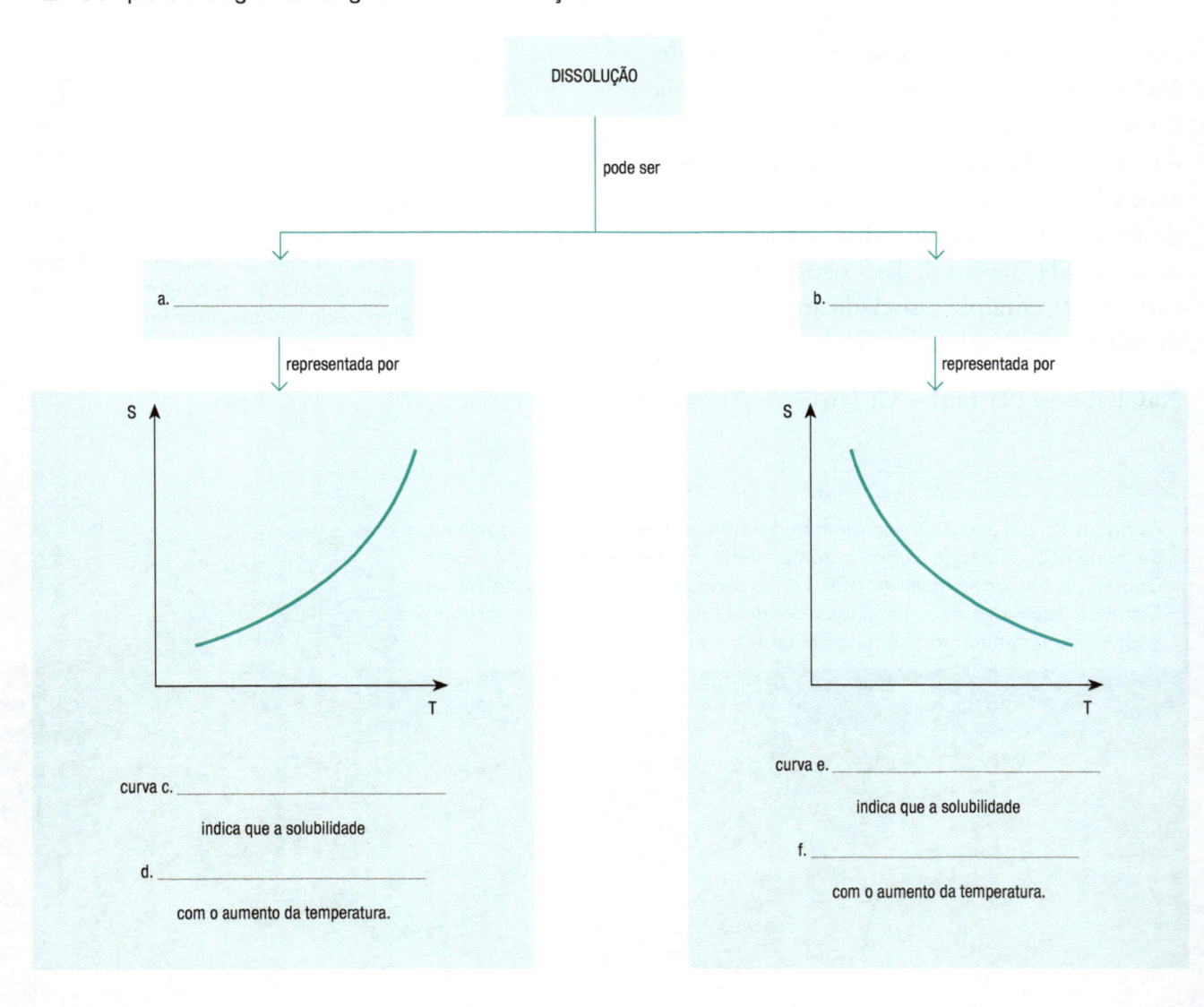

DISSOLUÇÃO

pode ser

a. _____   b. _____

representada por   representada por

curva c. _____
indica que a solubilidade
d. _____
com o aumento da temperatura.

curva e. _____
indica que a solubilidade
f. _____
com o aumento da temperatura.

SÉRIE PRATA

1. (FAMERP – SP) Considere a tabela que apresenta propriedades físicas das substâncias I, II, III e IV.

SUBSTÂNCIA	I	II	III	IV
Solubilidade em água	imiscível	miscível	miscível	miscível
Condução de eletricidade em solução aquosa	não	sim	sim	não
Condução de eletricidade no estado líquido	sim	sim	não	não

A natureza iônica é observada somente

a) na substância II.
b) nas substâncias III e IV.
c) na substância I.
d) nas substâncias I e II.
e) nas substâncias II e III.

2. Dadas as curvas de solubilidade dos sais hipotéticos **A** e **B**:

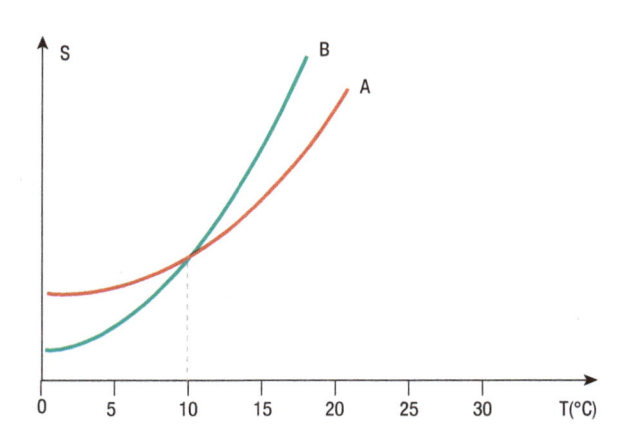

a) Indique o sal mais solúvel a 5 °C.
b) Indique o sal mais solúvel a 15 °C.
c) Indique a temperatura em que as solubilidades dos sais são iguais.

3. (CESGRANRIO – RJ) A curva de solubilidade de um sal hipotético é:

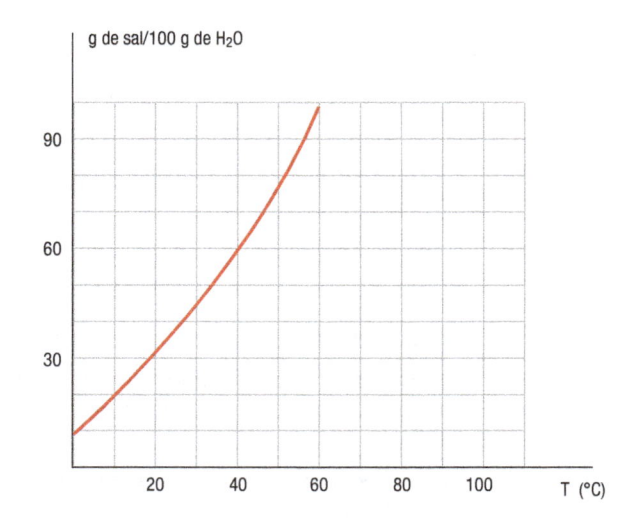

a) Indique a solubilidade do sal a 20 °C.
b) Calcule a quantidade de água necessária para dissolver 30 g do sal a 35 °C.

4. (UNIP – SP) Considere as curvas de solubilidade do cloreto de sódio (NaCl) e do nitrato de potássio (KNO_3).

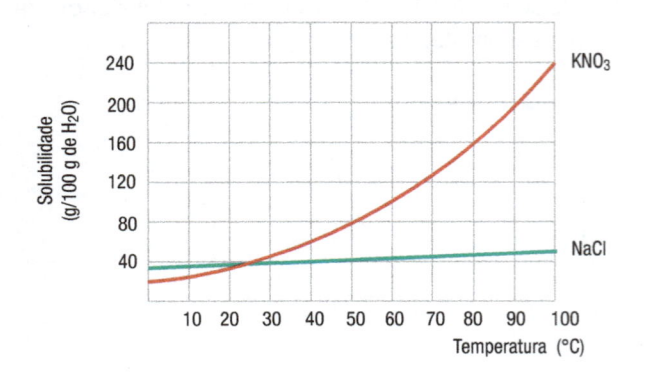

Pode-se afirmar que:
a) uma solução aquosa de NaCl que contém 25 g de NaCl dissolvidos em 100 g de água, a 20 °C, é saturada.
b) o nitrato de potássio é mais solúvel que o cloreto de sódio, a 10 °C.
c) o nitrato de potássio é aproximadamente seis vezes mais solúvel em água a 100°C do que a 25 °C.
d) a dissolução do nitrato de potássio em água é um processo exotérmico.
e) a 100 °C, 240 gramas de água dissolvem 100 gramas de nitrato de potássio formando solução saturada.

5. (PUC – MG) O diagrama representa curvas de solubilidade de alguns sais em água.

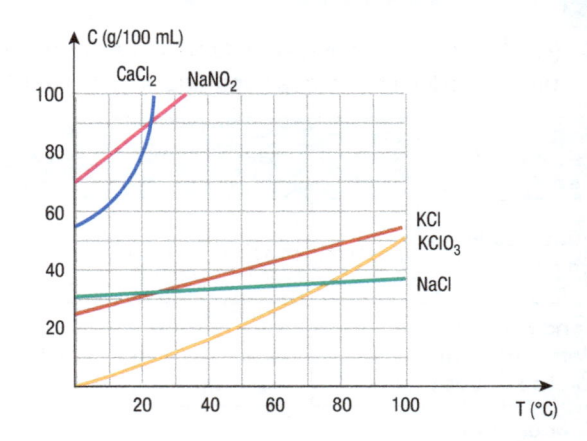

Com relação ao diagrama anterior, é correto afirmar:
a) O NaCl é insolúvel em água.
b) O $KClO_3$ é mais solúvel do que o NaCl à temperatura ambiente.
c) A substância mais solúvel em água, a uma temperatura de 10 °C, é $KClO_3$.
d) O KCl e o NaCl apresentam sempre a mesma solubilidade.
e) A 25 °C, a solubilidade do $CaCl_2$ e a do $NaNO_2$ são praticamente iguais.

6. (UFRN – adaptada) Analisando a tabela ao lado de solubilidade de K_2SO_4 a seguir, indique a massa de K_2SO_4 que precipitará quando a solução saturada (ver tabela) for devidamente resfriada de 80 °C até atingir a temperatura de 20 °C.
a) 28 g
b) 18 g
c) 10 g
d) 8 g

DADO: Considere que a solução foi preparada com 100 g de solvente.

TEMPERATURA (°C)	0	20	40	60	80	90
K_2SO_4 (g/100 g de H_2O)	7,1	10,0	13,0	15,5	18,0	19,3

SÉRIE OURO

1. (ENEM) Em meados de 2003, mais de 20 pessoas morreram no Brasil após terem ingerido uma suspensão de sulfato de bário utilizada como contraste em exames radiológicos. O sulfato de bário é um sólido pouquíssimo solúvel em água, que não se dissolve mesmo na presença de ácidos. As mortes ocorreram porque um laboratório farmacêutico forneceu o produto contaminado com carbonato de bário, que é solúvel em meio ácido. Um simples teste para verificar a existência de íons bário solúveis poderia ter evitado a tragédia. Esse teste consiste em tratar a amostra com solução aquosa de HCl e, após filtrar para separar os compostos insolúveis de bário, adiciona-se solução aquosa de H_2SO_4 sobre o filtrado e observa-se por 30 min.

TUBINO, M.; SIMONI, J. A.
Refletindo sobre o caso Celobar®.
Química Nova. n. 2, 2007. Adaptado.

A presença de íons bário solúveis na amostra é indicada pela

a) liberação de calor.
b) alteração da cor para rosa.
c) precipitação de um sólido branco.
d) formação de gás hidrogênio.
e) volatilização de gás cloro.

2. (FUVEST – SP) Em Xangai, uma loja especializada em café oferece uma opção diferente para adoçar a bebida. A chamada *sweet little rain* consiste em uma xícara de café sobre a qual é pendurado um algodão-doce, material rico em sacarose, o que passa a impressão de existir uma nuvem pairando sobre o café, conforme ilustrado na imagem.

Disponível em: <https://www.boredpanda.com/>.

O café quente é então adicionado na xícara e, passado um tempo, gotículas começam a pingar sobre a bebida, simulando uma chuva doce e reconfortante. A adição de café quente inicia o processo descrito, pois

a) a temperatura do café é suficiente para liquefazer a sacarose do algodão-doce, fazendo com que este goteje na forma de sacarose líquida.
b) o vapor-d'água que sai do café quente irá condensar na superfície do algodão-doce, gotejando na forma de água pura.
c) a sacarose que evapora do café quente condensa na superfície do algodão-doce e goteja na forma de uma solução de sacarose em água.
d) o vapor-d'água encontra o algodão-doce e solubiliza a sacarose, que goteja na forma de uma solução de sacarose em água,
e) o vapor-d'água encontra o algodão-doce e vaporiza a sacarose, que goteja na forma de uma solução de sacarose em água.

DADOS: temperatura de fusão da sacarose à pressão ambiente = 186 °C; solubilidade da sacarose a 20°C = 1,97 kg/L de água.

3. (UNESP) Os coeficientes de solubilidade do hidróxido de cálcio $(Ca(OH)_2)$, medidos experimentalmente com o aumento regular da temperatura, são mostrados na tabela.

TEMPERATURA (°C)	COEFICIENTE DE SOLUBILIDADE (g de $Ca(OH)_2$ por 100 g de H_2O)
0	0,185
10	0,176
20	0,165
30	0,153
40	0,141
50	0,128
60	0,116
70	0,106
80	0,094
90	0,085
100	0,077

a) Com os dados de solubilidade do $Ca(OH)_2$ apresentados na tabela, faça um esboço do gráfico do coeficiente de solubilidade desse composto em função da temperatura e indique os pontos onde as soluções desse composto estão saturadas e os pontos onde essas soluções não estão saturadas.

b) Indique, com justificativa, se a dissolução do Ca(OH)$_2$ é exotérmica ou endotérmica.

4. (FUVEST – SP) Uma mistura constituída de 45 g de cloreto de sódio e 100 mL de água, contida em um balão e inicialmente a 20 °C, foi submetida à destilação simples, sob pressão de 700 mmHg, até que fossem recolhidos 50 mL de destilado. O esquema a seguir representa o conteúdo do balão de destilação, antes do aquecimento:

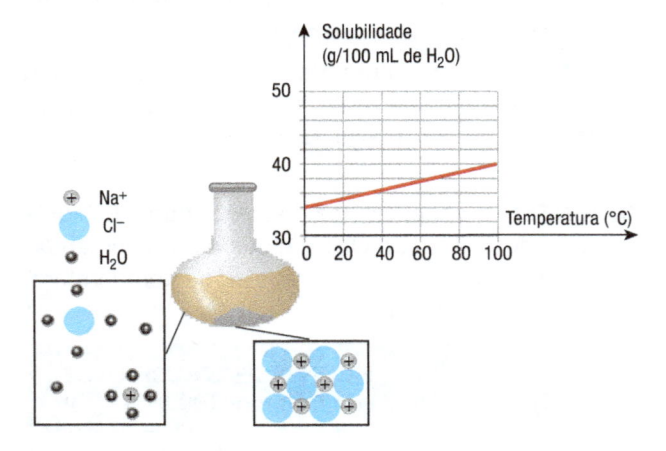

a) De forma análoga à mostrada acima, represente a fase do vapor, durante a ebulição.

b) Qual a massa de cloreto de sódio que está dissolvida, a 20 °C, após terem sido recolhidos 50 mL de destilado? Justifique.

5. (FUVEST – SP) Industrialmente, o clorato de sódio é produzido pela eletrólise de salmoura* aquecida, em uma cuba eletrolítica, de tal maneira que o cloro formado no ânodo se mistura e reage com o hidróxido de sódio formado no cátodo. A solução resultante contém cloreto de sódio e clorato de sódio.

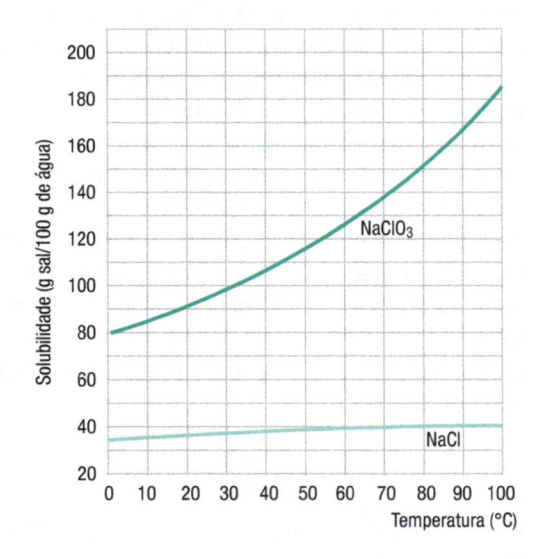

Ao final de uma eletrólise de salmoura, retiraram-se da cuba eletrolítica, a 90 °C, 310 g de solução aquosa saturada tanto de cloreto de sódio quanto de clorato de sódio. Essa amostra foi resfriada a 25 °C, ocorrendo a separação de material sólido.

a) Quais as massas de cloreto de sódio e de clorato de sódio presentes nos 310 g da amostra retirada a 90 °C? Explique.

b) No sólido formado pelo resfriamento da amostra a 25 °C, qual é o grau de pureza (% em massa) do composto presente em maior quantidade?

c) A dissolução, em água, do clorato de sódio libera ou absorve calor? Explique.

* salmoura = solução aquosa saturada de cloreto de sódio.

6. (FGV) Foram preparadas quatro soluções aquosas saturadas a 60 °C, contendo cada uma delas 100 g de água e um dos sais: iodeto de potássio, KI; nitrato de potássio, KNO_3; nitrato de sódio, $NaNO_3$; e cloreto de sódio, NaCl.

Na figura, são representadas as curvas de solubilidade desses sais:

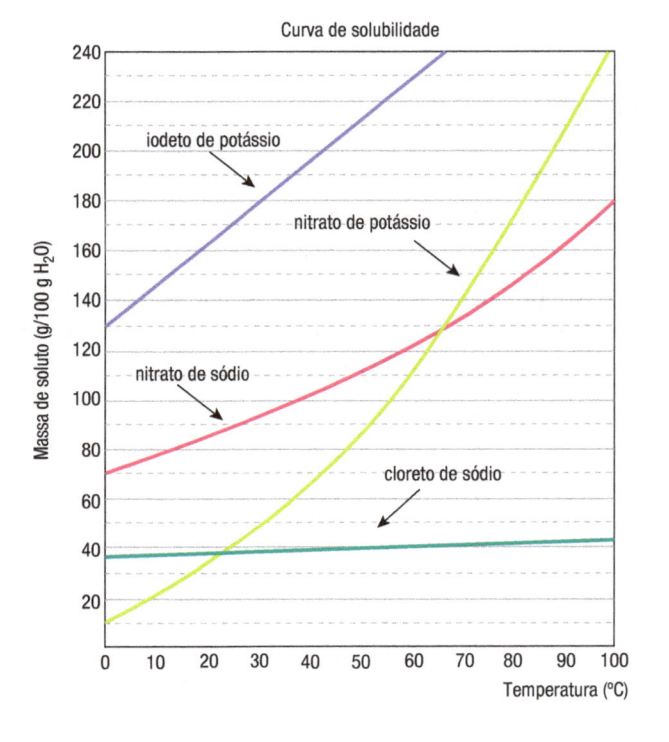

Em seguida, essas soluções foram resfriadas até 20 °C, e o sal cristalizado depositou-se no fundo de cada recipiente.

Considerando-se que a cristalização foi completa, a maior e a menor massa de sal cristalizado correspondem, respectivamente, aos sais

a) KI e NaCl.
b) KI e KNO_3.
c) $NaNO_3$ e NaCl.
d) KNO_3 e $NaNO_3$.
e) KNO_3 e NaCl.

7. (SANTA CASA – SP) Algumas pesquisas estudam o uso do cloreto de amônio na medicina veterinária para a prevenção da urolitíase em ovinos, doença associada à formação de cálculos no sistema urinário.

O cloreto de amônio (massa molar = 53,5 g/mol) é um sólido cristalino que apresenta a seguinte curva de solubilidade:

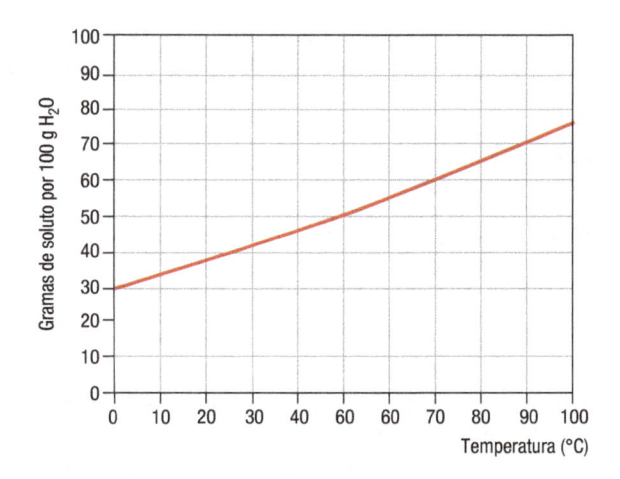

Uma solução aquosa saturada de cloreto de amônio a 90 °C, com massa total de 1.360 g, foi resfriada para 50 °C. Uma segunda solução aquosa com volume total de 1.000 mL foi preparada com o sólido obtido da cristalização da primeira solução.

Considerando que a cristalização foi completa no resfriamento realizado, a segunda solução aquosa de cloreto de amônio tem concentração próxima de

a) 1,5 mol/L.
b) 2,0 mol/L.
c) 1,0 mol/L.
d) 2,5 mol/L.
e) 3,0 mol/L.

8. (FGV) O nitrito de sódio, $NaNO_2$, é um conservante de alimentos processados a partir de carnes e peixes. Os dados de solubilidade desse sal em água são apresentados na tabela.

TEMPERATURA	20 °C	50 °C
MASSA DE $NaNO_2$ (em 100 g de H_2O)	84 g	104 g

Em um frigorífico, preparou-se uma solução saturada de $NaNO_2$ em um tanque contendo 0,5 m³ de água a 50 °C. Em seguida, a solução foi resfriada para 20 °C e mantida nessa temperatura. A massa de $NaNO_2$, em kg, cristalizada após o resfriamento da solução, é (considere a densidade da água = 1 g/mL)

a) 10.   b) 20.   c) 50.   d) 100.   e) 200.

9. (MACKENZIE – SP) A tabela abaixo mostra a solubilidade do sal X, em 100 g de água, em função da temperatura.

TEMPERATURA (°C)	0	10	20	30	40	50	60	70	80	90
MASSA (g sal X/100 g de água)	16	18	21	24	28	32	37	43	50	58

Com base nos resultados obtidos, foram feitas as seguintes afirmativas:

I. A solubilização do sal X, em água, é exotérmica.
II. Ao preparar-se uma solução saturada do sal X, a 60 °C, em 200 g de água e resfriá-la, sob agitação até 10 °C, serão precipitados 19 g desse sal.
III. Uma solução contendo 90 g de sal e 300 g de água, a 50 °C, apresentará precipitado.

Assim, analisando-se as afirmativas acima, é correto dizer que

a) nenhuma das afirmativas está certa.
b) apenas a afirmativa II está certa.
c) apenas as afirmativas II e III estão certas.
d) apenas as afirmativas I e III estão certas.
e) todas as afirmativas estão certas.

10. (UNIMONTES – MG) A solubilidade dos açúcares é um fator importante para a elaboração de determinado tipo de alimento industrializado. A figura abaixo relaciona a solubilidade de mono e dissacarídeos com a temperatura.

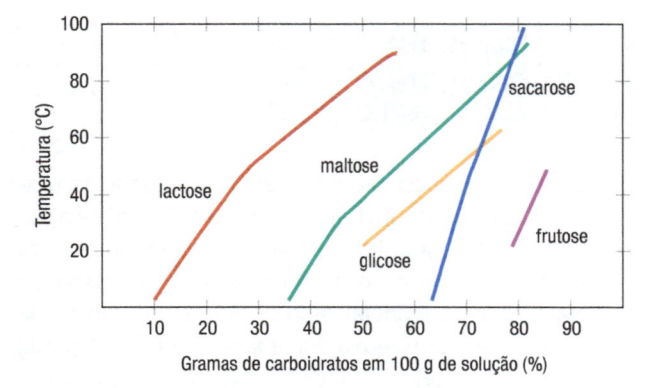

Em relação à solubilidade dos açúcares, a alternativa que **contradiz** as informações da figura é

a) A frutose constitui o açúcar menos solúvel em água, e a lactose, a mais solúvel.
b) Em temperatura ambiente, a maior solubilidade é da frutose, seguida da sacarose.
c) A solubilidade dos dissacarídeos em água aumenta com a elevação da temperatura.
d) A 56 °C, cerca de 73 g de glicose ou de sacarose dissolvem-se em 100 g de solução.

11. (UFMG) Analise estes dois equilíbrios que envolvem as espécies provenientes do PbS, um mineral depositado no fundo de certo lago:

$$PbS(s) \rightleftarrows Pb^{2+}(aq) + S^{2-}(aq)$$
$$S^{2-}(aq) + 2 H^+(aq) \rightleftarrows H_2S(aq)$$

No gráfico, estão representadas as concentrações de Pb^{2+} e S^{2-}, originadas exclusivamente do PbS, em função do pH da água:

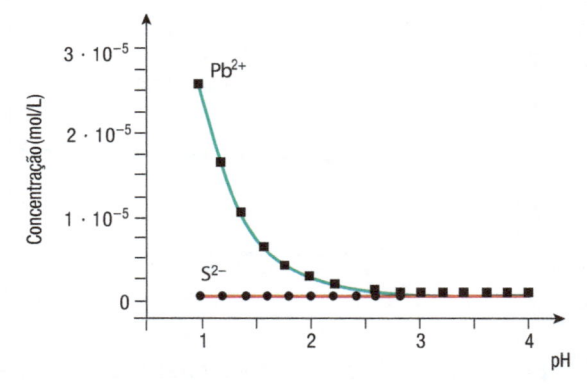

Considere que a incidência de chuva ácida sobre o mesmo lago altera a concentração das espécies envolvidas nos dois equilíbrios.

Com base nessas informações, é **CORRETO** afirmar que, na situação descrita,

a) a concentração de íons Pb^{2+} e a de S^{2-}, em pH igual a 2, são iguais.
b) a contaminação por íons Pb^{2+} aumenta com a acidificação do meio.
c) a quantidade de H_2S é menor com a acidificação do meio.
d) a solubilidade do PbS é menor com a acidificação do meio.

SÉRIE PLATINA

1. (PUC – RJ) As curvas de solubilidade das substâncias KNO_3 e $Ca(OH)_2$ (em gramas da substância em 100 g de água) em função da temperatura são mostradas a seguir.

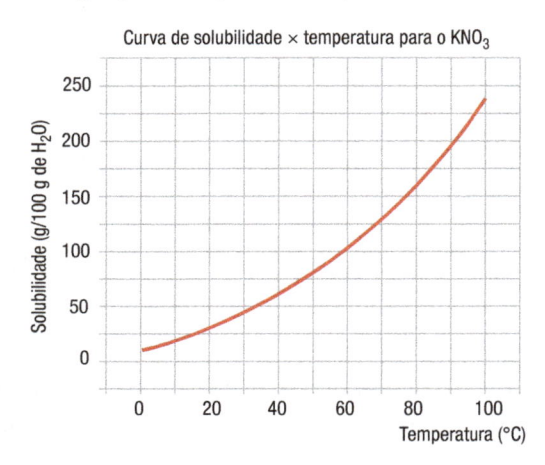

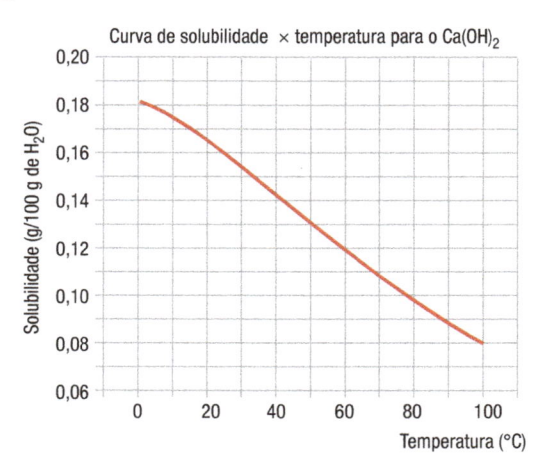

a) 240 g de solução saturada de KNO_3 foi preparada a 90 °C. Posteriormente, esta solução sofreu um resfriamento sob agitação até atingir 50 °C. Determine a massa de sal depositada neste processo. Justifique sua resposta com cálculos.

b) Qual das soluções, de KNO_3 ou de $Ca(OH)_2$, poderia ser utilizada como um sistema de aquecimento (como, por exemplo, uma bolsa térmica)? Justifique sua resposta.

2. (UFSCar – SP) Um frasco contém 40 g de um pó branco que pode ser cloreto de potássio (KCl) ou brometo de potássio (KBr).

a) Sabenha que os sais são compostos iônicos e que a intensidade das forças elétricas que mantém a estrutura de sua rede cristalina pode ser calculada pela Lei de Coulomb, $F = k \cdot (q_1^+ \cdot q_2^-)/d^2$, qual dos sais apresenta maior força elétrica? Justifique sua resposta.

DADOS: número atômico: $_{17}Cl$; $_{19}K$; $_{35}Br$.

b) Supondo que 100 g de água foram adicionados ao frasco, sob agitação, a 40 °C. A partir dos dados da tabela abaixo, responda:

TEMPERATURA (°C)	SOLUBILIDADE/100 g DE H_2O	
	KCl	KBr
10	31	55
20	34	65
30	37	70
40	40	76

I. Identifique para qual dos sais, KCl ou KBr, a mistura água + pó branco resultará em uma solução insaturada.
II. Para o sal identificado no item anterior, escreva a sua equação de dissociação em água.

3. O iodo (I_2) pode ser obtido a partir de iodatos encontrados em depósitos de nitratos. Após realizar a separação dos nitratos e iodatos, submete-se o iodato (IO_3^-) a um processo de oxirredução, conforme a equação a seguir:

$$IO_3^-(aq) + 5\ I^-(aq) + 6\ H^+(aq) \longrightarrow 3\ I_2(s) + 3\ H_2O(l)$$

A solubilidade do iodo em água varia com a temperatura, conforme a tabela a seguir

TEMPERATURA	VOLUME DE ÁGUA NECESSÁRIO PARA DISSOLVER 1 g DE I_2
20°C	3.450 mL
50°C	1.250 mL

Ao ser adicionado a solventes orgânicos, o iodo forma soluções de coloração marrom em solventes oxigenados e soluções de coloração violeta em solventes não oxigenados.

a) Indique a cor de uma solução preparada pela adição de iodo em etanol. Classifique a dissolução do iodo em água em relação ao calor envolvido.

b) Considere que todo o IO_3^- dissolvido em 1 L de solução aquosa 0,1 mol/L desse íon, à temperatura de 50 °C, seja convertido em I_2. Calcule a massa de iodo que precipitará.

DADOS: massa molar (g/mol): I = 127.

Equilíbrio de Solubilidade

6

No Capítulo 5, vimos que, com o rompimento da barragem em Mariana, ocorreu liberação para o meio ambiente de substâncias nocivas, como íons de metais pesados (Hg^{2+} e Pb^{2+}), que interferiram tanto em locais próximos ao incidente quanto a 800 km dele, já no oceano Atlântico.

Os locais demarcados ao longo do rio Doce indicam pontos de monitoramento da qualidade da água, gerenciados por diversas agências reguladoras: IGAM (Instituto Mineiro de Gestão das Águas), IEMA (Instituto de Meio Ambiente e Recursos Hídricos) e ANA/CPRM (Agência Nacional das Águas/Companhia de Pesquisa de Recursos Minerais).

AGÊNCIA NACIONAL DE ÁGUAS (ANA). **Encarte Especial sobre a Bacia do Rio Doce** – Rompimento da Barragem em Mariana/MG. *Disponível em:* <http://arquivos.ana.gov.br/RioDoce/EncarteRioDoce_22_03_2016v2.pdf>. *Acesso em:* 19 out. 2020. Adaptado.

Ao longo do rio Doce, diversas estações de coleta e análise das águas passaram a monitorar parâmetros relacionados à qualidade da água, entre eles a concentração de sólidos dissolvidos, como pode ser verificado no gráfico ao lado.

Além de identificar, infelizmente e como esperado, valores superiores à média histórica, a curva presente no gráfico acima mostra que mesmo meses após o incidente, há **oscilações** na concentração das substâncias dissolvidas, que dependem, por exemplo, de novos aportes de sólidos e do índice pluviométrico na região. Para explicarmos essas variações, precisamos estudar a solubilidade sob a ótica de um **equilíbrio químico**, que será o tema de estudo deste capítulo!

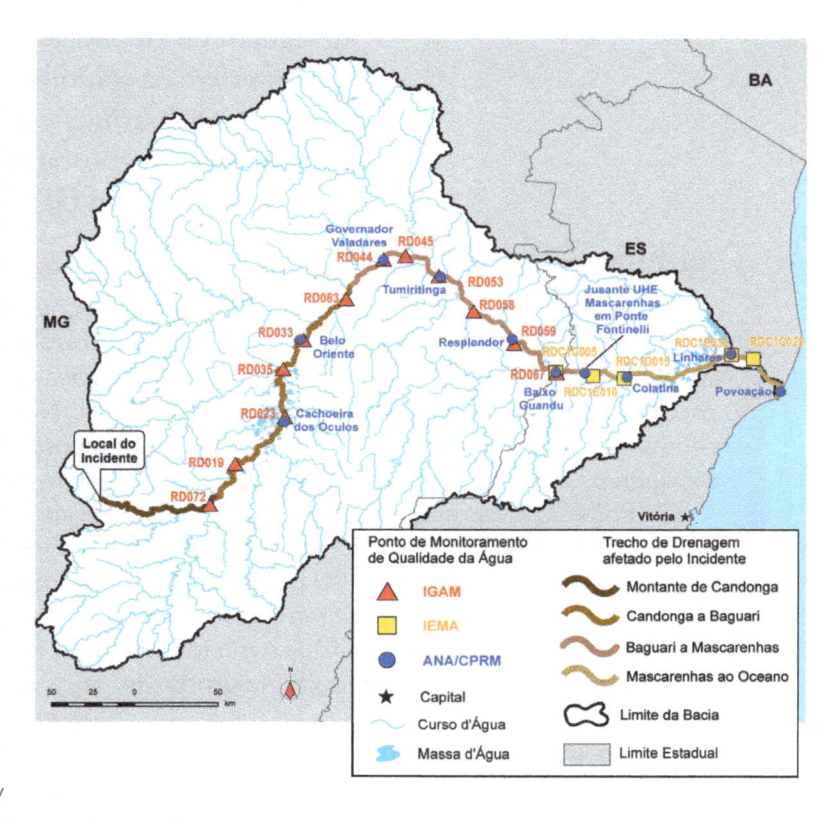

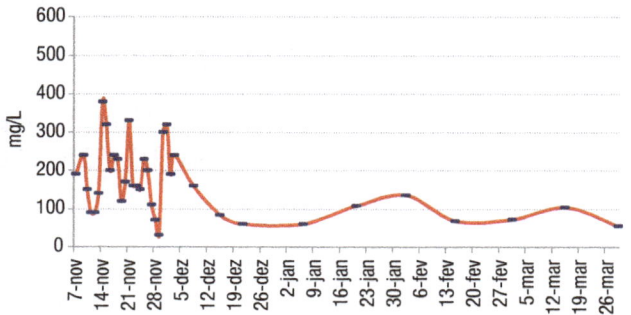

Concentração, em mg/L, de sólidos dissolvidos na água coletada na estação de análise RD072, localizada a cerca de 110 km do local do incidente, nos 5 meses após o rompimento da barragem, que ocorreu em 5 de novembro de 2015.

INSTITUTO MINEIRO DE GESTÃO DAS ÁGUAS (IGAM). **Relatório Técnico**. Acompanhamento da qualidade das águas do rio Doce após o rompimento da barragem da Samarco no distrito de Bento Rodrigues – Mariana/MG. *Disponível em:* <http://www.igam.mg.gov.br/images/stories/2016/QUALIDADE/Relatorio_Qualidade_20mai2016.pdf>. *Acesso em:* 19 out. 2020. Adaptado.

6.1 Equilíbrio de Solubilidade

As oscilações identificadas no gráfico anterior significam que provavelmente os processos de dissolução e precipitação alternam-se, interferindo tanto na concentração de sólidos dissolvidos, quanto na quantidade de sólido precipitado. Essas oscilações podem ser provocadas, por exemplo, por variação nas quantidades de sólidos e da própria água, em função dos rios afluentes que deságuam no rio Doce, e também por alterações na temperatura, que interfere na solubilidade.

Para analisarmos em detalhes como os fenômenos de dissolução e precipitação estão relacionados, vamos estudar o caso do **sulfato de chumbo (II)**, **$PbSO_4$**.

> **LEMBRE-SE!**
>
> Neste capítulo, trocamos o $Pb(NO_3)_2$ (analisado no capítulo anterior) pelo $PbSO_4$ para simplificar nossa análise. O principal minério de chumbo presente em Minas Gerais é o sulfeto de chumbo (II) (galena – PbS), que, em contato com o oxigênio, pode dar origem ao $PbSO_4$.
>
> O $Pb(NO_3)_2$ apresenta solubilidade muito superior à do $PbSO_4$: a 25 °C, as solubilidades são iguais a 59 g $Pb(NO_3)_2$/100 g H_2O e 0,4 g $PbSO_4$/100 g H_2O. Portanto, comparativamente, uma solução saturada de $Pb(NO_3)_2$ é muito mais concentrada do que uma solução saturada de $PbSO_4$.
>
> O fato de a solução saturada de $PbSO_4$ ser mais diluída simplifica a análise do equilíbrio que vamos discutir neste capítulo, uma vez que, em soluções *diluídas*, podemos considerar que os íons dissolvidos não interagem entre si. Já em soluções *concentradas*, como na solução saturada de $Pb(NO_3)_2$, para que a análise seja precisa, seria necessário considerar as interações que ocorrem entre esses íons dissolvidos, o que está além do escopo da Química estudada no Ensino Médio.
>
> Apesar disso, vale destacar que são justamente as intensidades das interações estabelecidas entre as espécies relacionadas ao processo de dissolução (entre os íons no estado sólido, entre os íons e as moléculas de água, entre as moléculas de água, por exemplo) que interferem no fato de um composto ser mais ou menos solúvel que outro; porém, mais uma vez, essa discussão somente é aprofundada em cursos superiores de Química.

Vamos preparar uma solução saturada de sulfato de chumbo (II) a 25 °C e analisar o processo de dissolução.

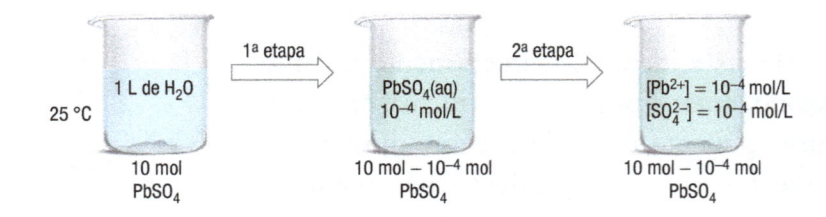

25 °C — 1 L de H_2O — 10 mol $PbSO_4$ — 1ª etapa → $PbSO_4$(aq) 10^{-4} mol/L — 10 mol – 10^{-4} mol $PbSO_4$ — 2ª etapa → $[Pb^{2+}] = 10^{-4}$ mol/L; $[SO_4^{2-}] = 10^{-4}$ mol/L — 10 mol – 10^{-4} mol $PbSO_4$

Na 1ª etapa, adicionamos 10 mol de $PbSO_4$ em água, porém dissolvem-se somente 10^{-4} mol/L, que é a solubilidade em mol/L do $PbSO_4$ na temperatura do nosso experimento (25 °C). Na 2ª etapa, ocorre a dissociação do $PbSO_4$, produzindo 10^{-4} mol/L de íons Pb^{2+} e 10^{-4} mol/L de íons SO_4^{2-}. Uma vez que as concentrações dos íons atingem o valor de 10^{-4} mol/L, não passamos a identificar variações nessas concentrações, o que significa que o sistema atingiu um **equilíbrio químico**.

$$PbSO_4(s) \rightleftharpoons PbSO_4(aq) \rightleftharpoons Pb^{2+}(aq) + SO_4^{2-}(aq)$$
$\quad$ 10 mol – 10^{-4} mol/L $\quad\quad$ 10^{-4} mol/L $\quad\quad$ 10^{-4} mol/L $\quad\quad$ 10^{-4} mol/L

Como a primeira etapa é muito rápida, não é costume escrevê-la.

$$PbSO_4(s) \rightleftharpoons Pb^{2+}(aq) + SO_4^{2-}(aq)$$
$\quad$ 10 mol – 10^{-4} mol/L $\quad\quad$ 10^{-4} mol/L $\quad\quad$ 10^{-4} mol/L

Essa equação química representa o equilíbrio do corpo de fundo com os íons da solução saturada. E, sendo um equilíbrio químico, podemos escrever uma **constante de equilíbrio**, chamada de **produto de solubilidade**, representada por K_s ou K_{ps}:

$$K_s = [Pb^{2+}] \cdot [SO_4^{2-}]$$

Com base nas informações anteriores, podemos determinar o valor de K_s acima:

$K_s = 10^{-4} \cdot 10^{-4}$

$K_s = 10^{-8}$ (a 25 °C)

> **LEMBRE-SE!**
>
> Cuidado para não confundir os dois conceitos que acabamos de relacionar: **solubilidade** e **produto de solubilidade**. A **solubilidade** de um composto é a quantidade de soluto dissolvida em determinado volume de solução, geralmente medida em mol/L (ou g/L). O **produto de solubilidade** é a constante de um **equilíbrio** estabelecido entre um **sólido não dissolvido e seus íons**.

6.2 Efeito do Íon Comum

Acabamos de analisar que se estabelece um equilíbrio entre os íons dissolvidos e o sólido, o que impede que todos os íons em solução do metal sejam precipitados. Por exemplo, no caso do $PbSO_4$, a 25 °C, uma solução saturada terá $[Pb^{2+}] = 10^{-4}$ mol/L, o que é equivalente a cerca de 0,02 g/L de Pb^{2+}. Esse valor é, por exemplo, 2.000 vezes superior ao **valor máximo permitido** pela legislação brasileira em águas para consumo humano, que é igual a 0,00001 g/L (0,01 mg/L).

Como podemos então reduzir a concentração de íons Pb^{2+} nessa solução saturada? Uma técnica bastante comum no tratamento de águas para remover substâncias tóxicas e íons de metais pesados, como os de chumbo, consiste em precipitarmos esses íons na forma de um sal pouco solúvel, por meio do deslocamento do equilíbrio de solubilidade.

E como fazemos isso?

Primeiro, considere uma solução saturada de $PbSO_4$ em água a 25 °C e seu corpo de fundo.

$$PbSO_4(s) \rightleftharpoons Pb^{2+}(aq) + SO_4^{2-}(aq)$$

$K_s = 10^{-8}$, $S = 10^{-4}$ mol/L

Se adicionarmos $Na_2SO_4(s)$ à solução, a concentração de íons SO_4^{2-} aumentará. Entretanto, mantida a temperatura constante, o valor de K_s do equilíbrio de solubilidade acima não sofre alteração e, para que o K_s permaneça constante, a concentração de íons Pb^{2+} deve decrescer (conforme o princípio de Le Chatelier, o equilíbrio foi deslocado no sentido de $PbSO_4(s)$).

Como existe, agora, menos Pb^{2+} em solução, a solubilidade de $PbSO_4$ é menor em uma solução que tem Na_2SO_4 do que em água pura. Chamamos esse deslocamento de equilíbrio, promovido pela adição de íon presente no equilíbrio, de **efeito íon comum**.

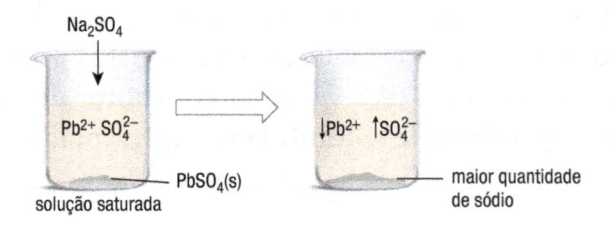

> **LEMBRE-SE!**
>
> O produto de solubilidade (K_s) corresponde a uma constante de equilíbrio. Portanto, K_s está relacionado com a situação em que temos a solução saturada em equilíbrio com o corpo de fundo. Fora da situação de equilíbrio, temos o **produto das concentrações dos íons**, representado por Q_s, que apresenta a mesma expressão do K_s. Para o $PbSO_4$, por exemplo, temos
> $Q_s = [Pb^{2+}] \cdot [SO_4^{2-}]$, que pode ser calculado estando o sistema em equilíbrio ou não. Por exemplo, em dada temperatura, se $Q_s < K_s$, teremos um sistema sem precipitado e com uma solução insaturada. Por outro lado, se $Q_s > K_s$, isso indica que ocorrerá precipitação do sólido.

Considere que tenhamos adicionado 1 mol de Na_2SO_4. Para determinar a nova concentração de Pb^{2+} e, portanto, a nova solubilidade do $PbSO_4$ na solução contendo Na_2SO_4, é usual considerar que, no equilíbrio, $[SO_4^{2-}] \approx 1$ mol/L, pois 1 mol/L (a quantidade adicionada de SO_4^{2-} pela dissolução do Na_2SO_4) é muito superior à concentração inicialmente presente (10^{-4} mol/L).

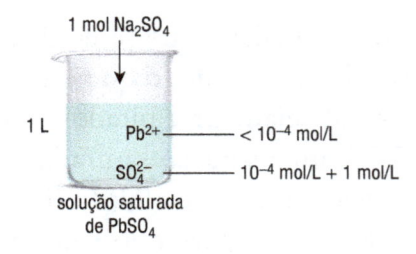

Considerando esse valor para $[SO_4^{2-}]$, podemos determinar o novo valor de $[Pb^{2+}]$ a partir da expressão de K_s:

$K_s = [Pb^{2+}] \cdot [SO_4^{2-}]$
$10^{-8} = [Pb^{2+}] \cdot 1$
$[Pb^{2+}] = 10^{-8}$ mol/L

Portanto, a nova solubilidade do $PbSO_4$ será 10^{-8} mol/L na presença de 1 mol/L de Na_2SO_4, que é um valor 10.000 vezes menor do que a solubilidade de $PbSO_4$ em água pura (10^{-4} mol/L). Vale destacar que, na presença dessa quantidade de Na_2SO_4, teremos 10^{-8} mol/L de Pb^{2+}, que é equivalente a 0,002 mg/L, cinco vezes menor do que o valor máximo permitido para o Pb^{2+} (0,01 mg/L).

FIQUE POR DENTRO!

Precipitação seletiva

Vimos que a **constante de solubilidade** (K_s) pode nos ajudar a estimar a solubilidade das substâncias em diversas situações, na presença ou na ausência de íons comuns ao equilíbrio de solubilidade. Essas estimativas podem ser aplicadas em uma *técnica de separação de mistura* chamada de **precipitação seletiva**, que consiste na separação de íons com base na diferença de solubilidade.

Vamos ilustrar a aplicação dessa técnica a partir de uma solução que contém 0,030 mol/L de Pb^{2+} e 0,01 mol/L de Ba^{2+}, ambos íons considerados tóxicos para os seres vivos. Esses cátions formam com o SO_4^{2-} compostos pouco solúveis, razão pela qual podemos adicionar Na_2SO_4 para forçar a precipitação de $PbSO_4$ ($K_s = [Pb^{2+}] \cdot [SO_4^{2-}] = 10^{-8}$) e $BaSO_4$ ($K_s = [Ba^{2+}] \cdot [SO_4^{2-}] = 10^{-10}$). Resta agora determinarmos qual é a ordem em que cada íon precipita pela adição progressiva de Na_2SO_4.

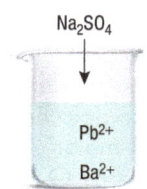

A partir das expressões de K_s para os dois sais é possível determinar a quantidade mínima de SO_4^{2-} necessária para precipitar cada íon (como fizemos na seção 2.2): $3,3 \cdot 10^{-7}$ mol/L de SO_4^{2-} para precipitar $PbSO_4$ e 10^{-8} mol/L para precipitar $BaSO_4$. Assim, se mantivermos 10^{-8} mol/L $< [SO_4^{2-}] < 3,3 \cdot 10^{-7}$ mol/L, teremos apenas a **precipitação seletiva** do $BaSO_4$, enquanto o $PbSO_4$ ainda continuará em solução.

LIGANDO OS PONTOS!

Biorremediação

Acabamos de ver uma técnica que pode ser utilizada para reduzir a concentração de íons de metais pesados nas águas contaminadas após o rompimento da barragem em Mariana: a partir da precipitação desses íons em compostos pouco solúveis. Entretanto, esse tipo de processo geralmente envolve consumo de reagentes, o que pode elevar o custo, perturbar a microflora do solo e alterar as suas propriedades.

Uma solução alternativa que está sendo estudada para esses processos de remediação é a biorremediação. Nesse processo, as raízes de algumas plantas, como a *Brassica juncea*, que contêm microrganismos que interagem, durante seu metabolismo, com íons de metais pesados, reduzem o impacto ambiental desses íons.

A mostarda-chinesa (*Brassica juncea*) é uma das plantas utilizadas em técnicas de biorremediação.

6.3 Solubilidade de Gases

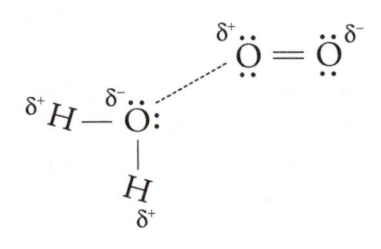

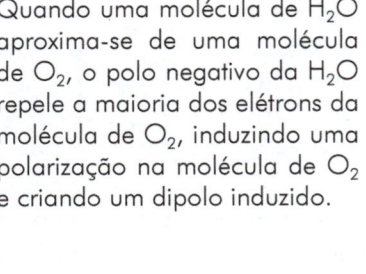

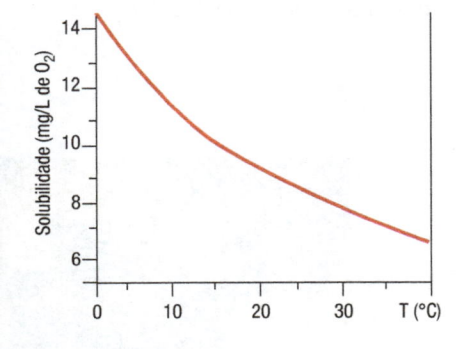

Não somente os sais (e outros compostos iônicos), mas os gases também apresentam solubilidade em água. Entre os gases, o gás oxigênio (O_2) talvez seja o exemplo mais importante, uma vez que diversos organismos aquáticos dependem dele para respiração.

Ainda que as moléculas de O_2 sejam apolares, pequenas quantidades desse gás se dissolvem em água, cerca de 10 mg/kg H_2O (equivalente a 0,001 g/100 g H_2O). Ao se dissolver em água, é estabelecida uma interação do tipo dipolo-dipolo induzido entre a molécula de H_2O e a molécula de O_2.

Diferentemente da maioria dos sais, que apresentam dissolução endotérmica, para os gases temos o inverso: o processo de dissolução é sempre **exotérmico** (não havendo reação química). Por exemplo, para o caso do O_2, temos:

$$O_2(g) \rightleftharpoons O_2(aq) \qquad \Delta H = -12 \text{ kJ/mol}$$

Quando uma molécula de H_2O aproxima-se de uma molécula de O_2, o polo negativo da H_2O repele a maioria dos elétrons da molécula de O_2, induzindo uma polarização na molécula de O_2 e criando um dipolo induzido.

É por esse motivo que, para gases, um aumento de temperatura provoca a redução da solubilidade, o que significa que a **curva de solubilidade** para gases é **descendente**. Isso ocorre porque, como a interação dipolo-dipolo induzido é fraca, uma pequena quantidade de energia adicional (decorrente do aumento de temperatura) é suficiente para romper essa interação e liberar o gás, reduzindo a sua solubilidade.

Além da temperatura, a pressão também influencia a solubilidade das substâncias gasosas. Esse efeito foi estudado pelo químico inglês **William Henry** (1775-1836) que verificou experimentalmente que quanto maior a concentração de um gás no ar (maior pressão parcial), maior é a penetração na água e, como consequência, maior é a quantidade de gás dissolvido na água.

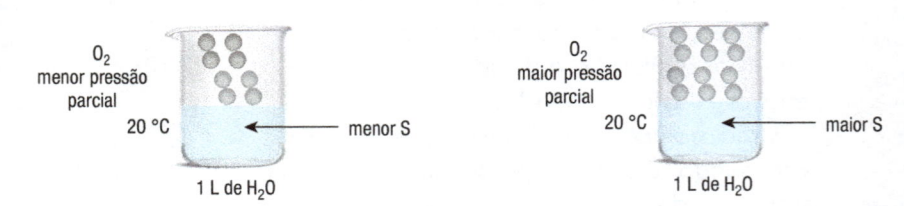

Henry identificou que a solubilidade de um gás é diretamente proporcional à pressão parcial do gás, o que é expresso matematicamente pela **Lei de Henry**:

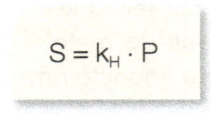

$$S = k_H \cdot P$$

em que k_H é chamada constante de Henry, cujo valor depende do gás, do solvente e da temperatura. Para o O_2 em água, por exemplo, a 25 °C, k_H vale $1,3 \times 10^{-3}$ mol·L^{-1}·atm^{-1}.

SÉRIE BRONZE

1. Sobre os processos de diluição e precipitação do $PbSO_4$, complete o texto a seguir com as informações corretas.

Em uma solução a. _____ com b. _____, os processos de diluição e de precipitação ocorrem em velocidades c. _____, de modo que se estabelece um d. _____, que pode ser equacionado por e. _____ e que apresenta uma constante de equilíbrio igual a f. _____ (chamada de g. _____).

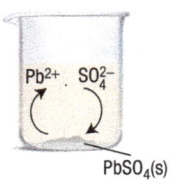

2. Considere uma solução saturada com corpo de fundo de $PbSO_4$. Complete o texto a seguir com as informações corretas sobre o efeito da adição de Na_2SO_4 a essa solução.

O Na_2SO_4 é um sal solúvel que se dissocia segundo a equação:
a. _____.

Essa dissociação promove um b. _____ da concentração do íon c. _____, que desloca o equilíbrio de solubilidade, representado pela equação d. _____, para e. _____.

Isso significa que a solubilidade do $PbSO_4$ f. _____, sendo esse fenômeno conhecido como g. _____.

3. Complete com =, < ou >.

$BaSO_4(s) \rightleftharpoons Ba^{2+}(aq) + SO_4^{2-}(aq)$

a) $[Ba^{2+}][SO_4^{2-}]$ _____ K_s. A solução fica insaturada, não se formando o precipitado.
b) $[Ba^{2+}][SO_4^{2-}]$ _____ K_s. A solução fica saturada sem corpo de fundo.
c) $[Ba^{2+}][SO_4^{2-}]$ _____ K_s. A solução fica saturada com corpo de fundo (ocorre a precipitação).

4. Sobre a solubilidade dos gases, complete o diagrama a seguir com as informações corretas.

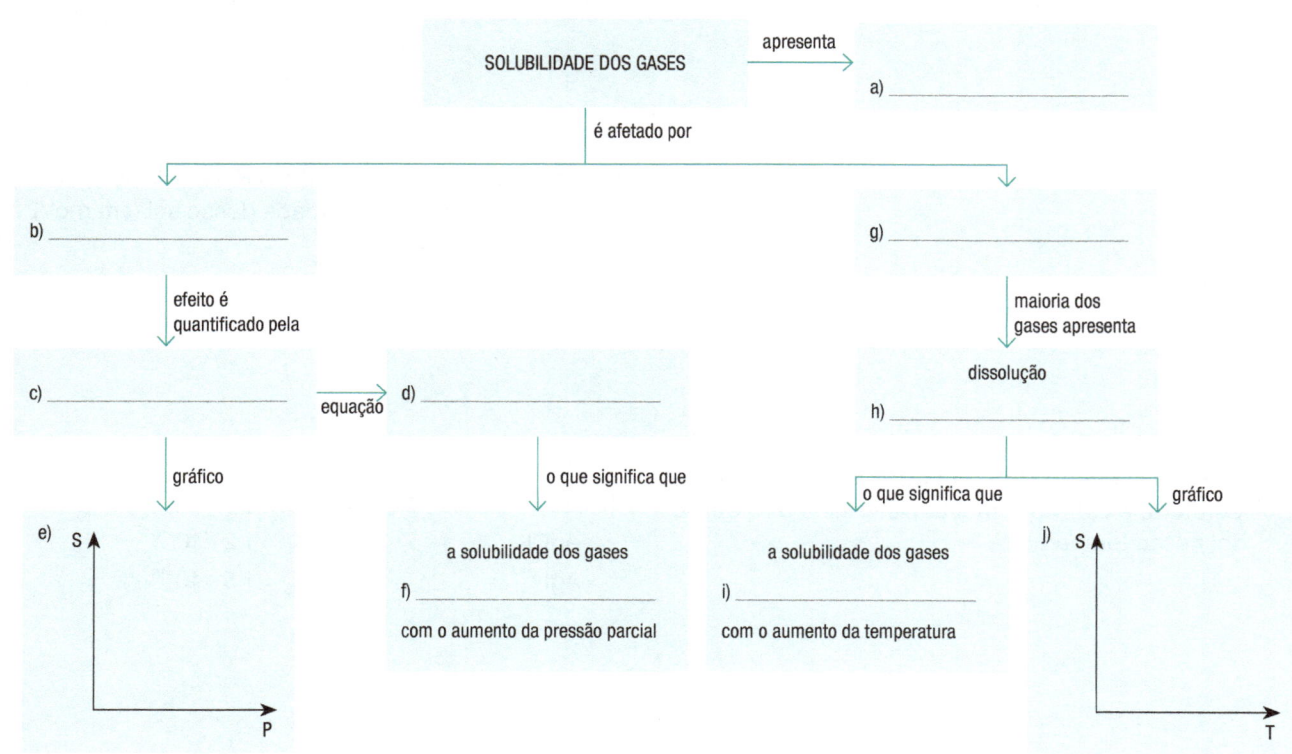

SOLUBILIDADE DOS GASES — apresenta → a) _____

é afetado por

b) _____

efeito é quantificado pela

c) _____ equação → d) _____

gráfico

e) S / P

o que significa que

a solubilidade dos gases
f) _____
com o aumento da pressão parcial

g) _____

maioria dos gases apresenta dissolução

h) _____

o que significa que

a solubilidade dos gases
i) _____
com o aumento da temperatura

gráfico

j) S / T

SÉRIE PRATA

1. Escreva a equação química que representa o equilíbrio de solubilidade e a expressão da constante de solubilidade (K_s) para os compostos abaixo.

a) $BaSO_4$

b) $AgCl$

c) Ag_2SO_4

d) $Ca_3(PO_4)_2$

e) $CaSO_4$

f) $PbSO_4$

g) PbI_2

2. A solubilidade do HgS, em água numa dada temperatura, é $3,0 \cdot 10^{-26}$ mol/L. Determine o K_s desse sal nessa temperatura.

3. (FUVEST – SP) Em determinada temperatura, a solubilidade do Ag_2SO_4 em água é $2 \cdot 10^{-2}$ mol/L. Qual é o valor do produto de solubilidade desse sal, à mesma temperatura?

4. A solubilidade do cloreto de chumbo (II) em água é $1,6 \cdot 10^{-2}$ mol/L. O K_s nessa temperatura será aproximadamente igual a:
a) $1,64 \cdot 10^{-6}$
b) $2,24 \cdot 10^{-6}$
c) $1,60 \cdot 10^{-2}$
d) $3,28 \cdot 10^{-4}$
e) $1,64 \cdot 10^{-5}$

5. O produto de solubilidade do sulfato de chumbo (II) é $2,25 \cdot 10^{-8}$, a 25 °C. Calcule a solubilidade do sal, em mol/L e g/L nessa temperatura.
DADO: massa molar $PbSO_4 = 303$ g/mol.

6. Sabendo que para o $PbBr_2$ o K_s vale $4 \cdot 10^{-6}$, determine o valor da solubilidade desse sal, em mol/L.

7. Qual é o sal mais solúvel?
AgCl $K_s = 1,2 \cdot 10^{-10}$
AgI $K_s = 1,5 \cdot 10^{-16}$

8. (Exercício resolvido) Qual sal é o mais solúvel BaCO$_3$ (K$_s$ = 4,9 · 10^{-9}) ou CaF$_2$ (K$_s$ = 4 · 10^{-12})?

Resolução:

Nesse caso, os sais não apresentam mesma proporção entre cátions e ânions. Assim é necessário calcular a solubilidade, a partir do valor de K$_s$, para os dois sais.

$$BaCO_3(s) \rightleftarrows Ba^{2+}(aq) + CO_3^{2-}(aq)$$
$$ S S$$

K$_s$ = [Ba^{2+}] · [CO$_3^{2-}$] = 4,9 · 10^{-9} = 49 · 10^{-10}
S · S = S^2 = 49 · 10^{-10}
S = 7 · 10^{-5} mol/L

$$CaF_2(s) \rightleftarrows Ca^{2+}(aq) + 2\ F^{-2}(aq)$$
$$ S 2S$$

K$_s$ = [Ca^{2+}] · [F$^-$]^2 = 4 · 10^{-12}
S · (2S)^2 = 4S^3 = 4 · 10^{-12}
S = 10^{-3} mol/L

Portanto, o CaF$_2$ **é mais solúvel do que o** BaCO$_3$.

9. Considere uma solução saturada de cloreto de prata contendo corpo de fundo. Adicionando-se pequena quantidade de cloreto de sódio sólido, qual é a modificação observada na quantidade de corpo de fundo?

a) Aumentará.
b) Diminuirá.
c) Permanecerá constante.
d) Diminuirá e depois aumentará.
e) Aumentará e depois diminuirá.

10. Sabendo que o K$_s$ do AgCl vale 2 · 10^{-10}, a 25 °C, calcule a solubilidade do AgCl em:

a) água pura, a 25 °C;
b) uma solução contendo 0,1 mol/L de íons Ag$^+$, a 25 °C.

DADO: $\sqrt{2}$ = 1,4.

11. (FATEC – SP) Considere a seguinte informação:

"Quando um mergulhador sobe rapidamente de águas profundas para a superfície, bolhas de ar dissolvido no sangue e outros fluidos do corpo borbulham para fora da solução. Estas bolhas impedem a circulação do sangue e afetam os impulsos nervosos, podendo levar o indivíduo à morte".

Dentre os gráficos esboçados a seguir, relativos à variação da solubilidade do O$_2$ no sangue em função da pressão, o que melhor se relaciona com o fato descrito é:

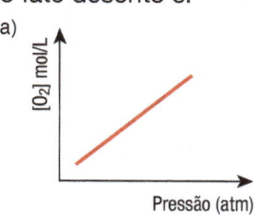

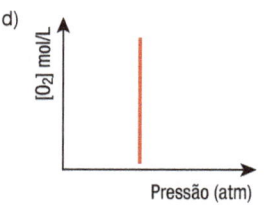

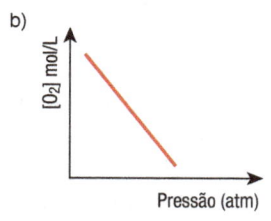

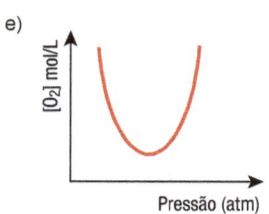

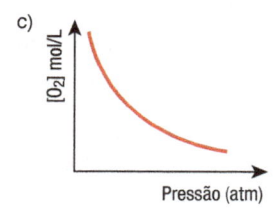

a) [gráfico - reta crescente]
b) [gráfico - reta decrescente]
c) [gráfico - curva decrescente]
d) [gráfico - linha vertical]
e) [gráfico - parábola]

12. (UNICAMP – SP) Quando borbulha o ar atmosférico, que contém cerca de 20% de oxigênio, em um aquário mantido a 20 °C, resulta uma solução que contém certa quantidade de O$_2$ dissolvido. Explique que expectativa se pode ter acerca da concentração de oxigênio na água do aquário em cada uma das seguintes hipóteses:

a) aumento da temperatura da água para 40 °C.
b) aumento da concentração atmosférica de O$_2$ para 40%.

13. Um refrigerante está contido em uma garrafa fechada, a 25 °C, com gás carbônico exercendo pressão de 5 atm sobre o líquido. Determine a solubilidade do CO$_2$. Considere desprezível a reação do CO$_2$ com a água.

DADO: constante de Henry do CO$_2$ a 25 °C = $\frac{1}{32}$ mol · L^{-1} · atm^{-1}.

SÉRIE OURO

(FAMERP – SP) Considere a tabela para responder às questões de números **1** e **2**.

SUBSTÂNCIA	FÓRMULA	PRODUTO DE SOLUBILIDADE (K_{ps})
I	$BaCO_3$	$5{,}0 \times 10^{-9}$
II	$CaCO_3$	$4{,}9 \times 10^{-9}$
III	$CaSO_4$	$2{,}4 \times 10^{-5}$
IV	$BaSO_4$	$1{,}1 \times 10^{-10}$
V	$PbSO_4$	$6{,}3 \times 10^{-7}$

HARRIS, D. C. **Análise Química Quantitativa**, 2001. Adaptado.

1. Uma das substâncias da tabela é muito utilizada como meio de contraste em exames radiológicos, pois funciona como um marcador tecidual que permite verificar a integridade da mucosa de todo o trato gastrintestinal, delineando cada segmento. Uma característica necessária ao meio de contraste é que seja o mais insolúvel possível, para evitar que seja absorvido pelos tecidos, tornando-o um marcador seguro, que não será metabolizado no organismo e, portanto, excretado na sua forma intacta.

Disponível em: <http://qnint.sbq.org.br>. Adaptado.

Dentre as substâncias da tabela, aquela que atende às características necessárias para o uso seguro como meio de contraste em exames radiológicos é a substância

a) IV.   b) III.   c) II.   d) V.   e) I.

2. Uma solução saturada de carbonato de cálcio tem concentração de íons cálcio, em mol/L, próximo a

a) $2{,}5 \times 10^{-8}$.   c) $7{,}0 \times 10^{-4}$.   e) $7{,}0 \times 10^{-5}$.
b) $2{,}5 \times 10^{-9}$.   d) $9{,}8 \times 10^{-9}$.

3. (FUVEST – SP) Preparam-se duas soluções saturadas, uma de oxalato de prata ($Ag_2C_2O_4$) e outra de tiocianato de prata (AgSCN). Esses dois sais têm, aproximadamente, o mesmo produto de solubilidade (da ordem de 10^{-12}). Na primeira, a concentração de íons prata é $[Ag^+]_1$ e, na segunda, $[Ag^+]_2$; as concentrações de oxalato e tiocianato são, respectivamente, $[C_2O_4^{2-}]$ e $[SCN^-]$.

Nesse caso, é correto afirmar que:

a) $[Ag^+]_1 = [Ag^+]_2$ e $[C_2O_4^{2-}] \leqslant [SCN^-]$.
b) $[Ag^+]_1 \geqslant [Ag^+]_2$ e $[C_2O_4^{2-}] \geqslant [SCN^-]$.
c) $[Ag^+]_1 \geqslant [Ag^+]_2$ e $[C_2O_4^{2-}] = [SCN^-]$.
d) $[Ag^+]_1 \leqslant [Ag^+]_2$ e $[C_2O_4^{2-}] \leqslant [SCN^-]$.
e) $[Ag^+]_1 = [Ag^+]_2$ e $[C_2O_4^{2-}] \geqslant [SCN^-]$.

4. (UNESP) Segundo a Portaria do Ministério da Saúde MS nº 1.469 de 29 de dezembro de 2000, o valor máximo permitido (VMP) da concentração do íon sulfato (SO_4^{2-}), para que a água esteja em conformidade com o padrão para consumo humano, é de 250 mg · L^{-1}. A análise da água de uma fonte revelou a existência de íons sulfato numa concentração de $5 \cdot 10^{-3}$ mol · L^{-1}.

a) Verifique se a água analisada está em conformidade com o padrão para consumo humano, de acordo com o VMP pelo Ministério da Saúde para a concentração do íon sulfato. Apresente seus cálculos.

b) Um lote de água com excesso de íons sulfato foi tratado pela adição de íons cálcio até que a concentração de íons SO_4^{2-} atingisse o VMP. Considerando que o K_{ps} para o $CaSO_4$ é $2,6 \cdot 10^{-5}$, determine o valor para a concentração final dos íons Ca^{2+} na água tratada. Apresente seus cálculos.

DADO: massas molares: Ca = 40,0 g $\cdot$ mol^{-1}; O = 16,0 g $\cdot$ mol^{-1}; S = 32,0 g $\cdot$ mol^{-1}.

6. (UNICAMP – SP) Uma indústria foi autuada pelas autoridades por poluir um rio com efluentes contendo íons Pb^{2+}. O chumbo provoca no ser humano graves efeitos toxicológicos. Para retirar o chumbo, ele poderia ser precipitado na forma de um sal pouco solúvel e, a seguir, separado por filtração.

a) Considerando apenas a constante de solubilidade dos compostos a seguir, escreva a fórmula do ânion mais indicado para a precipitação do Pb^{2+}. Justifique.

b) Se num certo efluente aquoso há $1 \cdot 10^{-3}$ mol/L de Pb^{2+} e se a ele for adicionada a quantidade estequiométrica do ânion escolhido no item **a**, qual é a concentração final de íons Pb^{2+} que sobra neste efluente? Admita que não ocorra diluição significativa ao efluente.

DADO: sulfato de chumbo $K_s = 2 \cdot 10^{-8}$; carbonato de chumbo $K_s = 2 \cdot 10^{-13}$; sulfeto de chumbo $K_s = 4 \cdot 10^{-28}$.

5. (UNICAMP – SP) Para fazer exames de estômago usando a técnica de raios X, os pacientes devem ingerir, em jejum, uma suspensão aquosa de sulfato de bário, $BaSO_4$, que é pouco solúvel em água. Essa suspensão é preparada em uma solução de sulfato de potássio, K_2SO_4, que está totalmente dissolvido e dissociado na água. Os íons bário, Ba^{2+}, são prejudiciais à saúde humana. A constante do produto de solubilidade do sulfato de bário em água, a 25 °C, é igual a $1,6 \cdot 10^{-9}$.

a) Calcule a concentração de íons bário dissolvidos em uma suspensão de $BaSO_4$ em água.
b) Por que, para a saúde humana, é melhor fazer a suspensão de sulfato de bário em uma solução de sulfato de potássio do que em água apenas? Considere que o K_2SO_4 não é prejudicial à saúde.

7. (PUC – SP) Em relação à solubilidade de substâncias gasosas e sólidas em líquidos, foram feitas as seguintes afirmações:

I. Com o aumento da pressão de um gás sobre o líquido, a solubilidade do gás aumenta.
II. Quanto menor a temperatura, menor a solubilidade da maioria dos gases.
III. Todos os sólidos possuem maior solubilidade com o aumento da temperatura.
IV. Uma solução insaturada possui quantidade de soluto inferior ao coeficiente de solubilidade.

Assinale as afirmativas CORRETAS.

a) I e II.   b) II e III.   c) I e IV.   d) I, II e IV.

8. (UNICAMP – SP) A atividade humana tem grande impacto na biosfera; um exemplo é o que vem ocorrendo na água dos oceanos nas últimas décadas. Assinale a alternativa que corretamente evidencia a influência da atividade humana no pH da água dos oceanos e como ela se acentua em função da região do planeta.

a) 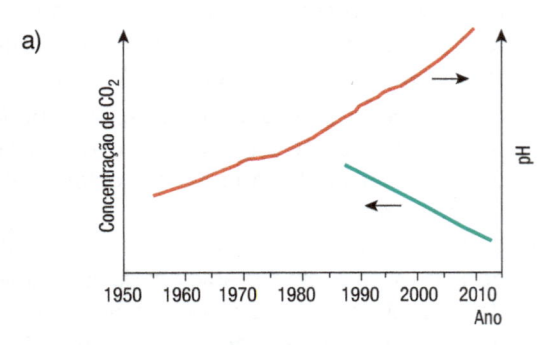 Essa influência se acentua na região dos polos, em razão da temperatura da água do mar.

c) 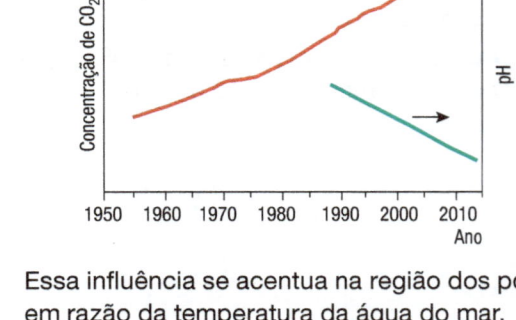 Essa influência se acentua na região dos polos, em razão da temperatura da água do mar.

b) 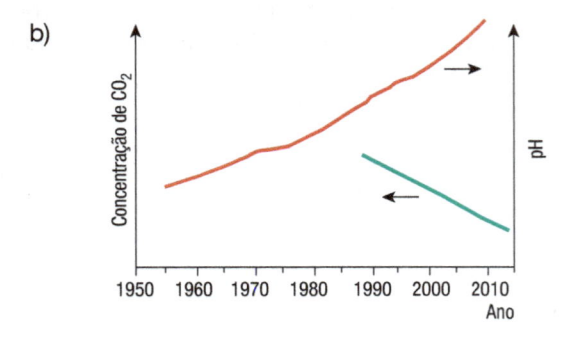 Essa influência se acentua na região dos trópicos, em razão da temperatura da água do mar.

d) 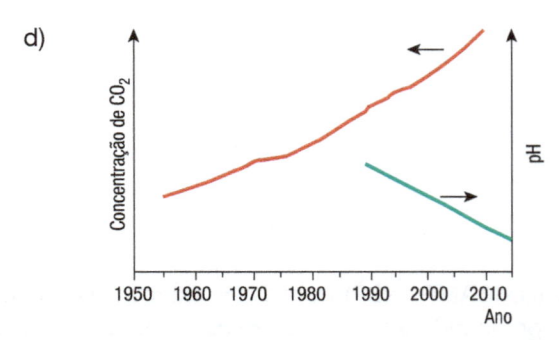 Essa influência se acentua na região dos trópicos, em razão da temperatura da água do mar.

9. (UNICAMP – SP) A questão do aquecimento global está intimamente ligada à atividade humana e também ao funcionamento da natureza. A emissão de metano na produção de carnes e a emissão de dióxido de carbono em processos de combustão de carvão e derivados do petróleo são as mais importantes fontes de gases de origem antrópica. O aquecimento global tem vários efeitos, sendo um deles o aquecimento da água dos oceanos, o que, consequentemente, altera a solubilidade do CO_2 nela dissolvido. Este processo torna-se cíclico e, por isso mesmo, preocupante. A figura a seguir, preenchida de forma adequada, dá informações quantitativas da dependência da solubilidade do CO_2 na água do mar, em relação à pressão e à temperatura.

a) De acordo com o conhecimento químico, escolha adequadamente e escreva em cada quadrado da figura o valor correto, de modo que a figura fique completa e correta: *solubilidade em gramas de CO_2 /100 g água:* 2, 3, 4, 5, 6, 7; *temperatura (°C):* 20, 40, 60, 80, 100 e 120; *pressão/atm:* 50, 100, 150, 200, 300, 400.
Justifique sua resposta.

b) Determine a solubilidade molar do CO_2 na água (em mol/1 L de água) a 40 °C e 100 atm. Mostre na figura como ela foi determinada.

DADO: massa molar do CO_2 = 44 g/mol; d = 1 g/mL.

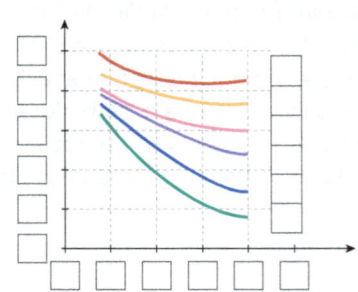

10. (UNICAMP – SP) Bebidas gaseificadas apresentam o inconveniente de perderem a graça depois de abertas. A pressão do CO_2 no interior de uma garrafa de refrigerante, antes de ser aberta, gira em torno de 3,5 atm, e é sabido que, depois de aberta, ele não apresenta as mesmas características iniciais.

Considere uma garrafa de refrigerante de 2 litros sendo aberta e fechada a cada 4 horas, retirando-se de seu interior 250 mL de refrigerante de cada vez. Nessas condições, pode-se afirmar corretamente que, dos gráficos a seguir, o que mais se aproxima do comportamento da pressão dentro da garrafa, em função do tempo é o

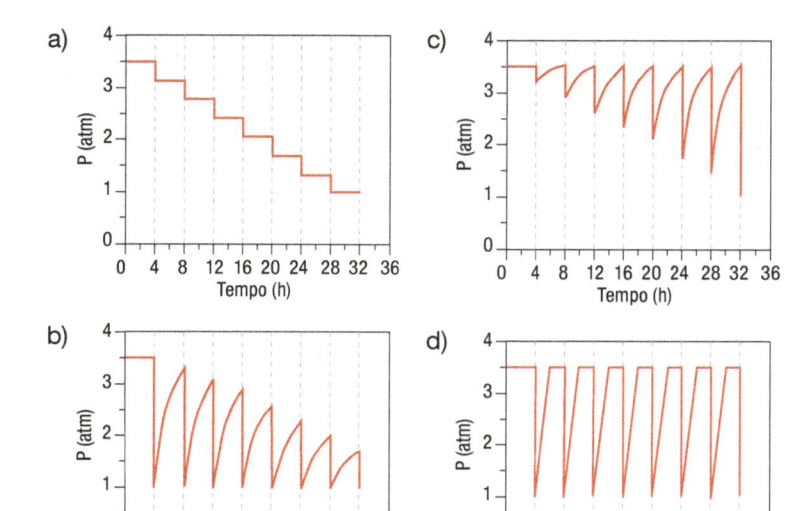

SÉRIE PLATINA

1. (UNICAMP – SP) A fermentação de alimentos ricos em açúcares é um processo prejudicial à saúde bucal, pois promove um ataque químico ao esmalte dos dentes. A parte inorgânica dos dentes é formada por uma substância chamada hidroxiapatita, que, em um ambiente bucal saudável, apresenta baixa solubilidade. Essa solubilidade pode ser equacionada da seguinte forma:

$Ca_5(PO_4)_3OH(s) + aq \rightleftharpoons 5\ Ca^{2+}(aq) + 3\ PO_4^{3-}(aq) + OH^-(aq)$; $K_{ps} = 1,8 \times 10^{-58}$

a) Algumas características da saliva se alteram na presença de alimentos. Considerando que o prejuízo aos dentes causado pela ingestão de diferentes fontes de açúcar obedece à ordem cana > frutas > mel, preencha com as palavras cana, frutas e mel a tabela ao lado e explique em que se baseou a sua escolha.

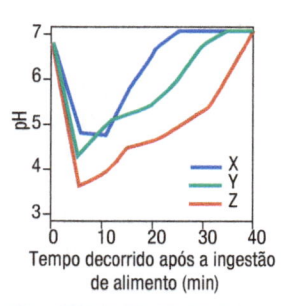

CURVA	ALIMENTO
X	
Y	
Z	

b) O uso de água fluoretada e de produtos com flúor é recomendado para saúde bucal. Explique a vantagem do uso do fluoreto levando em conta a equação informada e a equação de dissolução da fluoroapatita abaixo; indique também possíveis correlações entre essas equações.

$$Ca_5(PO_4)_3F(s) + aq = 5\ Ca^{2+}(aq) + 3\ PO_4^{3-}(aq) + F^-(aq);\ K_{ps} = 8 \times 10^{-60}$$

2. (FUVEST – SP) O experimento conhecido como "chuva de ouro" consiste na recristalização, à temperatura ambiente, de iodeto de chumbo (PbI_2). A formação desse sal pode ocorrer a partir da mistura entre nitrato de chumbo ($Pb(NO_3)_2$) e iodeto de potássio (KI). Outro produto dessa reação é o nitrato de potássio (KNO_3) em solução aquosa.

Tanto o $Pb(NO_3)$ quanto o KI são sais brancos solúveis em água à temperatura ambiente, enquanto o PbI_2 é um sal amarelo intenso e pouco solúvel nessa temperatura, precipitando como uma chuva dourada.

Em um laboratório, o mesmo experimento foi realizado em dois frascos. Em ambos, 100 mL de solução 0,1 mol · L^{-1} de $Pb(NO_3)_2$ e 100 mL de solução 0,2 mol · L^{-1} de KI foram misturados. Ao primeiro frasco foi também adicionado 20 mL de água destilada, enquanto ao segundo frasco foi adicionado 20 mL de solução 0,1 mol · L^{-1} de iodeto de sódio (NaI).

A tabela a seguir apresenta os dados de solubilidade dos produtos da reação em diferentes temperaturas.

Responda aos itens a seguir considerando os dados do enunciado e o equilíbrio químico de solubilidade do iodeto de chumbo:

$$PbI_2(s) \rightleftarrows Pb^{2+}(aq) + 2\ I^-(aq)$$

a) Indique se o procedimento do segundo frasco favorece ou inibe a formação de mais sólido amarelo.
b) Para separar o precipitado da solução do primeiro frasco e obter o PbI_2 sólido e seco, foi recomendado que, após a precipitação, fosse realizada uma filtração em funil com papel de filtro, seguida de lavagem do precipitado com água para se retirar o KNO_3 formado e, na sequência, esse precipitado fosse colocado para secar. Nesse caso, para se obter a maior quantidade do PbI_2, é mais recomendado o uso de água fria (4 °C) ou quente (80 °C)? Justifique.
c) Encontre a constante do produto de solubilidade (K_{ps}) do iodeto de chumbo a 32 °C.

	MASSA MOLAR (g · mol^{-1})	SOLUBILIDADE EM ÁGUA EM DIFERENTES TEMPERATURAS (g · L^{-1})		
		4 °C	32 °C	80 °C
PbI_2	461,0	0,410	0,922	3,151
KNO_3	101,1	135	315	1.700

3. (FUVEST – SP) A vida dos peixes em um aquário depende, entre outros fatores, da quantidade de oxigênio (O_2) dissolvido, do pH e da temperatura da água. A concentração de oxigênio dissolvido deve ser mantida ao redor de 7 ppm (1 ppm de O_2 = 1 mg de O_2 em 1.000 g de água) e o pH deve permanecer entre 6,5 e 8,5.

Um aquário de paredes retangulares possui as seguintes dimensões: 40 × 50 × 60 cm (largura × comprimento × altura) e possui água até a altura de 50 cm. O gráfico abaixo apresenta a solubilidade do O_2 em água, em diferentes temperaturas (a 1 atm).

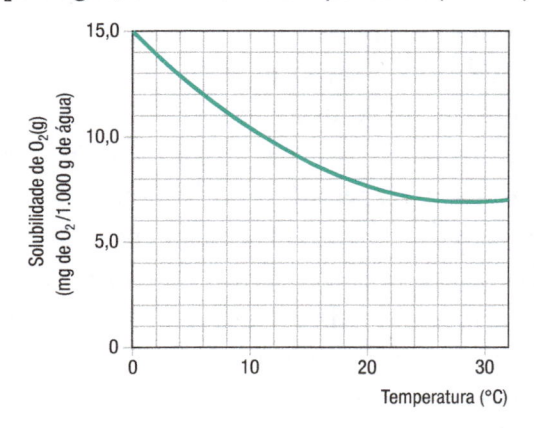

a) A água do aquário mencionado contém 500 mg de oxigênio dissolvidos a 25 °C. Nessa condição, a água do aquário está saturada em oxigênio? Justifique.
DADO: densidade da água do aquário = 1,0 g/cm³.

b) Deseja-se verificar se a água do aquário tem um pH adequado para a vida dos peixes. Com esse objetivo, o pH de uma amostra de água do aquário foi testado, utilizando-se o indicador azul de bromotimol, e se observou que ela ficou azul. Em outro teste, com uma nova amostra de água, qual dos outros dois indicadores da tabela dada deveria ser utilizado para verificar se o pH está adequado? Explique.

pH															Indicador
4,0	4,5	5,0	5,5	6,0	6,5	7,0	7,5	8,0	8,5	9,0	9,5	10,0	10,5	11,0	
vermelho		laranja		amarelo											vermelho de metila
		amarelo				verde		azul							azul de bromotimol
						incolor				rosa claro		rosa intenso			fenolftaleína

4. (VUNESP) Para se criar truta...
A água é o principal fator para a instalação de uma truticultura. Para a truta arco-íris, entre as principais características da água, estão:

1. Temperatura: os valores compreendidos entre 10 °C e 20 °C são indicados para o cultivo, sendo 0 °C e 25 °C os limites de sobrevivência.
2. Teor de oxigênio dissolvido (OD): o teor de OD na água deve ser o de saturação. A solubilidade do oxigênio na água varia com a temperatura e a pressão atmosférica, conforme a tabela.

Solubilidade do oxigênio na água (mg/L)

TEMPERATURA (°C)	PRESSÃO ATMOSFÉRICA (mm de Hg)				
	680	700	720	740	760
10	9,8	10,0	10,5	10,5	11,0
12	9,4	9,6	9,9	10,0	10,5
14	8,9	9,2	9,5	9,7	10,0
16	8,6	8,8	9,1	9,3	9,6
18	8,2	8,5	8,7	8,9	9,2
20	7,9	8,1	8,4	8,8	8,8

TABATA. A. **Para se Criar Truta**.
Disponível em: <www.aquicultura.br>. Adaptado.

a) O que acontece com o teor de OD em uma dada estação de truticultura à medida que a temperatura da água aumenta? Mantida a temperatura constante, o que acontece com o teor de OD à medida que a altitude em que as trutas são criadas aumenta?

b) A constante da Lei de Henry (k_H) para o equilíbrio da solubilidade do oxigênio em água é dada pela expressão $k_H = \dfrac{[O_2(aq)]}{P_{O_2}}$, em que $[O_2(aq)]$ corresponde à concentração de oxigênio no ar atmosférico em atm. Sabendo que a participação em volume de oxigênio no ar atmosférico é 21%, calcule o valor da constante k_H, a 16 °C e pressão de 1 atm.

CAPÍTULO 7 — Equilíbrio de Hidrólise

Vimos, nos capítulos anteriores, que a dissolução dos compostos pode ser analisada a partir do equilíbrio entre o corpo de fundo e os íons dissolvidos em solução aquosa.

Entretanto, os íons liberados com o rompimento da barragem de Fundão, em Mariana, e a barragem de Córrego do Feijão, em Brumadinho, ambas em MG, participam não só de processos de precipitação e de dissolução, mas também podem interferir em outras características do meio em que se encontram.

Entre essas características, um dos parâmetros mais importantes na análise de soluções aquosas é o pH, que está relacionado com a acidez e a basicidade da solução. Para explicarmos essa interferência, precisamos, mais uma vez, estudar esse processo sob a ótica de um equilíbrio químico, chamado de **equilíbrio de hidrólise**, que será o tema de estudo deste capítulo!

7.1 Equilíbrio de Hidrólise

Já vimos que quando um sal se dissolve em água ocorre a liberação de íons em solução aquosa, que podem reagir ou não com a própria água e liberar íons H_3O^+ (H^+) ou OH^-, interferindo na acidez e na basicidade da solução.

Alguns **ânions**, como o cianeto (CN^-) e o hidrogenocarbonato (ou bicarbonato, HCO_3^-) podem apresentar afinidade por prótons provenientes de moléculas de água:

$$CN^-(aq) + H_2O(l) \rightleftharpoons HCN(aq) + OH^-(aq)$$

$$HCO_3^-(aq) + H_2O(l) \rightleftharpoons H_2CO_3(aq) + OH^-(aq)$$

Rio Paraopeba poluído pelos rejeitos de mineração liberados pelo rompimento da barragem de Córrego do Feijão, em Brumadinho (MG), ocorrido em janeiro de 2019.

Nos equilíbrios citados, ocorre a liberação de íons OH⁻(aq), responsáveis por aumentar o pH do meio. Como esses íons foram formados a partir da "quebra" da molécula de água, os fenômenos representados são chamados de **hidrólise básica**.

Entretanto, não são somente os ânions que podem reagir com a água. **Cátions**, como o amônio (NH_4^+), também podem reagir com a água. Nesse caso, contudo, temos o fenômeno da **hidrólise ácida**, uma vez que é o cátion que doa próton para a água, formando H_3O^+ (H^+) e contribuindo para o abaixamento do pH do meio:

$$NH_4^+(aq) + H_2O(l) \rightleftharpoons NH_3(aq) + H_3O^+(aq)$$

FIQUE POR DENTRO!

Quando um íon sofre hidrólise?

Para responder a essa pergunta, precisamos nos basear no conceito de ácido e base de **Brönsted-Lowry**: ácido é uma substância doadora de prótons e base é uma substância receptora de prótons.

Se aplicarmos esse conceito para o equilíbrio de ionização do ácido cianídrico (HCN), por exemplo, poderemos identificar o que chamamos de **pares conjugados** (pares de substâncias que diferem entre si por um H^+):

$$HCN(aq) + H_2O(l) \rightleftharpoons H_3O^+(aq) + CN^-(aq)$$
ácido — base — ácido — base
par conjugado
par conjugado

$K_a = 4,9 \times 10^{-10}$ (a 25 °C)

De acordo com a constante de acidez, K_a, do equilíbrio acima, o ácido cianídrico é um ácido fraco, isto é, tem dificuldade em doar H^+ para a água, o que significa que o equilíbrio de ionização do HCN está bastante deslocado para a esquerda. O fato de o HCN ser um ácido fraco também por ser justificado pela força de sua base conjugada (CN^-): o CN^- é uma base conjugada forte, isto é, tem facilidade em receber o H^+ do H_3O^+, deslocando o equilíbrio para a esquerda.

Essa facilidade do CN^- em receber próton do H_3O^+ é o que justifica o fato de o CN^- também receber próton da água no equilíbrio de hidrólise básica do CN^-:

$$CN^-(aq) + H_2O(l) \rightleftharpoons HCN(aq) + OH^-(aq)$$

Esse mesmo raciocínio (força do par conjugado) pode ser utilizado para explicar a hidrólise ácida do NH_4^+. No equilíbrio de ionização da amônia (NH_3), também podemos identificar os pares conjugados:

$$NH_3(aq) + H_2O(l) \rightleftharpoons NH_4^+(aq) + OH^-(aq)$$
base — ácido — ácido — base
par conjugado
par conjugado

$K_b = 1,8 \times 10^{-5}$ (a 25 °C)

De acordo com a constante de basicidade, K_b, do equilíbrio acima, a amônia é uma base fraca e o cátion amônio é um ácido conjugado forte, o que faz com que o equilíbrio esteja bastante deslocado para a esquerda. Isso significa que o cátion NH_4^+ tem facilidade em doar H^+ para o OH^-, o que justifica também porque o NH_4^+ pode doar H^+ para H_2O no equilíbrio de hidrólise ácida do NH_4^+:

$$NH_4^+(aq) + H_2O(l) \rightleftharpoons NH_3(aq) + H_3O^+(aq)$$

Assim, somente íons (ânions ou cátions) provenientes de ácidos e bases fracos podem reagir com a água e participar de equilíbrios de hidrólise.

7.2 Caráter Ácido-base de uma Solução Aquosa Salina

Os íons, cujas reações com a água analisamos no item 3.1, podem ser provenientes da dissociação de sais, o que significa que, dependendo da interação dos íons com a água, a solução resultante pode adquirir caráter ácido, básico ou neutro.

Observe os exemplos a seguir, em que são apresentados o pH de soluções aquosas preparadas dos sais cloreto de sódio (NaCl), cianeto de potássio (KCN), cloreto de amônio (NH_4Cl) e cianeto de sódio (NH_4CN).

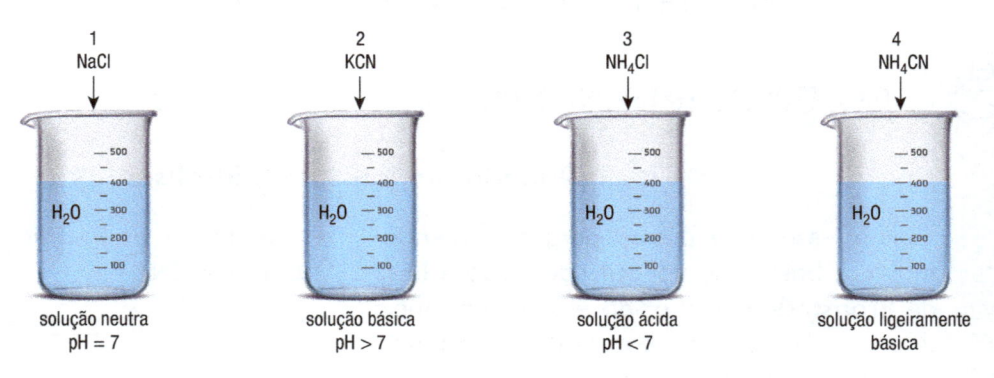

1 NaCl	2 KCN	3 NH_4Cl	4 NH_4CN
solução neutra pH = 7	solução básica pH > 7	solução ácida pH < 7	solução ligeiramente básica

Na primeira solução (de NaCl), ambos os íons são provenientes de ácidos e bases fortes (HCl e NaOH) e, portanto, nenhum dos íons sofre hidrólise. É por esse motivo que a solução apresenta caráter neutro.

Na segunda solução (de KCN), o K^+ é proveniente de uma base forte (KOH), não sofrendo hidrólise. Já o CN^-, como vimos anteriormente, sofre hidrólise básica, razão pela qual o pH dessa solução fica maior do que 7.

Na terceira solução (de NH_4Cl), o Cl^- é proveniente de um ácido forte (HCl), não sofrendo hidrólise. Já o NH_4^+, como vimos anteriormente, sofre hidrólise ácida, razão pela qual o pH dessa solução fica menor do que 7.

Por fim, na quarta solução (NH_4CN), os dois íons (NH_4^+ e CN^-) sofrem hidrólise. Entretanto, como o CN^- é uma base conjugada (do HCN) mais forte do que o NH_4^+ (ácido conjugado do NH_3), a hidrólise básica do CN^- é mais intensa, o que justifica o caráter ligeiramente básico dessa solução.

> **LEMBRE-SE!**
>
> Vamos resumir os resultados:
> - sal de ácido forte e base forte – solução neutra (não ocorre hidrólise);
> - sal de ácido fraco e base forte – solução básica (ocorre hidrólise básica do ânion);
> - sal de ácido forte e base fraca – solução ácida (ocorre hidrólise ácida do cátion);
> - sal de ácido fraco e base fraca (ocorre hidrólise de ambos os íons). Então,
>   - se $K_a > K_b$: solução ácida;
>   - se $K_b > K_a$: solução básica;
>   - se $K_b = K_a$: solução neutra.

FIQUE POR DENTRO!

Força de ácidos e bases

No item 3.2, vimos que para identificar o caráter de uma solução aquosa salina, podemos nos basear na **força do ácido e da base** que deram origem, por meio de uma reação de neutralização, ao sal analisado.

Essa força pode ser determinada de forma detalhada a partir das constantes de acidez e basicidade, porém é possível dividir qualitativamente os ácidos e bases em fortes e fracos, o que facilita bastante a identificação da ocorrência ou não do processo de hidrólise.

▶▶ Ácidos fortes: HCl, HBr, HI, HNO_3, $HClO_4$, H_2SO_4 (cedendo apenas o primeiro H^+).
▶▶ Ácidos fracos: os demais.

▶▶ Bases fortes: grupo 1 (LiOH, NaOH, KOH); grupo 2 ($Ca(OH)_2$, $Sr(OH)_2$, $Ba(OH)_2$).
▶▶ Bases fracas: as demais, com destaque para NH_3 (ou NH_4OH).

LIGANDO OS PONTOS!

Solubilidade e pH

Compreender como os íons dissolvidos podem afetar o ecossistema contaminado é extremamente importante para lidar com as consequências do rompimento das barragens em Mariana e Brumadinho.

Vimos que a lama de rejeitos liberada com o rompimento da barragem em Mariana, por exemplo, continha íons de metais pesados como Hg^{2+} e Pb^{2+} e estudamos em detalhes a dissolução do $PbSO_4$ a partir do equilíbrio de solubilidade:

$$PbSO_4(s) \rightleftharpoons Pb^{2+}(aq) + SO_4^{2-}(aq)$$
$$K_s = 10^{-8} \text{ (a 25 °C)}$$

Entretanto, não é apenas a temperatura ou a presença de íons comuns que pode interferir nesse equilíbrio, mas também o pH do meio. Na presença de excesso de íons H^+ (isto é, em pH baixo), o SO_4^{2-} pode reagir com o H^+ para formar HSO_4^-:

$$SO_4^{2-}(aq) + H^+(aq) \rightleftharpoons HSO_4^-(aq)$$
$$K = 10^2 \text{ (a 25 °C)}$$

O consumo de SO_4^{2-} desloca o equilíbrio de solubilidade do $PbSO_4$ no sentido da sua dissolução e do aumento da concentração de Pb^{2+}.

Com esse exemplo, vemos como o pH pode interferir na solubilidade dos compostos e na concentração de íons prejudiciais para o ecossistema da região afetada. Portanto, após esses desastres é imprescindível monitorar diversos parâmetros, entre eles o pH, para estimar e possivelmente remediar os impactos causados pelo desastre ecológico!

Lama de rejeitos liberada após o rompimento da barragem em Brumadinho (MG).

SÉRIE BRONZE

1. Sobre uma solução aquosa de NaCN, complete com as informações pedidas.

O NaCN é um sal solúvel, que, ao ser dissolvido em água, dissocia-se segundo a equação a. _____.

O b. _____ é um ânion que corresponde à c. _____ do HCN, um ácido fraco ($K_a = 4{,}9 \cdot 10^{-10}$), e, portanto, reage com a água, estabelecendo o seguinte equilíbrio de hidrólise: d. _____.

Como ocorre formação de íons e. _____ nesse equilíbrio, trata-se de uma hidrólise f. _____ e a solução adquire pH g. _____ 7.

2. Sobre uma solução aquosa de NH_4Cl, complete com as informações pedidas.

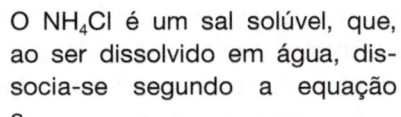

O NH_4Cl é um sal solúvel, que, ao ser dissolvido em água, dissocia-se segundo a equação a. _____.

O b. _____ é um cátion que corresponde ao c. _____ da NH_3, uma base fraca ($K_b = 1{,}8 \cdot 10^{-5}$), e portanto, reage com a água, estabelecendo o seguinte equilíbrio de hidrólise d. _____.

Como ocorre formação de íons e. _____ nesse equilíbrio, trata-se de uma hidrólise f. _____ e a solução adquire pH g. _____ 7.

3. Sobre equilíbrios de hidrólise, complete:

- ânions provenientes de ácidos a. _____ sofrem hidrólise, liberando íons b. _____, que tornam a solução c. _____.
- cátions provenientes de bases d. _____ sofrem hidrólise, liberando íons e. _____, que tornam a solução f. _____.

4. Complete com **neutra**, **básica** ou **ácida**.

a) Sal de ácido fraco e base forte: solução _____.

b) Sal de ácido forte e base fraca: solução _____.

c) Sal de ácido forte e base forte: solução _____.

d) Sal de ácido fraco e base fraca:
  1) $K_a > K_b$ solução _____.
  2) $K_a < K_b$ solução _____.
  3) $K_a = K_b$ solução _____.

SÉRIE PRATA

1. Escreva o equilíbrio de hidrólise dos íons a seguir e indique se a hidrólise é ácida ou básica.

a) CN^-

b) CH_3COO^-

c) HCO_3^-

d) CO_3^{2-}

e) NH_4^+

2. Indique o pH (< 7, $= 7$ ou > 7) das seguintes soluções aquosas salinas e, em caso de ocorrência de hidrólise, escreva o(s) equilíbrio(s) estabelecido(s).

a) KCN

b) NH_4Cl

c) K_2SO_4

d) CH_3COONa

e) NH_4CN
   $K_b\ (NH_3) = 1,8 \cdot 10^{-5}$; $K_a\ (HCN) = 4,9 \cdot 10^{-10}$

f) CH_3COONH_4
   $K_b\ (NH_3) = 1,8 \cdot 10^{-5}$; $K_a\ (CH_3COOH) = 1,8 \cdot 10^{-5}$

SÉRIE OURO

1. (UFMG) Considere os sais NH_4Br, $NaCH_3COO$, Na_2CO_3, K_2SO_4 e $NaCN$. Soluções aquosas desses sais, de mesma concentração, têm diferentes valores de pH. Indique, entre esses sais, um que produza uma solução ácida, um que produza uma solução neutra e um que produza uma solução básica. Justifique as escolhas feitas, escrevendo as equações de hidrólise dos sais escolhidos que sofram esse processo.

2. (VUNESP) Quando se adiciona o indicador fenolftaleína a uma solução aquosa incolor de uma base de Arrhenius, a solução fica vermelha. Se a fenolftaleína for adicionada a uma solução aquosa de um ácido de Arrhenius, a solução continua incolor. Quando se dissolve cianeto de sódio em água, a solução fica vermelha após adição de fenolftaleína. Se a fenolftaleína for adicionada a uma solução aquosa de cloreto de amônio, a solução continua incolor.
   a) Explique o que acontece no caso do cianeto de sódio, utilizando equações químicas.
   b) Explique o que acontece no caso do cloreto de amônio, utilizando equações químicas.

3. (FAMERP – SP) Considere duas soluções aquosas, uma preparada com o sal NH_4Cl e outra com o sal $NaHCO_3$. Ambas têm a mesma concentração em mol/L. Uma delas apresenta pH igual a 4 e a outra, pH igual a 8.

a) Escreva as equações que representam a hidrólise desses sais.
b) Calcule o valor da concentração de íons $H^+(aq)$ na solução alcalina.

4. (FAMEMA – SP) A figura representa uma estação de tratamento de água para abastecimento da população, onde ocorrem os processos de coagulação, floculação, filtração e desinfecção.

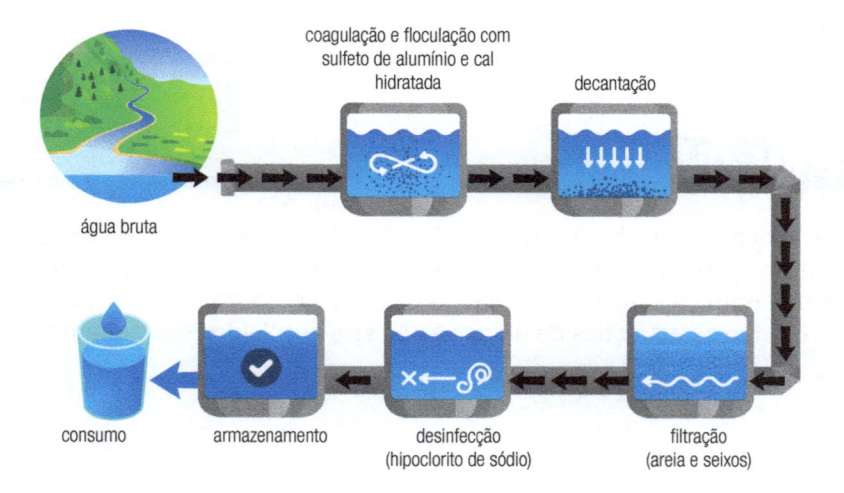

Para a realização da coagulação, são adicionadas à água a ser tratada as substâncias sulfato de alumínio ($Al_2(SO_4)_3$) e cal hidratada ($Ca(OH)_2$), que produzem flocos de densidade mais elevada que sedimentam na etapa de decantação. Os flocos que não sedimentam são retidos na etapa de filtração e, ao final, adiciona-se à água hipoclorito de sódio (NaClO) para desinfecção.

a) A que funções inorgânicas pertencem as substâncias utilizadas na coagulação?
b) Uma solução de NaClO apresenta caráter ácido, básico ou neutro? Justifique sua resposta com base no conceito de hidrólise salina.

5. (ENEM) A formação frequente de grandes volumes de pirita (FeS_2) em uma variedade de depósitos minerais favorece a formação de soluções ácidas ferruginosas, conhecidas como "drenagem ácida de minas". Esse fenômeno tem sido bastante pesquisado pelos cientistas e representa uma grande preocupação entre os impactos da mineração no ambiente. Em contato com oxigênio, a 25 °C, a pirita sofre reação, de acordo com a equação química:

$$4\ FeS_2(s) + 15\ O_2(g) + 2\ H_2O(l) \longrightarrow 2\ Fe_2(SO_4)_3(aq) + 2\ H_2SO_4(aq)$$

FIGUEIREDO, B. R. **Minérios e Ambientes**.
Campinas: Unicamp, 2000.

Para corrigir os problemas ambientais causados por essa drenagem, a substância mais recomendada a ser adicionada ao meio é o

a) sulfeto de sódio.
b) cloreto de amônio.
c) dióxido de enxofre.
d) dióxido de carbono.
e) carbonato de cálcio.

6. (ENEM) Visando minimizar impactos ambientais, a legislação brasileira determina que resíduos químicos lançados diretamente no corpo receptor tenham pH entre 5,0 e 9,0.

Um resíduo líquido aquoso gerado em um processo industrial tem concentração de íons hidroxila igual a $1,0 \times 10^{-10}$ mol/L. Para atender à legislação, um químico separou as seguintes substâncias, disponibilizadas no almoxarifado da empresa: CH_3COOH, Na_2SO_4, CH_3OH, K_2CO_3 e NH_4Cl.

Para que o resíduo possa ser lançado diretamente no corpo receptor, qual substância poderia ser empregada no ajuste do pH?

a) CH_3COOH
b) Na_2SO_4
c) CH_3OH
d) K_2CO_3
e) NH_4Cl

7. (FUVEST – SP) Um botânico observou que uma mesma espécie de planta podia gerar flores azuis ou rosadas. Decidiu então estudar se a natureza do solo poderia influenciar na cor das flores. Para isso, fez alguns experimentos e anotou as seguintes observações:

I. Transplantada para um solo cujo pH era 5,6, uma planta com flores rosadas passou a gerar flores azuis.
II. Ao se adicionar um pouco de nitrato de sódio ao solo em que estava a planta com flores azuis, a cor das flores permaneceu a mesma.
III. Ao se adicionar calcário moído ($CaCO_3$) ao solo em que estava a planta com flores azuis, ela passou a gerar flores rosadas.

Considerando essas observações, o botânico pôde concluir:

a) em um solo mais ácido do que aquele de pH 5,6, as flores da planta seriam azuis.
b) a adição de solução diluída de NaCl ao solo, de pH 5,6, faria a planta gerar flores rosadas.
c) a adição de solução diluída de $NaHCO_3$ ao solo, em que está a planta com flores rosadas, faria com que ela gerasse flores azuis.
d) em um solo de pH 5,0, a planta com flores azuis geraria flores rosadas.
e) a adição de solução diluída de $Al(NO_3)_3$ ao solo, em que está uma planta com flores azuis, faria com que ela gerasse flores rosadas.

8. (MACKENZIE – SP) A aragonita e a dolomita são minerais que possuem composição química muito semelhante, pois ambas são compostas por carbonatos. A aragonita é composta de carbonato de cálcio ($CaCO_3$); enquanto a dolomita, de carbonato de cálcio e magnésio ($CaCO_3 \cdot MgCO_3$). Assim, ao fazer a análise da qualidade da água mineral de uma fonte que está localizada numa região, cujo solo possui elevada composição de dolomita e aragonita, um químico fez as seguintes afirmações:

I. trata-se de uma água alcalina;
II. há elevada concentração de íons trivalentes, devido à presença do cálcio;
III. trata-se de uma água dura, devido ao excesso de íons cálcio e magnésio.

Das informações acima, somente

a) a afirmação I é verdadeira.
b) a afirmação II é verdadeira.
c) as afirmações II e III são verdadeiras.
d) as afirmações I e II são verdadeiras.
e) as afirmações I e III são verdadeiras.

9. (ENEM) O manejo adequado do solo possibilita a manutenção de sua fertilidade à medida que as trocas de nutrientes entre matéria orgânica, água, solo e o ar são mantidas para garantir a produção. Algumas espécies iônicas de alumínio são tóxicas, não só para a planta, mas para muitos organismos como as bactérias responsáveis pelas transformações no ciclo do nitrogênio. O alumínio danifica as membranas das células das raízes e restringe a expansão de suas paredes, com isso, a planta não cresce adequadamente. Para promover benefícios para a produção agrícola é recomendada a remediação do solo utilizando calcário ($CaCO_3$).

BRADY, N. C.; WEIL, R.R. **Elementos da Natureza e Propriedades dos Solos**. Porto Alegre: Bookman, 2013. Adaptado..

Essa remediação promove no solo o(a)

a) diminuição do pH, deixando-o fértil.
b) solubilização do alumínio, ocorrendo sua lixiviação pela chuva.
c) interação do carbonato de cálcio com os íons alumínio, formando alumínio metálico.
d) reação do carbonato de cálcio com os íons alumínio, formando alumínio metálico.
e) aumento da sua alcalinidade, tornando os íons alumínio menos disponíveis.

10. (UNICAMP – SP) Na formulação da calda bordalesa fornecida pela EMATER, recomenda-se um teste para verificar se a calda ficou ácida: coloca-se uma faca de aço carbono na solução por três minutos. Se a lâmina da faca adquirir uma coloração marrom ao ser retirada da calda, deve-se adicionar mais cal à mistura. Se não ficar marrom, a calda está pronta para o uso. De acordo com esse teste, conclui-se que a cal deve promover

a) uma diminuição do pH, e o sulfato de cobre (II), por sua vez, um aumento do pH da água devido à reação
$SO_4^{2-} + H_2O \longrightarrow HSO_4^- + OH^-$

b) um aumento do pH, e o sulfato de cobre (II), por sua vez, uma diminuição do pH da água devido à reação
$Cu^{2+} + H_2O \longrightarrow Cu(OH)^+ + H^+$

c) uma diminuição do pH, e o sulfato de cobre (II), por sua vez, um aumento do pH da água devido à reação
$Cu^{2+} + H_2O \longrightarrow Cu(OH)^+ + H^+$

d) um aumento do pH, e o sulfato de cobre (II), por sua vez, uma diminuição do pH da água devido à reação
$SO_4^{2-} + H_2O \longrightarrow HSO_4^- + OH^-$

SÉRIE PLATINA

1. (UNICAMP – SP) Fertilizantes são empregados na agricultura para melhorar a produtividade agrícola e atender à demanda crescente por alimentos, decorrente do aumento populacional. Porém, o uso de fertilizantes leva a alterações nas características do solo, que passa a necessitar de correções constantes. No Brasil, o nitrogênio é adicionado ao solo principalmente na forma de ureia, $(NH_2)_2CO$, um fertilizante sólido que, em condições ambiente, apresenta um cheiro muito forte, semelhante ao da urina humana. No solo, a ureia se dissolve e reage com a água conforme a equação

$$(NH_2)_2CO(s) + 2\,H_2O(aq) \longrightarrow 2\,NH_4^+(aq) + CO_3^{2-}(aq)$$

Parte do nitrogênio, na forma de íon amônio, se transforma em amônia, conforme a equação

$$NH_4^+(aq) + H_2O(aq) \rightleftharpoons NH_3(aq) + H_3O^+(aq)$$

Parte do nitrogênio permanece no solo, sendo absorvido através do ciclo do nitrogênio.

a) Na primeira semana após adubação, o solo, nas proximidades dos grânulos de ureia, torna-se mais básico. Considerando que isso se deve essencialmente à solubilização inicial da ureia e à sua reação com a água, explique como as características dos produtos formados explicam esse resultado.

b) Na aplicação da ureia como fertilizante, ocorrem muitos processos que levam à perda e ao não aproveitamento do nitrogênio pelas plantas. Considerando as informações dadas, explique a influência da acidez do solo e da temperatura ambiente na perda do nitrogênio na fertilização por ureia.

2. (FGV) O hipoclorito de sódio, NaOCl, é o principal constituinte da água sanitária. Soluções diluídas de água sanitária são recomendadas para lavagem de frutas e verduras. A equação a seguir representa o equilíbrio químico do íon hipoclorito em solução aquosa a 25 °C:

$$OCl^-(aq) + H_2O(l) \rightleftharpoons HOCl(aq) + OH^-(aq)$$
$$K = 1,0 \cdot 10^{-6}$$

Considerando a equação fornecida, o pH de uma solução aquosa de NaOCl de concentração 0,01 mol/L, a 25 °C é

DADOS: $pOH = -\log [OH^-]$ e $pH + pOH = 14$.

a) 10. b) 8. c) 7. d) 5. e) 4.

3. (VUNESP) Quando se dissolvem sais em água, nem sempre a solução se apresenta neutra. Alguns sais podem reagir com a água e, como consequência, íons hidrogênio ou íons hidroxila ficam em excesso na solução, tornando-a ácida ou básica. Essa reação entre a água e pelo menos um dos íons formados na dissociação do sal denomina-se hidrólise.

   a) Na reação de neutralização do vinagre comercial (solução de ácido acético) com solução de hidróxido de sódio obtém-se acetato de sódio (CH_3COONa) aquoso como produto da reação. Escreva a reação de hidrólise do íon acetato, indicando se a hidrólise é ácida ou básica.

   b) Considerando que a constante de hidrólise para o íon acetato é $K_h = 10^{-10}$ e a constante de autoprotólise da água é $K_w = 10^{-14}$, qual será o valor do pH de uma solução 0,01 mol/L de acetato de sódio?

4. (FUVEST – SP) Em uma experiência, realizada a 25 °C, misturam-se **volumes iguais** de soluções aquosas de hidróxido de sódio e de acetato de metila, ambas de concentração 0,020 mol/L. Observou-se que, durante a hidrólise alcalina do acetato de metila, ocorreu variação de pH.

   a) Calcule o pH da mistura de acetato de metila e hidróxido de sódio no instante em que as soluções são misturadas (antes de a reação começar).

   b) Calcule a concentração de OH^- na mistura, ao final da reação. A equação que representa o equilíbrio de hidrólise do íon acetato é:

   $$CH_3COO^-(aq) + H_2O(l) \rightleftarrows CH_3COOH(aq) + OH^-(aq)$$

   A constante desse equilíbrio, em termos de concentrações em mol/L, a 25 °C, é igual a $5,6 \cdot 10^{-10}$.

   DADOS: produto iônico da água: $K_w = 10^{-14}$ (a 25 °C); $\sqrt{5,6} = 2,37$.

5. (UNESP)

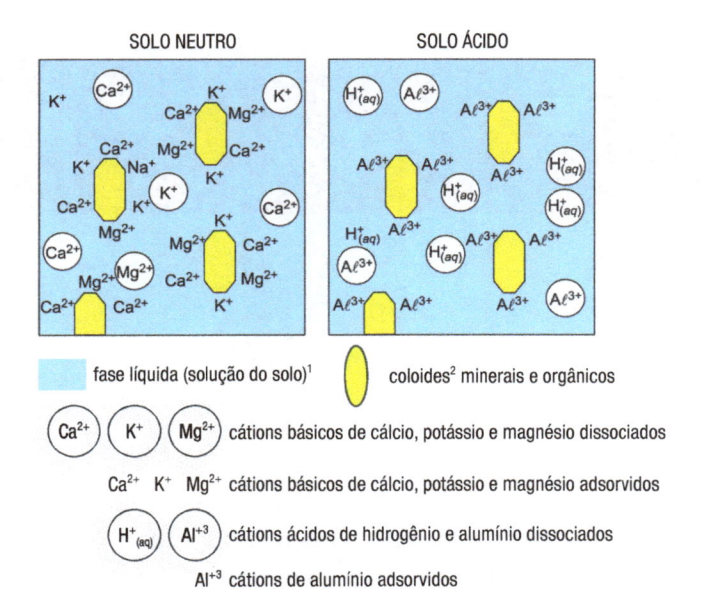

[Figura: SOLO NEUTRO e SOLO ÁCIDO, mostrando coloides com cátions adsorvidos e dissociados]

Legenda:
- fase líquida (solução do solo)¹
- coloides² minerais e orgânicos
- Ca^{2+}, K^+, Mg^{2+} cátions básicos de cálcio, potássio e magnésio dissociados
- Ca^{2+} K^+ Mg^{2+} cátions básicos de cálcio, potássio e magnésio adsorvidos
- $H^+_{(aq)}$, Al^{+3} cátions ácidos de hidrogênio e alumínio dissociados
- Al^{+3} cátions de alumínio adsorvidos

¹Solução do solo: água do solo associada a pequenas e variáveis quantidades de sais minerais, oxigênio e dióxido de carbono.

²Coloide: partícula com tamanho médio entre 1 e 100 nanômetros.

Se nos coloides do solo predominarem os cátions básicos, a solução do solo terá um pH próximo ao neutro. Se, ao contrário, ali predominarem o hidrogênio e o alumínio, na solução do solo também predominarão esses cátions, tornando-a ácida.

LEPSCH, I. F. **Formação e Conservação dos Solos**, 2002. Adaptado.

O processo de acidificação do solo é predominante em áreas de

a) clima árido, em que ocorre maior intemperismo físico.
b) clima intertropical, em que os cátions ácidos são absorvidos pelas plantas.
c) clima polar, em que ocorre menor intemperismo físico.
d) clima temperado, em que ocorre o processo de mineralização, formando húmus.
e) clima equatorial, em que ocorre a lixiviação dos cátions básicos.

UNIDADE 3

Se olharmos o mundo a nossa volta, é fácil perceber como somos completamente dependentes de equipamentos elétricos e eletrônicos: iluminação, eletrodomésticos, celulares e, em um futuro que cada vez mais se aproxima dos cidadãos comuns, carros elétricos e híbridos.

O ser humano tem conhecimento de fenômenos elétricos desde os primórdios da humanidade. Os gregos, inclusive, associavam sua divindade mais poderosa, Zeus, aos raios, uma descarga elétrica de grande intensidade que ocorre na atmosfera entre regiões eletricamente carregadas.

A própria palavra eletricidade deriva do grego *eléctron*, que significa âmbar, uma pedra que, quando esfregada com outros materiais, como tecidos ou peles de animais, adquiria a propriedade de atrair objetos leves, como plumas.

Os gregos, apesar de já terem registrado essa propriedade do *elétron* (âmbar) por volta dos anos 600 a.C., não sabiam explicar as causas desse fenômeno. Estudos sistemáticos sobre fenômenos elétricos somente tiveram início no século XVI e intensificaram-se a partir do século XVIII.

Foi por volta de 1740 que o americano Benjamin Franklin relacionou a propriedade do âmbar ao fenômeno dos raios. Alguns anos mais tarde, em 1800, o italiano Alessandro Volta apresentou ao mundo a primeira pilha, produzida a partir do empilhamento de discos metálicos de zinco e de cobre (ou de prata).

A partir do século XIX, os desenvolvimentos tecnológicos relacionados ao estudo da eletricidade cresceram de forma significativa e contribuíram para moldar a nossa sociedade como a conhecemos hoje.

O objetivo desta Unidade é discutir como o estudo da **Eletroquímica** (parte da Química destinada ao estudo das reações de oxirredução e da transformação de energia química em elétrica, e vice-versa) pode contribuir para acompanharmos e entendermos esse desenvolvimento tecnológico.

ANTONIO GUILLEM/SHUTTERSTOCK

Novas tecnologias para um PLANETA SUSTENTÁVEL

Atualmente, é difícil encontrar uma pessoa que não carregue, quase 100% do tempo, um celular consigo.

Capítulo 8 — Reações de Oxirredução

Muitos autores consideram que a Química Moderna se constituiu como Ciência no final do século XVIII, a partir dos trabalhos de Lavoisier envolvendo conservação de massa em reações químicas. Foram necessários mais de 100 anos desde os trabalhos de Lavoisier para que o elétron fosse descoberto e passássemos a entender o átomo como uma partícula divisível.

Assim, durante esses mais de 100 anos, as reações entre metais e gás oxigênio foram estudadas com base no aumento do número de ligações do elemento com oxigênio. Essa é justamente a origem do termo oxidação: a reação com o gás oxigênio (O_2), que explica também o motivo pelo qual uma diversidade de minerais encontrados na crosta terrestre são óxidos. Por exemplo, o ferro, metal mais produzido e utilizado pelo ser humano atualmente, não é encontrado como substância pura na crosta terrestre: ele é encontrado principalmente como Fe_2O_3 – óxido de ferro (III), em virtude da reação do ferro com o oxigênio nos primórdios do nosso planeta:

$$2\ Fe(s) + 3\ O_2(g) \longrightarrow 2\ Fe_2O_3(s)$$

Nessa reação, o ferro (Fe) foi oxidado, dando origem ao Fe_2O_3.

A primeira definição para os termos oxidação e redução pode ser mais bem compreendida quando analisamos a equação que representa o processo pelo qual nós extraímos o metal ferro de seu óxido:

$$Fe_2O_3(s) + 3\ CO(g) \longrightarrow 2\ Fe(s) + 3\ CO_2(g)$$

Nessa reação, o CO sofreu oxidação, pois "ganhou" oxigênio. Já o Fe_2O_3 sofreu redução, pois "perdeu" oxigênio.

Minério de ferro (Fe_2O_3) sendo transportado para extração do metal na região de Corumbá (Mato Grosso do Sul).

Posteriormente, com a descoberta dos elétrons e um melhor entendimento sobre as ligações químicas, foi identificado que o CO havia perdido elétrons, enquanto o Fe_2O_3 havia recebido elétrons, razão pela qual os termos oxidação e redução, hoje, são relacionados à transferência de elétrons (e não apenas de oxigênio).

Outra reação de oxirredução que podemos analisar é aquela que ocorre quando imergimos uma barra de zinco metálico – Zn – em uma solução aquosa de sulfato de cobre (II) – $CuSO_4$:

$$Zn(s) + CuSO_4(aq) \longrightarrow ZnSO_4(aq) + Cu(s)$$

Com o passar do tempo, observa-se a deposição de cobre metálico (Cu) sobre a barra de zinco e a coloração azulada da solução de sulfato de cobre diminui, o que evidencia a redução da concentração de Cu^{2+}, responsável por essa coloração.

Nesse caso, é mais fácil verificar a transferência de elétrons se analisarmos a equação iônica que representa essa reação:

$$\overset{2e^-}{\overset{\frown}{Zn(s) + Cu^{2+}}}(aq) \longrightarrow Zn^{2+}(aq) + Cu(s)$$

O ânion sulfato (SO_4^{2-}) não participa efetivamente da reação química, porém é responsável por manter a neutralidade elétrica da solução aquosa.

Nessa reação, o metal Zn perdeu dois elétrons, transformando-se em Zn^{2+}, enquanto o cátion Cu^{2+} recebeu dois elétrons, transformando-se em Cu. Dizemos, então, que o Zn sofreu uma **oxidação**, enquanto o Cu^{2+} sofreu uma **redução**.

FIQUE POR DENTRO!

Reatividade dos metais

A reação entre Zn(s) e $CuSO_4$(aq) também é chamada de reação de deslocamento e, nesse caso, dizemos que o zinco deslocou o cobre. Para que uma reação de deslocamento entre metais ocorra, é necessário que o metal que vai deslocar (o da substância simples) seja mais reativo que o metal na forma de cátion (na substância composta).

Para prever a ocorrência dessas reações, devemos usar a **fila de reatividade dos metais**, determinada experimentalmente:

metais alcalinos > metais alcalino-terrosos > metais comuns > H > metais nobres

Embora o H não seja um metal, ele está presente nessa fila de reatividade, pois também tem capacidade de formar cátions.

Um metal pode deslocar qualquer cátion de metal situado à sua direita e não desloca qualquer cátion de metal situado à sua esquerda. Por exemplo, na reação que estamos analisando, o zinco, um metal comum, é capaz de deslocar, isto é, de transferir elétrons para Cu^{2+}, um cátion de um metal nobre. Essa transferência de elétrons pode ser representada tanto pela equação iônica já apresentada:

$$Zn(s) + Cu^{2+}(aq) \longrightarrow Zn^{2+}(aq) + Cu(s)$$

quanto pelas **semirreações** a seguir, que equacionam, separadamente, os processos de oxidação e redução:

▶▶ semirreação de oxidação:
$Zn(s) \longrightarrow Zn^{2+}(aq) + 2e^-$

▶▶ semirreação de redução:
$Cu^{2+}(aq) + 2e^- \longrightarrow Cu(s)$

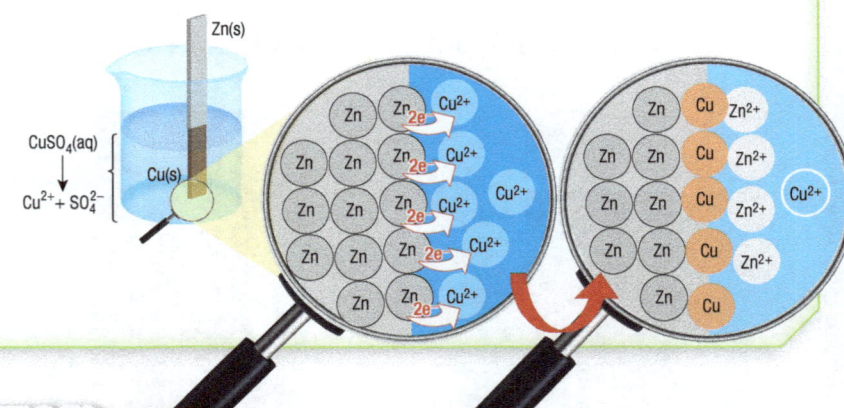

LIGANDO OS PONTOS!

Produção de aço

O ferro é um dos metais mais comuns do nosso planeta. Ele compõe cerca de 5% da massa da crosta terrestre, sendo encontrado em minerais como hematita (Fe_2O_3), magnetita (Fe_3O_4) e limonita ($Fe(OH)_3 \cdot nH_2O$).

Entretanto, foi apenas por volta de 1500 a.C.-1200 a.C. que o ferro passou a ser utilizado para produção de ferramentas e armas, razão pela qual esse período é conhecido como Idade do Ferro.

Ferro puro possui temperatura de fusão de 1.535 °C, o que é superior à temperatura máxima que as fornalhas antigas alcançavam, que era por volta de 1.150 °C. O cobre, por exemplo, tem temperatura de fusão de 1.083 °C e esse é um dos motivos tecnológicos pelos quais nossos antepassados primeiro exploraram o cobre e, apenas posteriormente, o ferro para confecção de utensílios.

Eventualmente, foi descoberto que a adição de 3 a 4% de carbono à mistura com ferro, conhecida como ferro-gusa, reduzia a temperatura de fusão para por volta de 1.150 °C, dentro dos limites das fornalhas da época.

Contudo, infelizmente, o carbono também contribuía para fragilizar a resistência dos produtos obtidos.

Assim, para se obter o aço, liga metálica que contém até 2,0% de carbono, é necessário realizar o processo de refino, sendo que uma das etapas é a **descarbonização** (ou **descarbonetação**) do ferro-gusa, que consiste na redução do teor de carbono da mistura, a partir da queima controlada do carbono excedente. Há registros de que a produção de objetos de aço a partir desse processo estaria estabelecida e consolidada na China na dinastia Han (202 a.C.-220 d.C.).

Espátulas, machado e picareta confeccionados de ferro.

8.1 Número de Oxidação (Nox)

Nem sempre é imediato identificar a transferência de elétrons em uma reação de oxirredução. Assim, para poder acompanhar a transferência dos elétrons nas reações, os químicos introduziram uma grandeza chamada de **número de oxidação**, abreviada por **Nox**.

O número de oxidação de um átomo em uma molécula ou íon corresponde a uma "carga elétrica" calculada por meio de uma série de regras, descritas a seguir.

Regra 1: Os átomos nas substâncias simples têm Nox = 0.

$$\overset{0}{Fe}, \quad \overset{0}{H_2}, \quad \overset{0}{O_2}, \quad \overset{0}{P_4}, \quad \overset{0}{Al}$$

Explicação: nas substâncias metálicas (Fe, Al), o número de prótons é igual ao número de elétrons. Nas substâncias simples, as moléculas são apolares, não havendo a formação de cargas elétricas parciais.

Regra 2: Os metais alcalinos (Li, Na, K, Rb, Cs e Fr) e a prata (Ag), nos compostos, têm Nox = +1.

$$\overset{+1}{Na}Cl \quad \overset{+1}{K_2}SO_4 \quad \overset{+1}{Ag}NO_3 \quad \overset{+1}{Li_3}PO_4$$

Explicação: os metais alcalinos e a prata apresentam um elétron na camada de valência. Cedendo esse elétron, adquirem carga elétrica +1.

Regra 3: Os metais alcalinoterrosos (Be, Mg, Ca, Sr, Ba e Ra) e o zinco (Zn), nos compostos, têm Nox = +2.

$$\overset{+2}{Ca}O \quad \overset{+2}{Ba}Cl_2 \quad \overset{+2}{Zn}Cl_2 \quad \overset{+2}{Sr}(NO_3)_2$$

Explicação: os metais alcalinoterrosos e o zinco apresentam dois elétrons na camada de valência. Cedendo esses elétrons, adquirem carga elétrica +2.

Regra 4: O alumínio (Al), nos compostos, têm Nox = +3.

$$\overset{+3}{Al_2}O_3 \quad \overset{+3}{Al}(NO_3)_3 \quad Na[\overset{+3}{Al}(OH)_4]$$

Explicação: o alumínio tem três elétrons na camada de valência. Cedendo esses elétrons, adquire carga elétrica +3.

Regra 5: Os halogênios (F, Cl, Br e I), à direita da fórmula, têm Nox = −1.

$$\overset{-1}{\text{NaCl}} \quad \overset{-1}{\text{CaBr}_2} \quad \overset{-1}{\text{AgF}} \quad \overset{-1}{\text{CaI}_2}$$

Explicação: os halogênios têm sete elétrons na camada de valência. Para ganhar estabilidade, precisam receber um elétron, portanto, adquirem carga elétrica −1.

Regra 6: O hidrogênio, nos compostos moleculares, tem Nox = +1.

$$\overset{+1}{\text{H}_2}\text{O} \quad \overset{+1}{\text{H}_3}\text{PO}_4 \quad \overset{+1}{\text{NH}_3}$$

Explicação: Nos compostos moleculares, o hidrogênio está ligado covalentemente a elementos mais eletronegativos. Assim, o hidrogênio assume uma carga parcial positiva, assumida, pelas regras de determinação do Nox, como sendo igual a +1. Entretanto, a carga real do átomo de hidrogênio é menor do que +1, uma vez que, na ligação covalente, não há transferência real de elétrons.

NOTA: nos compostos nos quais o hidrogênio está ligado a um metal, chamados de hidretos metálicos, a ligação assume um caráter iônico e o hidrogênio, mais eletronegativo que o metal, apresenta Nox igual a −1, como, por exemplo, no LiH.

Regra 7: O oxigênio, na maioria dos compostos, tem Nox = −2.

$$\text{H}_2\overset{-2}{\text{O}} \quad \text{CaC}\overset{-2}{\text{O}}_3 \quad \text{Zn}\overset{-2}{\text{O}}$$

Explicação: o oxigênio tem seis elétrons na camada de valência. Para ganhar estabilidade, precisa receber dois elétrons, adquirindo carga elétrica -2.

NOTA: nos peróxidos (como H_2O_2 e Na_2O_2), o oxigênio assume Nox igual a −1; nos superóxidos (como NaO_2 e KO_2), o oxigênio assume Nox igual a −½.

Regra 8: A somatória de todos os Nox em um composto é igual a zero.

$$\overset{+1}{\text{Na}}\overset{-1}{\text{Cl}} \qquad \overset{+3}{\text{Al}_2}\overset{+6\ -2}{(\text{SO}_4)_3} \qquad \overset{+1}{\text{H}_2}\overset{-2}{\text{O}}$$

$+1 - 1 = 0 \qquad 2 \cdot (+3) + 3 \cdot (+6) + 12 \cdot (-2) = 0 \qquad 2 \cdot (+1) - 2 = 0$

Regra 9: Nos íons monoatômicos, o Nox é igual à carga do íon.

$$\overset{+1}{Ag^+} \quad \overset{+2}{Pb^{2+}} \quad \overset{-1}{Cl^-}$$

Regra 10: Nos íons poliatômicos, a somatória de todos os Nox é igual à carga do íon.

$$\overset{+6\ -2}{SO_4^{2-}} \qquad \overset{-3\ +1}{NH_4^{1+}} \qquad \overset{+4\ -2}{CO_3^{2-}}$$
$$+6 + 4 \cdot (-2) = -2 \qquad -3 + 4 \cdot (+1) = +1 \qquad +4 + 3 \cdot (-2) = -2$$

FIQUE POR DENTRO!

Número de oxidação médio

Quando aplicamos as regras para determinação do Nox apresentadas acima, é possível que obtenhamos valores fracionários, o que não está errado. Esses valores representam a **média** dos números de oxidação dos átomos do elemento na substância.

Observe os exemplos a seguir:

▶▶ $\overset{x\ \ -2}{Fe_3O_4}$

$$3 \cdot x + 4 \cdot (-2) = 0 \implies x = +\frac{8}{3}$$

No Fe_3O_4, há dois átomos de ferro com Nox = +3 e um átomo de ferro com Nox = +2, de modo que o Nox calculado acima representa a média ponderada no Nox dos átomos de ferro:

$$\text{Nox médio do Fe} = \frac{1 \cdot (+2) + 2 \cdot (+3)}{3} = +\frac{8}{3}$$

O Fe_3O_4 é, na realidade, um óxido duplo:

$$\overset{+2}{Fe}O.\overset{+3}{Fe_2}O_3$$

▶▶ $\overset{x\ +1\ -2}{C_2H_4O_2}$ (ácido acético)

$$2 \cdot x + 4 \cdot (+1) + 2 \cdot (-2) = 0 \implies x = 0$$

No ácido acético, há um átomo de carbono com Nox = +3 e um átomo de carbono com Nox = −3:

$$\begin{array}{c} \overset{+1}{H} \\ | \\ \overset{+1}{H} - \overset{-3}{C} - \overset{+3}{C} \diagup\!\!\!\diagdown \overset{-2}{O} \\ | \qquad\qquad OH \\ \underset{+1}{H} \qquad \underset{-2\ +1}{} \end{array}$$

$$\text{Nox médio do C} = \frac{(-3) + (+3)}{2} = 0$$

8.2 Nox e Conceitos de Oxidação, Redução, Agente Oxidante e Redutor

Dada uma equação química, o número de oxidação pode ser utilizado para identificar se determinada reação é ou não de oxirredução: se houver variação do Nox, a reação será de oxirredução; caso contrário, a reação não é de oxirredução. Observe os exemplos a seguir.

1. $\overset{+1\,-1}{\text{HCl}} + \overset{+1\,-2\,+1}{\text{NaOH}} \longrightarrow \overset{+1\,-1}{\text{NaCl}} + \overset{+1\,-2}{\text{H}_2\text{O}}$

Como não ocorreu variação do Nox dos átomos participantes da reação, a reação acima **não é** de oxirredução.

2. $\overset{0}{\text{Mg}} + \overset{0}{\text{S}} \longrightarrow \overset{+2\,-2}{\text{MgS}}$

Nesta reação houve variação do Nox dos átomos participantes da reação, portanto a reação **é** de oxirredução.

3. $\overset{+3\,-2}{\text{Fe}_2\text{O}_3} + 3\,\overset{+2\,-2}{\text{CO}} \longrightarrow 2\,\overset{0}{\text{Fe}} + 3\,\overset{+4\,-2}{\text{CO}_2}$

Nesta reação houve variação do Nox dos átomos participantes, portanto a reação **é** de oxirredução.

A variação do Nox também permite identificar quem sofreu oxidação e quem sofreu redução.

Na equação (2), o Nox do Mg passou de 0 para +2, o que significa que perdeu dois elétrons e, portanto, dizemos que o Mg sofreu **oxidação**; já o Nox do S passou de 0 para −2, o que significa que recebeu dois elétrons e, portanto, dizemos que o S sofreu **redução**.

Em linhas gerais:

> **Oxidação** é toda transformação na qual há **aumento do Nox** de uma espécie química.
>
> **Redução** é toda transformação na qual há **diminuição do Nox** de uma espécie química.

Assim, na equação (3), concluímos que o Fe_2O_3 sofreu redução (pois o Nox do Fe reduziu de +3 para 0) e o CO sofre oxidação (pois o Nox do C aumentou de +2 para +4).

Outra classificação importante na análise de reações de oxirredução é em agente redutor e agente oxidante. Na equação (2), o Mg, ao reagir com o S, provocou a redução do S, sendo classificado como um **agente redutor**. Por outro lado, o S, ao reagir com o Mg, provocou a oxidação do Mg, sendo classificado como um **agente oxidante**.

Em linhas gerais:

> **Agente redutor** sofre oxidação e é o reagente que **provoca a redução** no outro reagente.
>
> **Agente oxidante** sofre redução e é o reagente que **provoca a oxidação** no outro reagente.

Para a equação (3), o Fe_2O_3 é o agente oxidante (pois sofre redução) e o CO é o agente redutor (pois sofre oxidação).

8.3 Balanceamento de Reações de Oxirredução

Em uma reação que envolve transferência de elétrons, não basta apenas balancear a quantidade de átomos nos reagentes e nos produtos. Também é necessário que o número de elétrons cedidos pelo agente redutor na oxidação seja o mesmo do número de elétrons recebidos pelo agente oxidante na redução.

O método de balanceamento descrito a seguir baseia-se nessa necessidade de o número de elétrons cedidos e recebidos serem iguais. Vamos aplicá-lo para balancear a reação já analisada entre óxido de ferro (III) e monóxido de carbono:

$$Fe_2O_3 + CO \longrightarrow Fe + CO_2 \text{ (não balanceada)}$$

1. Determinar o Nox de todos os átomos participantes da reação.

$$\overset{+3\ -2}{Fe_2O_3} + \overset{+2\ -2}{CO} \longrightarrow \overset{0}{Fe} + \overset{+4\ -2}{CO_2}$$

2. Identificar a oxidação e a redução.

$$\overset{+3\ -2}{Fe_2O_3} + \overset{+2\ -2}{CO} \longrightarrow \overset{0}{Fe} + \overset{+4\ -2}{CO_2}$$

(redução: Fe₂O₃ → Fe; oxidação: CO → CO₂)

3. Calcular a quantidade de elétrons transferidos na oxidação e na redução. Essa quantidade depende tanto da **variação do Nox** ($\Delta Nox = Nox_{maior} - Nox_{menor}$) como da quantidade de átomos que sofre a oxidação e a redução.

$$\overset{+3\ -2}{Fe_2O_3} + \overset{+2\ -2}{CO} \longrightarrow \overset{0}{Fe} + \overset{+4\ -2}{CO_2}$$

(redução: Fe₂O₃ → Fe; oxidação: CO → CO₂)

Redução:

$\underline{Fe_2O_3}$ / Fe: $e^- = \Delta Nox \cdot$ quantidade $= (3 - 0) \cdot 2 = 6$

Oxidação:

$\underline{CO}$ / CO_2: $e^- = \Delta Nox \cdot$ quantidade $= (4 - 2) \cdot 1 = 2$

4. Igualar a quantidade de elétrons cedidos na oxidação e recebidos na redução, identificando os coeficientes estequiométricos dos agentes redutor e oxidante.

$$\overset{+3\ -2}{Fe_2O_3} + \overset{+2\ -2}{CO} \longrightarrow \overset{0}{Fe} + \overset{+4\ -2}{CO_2}$$

redução
oxidação

Redução:

$\underline{Fe_2O_3}$ / Fe: $e^- = \Delta Nox \cdot$ quantidade $= (3 - 0) \cdot 2 = 6$ 1 Fe_2O_3

Oxidação:

$\underline{CO}$ / CO_2: $e^- = \Delta Nox \cdot$ quantidade $= (4 - 2) \cdot 1 = 2$ 3 CO

$$1\ Fe_2O_3 + 3\ CO \longrightarrow Fe + CO_2$$

5. Terminar o balanceamento da equação.

$$1\ Fe_2O_3 + 3\ CO \longrightarrow 2\ Fe + 3\ CO_2$$

FIQUE POR DENTRO!

Casos especiais de balanceamento

No balanceamento de algumas reações de oxirredução, precisamos tomar alguns cuidados adicionais para determinar a quantidade de elétrons envolvida na reação. Analise os casos especiais destacados a seguir:

▶▶ Oxidação ou redução parcial

$$\overset{0}{Cu} + \overset{+5}{HNO_3} \longrightarrow \overset{+2\ +5}{Cu(NO_3)_2} + \overset{+2}{NO} + H_2O$$

Nessa reação, o metal Cu sofreu oxidação (de 0 para +2), sendo, portanto, o agente redutor. Já o HNO_3 sofre *redução parcial*, pois no $Cu(NO_3)_2$ o Nox do nitrogênio ainda continua +5. Portanto, para calcularmos quantos elétrons são recebidos pelo nitrogênio precisamos nos basear na variação do Nox em relação ao NO (produto).

Redução:

HNO_3 / $\underline{NO}$: $e^- = \Delta Nox \cdot$ quantidade $= (5 - 2) \cdot 1 = 3$ 2 NO

Oxidação:

Cu / $\underline{Cu(NO_3)_2}$ $e^- = \Delta Nox \cdot$ quantidade $= (2 - 0) \cdot 1 = 2$ 3 $Cu(NO_3)_2$

$$Cu + HNO_3 \longrightarrow 3\ Cu(NO)_2 + 2\ NO + H_2O$$

Agora, conseguimos terminar o balanceamento dessa equação:

$$3\ Cu + 8\ HNO_3 \longrightarrow 3\ Cu(NO)_2 + 2\ NO + 4\ H_2O$$

▶▶ Auto-oxirredução (desproporcionamento)

$$\overset{0}{Cl_2} + OH^- \longrightarrow \overset{-1}{Cl^-} + \overset{+5}{ClO_3^-} + H_2O$$

Nessa reação, o cloro tanto sofreu oxidação (de 0 para +5 no ClO_3^-) quanto redução (de 0 para –1 no Cl^-), ou seja, o cloro sofreu oxidação e redução simultaneamente, gerando produtos com Nox diferentes. Assim, para calcularmos as quantidades de elétrons, precisamos nos basear nos produtos ClO_3^- e Cl^-:

Redução:

Cl_2 / $\underline{Cl^-}$: $e^- = \Delta Nox \cdot$ quantidade $= (0 - (-1)) \cdot 1 = 1$ ⟶ 5 Cl^-

Oxidação:

Cl_2 / $\underline{ClO_3^-}$ $e^- = \Delta Nox \cdot$ quantidade $= (5 - 0) \cdot 1 = 5$ ⟶ 1 ClO_3^-

$Cl_2 + OH^- \longrightarrow$ **5** Cl^- + **1** ClO_3^- + H_2O

Agora, conseguimos terminar o balanceamento dessa equação:

$$3\ Cl_2 + 6\ OH^- \longrightarrow 5\ Cl^- + 1\ ClO_3^- + 3\ H_2O$$

▶▶ Oxidações ou reduções múltiplas

$$\overset{+2\ -2}{SnS} + HCl + \overset{+5}{HNO_3} \longrightarrow \overset{+4}{SnCl_4} + \overset{0}{S} + \overset{+2}{NO} + H_2O$$

Nessa reação, tanto o estanho (de +2 para +4) quanto o enxofre (de –2 para 0) sofreram oxidação, enquanto o nitrogênio (de +5 para +2) sofreu redução. Nesse caso, para calcular a quantidade de elétrons cedidos pelos elementos que foram oxidados, precisamos somar as quantidades de elétrons cedidos por cada elemento e utilizar como referência a substância no reagente que contém ambos os elementos oxidados:

Redução:

$\underline{HNO_3}$/NO: $e^- = \Delta Nox \cdot$ quantidade $= (5 - 2) \cdot 1 = 3$ ⟶ 4 HNO_3

Oxidação:

$\underline{Sn}S$/$SnCl_4$ $e^- = \Delta Nox \cdot$ quantidade $= (4 - 2) \cdot 1 = 2$ ⎫
$Sn\underline{S}$/S $e^- = \Delta Nox \cdot$ quantidade $= (2 - 0) \cdot 1 = 2$ ⎬ $e^-_{total} = 4$ ⟶ 3 SnS

3 SnS + HCl + **4** $HNO_3 \longrightarrow SnCl_4 + S + NO + H_2O$

Agora, conseguimos terminar o balanceamento dessa equação:

$$3\ SnS + 12\ HCl + 4\ HNO_3 \longrightarrow 3\ SnCl_4 + 3\ S + 4\ NO + 8\ H_2O$$

SÉRIE BRONZE

1. Complete as lacunas a seguir sobre as reações de oxirredução com as informações corretas.

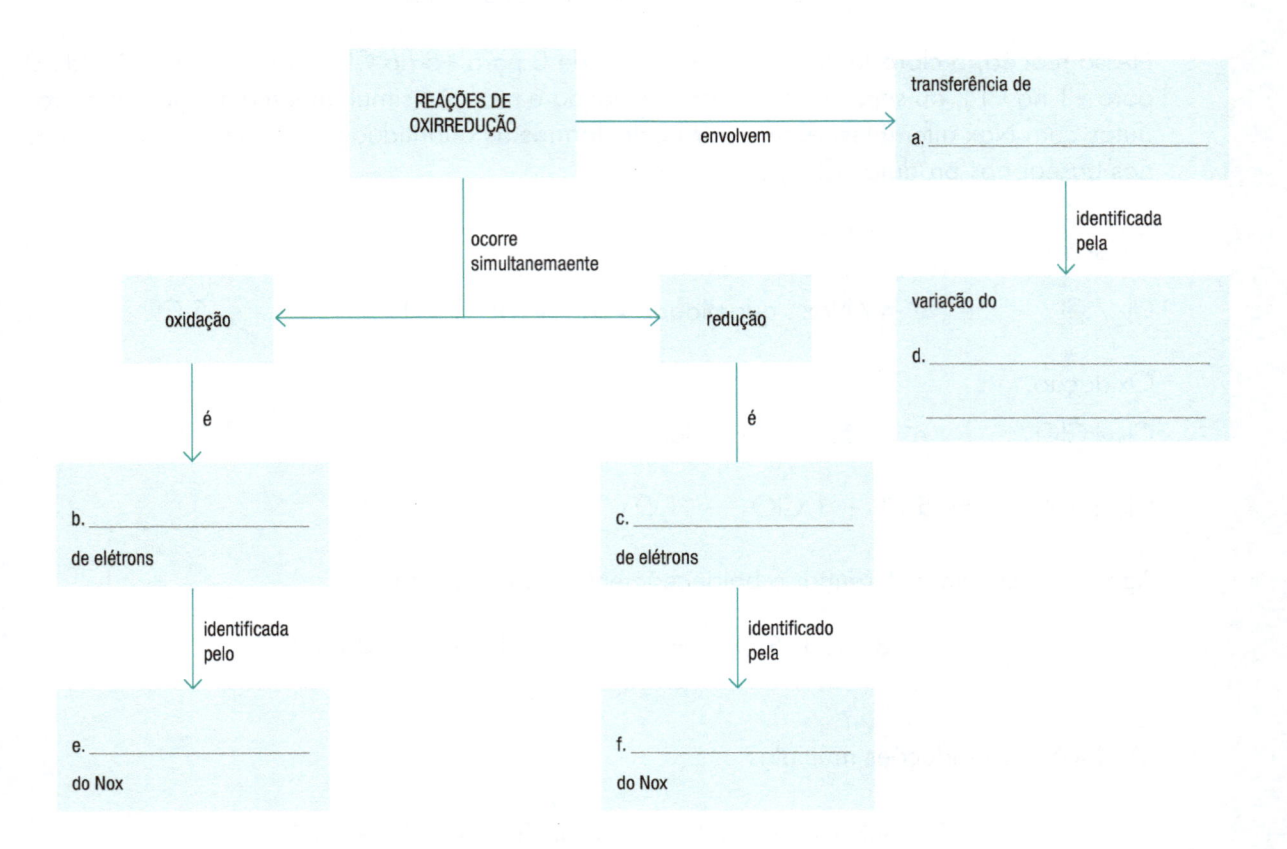

```
                    REAÇÕES DE          envolvem      transferência de
                    OXIRREDUÇÃO   ─────────────────▶   a. _____
                         │
                         │ ocorre                              │ identificada
                         │ simultanemaente                     │ pela
                         ▼                                     ▼
             oxidação ◀─────▶ redução                   variação do
                │                │                      d. _____
                │ é              │ é                       _____
                ▼                ▼
         b. _____      c. _____
         de elétrons        de elétrons
                │                │
                │ identificada   │ identificado
                │ pelo           │ pela
                ▼                ▼
         e. _____      f. _____
         do Nox             do Nox
```

Observações

- Quem sofre oxidação é o agente g. _____

- Quem sofre redução é o agente h. _____

2. Calcule o Nox dos átomos assinalados.

a) $\underline{Al}$

b) $\underline{Fe}$

c) $\underline{P}_4$

d) $\underline{Fe}^{2+}$

e) $\underline{Na}Cl$

f) $K_2\underline{S}O_4$

g) $\underline{Ag}NO_3$

h) $Ca\underline{C}O_3$

i) $\underline{Al}_2(SO_4)_3$

j) $Al_2(\underline{S}O_4)_3$

k) $\underline{Cu}(NO_3)_2$

l) $Cu(\underline{N}O_3)_2$

m) $\underline{N}O_2$

n) $K_2\underline{Cr}_2O_7$

o) $Na\underline{Cl}O_4$

p) $\underline{N}H_3$

q) $Ba\underline{O}$

r) $\underline{S}O_4^{2-}$

s) $\underline{N}H_4^+$

t) $\underline{P}O_4^{3-}$

u) $Na\underline{H}$

v) $H_2\underline{O}_2$

w) $Na_2\underline{O}_2$

x) $Ba\underline{O}_2$

y) $\underline{Fe}_3O_4$

z) $Na\underline{N}_3$

3. Determine o Nox do elemento cloro nas espécies:

Cl_2 $HClO_2$
$NaCl$ $HClO_3$
$CaCl_2$ $HClO_4$
HCl Cl_2O_7
$HClO$ ClO_4^-

4. Considere a equação $Zn + Cu^{2+} \longrightarrow Zn^{2+} + Cu$.

a) Complete **ganhou** ou **perdeu**.

O Zn _____ 2 elétrons.

O Cu^{2+} _____ 2 elétrons.

b) Complete **oxidação** ou **redução**.

O Zn sofreu uma _____.

O Cu^{2+} sofre uma _____.

c) Complete **oxidante** ou **redutor**.

O Zn é o agente _____.

O Cu^{2+} é o agente _____

5. Dada a equação

$$Fe + H_2SO_4 \longrightarrow FeSO_4 + H_2$$

pergunta-se:
a) Qual é o oxidante?
b) Qual é o redutor?

6. Acerte os coeficientes pelo método de oxirredução.

a) $Zn + Ag^+ \longrightarrow Zn^{2+} + Ag$

b) $Zn + Cu^{2+} \longrightarrow Zn^{2+} + Cu$

c) $Al + Ag^+ \longrightarrow Al^{3+} + Ag$

d) $Al + Cu^{2+} \longrightarrow Al^{3+} + Cu$

e) $Cl_2 + Br^- \longrightarrow Cl^- + Br_2$

f) $Fe_2O_3 + CO \longrightarrow Fe + CO_2$

g) $P + HNO_3 + H_2O \longrightarrow H_3PO_4 + NO$

h) $MnO_4^- + H_2C_2O_4 + H^+ \longrightarrow Mn^{2+} + CO_2 + H_2O$

i) $MnO_4^- + H^+ + Cl^- \longrightarrow Mn^{2+} + Cl_2 + H_2O$

j) $Cu + HNO_3 \longrightarrow Cu(NO_3)_2 + NO + H_2O$

k) $MnO_4^- + H_2O_2 + H^+ \longrightarrow Mn^{2+} + H_2O + O_2$

l) $FeCl_2 + H_2O_2 + HCl \longrightarrow FeCl_3 + H_2O$

m) $Cl_2 + OH^- \longrightarrow Cl^- + ClO_3^- + H_2O$

n) $SnS + HCl + HNO_3 \longrightarrow SnCl_4 + S + NO + H_2O$

o) $As_2S_3 + HNO_3 + H_2O \longrightarrow H_2SO_4 + H_3AsO_4 + NO$

f) $Cu + AgNO_3 \longrightarrow$
   equação iônica:

g) $Al + AgNO_3 \longrightarrow$
   equação iônica:

h) $Ag + Al(NO_3)_3 \longrightarrow$

i) $Mg + CuSO_4 \longrightarrow$
   equação iônica:

j) $Cu + MgSO_4 \longrightarrow$

7. Complete as equações que ocorrem e também escreva-as na forma iônica.

a) $Zn + CuSO_4 \longrightarrow$
   equação iônica:

b) $Cu + ZnSO_4 \longrightarrow$

c) $Ni + CuSO_4 \longrightarrow$
   equação iônica:

d) $Cu + NiCl_2 \longrightarrow$

e) $Na + ZnSO_4 \longrightarrow$
   equação iônica:

8. Complete as equações que ocorrem e também escreva-as na forma iônica.

a) $Mg + HCl \longrightarrow$
   equação iônica:

b) $Cu + HCl \longrightarrow$

c) $Zn + HCl \longrightarrow$
   equação iônica:

d) $Ag + HCl \longrightarrow$

SÉRIE PRATA

1. (FAMERP – SP) O ácido nítrico é obtido a partir da amônia por um processo que pode ser representado pela reação global:

$$NH_3(g) + 2\,O_2(g) \longrightarrow HNO_3(aq) + H_2O(l)$$

Nessa reação, a variação do número de oxidação (Δnox) do elemento nitrogênio é igual a

a) 6 unidades.
b) 4 unidades.
c) 2 unidades.
d) 8 unidades.
e) 10 unidades.

2. (UNESP) O ciclo do enxofre é fundamental para os solos dos manguezais. Na fase anaeróbica, bactérias reduzem o sulfato para produzir o gás sulfeto de hidrogênio. Os processos que ocorrem são os seguintes:

$$SO_4^{2-}(aq) \xrightarrow{\text{ação bacteriana}} S^{2-}(aq)$$

$$S^{2-}(aq) \xrightarrow{\text{meio ácido}} H_2S(g)$$

SCHMIDT, G. **Manguezal de Cananeia**, 1989. Adaptado.

Na produção de sulfeto de hidrogênio por esses processos nos manguezais, o número de oxidação do elemento enxofre

a) diminui 8 unidades.
b) mantém-se o mesmo.
c) aumenta 4 unidades.
d) aumenta 8 unidades.
e) diminui 4 unidades.

3. (UNESP) O primeiro passo no metabolismo do etanol no organismo é a sua oxidação a acetaldeído pela enzima denominada álcool desidrogenase. A enzima aldeído desidrogenase, por sua vez, converte o acetaldeído em acetato.

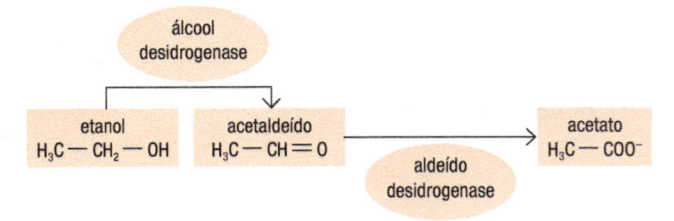

etanol H_3C-CH_2-OH → (álcool desidrogenase) → acetaldeído $H_3C-CH=O$ → (aldeído desidrogenase) → acetato H_3C-COO^-

Disponível em: <www.cisa.org.br>. Adaptado

Os números de oxidação médios do elemento carbono no etanol, no acetaldeído e no íon acetato são, respectivamente:

a) +2, +1 e 0.
b) −2, −1 e 0.
c) −1, +1 e 0.
d) +2, +1 e −1.
e) −2, −2 e −1.

4. (FATEC – SP) Nas latinhas de refrigerantes, o elemento alumínio (número atômico 13) está presente na forma metálica e, na pedra-ume, está presente na forma de cátions trivalentes.

Logo, as cargas elétricas relativas do alumínio nas latinhas e na pedra-ume são, respectivamente,

a) 3− e 3+.
b) 3− e 0.
c) 0 e 3+.
d) 3+ e 0.
e) 3+ e 3−.

5. (PUC – RJ) Sobre a reação:

$$Zn(s) + 2\ HCl(aq) \longrightarrow ZnCl_2(aq) + H_2(g),$$

assinale a alternativa **correta**.

a) O zinco sofre redução.
b) O cátion H$^+$(aq) sofre oxidação.
c) O zinco doa elétrons para o cátion H$^+$(aq).
d) O zinco recebe elétrons formando o cátion Zn^{2+}(aq).
e) O íon cloreto se reduz formando ZnCl$_2$(aq).

6. (UFV – MG) A seguir são apresentadas as equações de quatro reações:

I. $H_2 + Cl_2 \longrightarrow 2\ HCl$

II. $SO_2 + H_2O \longrightarrow H_2SO_3$

III. $2\ SO_2 + O_2 \longrightarrow 2\ SO_3$

IV. $2\ Al(OH)_3 \longrightarrow Al_2O_3 + 3\ H_2O$

São reações de oxirredução:

a) I e II.
b) II, III e IV.
c) I e III.
d) II e IV.
e) I, II e III.

7. (PUC – adaptada) As estações de tratamento de esgotos conseguem reduzir a concentração de vários poluentes presentes nos despejos líquidos, antes de lançá-los nos rios e lagos. Uma das reações que acontece é a transformação do gás sulfídrico (H_2S), que apresenta um cheiro muito desagradável, em SO_2. O processo pode ser representado pela equação não balanceada:

____ H_2S (g) + ____ O_2 (g) + ⟶

⟶ ____ SO_2 (g) + ____ H_2O (g)

Responda, usando as fórmulas das substâncias, quando necessário:

a) Qual é a substância oxidada?

b) Qual é o agente redutor?

c) Qual é a soma dos coeficientes mínimos e inteiros obtidos no balanceamento?

d) Qual é a a variação do número de oxidação para cada átomo de enxofre?

8. (MACKENZIE – SP)

Cs, K, Ba, Ca, Mg, Al, Zn, Fe, **H**, Cu, Hg, Ag, Au

⟵ reatividade crescente

Analisando a fila de reatividade dada acima, pode-se afirmar que a reação que **não** ocorrerá é:

a) $AgNO_3$ + Cu ⟶
b) HCl + Mg ⟶
c) H_2SO_4 + Fe ⟶
d) HCl + Zn ⟶
e) $ZnSO_4$ + Cu ⟶

9. (UESPI) De acordo com a ordem de reatividade, assinale a alternativa na qual a reação não ocorre.

a) Zn + 2 HCl ⟶ H_2 + $ZnCl_2$
b) Fe + 2 HCl ⟶ H_2 + $FeCl_2$
c) Mg + H_2SO_4 ⟶ H_2 + $MgSO_4$
d) Au + 3 HCl ⟶ $\frac{3}{2}$ H_2 + $AuCl_3$
e) Zn + 2 $AgNO_3$ ⟶ 2 Ag + $Zn(NO_3)_2$

10. (UNIMONTES – MG) A reação de metais com ácidos são práticas para a obtenção de gás hidrogênio e sais de natureza diversa. O resultado de experimentos com placas dos metais zinco, ferro, cobre e ouro com ácido clorídrico encontra-se representado a seguir.

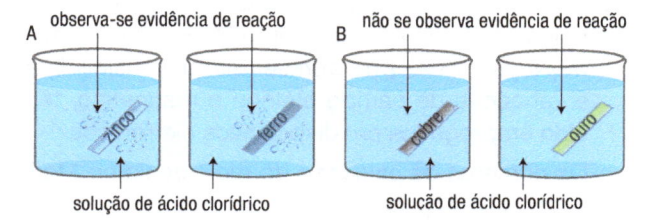

Em relação aos experimentos, pode-se concluir que

a) ocorre a formação do cloreto de cobre (II) no béquer onde está a placa de cobre.
b) o cobre e o ouro são mais reativos que o hidrogênio, portanto não ocorre reação.
c) as placas de zinco e ferro são corroídas e há desprendimento de gás hidrogênio.
d) o zinco e o ferro, por não serem oxidados, são considerados metais nobres.
e) o cobre e o ouro não são corroídos, pois esses metais apresentam maior facilidade em doar elétrons que o zinco e o ferro.

SÉRIE OURO

1. (UNESP) O nitrogênio pode existir na natureza em vários estados de oxidação. Em sistemas aquáticos, os compostos que predominam e que são importantes para a qualidade da água apresentam o nitrogênio com números de oxidação –3, 0, +3 ou +5. Assinale a alternativa que apresenta as espécies contendo nitrogênio com os respectivos números de oxidação, na ordem descrita no texto:

a) NH_3, N_2, NO_2^-, NO_3^-.
b) NO_2^-, NO_3^-, NH_3, N_2.
c) NO_3^-, NH_3, N_2, NO_2^-.
d) NO_2^-, NH_3, N_2, NO_3^-.
e) NH_3, N_2, NO_3^- NO_2^-.

2. (FGV) O molibdênio é um metal de aplicação tecnológica em compostos como MoS_2 e o espinélio, $MoNa_2O_4$, que, por apresentarem sensibilidade a variações de campo elétrico e magnético, têm sido empregados em dispositivos eletrônicos.

Os números de oxidação do molibdênio no MoS_2 e no $MoNa_2O_4$ são, respectivamente,

a) +2 e +2.
b) +2 e +3.
c) +4 e +3.
d) +4 e +4.
e) +4 e +6.

3. (UNESP) Compostos de crômio têm aplicação em muitos processos industriais, como, por exemplo, o tratamento de couro em curtumes e a fabricação de tintas e pigmentos. Os resíduos provenientes desses usos industriais contêm, em geral, misturas de íons cromato (CrO_4^{2-}), dicromato e crômio, que não devem ser descartados no ambiente, por causarem impactos significativos.

Sabendo que no ânion dicromato o número de oxidação do crômio é o mesmo que no ânion cromato, e que é igual à metade desse valor no cátion crômio, as representações químicas que correspondem aos íons de dicromato e crômio são, correta e respectivamente,

a) $Cr_2O_5^{2-}$ e Cr^{4+}.
b) $Cr_2O_9^{2-}$ e Cr^{4+}.
c) $Cr_2O_9^-$ e Cr^{3+}.
d) $Cr_2O_7^{2-}$ e Cr^{3+}.
e) $Cr_2O_5^{2-}$ e Cr^{2+}.

4. (UNESP)

Lâmpadas sem mercúrio

Agora que os LEDs estão jogando para escanteio as lâmpadas fluorescentes compactas e seu conteúdo pouco amigável ao meio ambiente, as preocupações voltam-se para as lâmpadas ultravioletas, que também contêm o tóxico mercúrio.

Embora seja importante proteger-nos de muita exposição à radiação UV do Sol, a luz ultravioleta também tem propriedades muito úteis. Isso se aplica à luz UV com comprimentos de onda curtos, de 100 a 280 nanômetros, chamada luz UVC, que é especialmente útil por sua capacidade de destruir bactérias e vírus.

Para eliminar a necessidade do mercúrio para geração de luz UVC, Ida Hooiaas, da Universidade norueguesa de Ciência e Tecnologia, montou um diodo pelo seguinte procedimento: inicialmente, depositou uma camada de gafeno (uma variedade cristalina do carbono) sobre uma placa de vidro. Sobre o grafeno, dispôs nanofios de um semicondutor chamado nitreto de gálio-alumínio (AlGaN). Quando o diodo é energizado, os nanofios emitem luz UV, que brilha através do grafeno e do vidro.

Disponível em:<www.inovacaotecnologica.com.br>. Adaptado.

No nitreto de gálio-alumínio, os números de oxidação do nitrogênio e do par Al-Ga são, respectivamente,

DADO: N (ametal do grupo 15 da tabela periódica)

a) 0 e 0.
b) +6 e –6.
c) +1 e +1.
d) –3 e +3.
e) –2 e +2.

5. (UNESP)

Nas últimas décadas, o dióxido de enxofre (SO_2) tem sido o principal contaminante atmosférico que afeta a distribuição de liquens em áreas urbanas e industriais. Os liquens absorvem o dióxido de enxofre e, havendo repetidas exposições a esse poluente, eles acumulam altos níveis de sulfatos (SO_4^{2-}) e bissulfatos (HSO_4^-), o que incapacita os constituintes dos liquens de realizarem funções vitais, como fotossíntese, respiração e, em alguns casos, fixação de nitrogênio.

LIJTEROFF, R. et al. **Revista Internacional de Contaminación Ambiental**, maio 2009. Adaptado.

Nessa transformação do dióxido de enxofre em sulfatos e bissulfatos, o número de oxidação do elemento enxofre varia de _____ para _____, portanto, sofre _____.

As lacunas desse texto são, **correta** e respectivamente, preenchidas por:

a) –4; –6 e redução.
b) +4; +6 e oxidação.
c) +2; +4 e redução.
d) +2; +4 e oxidação.
e) –2; –4 e oxidação.

6. (FUVEST – SP) Na produção de combustível nuclear, o trióxido de urânio é transformado no hexafluoreto de urânio, como representado pelas equações químicas:

I. $UO_3(s) + H_2(g) \longrightarrow UO_2(s) + H_2O(g)$
II. $UO_2(s) + 4\ HF(g) \longrightarrow UF_4(s) + 2\ H_2O(g)$
III. $UF_4(s) + F_2(g) \longrightarrow UF_6(g)$

Sobre tais transformações, pode-se afirmar, corretamente, que ocorre oxirredução apenas em

a) I.   b) II.   c) III.   d) I e II.   e) I e III.

7. (PUC – SP) A fixação do nitrogênio é um processo que possibilita a incorporação do elemento nitrogênio nas cadeias alimentares, a partir do metabolismo dos produtores.

A fixação também pode ser realizada industrialmente gerando, entre outros produtos, fertilizantes. A produção do nitrato de amônio (NH_4NO_3) a partir do gás nitrogênio (N_2), presente na atmosfera, envolve algumas etapas. Três delas estão representadas a seguir.

I. $N_2(g) + 3\ H_2(g) \longrightarrow 2\ NH_3(g)$
II. $4\ NH_3(g) + 5\ O_2(g) \longrightarrow 4\ NO(g) + 6\ H_2O(l)$
III. $NH_3(g) + HNO_3(aq) \longrightarrow NH_4NO_3(aq)$

As etapas I, II e III podem ser descritas, respectivamente, como:

a) oxidação do nitrogênio, oxidação da amônia e oxidação da amônia.
b) oxidação do nitrogênio, redução da amônia e neutralização da amônia.
c) redução do nitrogênio, oxidação da amônia e neutralização da amônia.
d) redução do nitrogênio, redução da amônia e redução da amônia.
e) neutralização do nitrogênio, combustão da amônia e acidificação da amônia.

8. (UNESP) Insumo essencial na indústria de tintas, o dióxido de titânio sólido puro (TiO_2) pode ser obtido a partir de minérios com teor aproximado de 70% em TiO_2 que, após moagem, é submetido à seguinte sequência de etapas:

I. aquecimento com carvão sólido
$$TiO_2(s) + C(s) \longrightarrow Ti(s) + CO_2(g)$$

II. reação do titânio metálico com cloro molecular gasoso
$$Ti(s) + 2\ Cl_2(s) \longrightarrow TiCl_4(l)$$

III. reação do cloreto de titânio líquido com oxigênio molecular gasoso
$$TiCl_4(l) + O_2(g) \longrightarrow TiO_2(s) + 2\ Cl_2(g)$$

No processo global de purificação de TiO_2, com relação aos compostos de titânio envolvidos no processo, é **correto** afirmar que ocorre

a) oxidação do titânio apenas nas etapas I e II.
b) redução do titânio apenas na etapa I.
c) redução do titânio apenas nas etapas II e III.
d) redução do titânio em todas as etapas.
e) oxidação do titânio em todas as etapas.

9. (FUVEST – SP) Considere estas três ações químicas realizadas por seres vivos:

I. Fotossíntese
$$6\ H_2O + 6\ CO_2 \xrightarrow{luz} 6\ O_2 + C_6H_{12}O_6$$

II. Quimiosssíntese metagênica
$$CO_2 + 4\ H_2 \longrightarrow CH_4 + 2\ H_2O$$

III. Respiração celular
$$6\ O_2 + C_6H_{12}O_6 \longrightarrow 6\ H_2O + 6\ CO_2$$

A mudança no estado de oxidação do elemento carbono em cada reação e o tipo de organismo em que a reação ocorre são:

	I	II	III
a)	redução; autotrófico	redução; autotrófico	oxidação; heterotrófico e autotrófico
b)	oxidação; autotrófico	oxidação; heterotrófico	oxidação; autotrófico
c)	redução; autotrófico	redução; heterotrófico e autotrófico	redução; heterotrófico e autotrófico
d)	oxidação; autotrófico e heterotrófico	redução; autotrófico	oxidação; autotrófico
e)	oxidação; heterotrófico	oxidação; autotrófico	redução; heterotrófico

10. (PUC – PR) Durante a descarga de uma bateria de automóvel, o chumbo reage com o óxido de chumbo (II) e com ácido sulfúrico, formando sulfato de chumbo (II) e água:

$$Pb + PbO_2 + 2\ H_2SO_4 \longrightarrow 2\ PbSO_4 + 2\ H_2O$$

Nesse processo, o oxidante e o oxidado são, respectivamente:

a) PbO_2 e Pb.
b) H_2SO_4 e Pb.
c) PbO_2 e H_2SO_4.
d) $PbSO_4$ e Pb.
e) H_2O e $PbSO_4$.

11. (ENEM) O ferro metálico é obtido em altos-fornos pela mistura do minério hematita (α-Fe_2O_3) contendo impurezas, coque (C) e calcário ($CaCO_3$), sendo estes mantidos sob um fluxo de ar quente que leva à queima do coque, com a temperatura no alto-forno chegando próximo a 2.000 °C. As etapas caracterizam o processo em função da temperatura.

Entre 200 °C e 700 °C:
$$3\ Fe_2O_3 + CO \longrightarrow 2\ Fe_3O_4 + CO_2$$
$$CaCO_3 \longrightarrow CaO + CO_2$$
$$Fe_3O_4 + CO \longrightarrow 3\ FeO + CO_2$$

Entre 700 °C e 1.200 °C:
$$C + CO_2 \longrightarrow 2\ CO$$
$$FeO + CO \longrightarrow Fe + CO_2$$

Entre 1.200 °C e 2.000 °C:
ferro impuro se funde;
formação de escória fundida ($CaSiO_3$)
$$2\ C + O_2 \longrightarrow 2\ CO$$

BROWN, T. L.; LEMAY, H. E.; BURSTEN, B. E. **Química**: a ciência central. São Paulo: Pearson Education, 2005. Adaptado.

No processo de redução desse metal, o agente redutor é o

a) C.   b) CO.   c) CO_2.   d) CaO.   e) $CaCO_3$.

12. (PUC – MG) Em um laboratório, um grupo de estudantes colocou um pedaço de palha de aço em um prato, cobrindo-o com água sanitária. Após 10 minutos, eles observaram, no fundo do prato, a formação de uma nova substância de cor avermelhada, cuja fórmula é Fe_2O_3.

A reação que originou esse composto ocorreu entre o ferro (Fe) e o hipoclorito de sódio (NaClO), presente na água sanitária, e pode ser representada pela seguinte equação não balanceada:

$$Fe(s) + NaClO(aq) \longrightarrow Fe_2O_3(s) + NaCl(aq)$$

Considerando-se essas informações, é incorreto afirmar:

a) O hipoclorito de sódio atua como o redutor.
b) O ferro sofre uma oxidação.
c) A soma dos coeficientes das substâncias que participam da reação é igual a 9.
d) O átomo de cloro do hipoclorito de sódio ganhou 2 elétrons.

13. (UESC) Para a equação não balanceada:

$$MnO_2 + KClO_3 + KOH \longrightarrow K_2MnO_4 + KCl + H_2O$$

assinale a alternativa **incorreta**.

a) A soma de todos os coeficientes estequiométricos, na proporção mínima de números inteiros, é 17.
b) O agente oxidante é o $KClO_3$.
c) O agente redutor é o MnO_2.
d) O número de oxidação do manganês no MnO_2 é duas vezes o número de oxidação do hidrogênio.
e) Cada átomo de cloro ganha seis elétrons.

14. (MACKENZIE – SP – adaptada) O sulfeto de hidrogênio (H_2S) é um composto corrosivo que pode ser encontrado no gás natural, em alguns tipos de petróleo, que contêm elevado teor de enxofre, e é facilmente identificado por meio do seu odor característico de ovo podre.

A equação química a seguir, não balanceada, indica uma das possíveis reações do sulfeto de hidrogênio.

$$H_2S + Br_2 + H_2O \longrightarrow H_2SO_4 + HBr$$

A respeito do processo acima, é **incorreto** afirmar que

a) o sulfeto de hidrogênio é o agente redutor.
b) para cada molécula de H_2S consumido, ocorre a produção de 2 moléculas de H_2SO_4.
c) a soma dos menores coeficientes inteiros do balanceamento da equação é 18.
d) o bromo (Br_2) sofre redução.
e) o número de oxidação do enxofre no ácido sulfúrico é +6.

15. (EsPCEx – RJ) Abaixo são fornecidos os resultados das reações entre metais e sais.

$FeSO_4(aq) + Ag(s) \longrightarrow$ não ocorre a reação
$2\ AgNO_3(aq) + Fe(s) \longrightarrow Fe(NO_3)_2(aq) + 2\ Ag(s)$
$3\ FeSO_4(aq) + 2\ Al(s) \longrightarrow Al_2(SO_4)_3(aq) + 3\ Fe(s)$
$Al_2(SO_4)_3(aq) + Fe(s) \longrightarrow$ não ocorre a reação

De acordo com as reações acima equacionadas, a ordem decrescente de reatividade dos metais envolvidos em questão é:

a) Al, Fe e Ag.
b) Ag, Fe e Al.
c) Fe, Al e Ag.
d) Ag, Al e Fe.
e) Al, Ag e Fe

16. (UFMG) Num laboratório, foram feitos testes para avaliar a reatividade de três metais – cobre, Cu, magnésio, Mg, e zinco, Zn.

Para tanto, cada um desses metais foi mergulhado em três soluções diferentes – uma de nitrato de cobre, $Cu(NO_3)_2$, uma de nitrato de magnésio, $Mg(NO_3)_2$, e uma de nitrato de zinco, $Zn(NO_3)_2$.

Neste quadro, estão resumidas as observações feitas ao longo dos testes.

SOLUÇÕES \ METAIS	Cu	Mg	Zn
$Cu(NO_3)_2$	não reage	reage	reage
$Mg(NO_3)_2$	não reage	não reage	não reage
$Zn(NO_3)_2$	não reage	reage	não reage

Considerando-se essas informações, é **correto** afirmar que a disposição dos três metais testados, segundo a ordem crescente de reatividade de cada um deles, é:

a) Cu/Mg/Zn.
b) Cu/Zn/Mg.
c) Mg/Zn/Cu.
d) Zn/Cu/Mg.

17. (FUVEST – SP) O cientista e escritor Oliver Sacks, em seu livro *Tio Tungstênio*, nos conta a seguinte passagem de sua infância: "Ler sobre [Humphry] Davy e seus experimentos estimulou-me a fazer diversos outros experimentos eletroquímicos... Devolvi o brilho às colheres de prata de minha mãe colocando-as em um prato de alumínio com uma solução morna de bicarbonato de sódio [$NaHCO_3$]".

Pode-se compreender o experimento descrito, sabendo-se que

▶▶ objetos de prata, quando expostos ao ar, enegrecem devido à formação de Ag_2O e Ag_2S (compostos iônicos);

▶▶ as espécies químicas Na^+, Al^{3+} e Ag^+ têm, nessa ordem, tendência crescente de receber elétrons.

Assim sendo, a reação de oxirredução, responsável pela devolução do brilho às colheres, pode ser representada por:

a) $3 Ag^+ + Al^0 \longrightarrow 3 Ag^0 + Al^{3+}$
b) $Al^0 + 3 Ag^0 \longrightarrow Al^0 + 3 Ag^+$
c) $Ag^0 + Na^+ \longrightarrow Ag^+ + Na^0$
d) $Al^0 + 3 Na^+ \longrightarrow Al^{3+} + 3 Na^0$
e) $3 Na^0 + Al^{3+} \longrightarrow 3 Na^+ + Al^0$

18. (UNICAMP – SP) "Ferro Velho Coisa Nova" e "Compro Ouro Velho" são expressões associadas ao comércio de dois materiais que podem ser reaproveitados. Em vista das propriedades químicas dos dois materiais mencionados nas expressões, pode-se afirmar corretamente que

a) nos dois casos as expressões são apropriadas, já que ambos os materiais se reduzem com o tempo, o que não permite distinguir o "novo" do "velho".

b) nos dois casos as expressões são inapropriadas, já que ambos os materiais se reduzem com o tempo, o que não permite distinguir o "novo" do "velho".

c) a primeira expressão é apropriada, pois o ferro se reduz com o tempo, enquanto a segunda expressão não é apropriada, pois o ouro é um material inerte.

d) a primeira expressão é apropriada, pois o ferro se oxida com o tempo, enquanto a segunda expressão não é apropriada, pois o ouro é um material inerte.

SÉRIE PLATINA

1. (Exercício resolvido) (UFRJ) A análise de água de uma lagoa revelou a existência de duas camadas com composições químicas diferentes, como mostra o desenho a seguir:

| camada superior (água morna) | CO_2 HCO_3^- H_2CO_3 SO_4^{2-} NO_3^- $Fe(OH)_3$ |
| camada profunda (água fria) | CH_4 H_2S NH_3 NH_4^+ Fe^{2+} (aq) |

Indique o número de oxidação do nitrogênio em cada uma das camadas da lagoa e apresente a razão pela qual alguns elementos exibem diferença de Nox entre as camadas.

Resolução:
- camada superior: $\overset{+5}{N}O_3^-$
- camada profunda: $\overset{-3}{N}H_3$ e $\overset{-3}{N}H_4^+$

A camada superior, por estar em contato com o ar, contém mais oxigênio dissolvido, aumentando o estado de oxidação dos elementos dissolvidos.

---

2. (UNICAMP – SP) Uma mãe levou seu filho ao médico, que diagnosticou uma anemia. Para tratar o problema, foram indicados comprimidos compostos por um sulfato de ferro e vitamina C. O farmacêutico que aviou a receita informou à mãe que a associação das duas substâncias era muito importante, pois a vitamina C evita a conversão do íon ferro a um estado de oxidação mais alto, uma vez que o íon ferro só é absorvido no intestino em seu estado de oxidação mais baixo.

a) Escreva a fórmula do sulfato de ferro utilizado no medicamento. Escreva o símbolo do íon ferro que não é absorvido no intestino.
b) No caso desse medicamento, a vitamina C atua como um **oxidante** ou como um **antioxidante**? Explique.

3. (UNICAMP – SP) As duas substâncias gasosas presentes em maior concentração na atmosfera não reagem entre si nas condições de pressão e temperatura como as reinantes nesta sala. Nas tempestades, em consequência dos raios, há reação dessas duas substâncias entre si, produzindo óxidos de nitrogênio, principalmente NO e NO_2.

a) Escreva o nome e a fórmula das duas substâncias presentes no ar em maior concentração.
b) Escreva a equação de formação, em consequência dos raios, de um dos óxidos mencionados acima, indicando qual é o redutor.

4. (ENEM) Estudos mostram o desenvolvimento de biochips utilizados para auxiliar o diagnóstico de diabetes melito, doença evidenciada pelo excesso de glicose no organismo. O teste é simples e consiste em duas reações sequenciais na superfície do biochip, entre a amostra de soro sanguíneo do paciente, enzimas específicas e reagente (iodeto de potássio, KI), conforme mostrado na imagem.

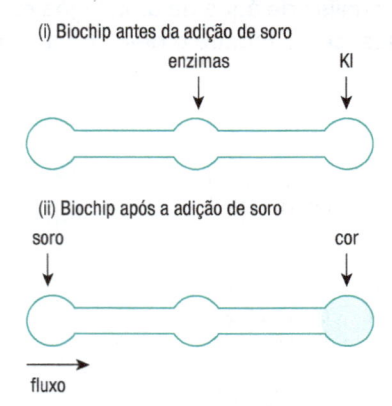

(i) Biochip antes da adição de soro
enzimas   KI

(ii) Biochip após a adição de soro
soro   cor
fluxo

Após a adição de soro sanguíneo, o fluxo desloca-se espontaneamente da esquerda para a direita (II) promovendo reações sequenciais, conforme as equações 1 e 2. Na primeira, há conversão de glicose do sangue em ácido glucônico, gerando peróxido de hidrogênio.

Equação 1

$$C_6H_{12}O_6(aq) + O_2(g) + H_2O(l) \xrightarrow{enzimas}$$
$$\xrightarrow{enzimas} C_6H_{12}O_7(aq) + H_2O_2(aq)$$

Na segunda, o peróxido de hidrogênio reage com íons iodeto gerando o íon tri-iodeto, água e oxigênio.

$$2\ H_2O_2(aq) + 3\ I^-(aq) \longrightarrow I_3^-(aq) + 2\ H_2O(l) + O_2(g)$$

GARCIA, P. T. et al. A Handheld Stamping Process to Fabricate Microfluidic Paper-Based Analytical Devices with Chemically Modified Surface for Clinical Assays. **RSC Adv.**, v. 4, 13 Aug. 2014. Adaptado.

O tipo de reação que ocorre na superfície do biochip, nas duas reações do processo é

a) análise
b) síntese
c) oxirredução
d) complexação
e) ácido-base

5. (FUVEST – SP) Um dos métodos industriais de obtenção de zinco, a partir da blenda de zinco ZnS, envolve quatro etapas em sequência:

I. Aquecimento do minério com oxigênio (do ar atmosférico), resultando na formação de óxido de zinco e dióxido de enxofre.
II. Tratamento, com carvão, a alta temperatura, do óxido de zinco, resultando na formação de zinco e monóxido de carbono.
III. Resfriamento do zinco formado, que é recolhido no estado líquido.
IV. Purificação do zinco por destilação fracionada. Ao final da destilação, o zinco líquido é despejado em moldes, nos quais se solidifica.

a) Represente, por meio de equação química balanceada, a primeira etapa do processo.
b) Indique o elemento que sofreu oxidação e o elemento que sofreu redução, na segunda etapa do processo. Justifique.
c) Indique, para cada mudança de estado físico que ocorre na etapa IV, se ela é exotérmica ou endotérmica.

6. (EsPCEx – RJ) O cobre metálico pode ser oxidado por ácido nítrico diluído, produzindo água, monóxido de nitrogênio e um sal (composto iônico). A reação pode ser representada pela seguinte equação química (não balanceada):

$$Cu(s) + HNO_3(aq) \longrightarrow H_2O(l) + NO(g) + Cu(NO_3)_2(aq)$$

A soma dos coeficientes estequiométricos (menores números inteiros) da equação balanceada, o agente redutor da reação e o nome do composto iônico formado são, respectivamente,

a) 18; Cu; nitrato de cobre I.
b) 20; Cu; nitrato de cobre II.
c) 19; HNO_3; nitrito de cobre II.
d) 18; NO; nitrato de cobre II.
e) 20; Cu; nitrato de cobre I.

CAPÍTULO 9

Reações de Oxirredução em Compostos Orgânicos

Vimos, no volume 2, uma série de reações que envolvem compostos orgânicos, desde reações de esterificação e de hidrólise de ésteres, até reações de polimerização para a formação de plásticos e proteínas.

Esses compostos orgânicos também podem participar de **reações de oxirredução**, que acabamos de estudar para os compostos inorgânicos. Entre as reações que envolvem compostos orgânicos, as reações de combustão talvez sejam as mais frequentemente lembradas, seja na queima de combustíveis em nossas casas ou nos automóveis, seja no metabolismo da glicose em nossas células.

$$CH_4 + 2\ O_2 \longrightarrow CO_2 + 2\ H_2O$$

$$C_8H_{18} + \frac{25}{2}\ O_2 \longrightarrow 8\ CO_2 + 9\ H_2O$$

Nas reações de combustão completa, o gás oxigênio reage com o combustível (CH_4 para o caso do gás natural, C_8H_{18} para o caso da gasolina), produzindo dióxido de carbono e água e liberando energia.

A gasolina é uma mistura de hidrocarbonetos com 5 a 12 átomos de carbono, utilizada como combustível para automóveis.

Nas reações de combustão, ocorre a oxidação do composto orgânico (combustível) pelo gás oxigênio, o que pode ser evidenciado pela variação do **número de oxidação** (**Nox**). Observe essa variação para a reação de combustão do metano:

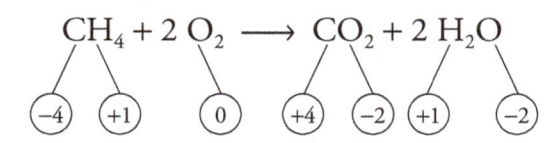

$$CH_4 + 2\,O_2 \longrightarrow CO_2 + 2\,H_2O$$

$$\underset{(-4)}{C}\underset{(+1)}{H_4} + \underset{(0)}{O_2} \longrightarrow \underset{(+4)}{C}\underset{(-2)}{O_2} + \underset{(+1)}{H}\underset{(-2)}{O}$$

Nessa reação, o oxigênio atua como agente oxidante, tendo seu Nox reduzido de 0 para –2; já o metano atua como agente redutor, uma vez que o Nox do carbono aumenta de –4 para +4.

Em Química Orgânica, apesar de a variação do número de oxidação evidenciar a transferência de elétrons em uma reação química, a **oxidação** pode ser entendida de maneira simplificada a partir da introdução de átomos de oxigênio na molécula orgânica. Já a **redução** pode ser entendida como a retirada de átomos de oxigênio da molécula orgânica (e/ou introdução de átomos de hidrogênio na molécula orgânica).

As reações de combustão anteriormente equacionadas correspondem a oxidações completas e totais do composto orgânico, tanto que todas as ligações presentes no combustível são rompidas. Observe que no combustível (CH_4 ou C_8H_{18}) não há ligações entre carbono e oxigênio, enquanto no produto (CO_2) sim!

Entretanto, dependendo do agente oxidante utilizado, podemos obter outros produtos decorrentes da oxidação dos compostos orgânicos. Diferenciar os **tipos de oxidação** de **alcenos** e de **compostos oxigenados** e os produtos obtidos é o objetivo deste capítulo.

FIQUE POR DENTRO!

Agentes oxidantes em reações orgânicas

Os principais agentes oxidantes utilizados em reações orgânicas, além do próprio **gás oxigênio (O_2)**, são o **gás ozônio (O_3)**, o **permanganato de potássio ($KMnO_4$)** e o **dicromato de potássio ($K_2Cr_2O_7$)**.

Os oxidantes $KMnO_4$ e $K_2Cr_2O_7$, em sua decomposição, liberam [O] (oxigênio atômico ou nascente), que será responsável por reagir com a molécula orgânica. Essa estrutura ([O]) é bastante reativa, pois o oxigênio apresenta apenas seis elétrons, faltando dois elétrons para atingir o octeto.

Para o $KMnO_4$, por exemplo, dependendo das condições do meio, a liberação de [O] ocorre de formas diferentes:

$$2\,KMnO_4 + 3\,H_2SO_4 \xrightarrow{\text{meio ácido}} K_2SO_4 + 2\,MnSO_4 + 3\,H_2O + 5\,[O]$$

$$2\,KMnO_4 + H_2O \xrightarrow{\text{meio básico}} 2\,KOH + 2\,MnO_2 + 3\,[O]$$

Assim, as reações de oxidação em Química Orgânica são usualmente escritas de maneira simplificada, escrevendo-se [O] sobre a seta de reação, o que indica que o composto está sofrendo oxidação.

9.1 Oxidação de Alcenos

Além das reações de combustão, temos três tipos de reações de oxidação para os alcenos: **oxidação branda**, **ozonólise** e **oxidação enérgica**.

Na **oxidação branda**, a oxidação é realizada em meio básico ou neutro e sem necessidade de aquecimento. Nesse processo, ocorre a quebra da ligação π da ligação dupla do alceno, com a entrada de uma hidroxila (OH) em cada carbono da ligação dupla, produzindo **diálcool vicinal** (um **diol**). Observe o exemplo da oxidação branda do eteno:

$$H_2C = CH_2 \xrightarrow{\text{oxidação branda [O]}} \underset{\substack{\text{etano-1,2-diol} \\ \text{(etilenoglicol)}}}{H_2C(OH) - CH_2(OH)}$$

O etilenoglicol é matéria-prima para produção de PET, um poliéster bastante utilizado na confecção de embalagens plásticas.

FIQUE POR DENTRO!

Teste de Bayer

Alcenos e cicloalcanos possuem ambos a mesma fórmula molecular geral: C_nH_{2n}. Por exemplo, o ciclopentano e o pent-2-eno apresentam ambos fórmula molecular C_5H_{10}, sendo, portanto, isômeros de cadeia. Esses isômeros podem ser diferenciados a partir de reações de oxidação. Se adicionarmos a esses compostos um agente oxidante brando ($KMnO_4$ em meio básico, que apresenta coloração violeta), somente o alceno reagirá, provocando o descoramento da solução (a cor violeta desaparece em virtude do consumo de $KMnO_4$). Esse é o **Teste de Bayer**, que permite diferenciar um alceno de um cicloalcano.

Na **ozonólise**, o agente oxidante é o ozônio (O_3) em meio aquoso e na presença de pó de zinco, ocorrendo a quebra da ligação dupla e formação de um composto intermediário e instável chamado ozoneto ou ozonídeo. Observe a formação desse composto intermediário quando o composto de partida é o 2-metilbut-2-eno:

$$\underset{\text{2-metilbut-2-eno}}{H_3C - \underset{CH_3}{\overset{|}{C}} = \underset{H}{\overset{|}{C}} - CH_3} + O_3 \longrightarrow \underset{\text{ozoneto}}{H_3C - \underset{CH_3}{\overset{|}{C}} \overset{O}{\underset{O-O}{\diagdown\diagup}} \underset{H}{\overset{|}{C}} - CH_3}$$

Uma vez formado, o ozoneto se decompõe e cada carbono fica com um átomo de oxigênio (estabelecendo uma ligação dupla) e o terceiro átomo de oxigênio se liga à água para formar o H_2O_2:

$$\underset{\text{ozoneto}}{H_3C - \underset{CH_3}{\overset{|}{C}} \overset{O}{\underset{O-O}{\diagdown\diagup}} \underset{H}{\overset{|}{C}} - CH_3} + H_2O \longrightarrow \underset{\text{propanona}}{H_3C - \underset{CH_3}{\overset{|}{C}} = O} + \underset{\text{etanal}}{\overset{O}{\underset{H}{\overset{\|}{C}}} - CH_3} + H_2O_2$$

O pó de zinco adicionado ao sistema reage com o H_2O_2 para que o peróxido de hidrogênio não ataque o aldeído formado (se não houver o pó de zinco, o aldeído seria oxidado para formar um ácido carboxílico):

$$Zn + H_2O_2 \longrightarrow ZnO + H_2O$$

Assim, a equação global da ozonólise do 2-metilbut-2-eno pode ser equacionada por:

$$H_3C-\underset{\underset{CH_3}{|}}{C}=\underset{\underset{H}{|}}{C}-CH_3 \xrightarrow{O_3, H_2O, Zn} H_3C-\underset{\underset{CH_3}{|}}{C}=O \;+\; \underset{H}{\overset{O}{\underset{\diagup}{\overset{\diagdown}{C}}}}-CH_3$$

2-metilbut-2-eno   propanona   etanal

> Em **resumo**, na **ozonólise** de alcenos:
> ▶▶ carbonos da ligação dupla primários ou secundários produzem aldeídos;
> ▶▶ carbonos da ligação dupla terciários produzem cetonas.

O último tipo de oxidação de alcenos que estudaremos é a **oxidação enérgica**, na qual a oxidação é realizada em meio ácido e com aquecimento. De forma similar à ozonólise, na oxidação enérgica também ocorre a quebra da ligação dupla, porém, como o meio reacional é mais oxidante, não obtemos aldeídos. Os produtos formados dependem da estrutura do alceno.

Para o caso do 2-metilbut-2-eno, obtemos uma cetona e um ácido carboxílico, como equacionado a seguir:

$$H_3C-\underset{\underset{CH_3}{|}}{C}\not=\underset{\underset{H}{|}}{C}-CH_3 \longrightarrow H_3C-\underset{\underset{CH_3}{|}}{C}=O \;+\; \underset{HO}{\overset{O}{\underset{\diagup}{\overset{\diagdown}{C}}}}-CH_3$$

2-metilbut-2-eno   propanona   ácido etanoico

Agora, se o reagente fosse o metilpropeno, seriam obtidos uma cetona, gás carbônico e água:

$$H-\underset{\underset{H}{|}}{C}=\underset{\underset{CH_3}{|}}{C}-CH_3 \longrightarrow CO_2 \;+\; H_2O \;+\; O=\underset{\underset{CH_3}{|}}{C}-CH_3$$

metilpropeno   gás carbônico   água   propanona

> Assim, em **resumo**, na **oxidação enérgica** de alcenos:
> ▶▶ carbonos da ligação dupla primários produzem gás carbônico (CO_2) e água (H_2O);
> ▶▶ carbonos da ligação dupla secundários produzem ácidos carboxílicos;
> ▶▶ carbonos da ligação dupla terciários produzem cetonas.

FIQUE POR DENTRO!

Oxidação de alcenos e Nox

Nas reações de oxidação de alcenos que apresentamos até agora, analisamos o processo de oxidação a partir da introdução de átomos de oxigênio na molécula orgânica. Entretanto, a oxidação também pode ser identificada a partir do aumento do número de oxidação dos carbonos presentes nessas moléculas.

Observe os exemplos a seguir, nos quais, em ambos os casos, há aumento do número de oxidação dos carbonos da ligação dupla.

▶▶ Oxidação branda do eteno:

▶▶ Oxidação enérgica do 2-metilbut-2-eno:

9.2 Oxidação de Compostos Oxigenados

Além dos hidrocarbonetos insaturados, os álcoois também podem sofrer reações de oxidação, sendo que o produto da oxidação dependerá do tipo de álcool reagente: primário, secundário ou terciário.

Essas reações baseiam-se no seguinte mecanismo: o oxigênio atômico ([O]), liberado pelo agente oxidante, irá atacar o carbono ligado à hidroxila, produzindo um diol com duas hidroxilas ligadas no mesmo carbono. Esse diol é instável e naturalmente se decomporá, liberando uma molécula de água e formando uma ligação C=O. Observe as etapas desse mecanismo equacionadas a seguir:

No caso de um **álcool primário** (um álcool no qual a hidroxila está ligada a um carbono primário), o álcool é inicialmente oxidado a aldeído:

etanol (álcool primário) → diol → etanal (aldeído)

Entretanto, o aldeído formado pode ser novamente oxidado, dando origem a um ácido carboxílico:

$$H_3C-\underset{H}{\overset{O}{\overset{\|}{C}}} \xrightarrow{[O]} H_3C-\underset{OH}{\overset{O}{\overset{\|}{C}}}$$

etanal (aldeído) → ácido etanoico (ácido carboxílico)

> **LEMBRE-SE!**
>
> Alguns autores consideram a oxidação do álcool primário para aldeído como uma **oxidação branda** e a oxidação do álcool primário para ácido carboxílico como **oxidação enérgica**.

Essa sequência de oxidações, partindo do álcool primário, pode ser evidenciada pelo aumento do número de oxidação do carbono ligado à hidroxila:

etanol (C: −1, H: +1, OH: −2/−1) → etanal (C: +1, O: −2, H: +1) → ácido etanoico (C: +3, O: −2, OH: −2/−1)

FIQUE POR DENTRO!

Bafômetro

Para avaliar o nível de embriaguez dos motoristas, a polícia utiliza um aparelho, o bafômetro (ou etilômetro), para determinar a concentração de etanol no ar expirado pelo motorista.

Os bafômetros mais simples baseiam-se na reação de oxirredução entre um sal de dicromato (por exemplo, dicromato de potássio: $K_2Cr_2O_7$) e etanol. Enquanto o primeiro sofre redução e, em decorrência disso, a cor muda de laranja para verde, o etanol sofre oxidação conforme a sequência que estudamos: inicialmente transforma-se em etanal (aldeído) e, posteriormente, pode dar origem ao ácido etanoico (ácido carboxílico).

Em bafômetros digitais, o ácido etanoico, produto da oxidação do etanol, altera a condutividade elétrica de uma solução no interior do aparelho, que é convertida para o valor da concentração de etanol no ar expirado pela pessoa e mostrado no visor do dispositivo.

$$K_2Cr_2O_7 + 3\ CH_3CH_2OH + 4\ H_2SO_4 \longrightarrow 3\ CH_3CHO + K_2SO_4 + Cr_2(SO_4)_3 + 7\ H_2O$$

alaranjado — etanol — etanal — verde

$$CH_3CHO \xrightarrow{[O]} CH_3COOH$$

etanal — ácido etanoico

Já para um **álcool secundário** (álcool no qual a hidroxila está ligada a um carbono secundário), a oxidação segue o mesmo mecanismo da do álcool primário, com formação de um diol instável, porém o produto da decomposição desse diol é uma cetona. Essa cetona, por sua vez, não oxida, uma vez que não possui outro hidrogênio ligado ao carbono com a ligação dupla com o oxigênio, como pode ser visto na sequência de reações a seguir:

$$H_3C-\underset{CH_3}{\underset{|}{\overset{OH}{\overset{|}{C}}}}-H \xrightarrow{[O]} H_3C-\underset{CH_3}{\underset{|}{\overset{OH}{\overset{|}{C}}}}-OH \longrightarrow H_3C-\underset{CH_3}{\underset{|}{C}}\overset{O}{\diagup\!\!\!\!\diagdown} + H_2O$$

propan-2-ol   diol   propanona

Nesse caso, também podemos evidenciar a oxidação do álcool secundário a partir do aumento do número de oxidação do carbono ligado à hidroxila:

$$H_3C-\underset{\underset{+1}{H}}{\underset{|}{\overset{\overset{-1}{OH}}{\overset{|}{C}}}}-CH_3 \xrightarrow{[O]} H_3C-\underset{}{\overset{\overset{-2}{O}}{\overset{\|}{C}}}-CH_3$$

FIQUE POR DENTRO!

Diferenciação de aldeídos e cetonas

A reação de oxidação pode ser utilizada para diferenciar aldeídos (que oxidam e dão origem a ácidos carboxílicos) de cetonas (que não oxidam). Em laboratório, um dos agentes oxidantes mais conhecidos nessa diferenciação é o **reativo de Tollens** (solução amoniacal de nitrato de prata).

Quando um aldeído é oxidado com o reativo de Tollens, íons Ag$^+$ são reduzidos a Ag (prata metálica), que se deposita sobre a parede interna do tubo de ensaio, formando um **espelho de prata**.

Já os **álcoois terciários** (álcoois nos quais a hidroxila está ligada a um carbono terciário) não sofrem reações de oxidação, uma vez que não há, como no caso dos álcoois primários e secundários, hidrogênio ligado ao carbono com hidroxila para formação do diol instável.

$$H_3C-\underset{CH_3}{\underset{|}{\overset{OH}{\overset{|}{C}}}}-CH_3 \xrightarrow{[O]} \text{não reage}$$

metilpropan-2-ol

Assim, a **oxidação de álcoois** pode ser **resumida** em:

▶▶ álcool primário $\xrightarrow{[O]}$ aldeído $\xrightarrow{[O]}$ ácido carboxílico

▶▶ álcool secundário $\xrightarrow{[O]}$ cetona

▶▶ álcool terciário $\xrightarrow{[O]}$ não sofre oxidação

FIQUE POR DENTRO!

Redução de compostos oxigenados

As reações de oxirredução são reversíveis, de modo que aldeídos, ácidos carboxílicos e cetonas, produtos da oxidação de álcoois primários e secundários, podem ser reduzidos por um agente redutor.

Alguns dos principais agentes redutores utilizados em Química Orgânica são o hidreto de lítio e alumínio ($LiAlH_4$) e o hidreto de sódio e boro ($NaBH_4$). Assim como na oxidação, o agente redutor é indicado, de forma simplificada, por [H] (hidrogênio nascente ou atômico).

Observe, nas equações a seguir, como as reações de oxidação e redução estão relacionadas para os compostos oxigenados:

$$H_3C-CH_2-OH \underset{[H]}{\overset{[O]}{\rightleftarrows}} H_3C-C\underset{H}{\overset{O}{\lessgtr}} \underset{[H]}{\overset{[O]}{\rightleftarrows}} H_3C-C\underset{OH}{\overset{O}{\lessgtr}}$$

etanol (álcool primário)   etanal (aldeído)   ácido etanoico (ácido carboxílico)

$$H_3C-\underset{|}{\overset{OH}{CH}}-CH_3 \underset{[H]}{\overset{[O]}{\rightleftarrows}} H_3C-\overset{O}{\overset{\|}{C}}-CH_3$$

propan-2-ol (álcool secundário)   propanona (cetona)

LIGANDO OS PONTOS!

Oxirredução, antioxidantes e envelhecimento

Durante o metabolismo dos seres vivos, são formadas estruturas chamadas **radicais livres**, que, por possuírem elétrons desemparelhados, são bastante reativas e ávidas por roubar elétrons de outras moléculas no nosso corpo, danificando-as nesse processo.

Entretanto, embora os radicais livres sejam prejudiciais por sua própria natureza, eles são uma parte inevitável da vida. Sua produção é intensificada em resposta a efeitos externos, como fumaça de cigarro, raios ultravioleta e poluição do ar, mas eles também são um subproduto natural de processos naturais nas células. Por exemplo, quando o sistema imunológico se mobiliza contra intrusos, são os radicais livres liberados a partir do oxigênio que destroem vírus, bactérias e células danificadas do corpo.

E, para conter um "ataque interno" e controlar a quantidade de radicais livres, os organismos apresentam uma série de substâncias e enzimas **antioxidantes**, que neutralizam os radicais livres, doando alguns de seus próprios elétrons, ou seja, esses antioxidantes atuam, na realidade, como **agentes redutores**.

Como os radicais livres são bastante reativos, nós precisamos de um suprimento adequado e contínuo de antioxidantes para desativá-los. As nossas células produzem naturalmente alguns antioxidantes, como a glutationa, enquanto os alimentos que ingerimos fornecem outros, como as vitaminas C e E.

ácido ascórbico

Depois que a vitamina C (ácido ascórbico) neutralizou um radical livre ao doar elétrons a ele, a hesperetina (substância encontrada em laranjas e outras frutas cítricas) pode restaurar a vitamina C à sua forma antioxidante ativa que, por sua vez, pode neutralizar outro radical livre.

Em relação a essa temática, é comum encontrarmos notícias, anúncios e rótulos de alimentos exaltando os benefícios dos antioxidantes, como retardar o envelhecimento, evitar doenças cardíacas, melhorar a visão debilitada e controlar o câncer. E, de fato, estudos realizados em grande escala (aqueles que questionam as pessoas sobre seus hábitos alimentares e uso de suplementos e, em seguida, rastreiam seus padrões de doença) observaram os benefícios de antioxidantes provenientes de uma ampla gama de vegetais coloridos e frutas. Entretanto, os resultados de testes controlados randomizados de suplementos antioxidantes (nos quais as pessoas são designadas para tomar suplementos de nutrientes específicos ou um placebo) não sustentaram muitas dessas afirmações, razão pela qual o melhor mesmo é obtermos os antioxidantes a partir de uma dieta bem equilibrada.

Alimentos como frutas cítricas, mirtilo, vegetais verdes-escuros e alguns cereais já foram classificados como "superalimentos" em virtude do alto teor de substâncias antioxidantes que contêm. Atualmente, entretanto, nutricionistas recomendam a ingestão de uma dieta rica e balanceada e não uma dieta restrita a apenas alguns "superalimentos".

SÉRIE BRONZE

1. Sobre as reações de oxidação de alcenos, complete o diagrama a seguir com as informações corretas.

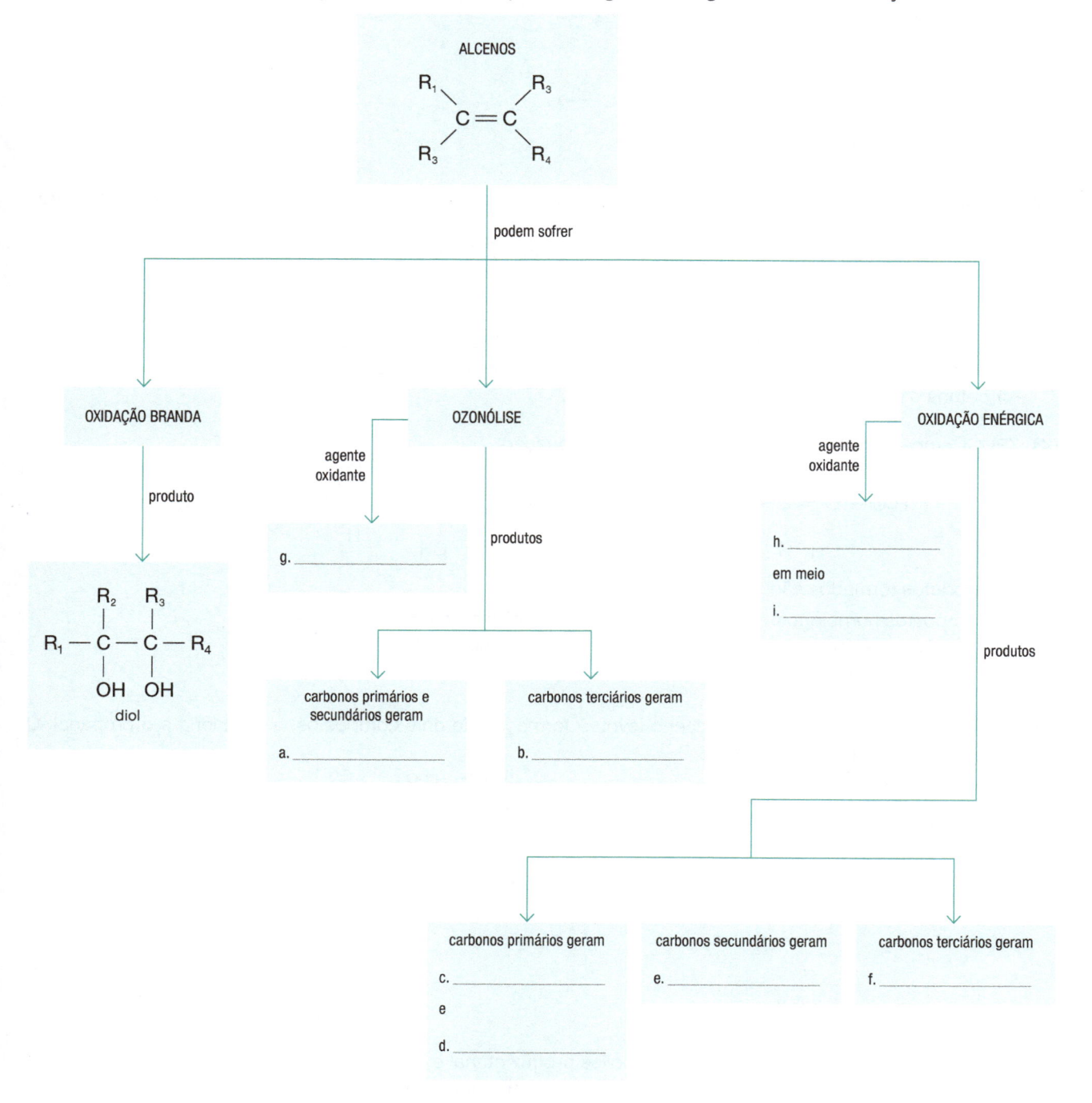

ALCENOS

$$\underset{R_3}{\overset{R_1}{\diagdown}} C = C \underset{R_4}{\overset{R_3}{\diagup}}$$

podem sofrer

OXIDAÇÃO BRANDA

produto

$$R_1 - \underset{\underset{OH}{|}}{\overset{\overset{R_2}{|}}{C}} - \underset{\underset{OH}{|}}{\overset{\overset{R_3}{|}}{C}} - R_4$$

diol

OZONÓLISE

agente oxidante

g. _____

produtos

carbonos primários e secundários geram

a. _____

carbonos terciários geram

b. _____

OXIDAÇÃO ENÉRGICA

agente oxidante

h. _____

em meio

i. _____

produtos

carbonos primários geram

c. _____
e
d. _____

carbonos secundários geram

e. _____

carbonos terciários geram

f. _____

2. Sobre as reações de oxidação de compostos oxigenados, complete as frases a seguir.

▶▶ álcoois primários oxidam inicialmente para a. _____ , que podem se oxidar para b. _____ .

▶▶ álcoois secundários oxidam para c. _____ .

▶▶ álcoois terciários d. _____ oxidam.

SÉRIE PRATA

1. Complete as equações químicas a seguir, que representam reações de ozonólise de alcenos.

a) $H_2C = C - CH_2 - CH_3 + O_3 + H_2O \xrightarrow{Zn}$
       |
       H

b) $H_3C - C = C - CH_2 - CH_3 + O_3 + H_2O \xrightarrow{Zn}$
         | |
         H CH_3

2. (MACKENZIE – SP) Na equação a seguir, as funções orgânicas a que pertencem os compostos A e B são

$H_3C - C = C - CH_2 - CH_3 + O_3 \xrightarrow[Zn]{H_2O} A + B + H_2O + ZnO$
       | |
      CH_3 H

a) ácido carboxílico e aldeído.
b) éter e aldeído.
c) cetona e álcool.
d) hidrocarboneto e ácido carboxílico.
e) cetona e aldeído.

3. (PUCCamp – SP) Na reação representada pela equação

$H_3C - C = C - CH_2 - CH_3 \xrightarrow{ozonólise} H_3C - C = O + \overset{O}{\underset{H}{C}} - CH_2 - CH_3$
       | | |
      CH_3 H   CH_3

os produtos formados são:

a) compostos homólogos.
b) compostos isólogos.
c) isômeros funcionais.
d) isômeros de compensação.
e) isômeros ópticos.

4. (UFPF – RS) A ozonólise de um alceno levou à formação de dois compostos: a butanona e o propanal. O alceno de partida deve ter sido o
a) hept-3-eno.
b) 3-metil-hex-3-eno.
c) 2-etil-hept-2-eno.
d) but-2-eno.
e) ciclo-hexeno.

5. (MACKENZIE – SP) O alceno que por ozonólise produz etanal e propanona é:
a) 2-metilbut-1-eno
b) 2-metilbut-2-eno
c) pent-1-eno
d) pent-2-eno
e) 3-metilbut-1-eno

6. Complete as equações químicas a seguir, que representam reações de oxidação enérgica ($KMnO_4$/H^+) de alcenos.

a) $H_3C-\underset{H}{\overset{}{C}}=\underset{H}{\overset{}{C}}-CH_3 \xrightarrow[H^+]{[O]}$

b) $H_3C-\underset{H}{\overset{}{C}}=\underset{CH_3}{\overset{}{C}}-CH_2-CH_3 \xrightarrow[H^+]{[O]}$

c) $H_2C=\underset{H}{\overset{}{C}}-CH_2-CH_3 \xrightarrow[H^+]{[O]}$

7. (FMPA – MG) Os produtos da oxidação enérgica do 2-metilpent-2-eno com permanganato de potássio são:

a) propanona.
b) ácido propanoico.
c) propanona e ácido acético.
d) propanona e ácido propanoico.
e) ácido propanoico.

8. (FMTM – MG) A oxidação de um alceno por $KMnO_4$ em meio ácido fornece uma mistura de propanona e ácido acético. Com base nessa informação, identifique o alceno em questão, escrevendo sua fórmula estrutural e seu nome oficial.

9. (FEI – SP) Um alceno de fórmula molecular C_5H_{10} ao ser oxidado com solução ácida de permanganato de potássio deu origem a acetona e ácido etanoico em proporção equimolar. O nome do alceno é:

a) pent-1-eno
b) pent-2-eno
c) 2-metilbut-1-eno
d) 2-metilbut-2-eno
e) 2-etilpropeno

10. Complete as equações químicas.

$H_3C-CH_2-OH \xrightarrow{[O]} \qquad \xrightarrow{[O]}$

11. (MACKENZIE – SP) Com finalidade de preservar a qualidade, as garrafas de vinho devem ser estocadas na posição horizontal. Desse modo, a rolha umedece e incha, impedindo a entrada de _____ que causa _____ no vinho, formando _____.

Os termos que preenchem corretamente as lacunas são:

a) ar; decomposição; etanol.
b) gás oxigênio (do ar); oxidação; ácido acético.
c) gás nitrogênio (do ar); redução; etano.
d) vapor-d'água; oxidação; etanol.
e) gás oxigênio (do ar); redução; ácido acético.

12. (UFPE) Quando uma garrafa de vinho é deixada aberta, o conteúdo vai se transformando em vinagre por uma oxidação bacteriana aeróbica representada por:

$CH_3CH_2OH \longrightarrow CH_3CHO \longrightarrow CH_3COOH$

O produto intermediário da transformação do álcool do vinho no ácido acético do vinagre é:

a) um éster.
b) uma cetona.
c) um éter.
d) um aldeído.
e) um fenol.

13. (MACKENZIE – SP) O formol é uma solução aquosa contendo 40% de metanal ou aldeído fórmico, que pode ser obtido pela reação abaixo equacionada:

$$2\ H_3C-OH + x\ O_2 \xrightarrow[Pt]{\Delta} 2\ HCHO + 2\ H_2O$$

Relativamente a essa reação, é incorreto afirmar que

a) o reagente orgânico é o metanol.
b) o reagente orgânico sofre oxidação.
c) o gás oxigênio sofre redução.
d) o metanal tem fórmula estrutural $H_3C-C\begin{smallmatrix}\diagup O \\ \diagdown OH\end{smallmatrix}$
e) o coeficiente x que torna a equação corretamente balanceada é igual a 1.

14. Complete as equações químicas a seguir, que representam reações de redução de compostos oxigenados.

a) $H_3C-CH_2-C\begin{smallmatrix}\diagup O \\ \diagdown H\end{smallmatrix} \xrightarrow{H_2}$

b) $H_3C-CH_2-\overset{\overset{O}{\|}}{C}-CH_3 \xrightarrow{H_2}$

15. (UNESP) Sabendo-se que os aldeídos são reduzidos a álcoois primários e as cetonas a álcoois secundários, escreva as fórmulas estruturais dos compostos utilizados na preparação de butan-1-ol e butan-2-ol por processos de redução.

SÉRIE OURO

1. (ENEM) O permanganato de potássio ($KMnO_4$) é um agente oxidante forte muito empregado tanto em nível laboratorial quanto industrial. Na oxidação de alcenos de cadeia normal, como o 1-fenil-1-propeno, ilustrado na figura, o $KMnO_4$ é utilizado para a produção de ácidos carboxílicos.

1-fenil-1-propeno

Os produtos obtidos na oxidação do alceno representado, em solução aquosa de $KMnO_4$, são

a) ácido benzoico e ácido etanoico.
b) ácido benzoico e ácido propanoico.
c) ácido etanoico e ácido 2-feniletanoico.
d) ácido 2-feniletanoico e ácido metanoico.
e) ácido 2-feniletanoico e ácido propanoico.

2. (PUC – SP) A ozonólise é uma reação de oxidação de alcenos, em que o agente oxidante é o gás ozônio. Essa reação ocorre na presença de água e zinco metálico, como indica o exemplo:

$$H_2O + H_3C-CH=C(CH_3)-CH_3 + O_3 \xrightarrow{Zn} H_3C-CHO + H_3C-CO-CH_3 + H_2O_2$$

Considere a ozonólise, em presença de zinco e água, do dieno representado a seguir:

$$H_2O + H_3C-CH(CH_3)-CH=C(CH_3)-CH_2-C(CH_3)=CH_2 + O_3 \xrightarrow{Zn}$$

Assinale a alternativa que apresenta os compostos orgânicos formados durante essa reação:

a) metilpropanal, metanal, propanona e etanal
b) metilpropanona, metano e pentano-2,4-diona
c) metilpropanol, metanol e ácido 2,4-pentanodioico
d) metilpropanal, ácido metanoico e pentano-2,4-diol
e) metilpropanal, metanal e pentano-2,4-diona

3. (MACKENZIE – SP) Em condições apropriadas, são realizadas as três reações orgânicas, representadas abaixo.

I. C_6H_6 + CH_3Br $\xrightarrow{FeBr_3}$

II. $H_3C-COOH$ + $HO-CH_2-CH(CH_3)-CH_3$ $\underset{}{\overset{H^+}{\rightleftharpoons}}$

III. $(H_3C)(CH_3)C=C(CH_3)(CH_3)$ + O_3 $\xrightarrow{H_2O/Zn}$

Assim, os produtos orgânicos obtidos em I, II e III, são, respectivamente,

a) bromobenzeno, propanoato de isopropila e acetona.
b) tolueno, propanoato de isobutila e propanona.
c) metilbenzeno, butanoato de isobutila e etanal.
d) metilbenzeno, isobutanoato de propila e propanal.
e) bromobenzeno, butanoato de propila e propanona.

4. (PUC – PR) Um hidrocarboneto de fórmula molecular C_4H_8 apresenta as seguintes propriedades químicas:

I. descora a solução de bromo em tetracloreto de carbono;
II. absorve 1 mol de hidrogênio por mol de composto, quando submetido a hidrogenação;
III. quando oxidado energicamente, fornece ácido propiônico e dióxido de carbono.

Esse hidrocarboneto é o:

a) ciclobutano.　　b) but-1-eno.　　c) but-2-eno.　　d) metilpropeno.　　e) meticiclopropano.

5. (PUC – SP) Observe alguns exemplos de oxidações enérgicas de alcenos e cicloalcanos na presença de $KMnO_4$ em meio de ácido sulfúrico quente.

$$\text{ciclopentano} \xrightarrow{KMnO_4, H_2SO_4(aq),\ a\ quente} HOOC-CH_2-CH_2-CH_2-COOH$$

$$CH_2=CH-CH_3 \xrightarrow{KMnO_4, H_2SO_4(aq),\ a\ quente} CO_2 + H_2O + CH_3-COOH$$

$$CH_2=C(CH_3)_2 \xrightarrow{KMnO_4, H_2SO_4(aq),\ a\ quente} CO_2 + H_2O + H_3C-CO-CH_3$$

As amostras **X**, **Y** e **Z** são formadas por substâncias puras de fórmulas C_5H_{10}. Utilizando-se $KMnO_4$ em meio de ácido sulfúrico a quente, foi realizada a oxidação enérgica de alíquotas de cada amostra. A substância **X** formou o ácido pentanodioico, a substância **Y** gerou o ácido acético e a propanona, enquanto que a substância **Z** produziu gás carbônico, água e ácido butanoico. As amostras **X**, **Y** e **Z** contêm, respectivamente,

a) ciclopentano, metilbut-2-eno e pent-1-eno.
b) pent-1-eno, pent-2-eno e 2-metilbut-1-eno.
c) ciclopentano, 2-metilbut-1-eno e metilbut-2-eno.
d) pent-2-eno, ciclopentano e pent-1-eno.
e) pentano, metilbutano e dimetilpropano.

6. (UNICAMP – SP) Um mol de um hidrocarboneto cíclico de fórmula C_6H_{10} reage com um mol de bromo, Br_2, produzindo um mol de um composto com dois átomos bromo em sua molécula. Esse mesmo hidrocarboneto, C_6H_{10}, em determinadas condições, pode ser oxidado a ácido adípico, $HOOC-(CH_2)_4-COOH$.

a) Qual é a fórmula estrutural do hidrocarboneto C_6H_{10}?
b) Escreva a equação química da reação desse hidrocarboneto com bromo.

7. (FUVEST – SP) A reação de um alceno com ozônio, seguida da reação do produto formado com água, produz aldeídos ou cetonas ou misturas desses compostos. Porém, na presença de excesso de peróxido de hidrogênio, os aldeídos são oxidados a ácidos carboxílicos ou a CO_2, dependendo da posição da ligação dupla na molécula do alceno.

$$CH_3CH=CH_2 \longrightarrow CH_3COOH + CO_2$$

$$CH_3CH=CHCH_3 \longrightarrow 2\ CH_3COOH$$

Determinado hidrocarboneto insaturado foi submetido ao tratamento acima descrito, formando-se os produtos abaixo, na proporção, em mols, de 1 para 1 para 1:

$HOOCCH_2CH_2CH_2COOH$; CO_2; ácido propanoico.

a) Escreva a fórmula estrutural do hidrocarboneto insaturado que originou os três produtos acima.
b) Dentre os isômeros de cadeia aberta de fórmula molecular C_4H_8, mostre os que não podem ser distinguidos, um do outro, pelo tratamento acima descrito. Justifique.

8. (UNESP) Analise o quadro, que mostra seis classes de enzimas e os tipos de reações que catalisam:

CLASSE DE ENZIMA	TIPO DE REAÇÃO QUE CATALISA
1. óxido-redutases	óxido-redução
2. transferases	transferência de grupos
3. hidrolases	hidrólise
4. liases	adição de grupos a ligações duplas ou remoção de grupos, formando ligação dupla
5. isomerases	rearranjos intramoleculares
6. ligases	condensação de duas moléculas, associada à hidrólise de uma ligação de alta energia (em geral, do ATP)

MARZZOCO, A.; TORRES, B. B. **Bioquímica Básica**, 1999. Adaptado.

A enzima álcool desidrogenase catalisa a transformação de etanol em acetaldeído e a enzima sacarose catalisa a reação de sacarose com água, produzindo glicose e frutose. Portano, essas duas enzimas pertencem, respectivamente, às classes

a) 6 e 5.   c) 4 e 5.   e) 3 e 6.
b) 1 e 3.   d) 1 e 2.

9. (PUC) Em dois balões distintos, as substâncias A e B foram colocadas em contato com dicromato de potássio ($K_2Cr_2O_7$) em meio ácido, à temperatura ambiente. Nessas condições, o dicromato é um oxidante brando. No balão contendo a substância A foi observada a formação do ácido propiônico (ácido propanoico), enquanto no balão que continha a substância B formou-se acetona (propanona).

As substâncias A e B são, respectivamente,

a) ácido acético e etanal.
b) propanal e propan-2-ol.
c) butano e metilpropano.
d) propanal e propan-1-ol.
e) propano e propanal.

10. (PUC – SP) Acetato de etila pode ser obtido em condições adequadas a partir do eteno, segundo as reações equacionadas a seguir:

$$H_2C=CH_2 + H_2O \xrightarrow{[H^+]} X$$

$$X \xrightarrow[\text{oxidação}]{[O]} Y + H_2O$$

$$X + Y \longrightarrow H_3C-C\underset{O-CH_2CH_3}{\overset{O}{\diagup\!\!\!\diagdown}} + H_2O$$

X e Y são, respectivamente,
a) propanona e etanol.
b) etanol e acetaldeído.
c) acetaldeído e ácido acético.
d) etano e etanol.
e) etanol e ácido acético.

11. (FUVEST – SP) O ácido adípico, empregado na fabricação do náilon, pode ser preparado por um processo químico, cujas duas últimas etapas estão representadas a seguir:

[Estruturas: A (diéster/aldeído com OCH₃ e H) →I→ B (com OH e OCH₃) →II→ ácido adípico (com duas OH)]

A   B   ácido adípico

Nas etapas I e II ocorrem, respectivamente,
a) oxidação de A e hidrólise de B.
b) redução de A e hidrólise de B.
c) oxidação de A e redução de B.
d) hidrólise de A e oxidação de B.
e) redução de A e oxidação de B.

12. (PUC) O ácido propanoico é um produto usual do metabolismo de alguns aminoácidos ou ácidos graxos de cadeia mais longa. Também é sintetizado pelas bactérias do gênero *Propionibacterium* presentes nas glândulas sudoríparas humanas e trato digestores dos ruminantes. O seu cheiro acre é reconhecido no suor e em alguns tipos de queijo.

A respeito do acido propanoico, pode-se afirmar:

I. É muito solúvel em água.
II. Apresenta massa molar de 72 g/mol.
III. A combustão completa de 37 g de ácido propanoico gera 66 g de gás carbônico.
IV. Pode ser obtido a partir da oxidação do propanal.
V. A reação com etanol na presença de ácido sulfúrico concentrado resulta no éster etanoato de propila (acetato de propila).

Estão corretas apenas as afirmações

a) I, II e V.   d) I e IV.
b) I, III e IV.   e) II e IV.
c) II, III e V.

DADOS: H = 1; C = 12; O = 16.

13. (PUC) A análise de um composto orgânico oxigenado de fórmula geral $C_xH_yO_z$ permitiu uma série de informações sobre o comportamento químico da substância.

I. A combustão completa de uma amostra contendo 0,01 mol desse composto forneceu 1,76 g de CO_2 e 0,72 g de água.
II. Esse composto não sofre oxidação em solução de $KMnO_4$ em meio ácido.
III. A redução desse composto fornece um álcool.

Com base nessas afirmações é possível deduzir que o nome do composto é

a) etoxietano.
b) butanal.
c) butan-2-ol.
d) butanona.

DADOS: C = 12; O = 16; H = 1.

a) Com base nos resultados da tabela, dê o nome e escreva a fórmula estrutural do produto da oxidação de B.
b) Escreva as fórmulas estruturais de A e de C e explique por que o ponto de ebulição de A é menor do que o ponto de ebulição de C.

14. (VUNESP) Três frascos, identificados com os números I, II e III, possuem conteúdos diferentes. Cada um deles pode conter uma das seguintes substâncias: ácido acético, acetaldeído ou etanol. Sabe-se que, em condições adequadas:

1. a substância do frasco I reage com a substância do frasco II para formar um éster;
2. a substância do frasco II fornece uma solução ácida quando dissolvida em água;
3. a substância do frasco I forma a substância do frasco III por oxidação branda em meio ácido.

a) Identifique as substâncias contidas nos frascos I, II e III. Justifique sua resposta.
b) Escreva a equação química balanceada e o nome do éster formado quando as substâncias dos frascos I e II reagem.

15. (UFRJ) Um determinado produto, utilizado em limpeza de peças, foi enviado para análise, a fim de determinarem-se os componentes de sua fórmula. Descobriu-se, após um cuidadoso fracionamento, que o produto era composto por três substâncias diferentes, codificadas como A, B e C. Cada uma destas substâncias foi analisada e os resultados podem ser vistos na tabela a seguir:

SUBSTÂNCIAS	FÓRMULA MOLECULAR	PONTO DE EBULIÇÃO	OXIDAÇÃO
A	C_3H_8O	7,9 °C	não reage
B	C_3H_8O	82,3 °C	produz cetona
C	C_3H_8O	97,8 °C	produz aldeído

16. (PUC – SP) A pessoa alcoolizada não está apta a dirigir ou operar máquinas industriais, podendo causar graves acidentes.

É possível determinar a concentração de etanol no sangue a partir da quantidade dessa substância presente no ar expirado. Os aparelhos desenvolvidos com essa finalidade são conhecidos como bafômetros.

O bafômetro mais simples é descartável e é baseado na reação entre o etanol e o dicromato de potássio ($K_2Cr_2O_7$) em meio ácido, representada pela equação a seguir:

$$Cr_2O_7^{2-}(aq) + 8\,H^+(aq) + 3\,CH_3CH_2OH(g) \longrightarrow$$
laranja .... etanol

$$\longrightarrow 2\,Cr^{3+}(aq) + 3\,CH_3CHO(g) + 7\,H_2O(l)$$
verde .... etanal (acetaldeído)

Sobre o funcionamento desse bafômetro foram feitas algumas considerações:

I. Quanto maior a intensidade da cor verde, maior a concentração de álcool no sangue da pessoa testada.
II. A oxidação de um mol de etanol a acetaldeído envolve 2 mol de elétrons.
III. O ânion dicromato age como agente oxidante no processo.

Está correto o que se afirma apenas em

a) I e II.
b) I e III.
c) II e III.
d) I.
e) I, II e III.

17. (PUC) O β-caroteno é um corante antioxidante presente em diversos vegetais amarelos ou laranja, como a cenoura, por exemplo. Em nosso organismo, o β-caroteno é um importante precursor do retinal e do retinol (vitamina A), substâncias envolvidas no metabolismo da visão.

retinol

retinal (retinaldeído)

ácido retinoico

β-caroteno

Sobre as reações envolvidas no metabolismo do retinol foram feitas as seguintes afirmações:

I. β-caroteno, retinal e retinol são classificados, respectivamente, como hidrocarboneto, aldeído e álcool.
II. O retinol sofre oxidação ao ser transformado em retinal.
III. Retinal é um isômero de função do retinol.
IV. Retinal é reduzido ao se transformar em ácido retinoico.

Estão corretas APENAS as afirmações:
a) I e II.
b) II e III.
c) I e IV.
d) II e IV.

18. (FUVEST – SP) O 1,4-pentanodiol pode sofrer reação de oxidação em condições controladas, com formação de um aldeído A, mantendo o número de átomos de carbono da cadeia. O composto A formado pode, em certas condições, sofrer reação de descarbonilação, isto é, cada uma de suas moléculas perde CO, formando o composto B. O esquema a seguir representa essa sequência de reações:

$$\text{OH} \xrightarrow{\text{oxidação}} A \xrightarrow{\text{descarbonilação}} B$$

Os produtos A e B dessas reações são:

SÉRIE PLATINA

1. (FUVEST – SP) Em solvente apropriado, hidrocarbonetos com ligação dupla reagem com Br_2, produzindo compostos bromados; tratados com ozônio (O_3) e, em seguida, com peróxido de hidrogênio (H_2O_2), produzem compostos oxidados. As equações químicas abaixo exemplificam essas transformações.

$$CH_3CHCH = CH_2 + Br_2 \longrightarrow CH_3CHCHCH_2Br$$
$$\quad\ \ |\qquad\qquad\qquad\qquad\qquad\ \ |\ \ \ \ |$$
$$\ CH_3 \ \text{(marrom)} \qquad\qquad CH_3 \ \ \text{(incolor)}$$

$$CH_3CH_2CH_2C = CHCH_3 \xrightarrow[\text{2) } H_2O_2]{\text{1) } O_3}$$
$$\qquad\qquad\qquad |$$
$$\qquad\qquad\ \ CH_3$$

$$\xrightarrow[\text{2) } H_2O_2]{\text{1) } O_3} CH_3CH_2CH_2CCH_3 + CH_3COOH$$
$$\qquad\qquad\qquad\qquad\ \ \|$$
$$\qquad\qquad\qquad\qquad\ \ O$$

Três frascos, rotulados X, Y e Z, contêm, cada um, apenas um dos compostos isoméricos abaixo, não necessariamente na ordem em que estão apresentados:

I. (hexa-2,4-dieno)   III. (hexa-1,5-dieno)

II. (cicloexeno)

▶▶ Seis amostras de mesma massa, duas de cada frasco, foram usadas nas seguintes experiências:
A três amostras, adicionou-se, gradativamente, solução de Br_2, até perdurar tênue coloração marrom.
Os volumes, em mL, da solução de bromo adicionada foram: 42,0; 42,0 e 21,0, respectivamente, para as amostras dos frascos X, Y e Z.

▶▶ As três amostras restantes foram tratadas com O_3 e, em seguida, com H_2O_2. Sentiu-se cheiro de vinagre apenas na amostra do frasco X.

O conteúdo de cada frasco é

	FRASCO X	FRASCO Y	FRASCO Z
a)	I	II	III
b)	I	III	II
c)	II	I	III
d)	III	I	II
e)	III	II	I

---

2. (FUVEST – SP) O pineno é um composto insaturado volátil que existe sob a forma de dois isômeros, o alfa-pineno e o beta-pineno.

alfa-pineno   beta-pineno

Em um laboratório, havia uma amostra de pineno, mas sem que se soubesse se o composto era o alfa-pineno ou o beta-pineno. Para resolver esse problema, um químico decidiu tratar a amostra com ozônio, pois a posição de ligações duplas em alcenos pode ser determinada pela análise dos produtos de reação desses alcenos com ozônio, como exemplificado nas reações para os isômeros de posição do 3-metil-octeno.

O químico observou então que a ozonólise da amostra de pineno resultou em apenas um composto como produto.

a) Esclareça se a amostra que havia no laboratório era do alfa-pineno ou do beta-pineno. Explique seu raciocínio.
b) Mostre a fórmula estrutural do composto formado.

3. Os ácidos abaixo estão presentes em alimentos de forma artificial e natural. A indústria alimentícia utiliza ácido málico na composição de geleias, marmeladas e bebidas de frutas. O ácido tartárico é utilizado pela indústria de alimentos na produção de fermentos. Já o ácido fumárico é empregado como agente flavorizante para dar sabor a sobremesas e proporcionar ação antioxidante.

ÁCIDO MÁLICO	ÁCIDO TARTÁRICO	ÁCIDO FUMÁRICO
HO–C(=O)–CH₂–CH(OH)–C(=O)–OH	HO–C(=O)–CH(OH)–CH(OH)–C(=O)–OH	HO–C(=O)–CH=CH–C(=O)–OH

a) Escreva a reação de oxidação do ácido tartárico em meio de $KMnO_4$.
b) Quais dos ácidos representados acima apresentam isomeria geométrica e quais apresentam isomeria óptica?
c) O ácido maleico, usado na produção de resinas sintéticas, é um isômero do ácido tartárico e pode ser produzido artificialmente a partir do ácido málico. Escreva a reação de produção do ácido maleico a partir do ácido málico.

HO–C(=O)–CH=CH–C(=O)–OH
ácido maleico

d) Escreva a reação de hidrogenação do ácido fumárico na presença de níquel.

4. (FUVEST – SP) O médico **Hans Krebs** e o químico **Feodor Lynen** foram laureados com o Prêmio Nobel de Fisiologia e Medicina em 1953 e 1964, respectivamente, por suas contribuições ao esclarecimento do mecanismo do catabolismo de açúcares e lipídios, que foi essencial à compreensão da obesidade. Ambos lançaram mão de reações clássicas da Química Orgânica, representadas de forma simplificada pelo esquema que mostra a conversão de uma cadeia saturada em uma cetona, em que cada etapa é catalisada por uma enzima (E) específica, como descrito abaixo.

NOTE E ADOTE:

▶▶ Considere R_1 e R_2 como cadeias carbônicas saturadas diferentes, contendo apenas átomos de carbono e hidrogênio.

a) Escreva a fórmula estrutural do **produto (IV)** formado pela **oxidação do álcool** representado na **estrutura (III)**.

b) Se R_1 e R_2 forem **cadeias carbônicas curtas**, os compostos representados por **(III)** serão bastante **solúveis em água**, enquanto que, se R_1 e/ou R_2 forem **cadeias carbônicas longas**, os compostos representados por **(III)** serão pouco solúveis ou insolúveis em água. Por outro lado, os compostos representados por **(I) e (II)** serão pouco solúveis ou insolúveis em água independentemente do tamanho das cadeias.

Explique a diferença do comportamento observado entre as espécies (I) e (II) e a espécie (III).

COMPLEMENTO: Reações do Tipo "Siga o Modelo"

Em Química, há uma grande quantidade de reações envolvendo compostos orgânicos e não apenas os tipos de reações que apresentamos e estudamos nesta Unidade.

Alguns vestibulares e processos seletivos, em especial FUVEST e ENEM, elaboram questões que envolvem reações orgânicas não usualmente discutidas ou estudadas no Ensino Médio.

Entretanto, em primeiro lugar, não se assuste! Nessas questões, são apresentados **modelos** de como essas (novas) reações ocorrem e uma das habilidades cobradas dos candidatos é justamente saber **interpretar** esses modelos para **identificar** as diferenças entre reagentes e produtos, o que nos possibilitará escrever reações que seguem esses modelos para outros reagentes e produtos.

SÉRIE OURO

1. (Exercício resolvido) (FUVEST – SP) Do ponto de vista da "Química Verde", as melhores transformações são aquelas em que não são gerados subprodutos. Mas, se forem gerados, os subprodutos não deverão ser agressivos ao ambiente.

Considere as seguintes transformações, representadas por equações químicas, em que, quando houver subprodutos, eles não estão indicados.

I. $CH_2=CH_2 + Cl_2 + H_2O \longrightarrow ClCH_2CH_2OH$

II. (butadieno) + (benzoquinona) $\longrightarrow$ (aduto bicíclico)

III. $HO-(CH_2)_4-COOH \longrightarrow$ (δ-valerolactona)

A ordem dessas transformações, da pior para melhor, de acordo com a "Química Verde", é:

a) I, II, III.
b) I, III, II.
c) II, I, III.
d) II, III, I.
e) III, I, II.

Resolução:

I. $C_2H_4 + Cl_2 + H_2O \longrightarrow C_2H_5OCl + HCl$

HCl: subproduto prejudicial ao meio ambiente.

II. $C_4H_6 + C_6H_4O_2 \longrightarrow C_{10}H_{10}O_2$

A reação II forma um único produto adequando-se ao conceito Química Verde.

III. $C_5H_{10}O_3 \longrightarrow C_5H_8O_2 + H_2O$

A sequência das reações é da pior para a melhor: I, III, II.

Resposta: alternativa b.

2. (FUVEST – SP) A "Química Verde", isto é, a química das transformações que ocorrem com o mínimo de impacto ambiental, está baseada em alguns princípios:

1. utilização de matéria-prima renovável,
2. não geração de poluentes,
3. economia atômica, ou seja, processos realizados com a maior porcentagem de átomos dos reagente incorporados ao produto desejado.

Analise os três processos industriais de produção de anidrido maleico, representados pelas seguintes equações químicas:

I. $C_6H_6 + 4{,}5\ O_2 \xrightarrow{\text{catalisador}}$ anidrido maleico $+ 2\ CO_2 + 2\ H_2O$

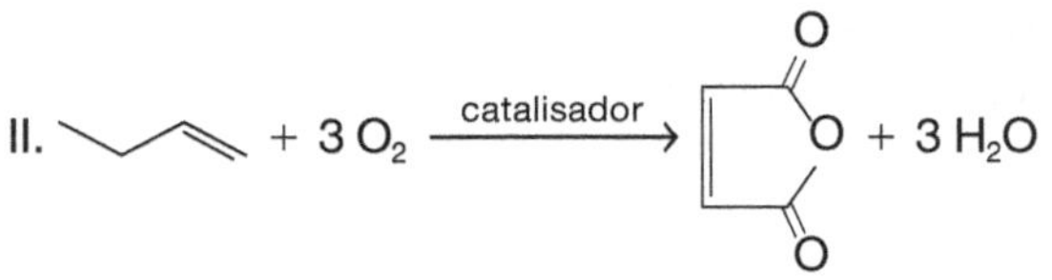

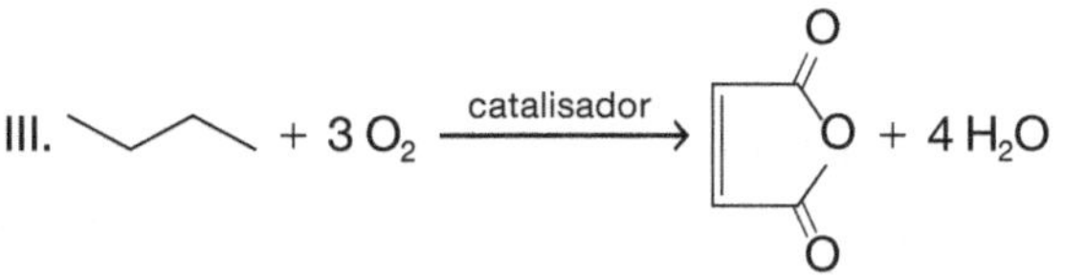

II. ⌒⌒ + 3 O₂ →[catalisador] (anidrido maleico) + 3 H₂O

III. ⌒⌒⌒ + 3 O₂ →[catalisador] (anidrido maleico) + 4 H₂O

a) Qual deles apresenta maior economia atômica?
b) Qual deles obedece pelo menos a dois princípios dentre os três citados?
c) Escreva a fórmula estrutural do ácido que, por desidratação, pode gerar o anidrido maleico.
d) Escreva a fórmula estrutural do isômero geométrico do ácido do item c.

3. (ENEM) Hidrocarbonetos podem ser obtidos em laboratório por descarboxilação oxidativa anódica, processo conhecido como eletrossíntese de Kolbe. Essa reação é utilizada na síntese de hidrocarbonetos diversos, a partir de óleos vegetais, os quais podem ser empregados como fontes alternativas de energia, em substituição aos hidrocarbonetos fósseis. O esquema ilustra simplificadamente esse processo.

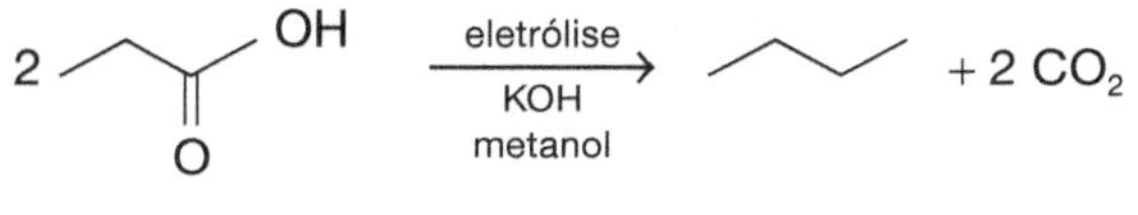

2 CH₃CH₂COOH →[eletrólise, KOH, metanol] CH₃CH₂CH₂CH₃ + 2 CO₂

AZEVEDO, D. C.; GOULART, M. O. F. Estereosseletividade em reações eletródicas. **Química Nova**, n. 2, 1997. Adaptado.

Com base nesse processo, o hidrocarboneto produzido na eletrólise do ácido 3,3-dimetil-butanoico é o

a) 2,2,7,7-tetrametil-octano.
b) 3,3,4,4-tetrametil-hexano.
c) 2,2,5,5-tetrametil-hexano.
d) 3,3,6,6-tetrametil-octano.
e) 2,2,4,4-tetrametil-hexano.

4. (FUVEST – SP) Um aldeído pode ser transformado em um aminoácido pela sequência de reações:

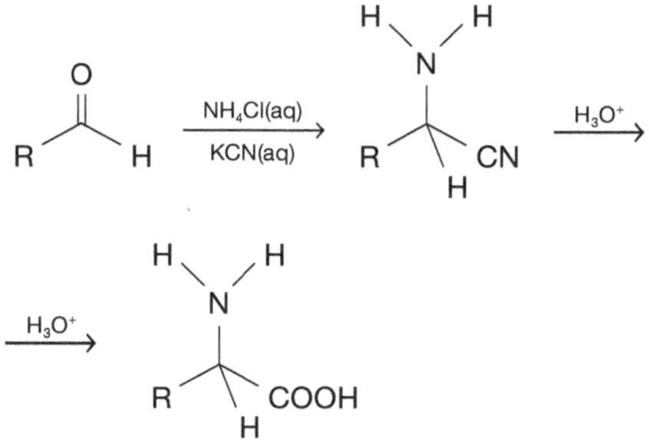

R-CHO →[NH₄Cl(aq), KCN(aq)] R-CH(NH₂)-CN →[H₃O⁺] →[H₃O⁺] R-CH(NH₂)-COOH

O aminoácido N-metil-fenilalanina pode ser obtido pela mesma sequência reacional, empregando-se em lugar do cloreto de amônia (NH₂Cl), o reagente CH₃NH₃Cl.

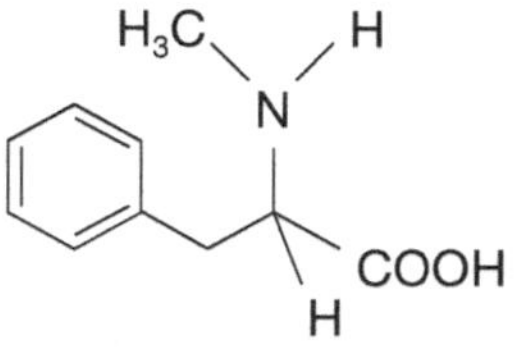

N-metil-fenilalanina

Nessa transformação, o aldeído que deve ser empregado é

a) 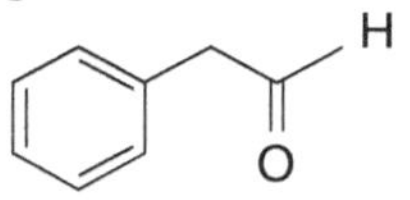 C₆H₅-CH₂-CHO

b) 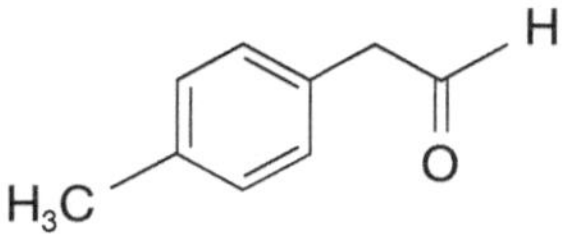 4-CH₃-C₆H₄-CH₂-CHO

c) 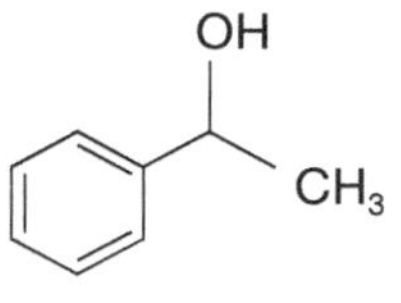 C₆H₅-CH(OH)-CH₃

d) 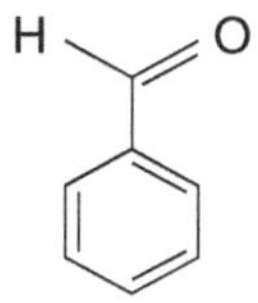 C₆H₅-CHO

e) 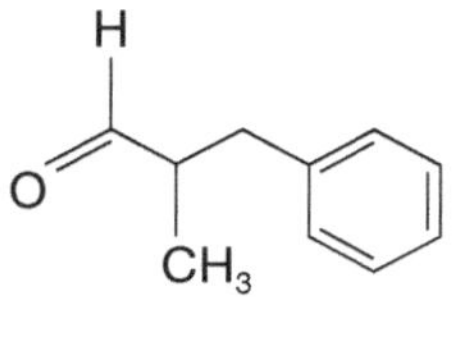 C₆H₅-CH₂-CH(CH₃)-CHO

5. (ENEM) A hidroxilamina (NH_2OH) é extremamente reativa em reações de substituição nucleofílica, justificando sua utilização em diversos processos. A reação de substituição nucleofílica entre o anidrido acético e a hidroxilamina está representada.

O produto A é favorecido em relação ao B por um fator de 10^5. Em um estudo de possível substituição do uso de hidroxilamina, foram testadas as moléculas numeradas de 1 a 5.

Dentre as moléculas testadas, qual delas apresentou menor reatividade?

a) 1   b) 2   c) 3   d) 4   e) 5

6. (FUVEST – SP) A reação de cetonas com hidrazinas, representada pela equação química

pode ser explorada para a quantificação de compostos cetônicos gerados, por exemplo, pela respiração humana. Para tanto, uma hidrazina específica, a 2,4-dinitrofenilhidrazina, é utilizada como reagente, gerando um produto que possui cor intensa.

Considere que a 2,4-dinitrofenilhidrazina seja utilizada para quantificar o seguinte composto. Nesse caso, a estrutura do composto colorido formado será:

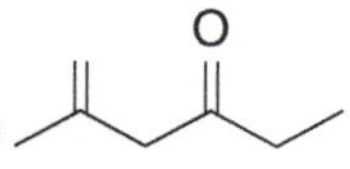

a) 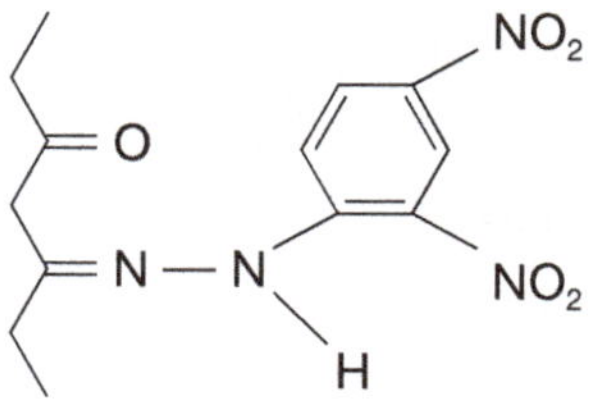 [estrutura]

b) 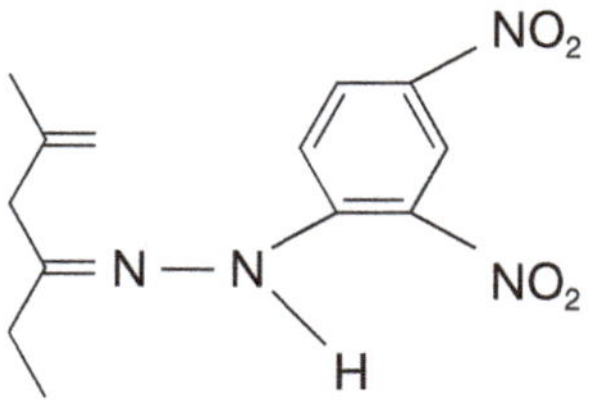 [estrutura]

c) 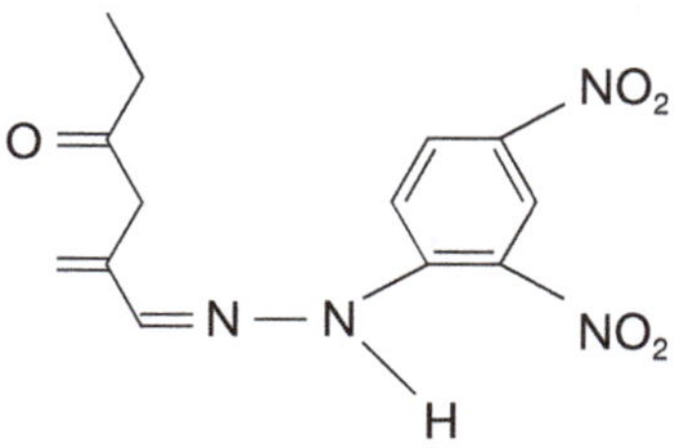 [estrutura]

d) 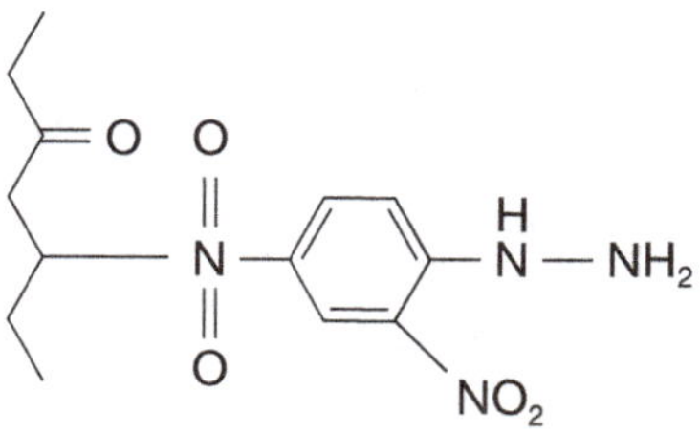 [estrutura]

e) 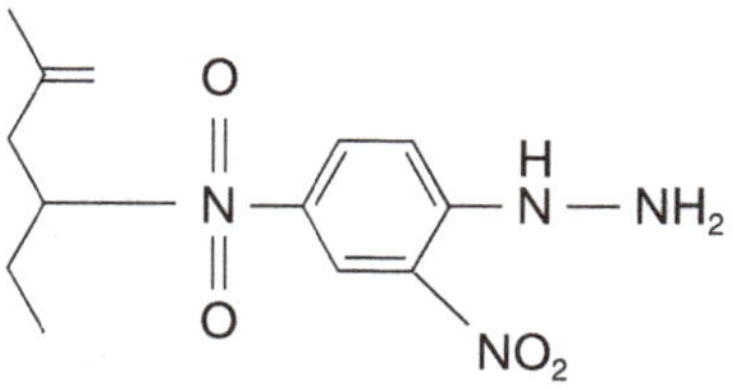 [estrutura]

---

7. (FUVEST – SP) Fenol e metanal (aldeído fórmico), em presença de um catalisador, reagem formando um polímero que apresenta alta resistência térmica. No início desse processo, pode-se formar um composto com um grupo —CH_2OH ligado no carbono 2 ou no carbono 4 do anel aromático. O esquema a seguir apresenta as duas etapas iniciais do processo de polimerização para a reação no carbono 2 do fenol.

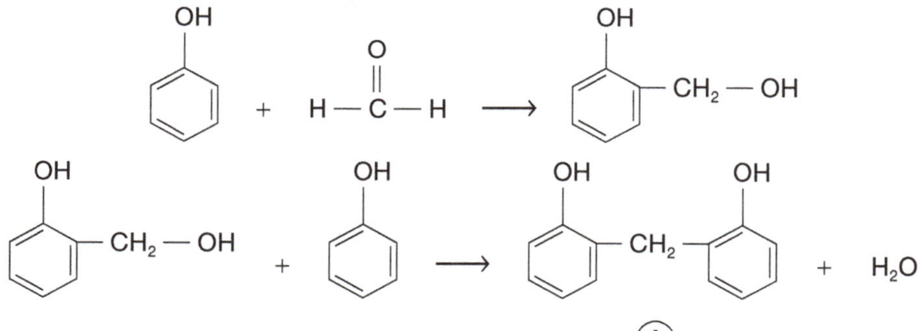

[esquema de reações]

Considere que, na próxima etapa desse processo de polimerização, a reação com o metanal ocorre no átomo de carbono 4 de um dos anéis de **I**. Assim, no esquema

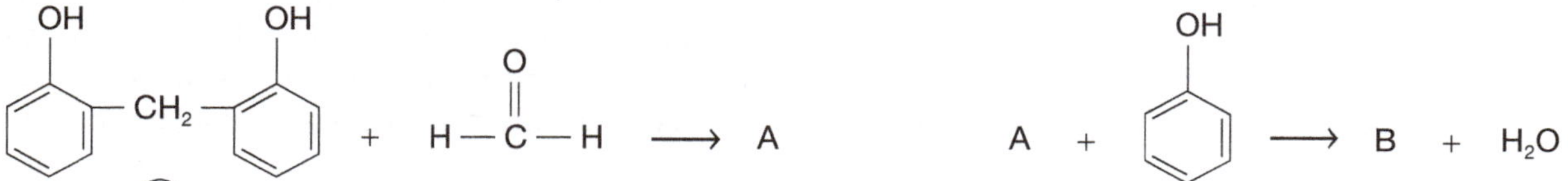

[esquema: I + H–CO–H → A ; A + fenol → B + H_2O]

A e **B** podem ser, respectivamente,

NOTE E ADOTE:

▶▶ Numeração dos átomos de carbono do anel aromático do fenol

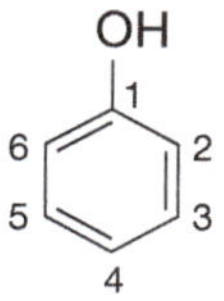

	A	B
a)	(estrutura com OH-CH₂-O-CH₂-OH entre dois anéis fenólicos)	(estrutura com três anéis fenólicos ligados por CH₂)
b)	(estrutura com dois anéis fenólicos ligados por CH₂, com CH₂-OH no segundo anel)	(estrutura com dois anéis fenólicos ligados por CH₂, com CH₂ ligado a terceiro anel fenólico)
c)	(estrutura com dois anéis fenólicos ligados por CH₂, com CH₂-OH no segundo anel)	(estrutura com três anéis fenólicos ligados por CH₂)
d)	(estrutura com dois anéis fenólicos ligados por CH₂ e CH₂-OH terminal)	(estrutura com dois anéis fenólicos ligados por CH₂, com CH₂-OH no segundo anel)
e)	(estrutura com dois anéis fenólicos ligados por CH₂ e CH₂-OH terminal)	(estrutura com dois anéis fenólicos ligados por CH₂, com CH₂ ligado a terceiro anel fenólico)

SÉRIE PLATINA

1. (FUVEST – SP) Na chamada condensação aldólica intermolecular, realizada na presença de base e a uma temperatura adequada, duas moléculas de compostos carbonílicos (iguais ou diferentes) reagem com formação de um composto carbonílico insaturado. Nessa reação, forma-se uma ligação dupla entre o carbono carbonílico de uma das moléculas e o carbono vizinho ao grupo carbonila da outra, com eliminação de uma molécula de água.

Analogamente, em certos compostos di-carbonílicos, pode ocorrer uma condensação aldólica intramolecular, formando-se compostos carbonílicos cíclicos insaturados.

a) A condensação aldólica intramolecular do composto di-carbonílico (ao lado) pode produzir duas ciclopentenonas ramificadas, que são isoméricas. Mostre as fórmulas estruturais planas desses dois compostos.

b) A condensação aldólica intramolecular de determinado composto di-carbonílico, X, poderia produzir duas ciclopentenonas ramificadas. No entanto, forma-se apenas a cis-jasmona, que é a mais estável. Mostre a fórmula estrutural plana do composto X.

cis-jasmona

2. (FUVEST – SP) A adição de HCl a alcenos ocorre em duas etapas. Na primeira delas, o íon H^+, proveniente do HCl, liga-se ao átomo de carbono da dupla-ligação que está ligado ao menor número de outros átomos de carbono. Essa nova ligação (C — H) é formada à custa de um par eletrônico da dupla-ligação, sendo gerado um íon com carga positiva, chamado carbocátion, que reage imediatamente com o íon cloreto, dando origem ao produto final. A reação do pent-1-eno com HCl, formando o 2-cloropentano, ilustra o que foi descrito.

$$CH_3CH_2CH_2CH=CH_2 + HCl \xrightarrow{1^a \text{ etapa}} CH_3CH_2CH_2-\overset{+}{C}H-CH_2 \xrightarrow[2^a \text{ etapa}]{Cl^-} CH_3CH_2CH_2-\underset{\underset{Cl}{|}}{C}H-CH_3$$

carbocátion

a) Escreva a fórmula estrutural do carbocátion que, reagindo com o íon cloreto, dá origem ao seguinte haleto de alquila:

$$CH_3CH_2-\underset{\underset{CH_3}{|}}{\overset{\overset{Cl}{|}}{C}}H-CH_2CH_2CH_3$$

b) Escreva a fórmula estrutural de três alcenos que não sejam isômeros cis-trans entre si e que, reagindo com HCl, podem dar origem ao haleto de alquila do item anterior.

c) Escreva a fórmula estrutural do alceno do item **b** que **não** apresenta isomeria cis-trans. Justifique.

3. (FUVEST – SP) Uma reação química importante, que deu a seus descobridores (O. Diels e K. Alder) o prêmio Nobel de 1950, consiste na formação de um composto cíclico, a partir de um composto com duplas-ligações alternadas entre átomos de carbono (dieno) e outro com pelo menos uma dupla-ligação, entre átomos de carbono, chamado de dienófilo. Um exemplo dessa transformação encontra-se ao lado.

Compostos com duplas-ligações entre átomos de carbono podem reagir com HBr, sob condições adequadas, como indicado:

Considere os compostos I e II, presentes no óleo de lavanda:

a) O composto III reage com um dienófilo, produzindo os compostos I e II. Mostre a fórmula estrutural desse dienófilo e nela indique, com setas, os átomos de carbono que formaram ligações com os átomos de carbono do dieno, originando o anel.
b) Mostre a fórmula estrutural do composto formado, se 1 mol do composto II reagir com 2 mol de HBr, segundo a equação química:

c) Copie a fórmula estrutural do composto II e indique nela, com uma seta, o átomo de carbono que, no produto da reação do item b, será assimétrico. Justifique.

4. (FUVEST – SP) Compostos com um grupo NO_2 ligado a um anel aromático podem ser reduzidos, sendo o grupo NO_2 transformado em NH_2, como representado ao lado.
Compostos alifáticos ou aromáticos com grupo NH_2, por sua vez, podem ser transformados em amidas ao reagirem com anidrido acético. Essa transformação é chamada de acetilação do grupo amino, como exemplificado abaixo.

Essas transformações são utilizadas para a produção industrial do paracetamol, que é um fármaco empregado como analgésico e antitérmico.

HO—⌬—N(H)—C(=O)—CH₃   paracetamol

a) Qual é o reagente de partida que, após passar por redução e em seguida por acetilação, resulta no paracetamol? Escreva no quadro ao lado a fórmula estrutural desse reagente.

O fenol (C₆H₅OH) também pode reagir com anidrido acético. Nessa transformação, forma-se acetato de fenila.

b) Na etapa de acetilação do processo industrial de produção do paracetamol, formam-se, também, ácido acético e um subproduto diacetilado (mas monoacetilado no nitrogênio). Complete o esquema a seguir, de modo a representar a equação química balanceada de formação do subproduto citado.

[ ] + (H₃C—C(=O))₂O ⟶ [subproduto diacetilado] + H₃C—C(=O)—OH

5. (FUVEST – SP) Alguns cloretos de alquila transformam-se em éteres quando dissolvidos em etanol, e a solução é aquecida a determinada temperatura. A equação química que representa essa transformação é:

$$R-Cl + C_2H_5OH \longrightarrow R-O-C_2H_5 + Cl^- + H^+$$

Um gupo de estudantes realizou um experimento para investigar a reatividade de três cloretos de alquila ao reagir com etanol, conforme descrito a seguir e esquematizado na tabela.

O grupo separou 4 tubos de ensaio e, em cada um, colocou 1 mL de etanol e uma gota do indicador alaranjado de metila. A seguir, adicionou 6 gotas de cloreto de metila ao **tubo 2**, 6 gotas de cloreto de secbutila ao **tubo 3** e 6 gotas de cloreto de tercbutila ao **tubo 4** (linha 1 na tabela). Os quatro tubos foram aquecidos por 10 minutos a 60 °C, em banho de água e, após esse tempo, foram registradas as observações experimentais relacionadas à cor das soluções (linha II na tabela). Surgiu a dúvida quanto ao resultado obtido para o **tubo 2** e, assim sendo, os estudantes resolveram fazer um novo teste, adicionando, a cada um dos tubos, 2 gotas de uma solução 5% de nitrato de prata em etanol. As observações experimentais feitas a partir desse teste também foram registradas (linha III na tabela).

	TUBO 1	TUBO 2	TUBO 3	TUBO 4
I	EtOH e indicador	EtOH e indicador + CH₃Cl	EtOH e indicador + CH₃CH(Cl)CH₂CH₃	EtOH e indicador + (CH₃)₃CCl
II	amarela	levemente avermelhada	vermelha	amarela
III	inalterado	ligeira turbidez	precipitado branco e sobrenadante vermelho	inalterado

NOTE E ADOTE:

▸ Alaranjado de metila é um indicador ácido-base.
▸ Em pH < 4, apresenta coloração vermelha e, em pH > 5, apresenta coloração amarela.

a) Explique por que a cor do indicador ácido-base muda quando ocorre a reação do cloreto de alquila com o etanol.
b) Dê a fórmula estrutural do produto orgânico e a fórmula do precipitado formados no tubo 3.
c) Com base nos resultados experimentais, indique a ordem de reatividade dos três cloretos de alquila investigados no experimento. Justifique sua resposta com base nos resultados experimentais.

6. (FUVEST – SP) Um corante, cuja fórmula estrutural está representada na figura, foi utilizado em um experimento.

Sabe-se que sua solução aquosa é azul e que, com a adição de um ácido à solução, ela se torna vermelha. O experimento foi realizado em três etapas.

Etapa 1: Colocou-se uma solução aquosa do corante em um funil de separação. Em seguida, um volume igual de diclorometano foi também adicionado a esse funil, agitando-se o conteúdo em seguida. Após algum tempo, observou-se separação em duas fases.

Etapa 2: Recolheu-se a fase superior (solução azul) obtida na etapa 1 em um béquer e adicionou-se a ela uma solução aquosa de ácido sulfúrico, até a solução se tornar vermelha. A seguir, colocou-se essa solução em um funil de separação limpo, ao qual também foi adicionado igual volume de diclorometano. Agitou-se o conteúdo e, após algum tempo, observou-se separação de fases.

Etapa 3: A solução vermelha obtida (fase inferior) foi recolhida em um béquer limpo, ao qual foi adicionada, em seguida, uma solução aquosa de hidróxido de sódio, observando-se nova mudança de cor. O conteúdo do béquer foi transferido para um funil de separação limpo, agitou-se o conteúdo e, após algum tempo, observou-se separação de fases.

O esquema a seguir mostra os resultados obtidos nas três etapas do experimento

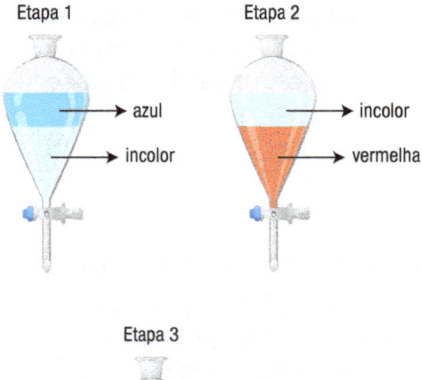

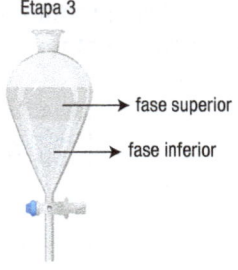

Com base nesses resultados, pergunta-se:

a) Se a um funil de separação forem adicionados água e diclorometano, qual é a fase da água (superior ou inferior)?
b) Escreva a equação química que representa a transformação que ocorreu com o corante na etapa 2. O produto orgânico dessa etapa é mais solúvel em água ou em diclorometano? Explique com base nos resultados experimentais.
c) Qual é a cor de cada uma das fases na etapa 3? Explique com base nos resultados experimentais.

NOTE E ADOTE:
▶▶ Densidades (g/mL): água = 1,00; diclorometano = 1,33.

Células Voltaicas

10

Vimos, no Capítulo 8, que, nas reações de oxirredução, temos a transferência de elétrons entre uma espécie que sofre oxidação e outra que sofre redução. No exemplo que estudamos, reação entre zinco metálico e solução de sulfato de cobre (II), essa transferência de elétrons ocorre a partir do **contato direto** entre o Zn(s) e os cátions Cu^{2+}(aq) e é evidenciada pela deposição de cobre metálico e pela diminuição da coloração azulada da solução aquosa, o que pode ser representado pelas seguintes semirreações:

▶▶ semirreação de oxidação:

$$Zn(s) \longrightarrow Zn^{2+}(aq) + 2e^-$$

▶▶ semirreação de redução:

$$Cu^{2+}(aq) + 2e^- \longrightarrow Cu(s)$$

Apesar de promover uma reação química, essa **transferência direta** de elétrons não pode ser aproveitada para produzir o que chamamos hoje de **corrente elétrica**, isto é, um fluxo ordenado de elétrons que pode ser utilizado para uma diversidade de propósitos, desde alimentar um equipamento elétrico, como um celular, até promover outra reação química, para obtenção de novas substâncias.

O primeiro cientista a conseguir, com relativo sucesso, utilizar uma reação de oxirredução espontânea para produzir uma corrente elétrica foi o italiano Alessandro **Volta**. Em 1800, Volta apresentou ao mundo a primeira **pilha** (ou **célula voltaica**), produzida a partir do empilhamento de discos metálicos de zinco e de cobre (ou de prata), intercalados com discos de papel embebido em solução aquosa de cloreto de sódio.

O "relativo sucesso" mencionado acima refere-se ao fato de a pilha proposta por Volta durar apenas alguns minutos, em decorrência de diversos fatores, entre eles, a impureza dos discos metálicos, o que reduzia bastante a condutividade elétrica desses materiais, e o fato de ocorrer a produção de gases na solução aquosa, que atuavam como isolantes elétricos e prejudicavam ainda mais a durabilidade desse dispositivo.

O termo "pilha" deriva do fato de a célula voltaica, proposta por Alessandro Volta, consistir em um empilhamento de discos metálicos e de papel embebido em solução aquosa salina.

Entretanto, independentemente da (curta) vida útil da pilha proposta por Volta, seu experimento representou o marco inicial da **Eletroquímica** e incentivou diversos cientistas e pesquisadores a proporem novas configurações para células voltaicas, de maior durabilidade e eficiência.

Entre essas configurações, destaca-se a **pilha de Daniell**, proposta pelo inglês John **Daniell** em 1836 e que será objeto de estudo em detalhes neste capítulo.

10.1 Pilha de Daniell

Para aproveitar a transferência de elétrons entre as espécies químicas para produzir uma corrente elétrica, é necessário **separar fisicamente** quem doa elétrons (espécie que sofre oxidação) de quem recebe elétrons (espécie que sofre redução).

Na configuração mais famosa proposta pelo inglês John Daniell na primeira metade do século XIX, essa separação foi realizada a partir da montagem de duas **meia-células** (ou **semicélulas**). Uma meia-célula consiste em um metal (eletrodo) em contato com seus íons (em uma solução aquosa). No caso da pilha de Daniell, ele utilizou uma meia-célula de zinco e uma meia-célula de cobre:

À esquerda, temos a meia-célula de zinco, formada por uma lâmina de zinco (eletrodo) imersa em uma solução aquosa de cátion Zn^{2+} (proveniente, por exemplo, da dissociação de $ZnSO_4$). À direita, temos a meia-célula de cobre, formada por uma lâmina de cobre (eletrodo) imersa em uma solução aquosa de cátion Cu^{2+} (proveniente, por exemplo, da dissociação de $CuSO_4$).

A pilha de Daniell é formada pela união das duas meia-células por um **fio metálico** condutor (usualmente de cobre) conectando os dois eletrodos, que corresponde ao circuito externo, e uma **ponte salina** conectando as duas soluções aquosas.

Nessa configuração, é possível aproveitar a **transferência indireta** dos elétrons entre o $Zn(s)$ e o $Cu^{2+}(aq)$. Vimos, no Capítulo 8, que o $Zn(s)$ doa elétrons espontaneamente para o $Cu^{2+}(aq)$, uma vez que o zinco é um metal mais reativo que o cobre.

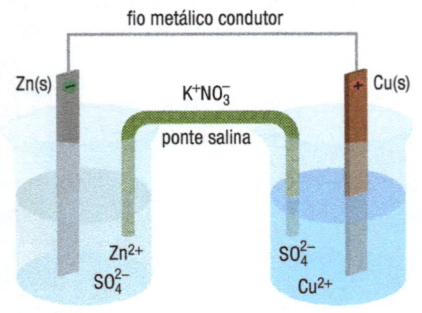

A pilha de Daniell é constituída por duas meia-células conectadas tanto por um fio metálico condutor quanto por uma ponte salina.

Agora, na pilha de Daniell, essa transferência não ocorre a partir do contato direto entre Zn(s) e Cu^{2+}(aq), mas sim através do fio metálico, gerando uma corrente elétrica. Portanto, com o funcionamento dessa pilha, observa-se um fluxo ordenado de elétrons da meia-célula de zinco para a meia-célula de cobre, que está relacionado com as semirreações a seguir.

▶▶ Semirreação de oxidação do zinco, que justifica o fato de a lâmina de zinco ser corroída, diminuindo de espessura:

$$Zn(s) \longrightarrow Zn^{2+}(aq) + 2e^-$$

▶▶ Semirreação de redução do cátion cobre, que justifica o fato de haver deposição de cobre metálico sobre a lâmina de cobre, aumentando a sua espessura:

$$Cu^{2+}(aq) + 2e^- \longrightarrow Cu(s)$$

Com o funcionamento da pilha, a oxidação do Zn(s) promove o aumento da concentração de Zn^{2+}(aq) na meia-célula da esquerda, o que dificulta a liberação dos elétrons para o fio metálico. Já na meia-célula de cobre, a redução do Cu^{2+} gera, na solução aquosa um excesso de íons SO_4^{2-}, que repele os elétrons provenientes do fio metálico.

É em virtude dessas variações nas concentrações das soluções que a utilização da **ponte salina** se faz importante na construção da pilha de Daniell. A ponte salina tem a função de manter o equilíbrio de cargas nas duas soluções, isto é, manter a neutralidade elétrica dessas soluções.

Uma possível construção da ponte salina é um tubo em U contendo uma solução aquosa de nitrato de potássio (KNO_3). Nesse caso, o excesso de íons Zn^{2+} na meia-célula de zinco atrai os íons NO_3^- da ponte salina, enquanto o excesso de íons SO_4^{2-} atrai os íons K^+ da ponte salina. Esse fluxo de íons (K^+ e NO_3^-) na ponte salina é denominado **corrente iônica** e é responsável por manter a neutralidade elétrica das soluções aquosas.

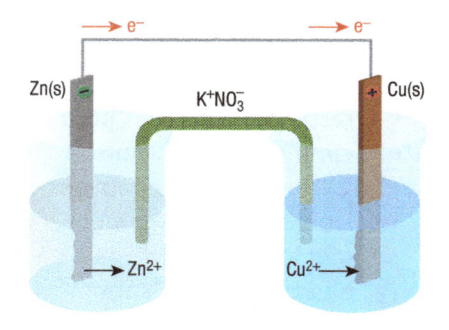

O eletrodo de zinco sofre oxidação, provocando a diminuição da espessura da lâmina de zinco e o aumento da concentração de Zn^{2+} na solução na qual esse eletrodo está imerso. Já a redução do Cu^{2+} provoca a diminuição da concentração desses cátions na solução da meia-célula da direita e a deposição de cobre metálico sobre o eletrodo de cobre.

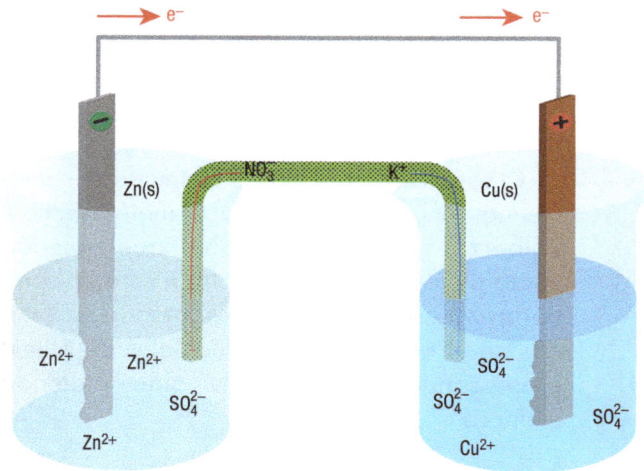

Na ponte salina, temos o estabelecimento de uma corrente iônica, com os íons NO_3^- migrando para a meia-célula de zinco e os íons K^+ migrando para a meia-célula de cobre.

10.2 Convenções nas Células Voltaicas

LEMBRE-SE!

Esses termos (anodo e catodo) foram cunhados por Michael **Faraday** (1791-1867) em 1834 ao estudar processos de eletrólise e são derivados do grego: ἄνοδος (*anodos*) e κάθοδος (*kathodos*), que significam, respectivamente, "para cima" e "para baixo". Observando a pilha de Daniell, esse é o movimento realizado pelos elétrons: eles "sobem" do eletrodo de zinco para o fio metálico e "descem" desse fio para o eletrodo de cobre.

Para todas as células voltaicas, inclusive a pilha de Daniell, o eletrodo no qual ocorre a semirreação de oxidação é chamado de **anodo**. Já o eletrodo no qual ocorre a semirreação de redução é chamado de **catodo**.

Quando estamos falando de corrente elétrica e de pilhas, é comum também utilizarmos os termos **polo negativo** e **polo positivo**. Para as células voltaicas, **polo negativo** corresponde ao eletrodo onde ocorre a oxidação, que fornece elétrons para o circuito externo. Já o **polo positivo** corresponde ao eletrodo onde ocorre a redução, que recebe elétrons do circuito externo.

Em resumo, para a pilha de Daniell, podemos escrever as seguintes semirreações e equação global:

Polo – (anodo):   Oxidação: $Zn(s) \longrightarrow Zn^{2+}(aq) + 2e^-$

Polo + (catodo):   Redução: $Cu^{2+}(aq) + 2e^- \longrightarrow Cu(s)$

Equação global: $Zn(s) + Cu^{2+}(aq) \longrightarrow Zn^{2+}(aq) + Cu(s)$

FIQUE POR DENTRO!

Representação IUPAC para células voltaicas

A IUPAC (*International Union of Pure and Applied Chemistry*) recomenda utilizar a seguinte convenção para representar uma célula voltaica: primeiro escreve-se o anodo (polo negativo) e, depois, o catodo (polo positivo). Utiliza-se barra vertical para separar as fases em cada meia-célula (por exemplo, $Zn(s) | Zn^{2+}(aq)$) e duas barras verticais para separar as duas meia-células.

Para a pilha de Daniell, a representação IUPAC é dada por:

$$Zn | Zn^{2+} (1 \text{ mol/L}) \underbrace{||}_{\text{ponte salina}} Cu^{2+} (1 \text{ mol/L}) | Cu$$

anodo (–): meia-célula de oxidação

catodo (+): meia-célula de redução

LIGANDO OS PONTOS!

Corrente elétrica convencional *versus* corrente elétrica real

O estudo sistemático da eletricidade inicia-se no século XVI, quando o inglês William **Gilbert** (1544-1603) descobriu que materiais como diamante, vidro, enxofre e cera se comportavam como o âmbar, resgatando os estudos de filósofos gregos como Tales de Mileto e nomeando esses materiais como "materiais elétricos".

Os trabalhos de Gilbert deram origem a uma série de estudos relacionados à eletrização por atrito, com destaque para as contribuições do americano Benjamin **Franklin** (1706-1790) na primeira metade do século XVIII.

Franklin defendia a teoria do fluido único, sendo que os objetos eletricamente neutros apresentariam um equilíbrio desse fluido elétrico. Entretanto, por fricção, esse equilíbrio poderia ser perturbado, levando certos objetos a adquirirem um excesso de fluido elétrico, enquanto outros objetos perderiam parte desse fluido.

Assim, originalmente, os termos positivo e negativo não tinham qualquer relação com a carga elétrica do objeto, mas indicavam se o objeto tinha excesso de fluido elétrico (positivo) ou falta dele (negativo).

É com base nesse entendimento de positivo e negativo que foi proposto que a corrente elétrica fluiria espontaneamente do polo positivo (que apresentava excesso de fluido elétrico) para o polo negativo (que apresentava falta de fluido elétrico).

A interpretação atual da teoria proposta por Franklin é de que esse fluido elétrico corresponde aos elétrons (descobertos somente cerca de 150 anos depois dos experimentos de Franklin), que são transferidos entre um material e outro durante a fricção. Infelizmente, as classificações em positivo e negativo atribuídas por Franklin são exatamente o oposto daquelas correspondentes a um excesso ou deficiência de elétrons. Hoje, associamos a carga positiva a uma falta de elétrons e a carga negativa a um excesso deles.

A consequência disso é que ainda hoje associamos o sentido da corrente elétrica convencional a um fluxo de cargas positivas, apesar de serem elétrons negativos que estão realmente fluindo na direção oposta (a corrente elétrica real). Isso ocorre pois todo o desenvolvimento desse campo de estudo, com base em trabalhos, por exemplo, de Michael Faraday e James **Maxwell** (1831-1879), foi realizado com base em uma corrente elétrica fluindo do polo positivo para o polo negativo.

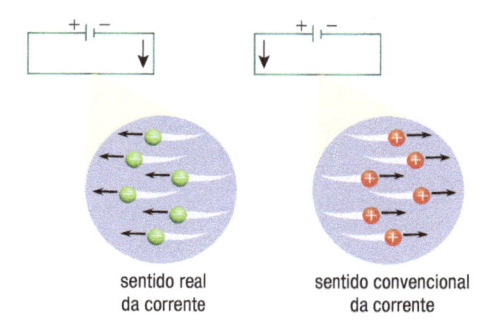

O sentido do fluxo de elétrons (chamado também de sentido real da corrente) é oposto ao sentido (convencional) da corrente elétrica. Em Eletricidade, costuma-se representar um gerador, como uma pilha, pelo símbolo ⊢⊣⊢, no qual o traço maior representa o polo positivo e o menor, o negativo.

O "erro" da atribuição original de positivo e negativo feita por Franklin talvez possa ser explicado porque ele começou seus experimentos elétricos com um tubo de vidro dado de presente pelo inglês Peter **Collinson** (1694-1768) e pela sua suposição de que a fricção desse material com seda fizesse com que o tubo de vidro acumulasse fluido elétrico. Hoje sabemos que, na verdade, o vidro perde elétrons para a seda.

Se Franklin tivesse recebido uma haste de âmbar ou de resina e feito a mesma suposição, nossos conhecimentos atuais sobre o fluxo de cargas elétricas corresponderiam às atribuições originais de Franklin.

Benjamin Franklin, além de cientista, foi um dos líderes da Revolução Americana que culminou com a independência dos Estados Unidos em 1776. Um dos "fundadores" dos Estados Unidos, seu rosto está estampado nas notas de cem dólares.

SÉRIE BRONZE

1. Complete o diagrama a seguir com as informações corretas sobre as células voltaicas.

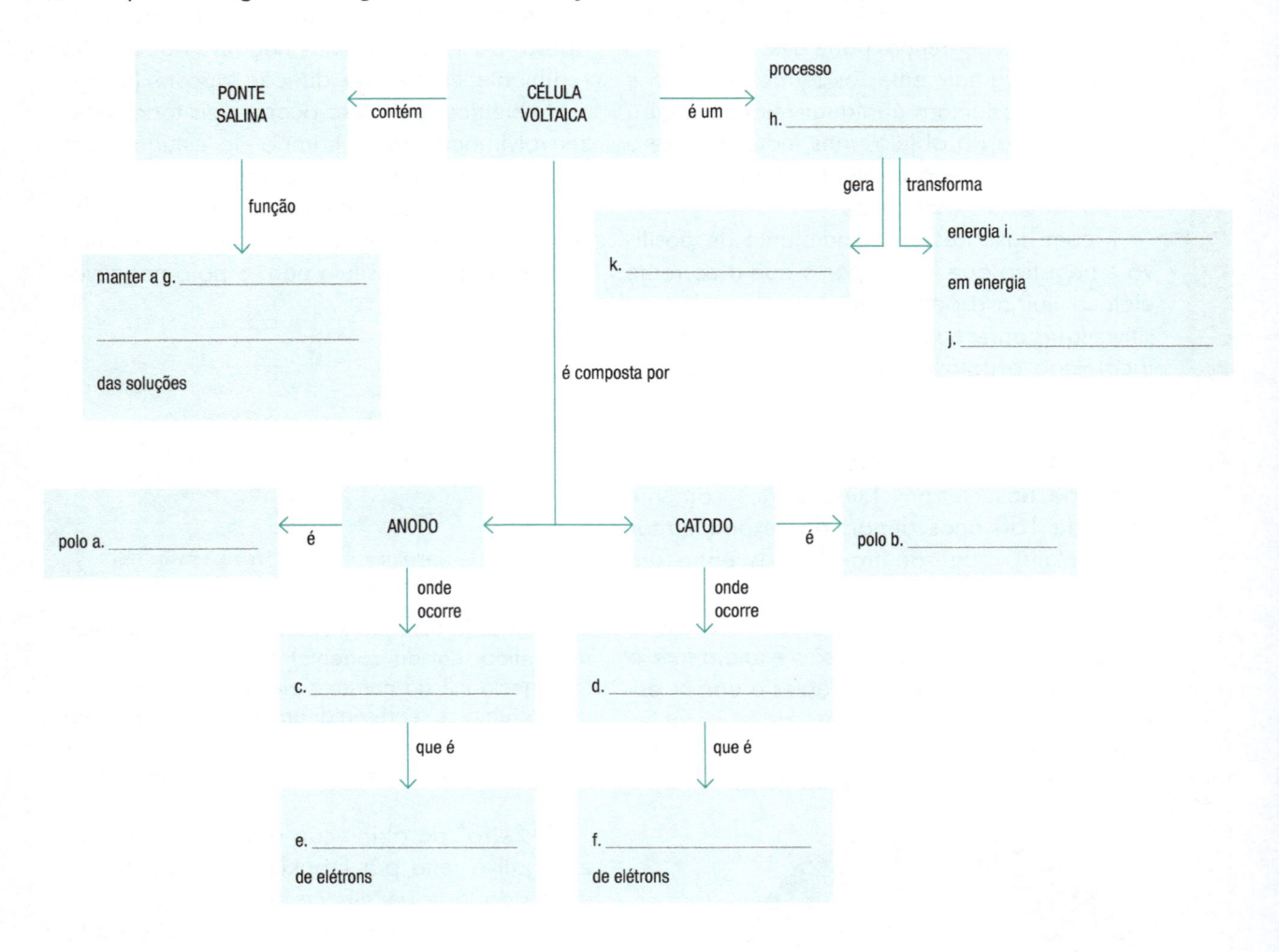

- **CÉLULA VOLTAICA** contém **PONTE SALINA**
- PONTE SALINA tem função: manter a g. _____ das soluções
- CÉLULA VOLTAICA é um processo h. _____
- gera k. _____
- transforma energia i. _____ em energia j. _____
- CÉLULA VOLTAICA é composta por **ANODO** e **CATODO**
- ANODO é polo a. _____
- CATODO é polo b. _____
- ANODO: onde ocorre c. _____ que é e. _____ de elétrons
- CATODO: onde ocorre d. _____ que é f. _____ de elétrons

2. Complete com **iônica** e **elétrica**.

a) O fluxo de elétrons no fio condutor origina a corrente _____.

b) O fluxo de íons no interior da pilha origina a corrente _____.

3. Utilizando o esquema da pilha a seguir, responda:

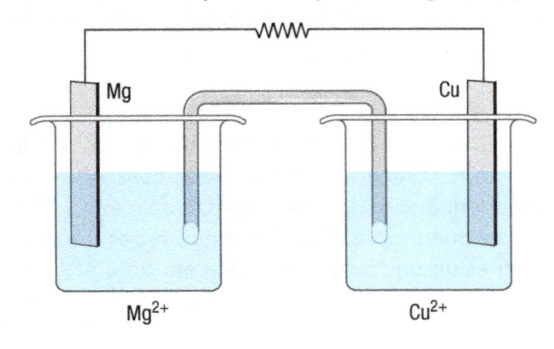

(Mg | Mg^{2+} || Cu^{2+} | Cu)

a) Qual metal se oxida?
_____

b) Qual íon se reduz?
_____

c) Qual eletrodo é anodo?
_____

d) Qual eletrodo é catodo?
_____

e) Indique o sentido dos elétrons.
_____

f) Indique os polos ⊕ e ⊖.
_____

g) Qual lâmina sofre corrosão?
_____

h) Em qual lâmina ocorre deposição?
_____

i) Escreva as semiequações de oxidação e redução.
_____
_____

j) Escreva a equação global da pilha.
_____

4. Utilizando a notação IUPAC da pilha a seguir, responda:

$$Co \mid Co^{2+} \mid\mid Au^{3+} \mid Au$$

a) Qual metal se oxida?
_____

b) Qual íon se reduz?
_____

c) Qual eletrodo é anodo?
_____

d) Qual eletrodo é catodo?
_____

e) Indique o sentido dos elétrons.
_____

f) Indique os polos ⊕ e ⊖.
_____

g) Qual lâmina sofre corrosão?
_____

h) Em qual lâmina ocorre deposição?
_____

i) Escreva as semiequações de oxidação e redução.
_____
_____

j) Escreva a equação global da pilha.
_____

SÉRIE PRATA

1. Considere a pilha utilizando eletrodos de alumínio e prata mergulhados em solução de $Al(NO_3)_3$ e $AgNO_3$, respectivamente.

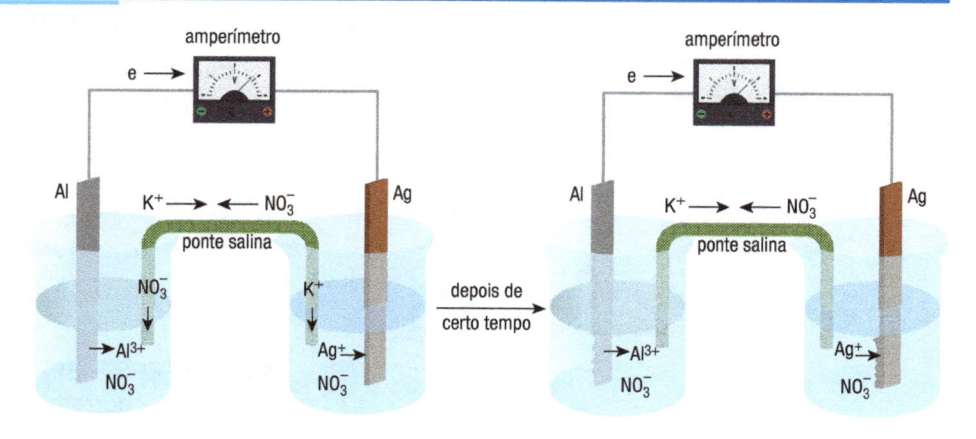

a) O anodo da pilha é o eletrodo de _____

b) O catodo da pilha é o eletrodo de _____

c) O sentido dos elétrons no circuito externo é do eletrodo de _____ para eletrodo de _____ .

d) O polo negativo é o eletrodo de _____

e) O polo positivo é o eletrodo de _____

f) Semirreação no anodo: _____

g) Semirreação no catodo: _____

h) Equação global da pilha: _____

2. Na célula eletroquímica Zn | Zn^{2+} || Ag^+ | Ag, pode-se afirmar que:

a) Zn é o catodo.
b) o íon Ag^+ sofre redução.
c) há consumo do eletrodo de prata.
d) ao se consumirem 2,0 mol de Ag^+, serão produzidos 2,0 mol de Zn.
e) a solução de Zn^{2+} permanece com a sua concentração inalterada, durante a reação.

d) o eletrodo de zinco é o anodo.
e) a equação global da pilha é
$$Zn^0 + Cu^{2+} \longrightarrow Zn^{2+} Cu^0.$$

3. (MACKENZIE – SP) Considerando a pilha
$$Zn^0 | Zn^{2+} || Cu^{2+} || Cu^0$$
e sabendo que o zinco cede elétrons espontaneamente para os íons Cu^{2+}, é INCORRETO afirmar que:

a) o eletrodo de cobre é o catodo.
b) o eletrodo de Zn é gasto.
c) a solução de $CuSO_4$ irá se concentrar.

4. (VUNESP) A reação entre o crômio metálico e íons ferro (II) em água, produzindo íons crômio (III) e ferro metálico, pode ser utilizada para se montar uma pilha eletroquímica.
a) Escreva as semirreações que ocorrem na pilha, indicando a semirreação de oxidação e a semirreação de redução.
b) Escreva a equação química global correspondente à pilha em funcionamento.

SÉRIE OURO

1. (UPF – RS) Na pilha de Daniell, ocorre uma reação de oxirredução espontânea, conforme representado esquematicamente na figura abaixo. Considerando a informação apresentada, analise as afirmações a seguir.

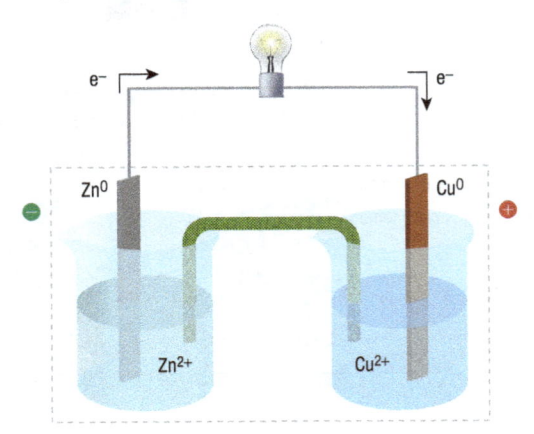

I. Na reação de oxirredução espontânea, representada na pilha de Daniell, a espécie que se oxida, no caso o Zn(s), transfere elétrons para a espécie que sofre redução, os íons Cu^{2+}(aq).

II. O Zn(s) sofre redução, transferindo elétrons para os íons Cu^{2+}(aq) que sofrem oxidação.

III. A placa de Zn(s) sofre corrosão, tendo sua massa diminuída, e sobre a placa de cobre ocorre depósito de cobre metálico.

IV. A concentração de íons Cu^{2+}(aq) aumenta, e a concentração de íons Zn^{2+}(aq) diminui em cada um dos seus respectivos compartimentos.

Está correto apenas o que se afirma em:
a) I e III.
b) II e IV.
c) I, II e IV.
d) III e IV.
e) II.

2. (CEETEPS – SP) No sistema ilustrado na figura a seguir, ocorre a interação de zinco metálico com solução de sulfato de cobre, havendo passagem de elétrons do zinco para os íons Cu^{2+} por meio de fio metálico.

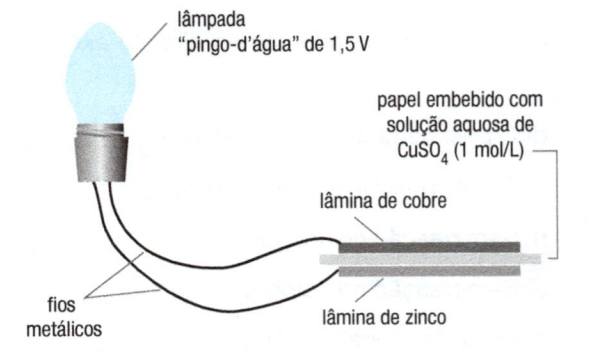

Assim, enquanto a pilha está funcionando, é correto afirmar que:

a) a lâmina de zinco vai se tornando mais espessa.
b) a lâmina de cobre vai se desgastando.
c) a reação catódica (polo positivo) é representada por:
$$Cu(s) \longrightarrow Cu^{2+}(aq) + 2e$$
d) a reação catódica (polo negativo) é representada por:
$$Zn^{2+}(aq) + 2e \longrightarrow Zn(s)$$
e) a reação da pilha é representada por:
$$Zn(s) + Cu^{2+}(aq) \longrightarrow Zn^{2+}(aq) + Cu(s)$$

a) nos fios, elétrons se movem da direita para a esquerda; e, no algodão, cátions K^+ se movem da direita para a esquerda e ânions Cl^-, da esquerda para a direita.
b) nos fios, elétrons se movem da direita para a esquerda; e, no algodão, elétrons se movem da esquerda para a direita.
c) nos fios, elétrons se movem da esquerda para a direita; e, no, algodão, cátions K^+ se movem da esquerda para a direita e ânions Cl^-, da direita para a esquerda.
d) nos fios, elétrons se movem da esquerda para a direita; e, no algodão, elétrons se movem da direita para a esquerda.

3. (UFMG) Na figura, está representada a montagem de uma pilha eletroquímica, que contém duas lâminas metálicas – uma de zinco e uma de cobre – mergulhadas em soluções de seus respectivos sulfatos. A montagem inclui um longo chumaço de algodão, embebido numa solução saturada de cloreto de potássio, mergulhado nos dois béqueres. As lâminas estão unidas por fios de cobre que se conectam a um medidor de corrente elétrica.

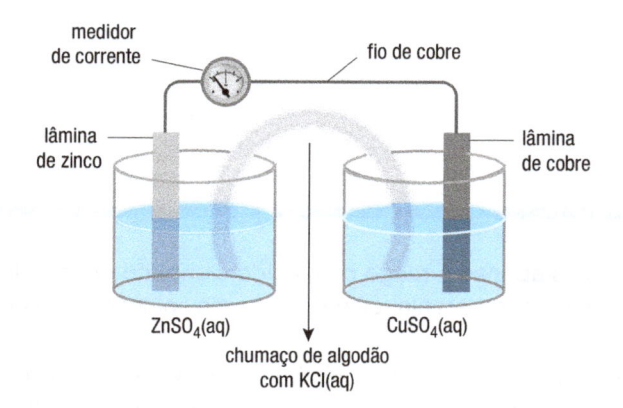

Quando a pilha está em funcionamento, o medidor indica a passagem de uma corrente e pode-se observar que

▶▶ a lâmina de zinco metálico sofre desgaste;
▶▶ a cor da solução de sulfato de cobre (II) se torna mais clara;
▶▶ um depósito de cobre metálico se forma sobre a lâmina de cobre.

Considerando-se essas informações, é correto afirmar que, quando a pilha está em funcionamento,

4. (MACKENZIE – SP) Relativamente à pilha a seguir, começando a funcionar, fazem-se as afirmações:

I. A reação global da pilha é dada pela equação:
$$Cu + 2\ Ag^+ \longrightarrow Cu^{2+} + 2\ Ag$$
II. O eletrodo de prata é polo positivo.
III. No anodo, ocorre a oxidação do cobre.
IV. A concentração de íons de Ag^+ na solução irá diminuir.
V. A massa da barra de cobre irá diminuir.

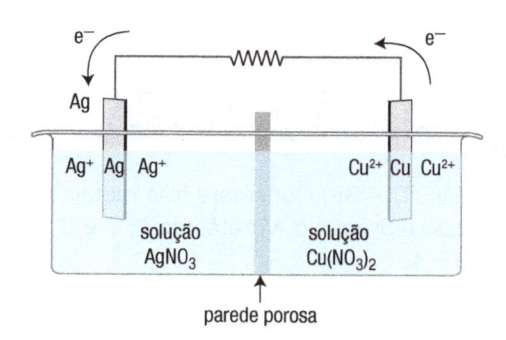

São corretas:
a) III, IV e V somente.
b) I, III e V somente.
c) II e IV somente.
d) I, IV e V somente.
e) I, II, III, IV e V.

5. (PUC – RJ) Uma cela galvânica consiste de um dispositivo no qual ocorre a geração espontânea de corrente elétrica a partir de uma reação de oxirredução. Considere a pilha formada por duas meias-pilhas constituídas de alumínio em solução aquosa de seus íons e chumbo em solução aquosa de seus íons:

$$Al \longrightarrow Al^{3+} + 3e^-$$
$$Pb^{2+} + 2e^- \longrightarrow Pb$$

Sobre essa pilha, é correto afirmar que:

a) a equação global desta pilha é
$$2\ Al^{3+}(aq) + 3\ Pb(s) \longrightarrow 2\ Al(s) + 3\ Pb^{2+}(aq)$$
b) o metal alumínio atua como agente oxidante.
c) a espécie $Pb^{2+}(aq)$ atua como agente redutor.
d) o eletrodo de chumbo corresponde ao catodo.
e) na semirreação de redução balanceada, a espécie $Pb^{2+}(aq)$ recebe um elétron.

6. (ENEM) Pilhas e baterias são dispositivos tão comuns em nossa sociedade que, sem percebermos, carregamos vários deles junto ao nosso corpo; elas estão presentes em aparelhos de MP3, relógios, rádios, celulares, etc. As semirreações, não balanceadas, descritas a seguir ilustram o que ocorre em uma pilha de óxido de prata.

$$Zn(s) + OH^-(aq) \longrightarrow ZnO(s) + H_2O(l) + e^-$$
$$Ag_2O(s) + H_2O(l) + e^- \longrightarrow Ag(s) + OH^-(aq)$$

Pode-se afirmar que esta pilha

a) apresenta o zinco como agente oxidante.
b) tem como reação da célula a seguinte reação:
$$Zn(s) + Ag_2O(s) \longrightarrow ZnO(s) + 2\ Ag(s)$$
c) apresenta fluxo de elétrons na pilha do eletrodo de Ag_2O para o Zn.
d) é uma pilha ácida.
e) apresenta o óxido de prata como o anodo.

7. (FUVEST-SP) Considerando que baterias de Li-FeS$_2$ podem gerar uma voltagem nominal de 1,5 V, o que as torna úteis no cotidiano, e que a primeira reação de descarga dessas baterias é

$$2\ Li + FeS_2 \longrightarrow Li_2FeS_2$$

é correto afirmar:

a) O lítio metálico é oxidado na primeira descarga.
b) O ferro é oxidado e o lítio é reduzido na primeira descarga.
c) O lítio é o catodo dessa bateria.
d) A primeira reação de descarga forma lítio metálico.
e) O lítio metálico e o dissulfeto ferroso estão em contato direto dentro da bateria.

SÉRIE PLATINA

1. (FUVEST – SP) Considere três metais A, B e C, dos quais apenas A reage com ácido clorídrico diluído, liberando hidrogênio. Varetas de A, B e C foram espetadas em uma laranja, cujo suco é uma solução aquosa de pH = 4.

A e B foram ligados externamente por um resistor (formação da pilha 1). Após alguns instantes, removeu-se o resistor, que foi então utilizado para ligar A e C (formação da pilha 2). Nesse experimento, o polo positivo e o metal corroído na pilha 1 e o polo positivo e o metal corroído na pilha 2 são, respectivamente,

	PILHA 1		PILHA 2	
	Polo positivo	Metal corroído	Polo positivo	Metal corroído
a)	B	A	A	C
b)	B	A	C	A
c)	B	B	C	C
d)	A	A	C	A
e)	A	B	A	C

Potencial de Eletrodo

11

Cada equipamento eletroeletrônico demanda uma voltagem específica, o que significa que, atualmente, temos praticamente uma infinidade de pilhas e baterias diferentes, com tamanhos e características distintas!

GLITTERSTUDIO/SHUTTERSTOCK

Quando utilizamos uma pilha em algum equipamento eletrônico, precisamos ficar atentos à "voltagem" que devemos utilizar. A bateria de um celular apresenta geralmente 3,85 V. Já em controles remotos utilizamos quase sempre duas 2 pilhas de 1,5 V ligadas em série, pois esses equipamentos demandam 3,0 V para funcionar. E um computador? Em torno de 10,8 V.

Agora, como fazemos para medir a **voltagem** de uma pilha? É isso que vamos discutir neste capítulo!

11.1 Diferença de Potencial (ddp)

Na prática, podemos utilizar um **voltímetro** para medir a voltagem de uma pilha. Esse equipamento deve ser ligado em paralelo ao dispositivo que se quer determinar a voltagem e, para que a medida seja realizada, deve haver pouca passagem de corrente elétrica pelo voltímetro, razão pela qual a resistência elétrica do voltímetro deve ser muito alta.

> **LEMBRE-SE!**
>
> No voltímetro ideal, considera-se que a sua resistência interna tende ao infinito e, portanto, não há passagem de corrente elétrica pelo equipamento de medida.

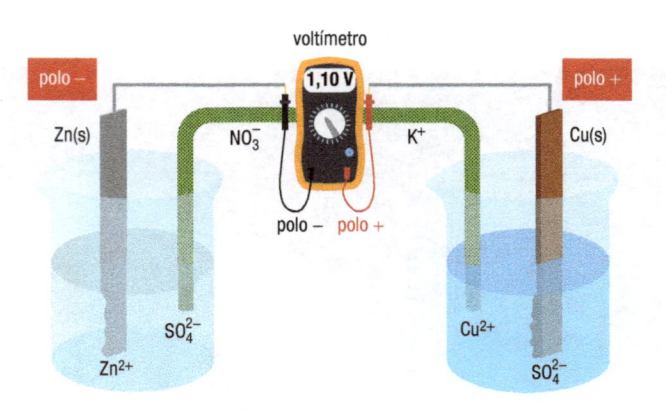

Ao utilizar um voltímetro para determinar experimentalmente a voltagem de uma pilha, deve-se ligar corretamente os fios desse equipamento de medida (positivo e negativo) aos polos correspondentes da pilha. Caso a ligação seja feita invertida, o equipamento fornecerá um valor negativo. Para a pilha de Daniell, a ligação invertida resultaria no valor –1,10 V no visor do equipamento.

No visor do voltímetro, obtemos o valor de 1,10 V para a pilha de Daniell, que apresentamos e estudamos no Capítulo 9. Entretanto, em Eletroquímica, preferimos a utilização do termo diferença de potencial (ddp) ao termo voltagem, pois esse valor (1,10 V) é decorrente da diferença entre os potenciais elétricos de cada eletrodo.

No caso da pilha de Daniell, como o eletrodo de cobre é o polo positivo, sabemos ainda que o potencial do eletrodo de cobre é 1,10 V maior que o potencial do eletrodo de zinco. Quando essa diferença de potencial é medida nas condições-padrão, isto é, a concentração dos íons nas soluções é igual a 1 mol/L e a temperatura é de 25 °C, estamos medindo a diferença de potencial-padrão, representada por ΔE^0. Para a pilha de Daniell, temos $\Delta E^0 = 1,10$ V.

Entretanto, se sempre que quiséssemos determinar a ddp de uma pilha nós tivéssemos de construí-la para podermos utilizar um voltímetro e obter essa medida, o processo poderia ficar muito caro, pois alguns materiais utilizados na construção das meias-células são de difícil acesso ou perigosos de manusear. Felizmente, os químicos elaboraram uma lista de potenciais de eletrodos, que permitem estimar a ddp de uma pilha sem a necessidade de a termos em nossas mãos. Vamos ver como?

11.2 Eletrodo-padrão de Hidrogênio

Infelizmente, não é possível determinar o valor de um potencial de eletrodo isolado. Somente conseguimos medir diferenças de potenciais de eletrodo. Por isso, para ser possível determinar os valores dos potenciais de eletrodo de uma meia-célula, foi necessário escolher um eletrodo como referência.

O eletrodo de referência escolhido pela IUPAC foi o **eletrodo-padrão de hidrogênio** (**EPH**), cujo valor de E^0 foi convencionado como sendo **0,00 V** (zero Volt), nas condições-padrão, quer ele atue como anodo, quer ele atue como catodo.

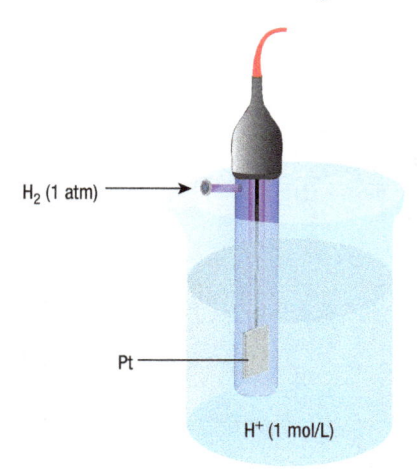

O eletrodo-padrão de hidrogênio é composto por um tubo invertido no qual há, no seu interior, um fio e uma placa de platina. Pela abertura lateral do tubo, injeta-se gás hidrogênio (H_2) à pressão de 100 kPa (aproximadamente 1 atm) e a solução aquosa deve apresentar $[H^+]$ = 1 mol/L.

FIQUE POR DENTRO!

Por que utilizamos platina no EPH?

Evidências mostraram aos cientistas que a platina negra, uma platina porosa, tem a propriedade de adsorver o gás hidrogênio, ou seja, de reter em sua superfície as moléculas desse gás.

Assim, na superfície da platina, dependendo da atuação do eletrodo-padrão de hidrogênio na pilha montada, podem ocorrer as seguintes semirreações:

▸ Semirreação de redução:

$$2\,H^+(aq) + 2e^- \longrightarrow H_2(g) \qquad E^0 = 0{,}00\ V$$

▸ Semirreação de oxidação:

$$H_2(g) \longrightarrow 2\,H^+(aq) + 2e^- \qquad E^0 = 0{,}00\ V$$

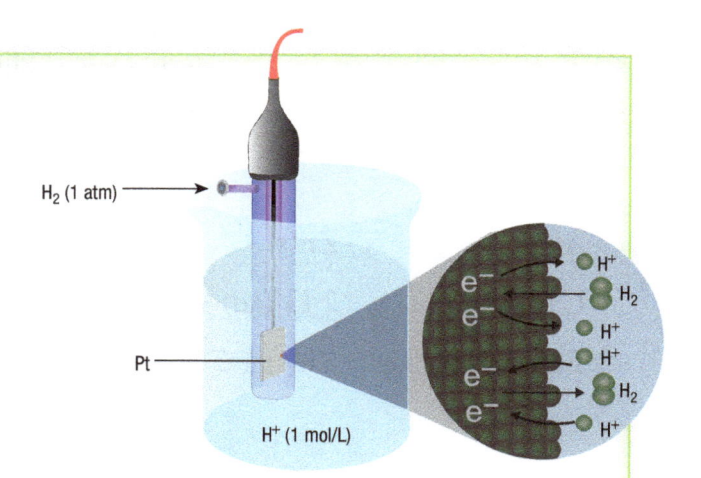

Como a quantidade de elétrons (nuvens de elétrons) é grande na superfície da platina, o hidrogênio irá emparelhar os seus elétrons mais facilmente com a platina do que com o próprio hidrogênio; como consequência, ocorre o enfraquecimento da ligação covalente entre os átomos de hidrogênio, favorecendo a formação de íons H^+.

Assim, para se determinar a lista de potenciais de eletrodos mencionada anteriormente, diversas pilhas são montadas a partir da meia-célula cujo potencial de eletrodo se quer determinar e do eletrodo-padrão de hidrogênio.

Vamos ver como esse procedimento é realizado na determinação dos potenciais de eletrodo do zinco e do cobre, os dois eletrodos utilizados na pilha de Daniell.

11.2.1 Determinação do potencial de eletrodo do zinco

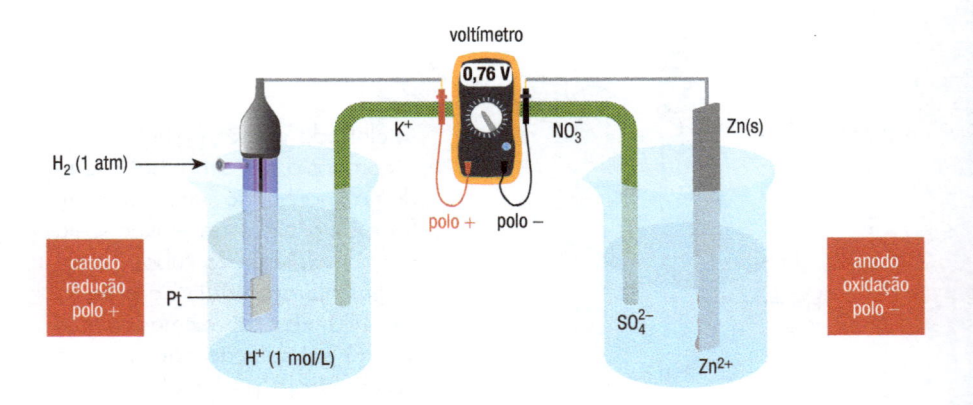

No visor do voltímetro, obtemos o valor de $\Delta E^0 = 0{,}76$ V, e observamos que há corrosão da placa de zinco, evidenciando que o eletrodo de zinco atua como anodo (sofre oxidação), enquanto o eletrodo-padrão de hidrogênio atua como catodo (sofre redução). Logo, as semirreações que ocorrem na pilha de zinco-hidrogênio são:

Anodo: $\quad Zn(s) \longrightarrow Zn^{2+}(aq) + 2e^-$ $\quad\quad E^0 = +0{,}76$ V

Catodo: $\quad 2\,H^+(aq) + 2e^- \longrightarrow H_2(g)$ $\quad\quad E^0 = 0{,}00$ V (convenção)

Equação global: $Zn(s) + 2\,H^+(aq) \longrightarrow Zn^{2+}(aq) + H_2(g)$ $\quad\quad \Delta E^0 = 0{,}76$ V

11.2.2 Determinação do potencial de eletrodo do cobre

No visor do voltímetro, obtemos o valor de $\Delta E^0 = 0{,}34$ V, e observamos que há deposição de cobre na placa de cobre, evidenciando que o eletrodo de cobre atua como catodo (sofre redução), enquanto o eletrodo-padrão de hidrogênio atua como anodo (sofre oxidação).

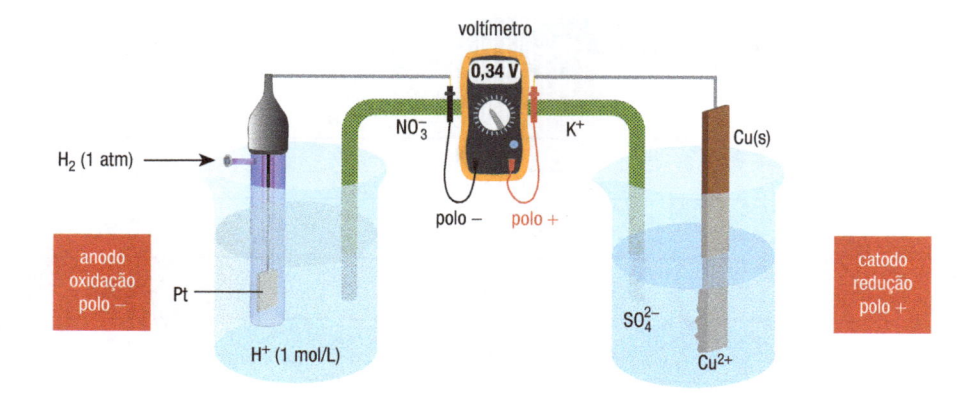

Logo, as semirreações que ocorrem na pilha de cobre-hidrogênio são:

Anodo: $\quad\quad\quad H_2(g) \longrightarrow 2\,H^+(aq) + 2e^- \quad\quad E^0 = 0,00\,V$ (convenção)

Catodo: $\quad\quad\quad Cu^{2+}(aq) + 2e^- \longrightarrow Cu(s) \quad\quad E^0 = +0,34\,V$

Equação global: $\quad Cu^{2+}(aq) + H_2(g) \longrightarrow Cu(s) + 2\,H^+(aq) \quad\quad \Delta E^0 = 0,34\,V$

11.3 Tabela de Potencial-padrão de Eletrodo

Das medidas realizadas anteriormente, obtivemos as seguintes informações:

$Zn \longrightarrow Zn^{2+} + 2e^- \quad\quad E^0 = +0,76\,V$

$2\,H^+ + 2e^- \longrightarrow H_2 \quad\quad E^0 = 0,00\,V$ (convenção)

$Cu^{2+} + 2e^- \longrightarrow Cu \quad\quad E^0 = +0,34\,V$

Entretanto, a IUPAC recomenda que as semirreações (e os potenciais) sejam sempre escritas no sentido da redução, razão pela qual chamamos essa grandeza de **potencial-padrão de redução**, que é simbolizada por E^0_{red}. Reescrevendo a semirreação de oxidação do Zn no sentido da redução do Zn^{2+}, conseguimos comparar os valores dos potenciais-padrão de redução das semirreações que estamos analisando:

$Zn^{2+} + 2e^- \longrightarrow Zn \quad\quad E^0_{red} = -0,76\,V$

$2\,H^+ + 2e^- \longrightarrow H_2 \quad\quad E^0_{red} = 0,00\,V$ (convenção)

$Cu^{2+} + 2e^- \longrightarrow Cu \quad\quad E^0_{red} = +0,34\,V$

Quanto maior for o potencial-padrão de redução, maior é a tendência de a meia-célula sofrer redução e atuar como catodo em uma célula voltaica. A tabela a seguir apresenta o potencial-padrão de redução para algumas semirreações e foram todos determinados a 25 °C, concentração de 1 mol/L para as espécies dissolvidas e pressão de 1 atm para os gases.

REAÇÃO DE REDUÇÃO		E^0_{red} (V)
$Li^+(aq) + e^-$	$\longrightarrow Li(s)$	–3,05
$K^+(aq) + e^-$	$\longrightarrow K(s)$	–2,93
$Ba^{2+}(aq) + 2e^-$	$\longrightarrow Ba(s)$	–2,90
$Sr^{2+}(aq) + 2e^-$	$\longrightarrow Sr(s)$	–2,89
$Ca^{2+}(aq) + 2e^-$	$\longrightarrow Ca(s)$	–2,87
$Na^+(aq) + e^-$	$\longrightarrow Na(s)$	–2,71
$Mg^{2+}(aq) + 2e^-$	$\longrightarrow Mg(s)$	–2,37
$Be^{2+}(aq) + 2e^-$	$\longrightarrow Be(s)$	–1,85
$Al^{3+}(aq) + 3e^-$	$\longrightarrow Al(s)$	–1,66
$Mn^{2+}(aq) + 2e^-$	$\longrightarrow Mn(s)$	–1,18
$2 H_2O + 2e^-$	$\longrightarrow H_2(g) + 2 OH^-(aq)$	–0,83
$Zn^{2+}(aq) + 2e^-$	$\longrightarrow Zn(s)$	–0,76
$Cr^{3+}(aq) + 3e^-$	$\longrightarrow Cr(s)$	–0,74
$Fe^{2+}(aq) + 2e^-$	$\longrightarrow Fe(s)$	–0,44
$Cd^{2+}(aq) + 2e^-$	$\longrightarrow Cd(s)$	–0,40
$PbSO_4(s) + 2e^-$	$\longrightarrow Pb(s) + SO_4^{2-}(aq)$	–0,31
$Co^{2+}(aq) + 2e^-$	$\longrightarrow Co(s)$	–0,28
$Ni^{2+}(aq) + 2e^-$	$\longrightarrow Ni(s)$	–0,25
$Sn^{2+}(aq) + 2e^-$	$\longrightarrow Sn(s)$	–0,14
$Pb^{2+}(aq) + 2e^-$	$\longrightarrow Pb(s)$	–0,13
$2 H^+(aq) + 2e^-$	$\longrightarrow H_2(g)$	0,00
$Sn^{4+}(aq) + 2e^-$	$\longrightarrow Sn^{2+}(aq)$	+0,13
$Cu^{2+}(aq) + e^-$	$\longrightarrow Cu^+(aq)$	+0,15
$SO_4^{2-}(aq) + 4 H^+(aq) + 2e^-$	$\longrightarrow SO_2(g) + 2 H_2O$	+0,20
$AgCl(s) + e^-$	$\longrightarrow Ag(s) + Cl^-(aq)$	+0,22
$Cu^{2+}(aq) + 2e^-$	$\longrightarrow Cu(s)$	+0,34
$O_2(g) + 2 H_2O + 4e^-$	$\longrightarrow 4 OH^-(aq)$	+0,40
$I_2(s) + 2e^-$	$\longrightarrow 2 I^-(aq)$	+0,53

Aumento do poder oxidante →

Aumento do poder redutor →

REAÇÃO DE REDUÇÃO		E^0_{red} (V)
$MnO_4^-(aq) + 2\ H_2O + 3e^-$	$\longrightarrow MnO_2(s) + 4\ OH^-(aq)$	+0,59
$O_2(g) + 2\ H^+(aq) + 2e^-$	$\longrightarrow H_2O_2(aq)$	+0,68
$Fe^{3+}(aq) + e^-$	$\longrightarrow Fe^{2+}(aq)$	+0,77
$Ag^+(aq) + e^-$	$\longrightarrow Ag(s)$	+0,80
$Hg_2^{2+}(aq) + 2e^-$	$\longrightarrow 2\ Hg(l)$	+0,85
$2\ Hg^{2+}(aq) + 2e^-$	$\longrightarrow Hg_2^{2+}(aq)$	+0,92
$NO_3^-(aq) + 4\ H^+(aq) + 3e^-$	$\longrightarrow NO(g) + 2\ H_2O$	+0,96
$Br_2(l) + 2e^-$	$\longrightarrow 2\ Br^-(aq)$	+1,07
$O_2(g) + 4\ H^+(aq) + 4e^-$	$\longrightarrow 2\ H_2O$	+1,23
$MnO_2(s) + 4\ H^+(aq) + 2e^-$	$\longrightarrow Mn^{2+}(aq) + 2\ H_2O$	+1,23
$Cr_2O_7^{2-}(aq) + 14\ H^+(aq) + 6e^-$	$\longrightarrow 2\ Cr^{3+}(aq) + 7\ H_2O$	+1,33
$Cl_2(g) + 2e^-$	$\longrightarrow 2\ Cl^-(aq)$	+1,36
$Au^{3+}(aq) + 3e^-$	$\longrightarrow Au(s)$	+1,50
$MnO_4^-(aq) + 8\ H^+(aq) + 5e^-$	$\longrightarrow Mn^{2+}(aq) + 4\ H_2O$	+1,51
$Ce^{4+}(aq) + e^-$	$\longrightarrow Ce^{3+}(aq)$	+1,61
$PbO_2(s) + 4\ H^+(aq) + SO_4^{2-}(aq) + 2e^-$	$\longrightarrow PbSO_4(s) + 2\ H_2O$	+1,70
$H_2O_2(aq) + 2\ H^+(aq) + 2e^-$	$\longrightarrow 2\ H_2O$	+1,77
$CO^{3+}(aq) + e^-$	$\longrightarrow Co^{2+}(aq)$	+1,82
$O_3(g) + 2\ H^+(aq) + 2e^-$	$\longrightarrow O_2(g) + H_2O(l)$	+2,07
$F_2(g) + 2e^-$	$\longrightarrow 2\ F^-(aq)$	+2,87

Baseado em: KOTZ, J.; TREICHEL Jr., P. M. **Química Geral e Reações Químicas**. v. 2.

Observação: para alguns casos, o potencial-padrão de eletrodo pode ser calculado teoricamente a partir de uma grandeza chamada de energia livre de Gibbs. Esse é o procedimento utilizado, por exemplo, para metais alcalinos, que reagem violentamente com a água.

Além de indicar a facilidade de uma espécie química receber elétrons, esses potenciais podem ser utilizados para determinar a ddp de uma célula voltaica. Para a pilha de Daniell:

Anodo: $\quad Zn(s) \longrightarrow Zn^{2+}(aq) + 2e^-$ $\quad$ +0,76 V (valor foi invertido)

Catodo: $\quad Cu^{2+}(aq) + 2e^- \longrightarrow Cu(s)$ $\quad$ +0,34 V

Equação global: $Zn(s) + Cu^{2+}(aq) \longrightarrow Zn^{2+}(aq) + Cu(s)$ $\quad \Delta E^0 = 1,10$ V

LEMBRE-SE!

Inverter uma semirreação (do sentido da oxidação para o da redução e vice-versa) inverte o sinal do potencial de eletrodo. Porém, multiplicar uma semirreação por qualquer valor não altera o valor do potencial de eletrodo:

$Cu(s) \longrightarrow Cu^{2+}(aq) + 2e^-$ –0,34 V (semirreação de oxidação)

$Cu^{2+}(aq) + 2e^- \longrightarrow Cu(s)$ +0,34 V (semirreação de redução)

$2\,Cu^{2+}(aq) + 4e^- \longrightarrow 2\,Cu(s)$ +0,34 V (semirreação de redução × 2)

Outra possibilidade para determinarmos o ΔE^0 de uma célula voltaica é a partir da expressão:

$$\Delta E^0 = E^0_{red_{MAIOR}} - E^0_{red_{MENOR}}$$

Novamente, para a pilha de Daniell, temos:

$$\Delta E^0 = E^0_{red_{MAIOR}} - E^0_{red_{MENOR}}$$

$$\Delta E^0 = E^0_{red}\,(Cu^{2+} \mid Cu) - E^0_{red}\,(Zn^{2+} \mid Zn)$$

$$\Delta E^0 = (+034) - (-0,76)$$

$$\Delta E^0 = +1,10\ V$$

LIGANDO OS PONTOS!

Fatores que afetam a ddp de uma pilha

A ddp de uma pilha (ΔE^0) depende, por exemplo, da concentração dos íons, da temperatura e da pressão dos gases envolvidos. É por esse motivo que definimos as condições-padrão (concentração de 1 mol/L para íons, 25 °C para temperatura e pressão 1 atm para gases) para podermos, por exemplo, comparar pilhas.

Entretanto, a ddp de uma pilha **não** depende da quantidade de reagentes no interior da pilha. Temos pilhas de vários tamanhos que apresentam quantidades diferentes de reagentes, porém a mesma ddp. Nesse caso, apresentar tamanhos diferentes implica produzir diferentes quantidades de energia elétrica, o que interfere, por exemplo, na vida útil da pilha.

ARNE BERULDSEN/SHUTTERSTOCK

Independentemente do tamanho (do tipo AAA, AA, C ou D), se as semirreações e condições estabelecidas no interior das pilhas forem as mesmas, a ddp também será igual: nesse caso, todas as pilhas alcalinas fornecem 1,5 V.

FIQUE POR DENTRO!

Os primórdios dos equipamentos de medidas elétricas

Além do **voltímetro**, instrumento utilizado para medir voltagem (diferença de potencial), você já deve ter ouvido falar do **amperímetro**, outro instrumento de medição voltado para determinação da intensidade de corrente elétrica.

Nas versões mais primitivas (e analógicas) de ambos os equipamentos, estava presente um componente conhecido como **galvanômetro** – um instrumento de medição de correntes elétricas de baixa intensidade (da ordem 10^{-3} A ou até mesmo 10^{-6} A), que podem ser quantificadas a partir da rotação de um ponteiro em resposta à passagem de corrente elétrica através de uma bobina que interage com um ímã permanente.

A rotação da agulha de uma bússola por uma corrente passando por um fio foi descrita pela primeira vez pelo dinamarquês Hans **Oersted** (1777-1851) em 1820, mesma data da criação do primeiro galvanômetro pelo alemão Johann **Schweigger** (1779-1857) na Universidade de Halle. Entretanto, o termo "galvanômetro" tornou-se comum na década de 1830, em homenagem ao italiano Luigi **Galvani** (1737-1798) que no século XVIII havia descoberto que a corrente elétrica faria a perna de um sapo morto contrair.

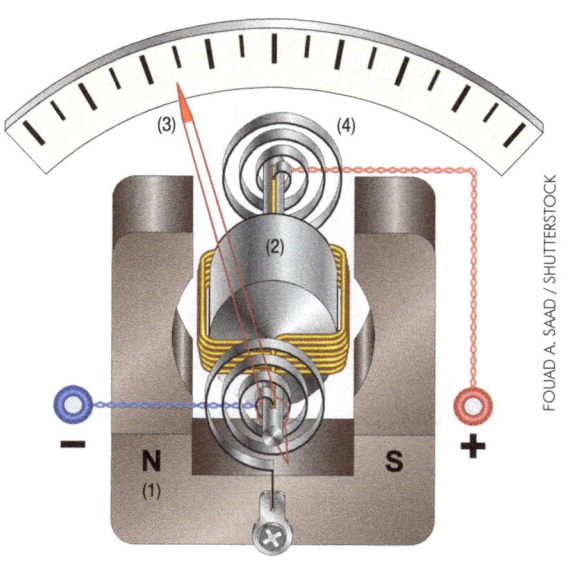

Uma das versões do galvanômetro foi proposta pelos franceses Jacques-Arsène d'Arsonval (1851-1940) e Marcel Deprez (1843-1918) em 1882, que consistia em um ímã permanente estacionário (1), um núcleo metálico envolto por uma bobina em espiral (2) acoplado a um ponteiro (3) que está associado a uma mola (4), que mantém esse ponteiro em uma posição de repouso pré-determinada.

Devido ao campo magnético do ímã permanente, a passagem de uma corrente elétrica pela bobina fará o ponteiro girar, devido ao aparecimento de um torque giratório que será tanto maior quanto maior for a intensidade de corrente. Logo, uma maior intensidade de corrente fará com que o ponteiro gire mais.

Entretanto, como intensidade de corrente (i) e diferença de potencial (U) estão relacionadas pela Lei de Ohm (U = R.i, onde R é a resistência), um galvanômetro pode ser calibrado tanto para indicar valores de intensidade de corrente (sendo utilizado como um amperímetro) quanto valores de diferença de potencial (voltagem, sendo utilizado como um voltímetro).

Estátua de Luigi Galvani na Piazza Galvani em Bolonha, Itália. Foram os trabalhos de Galvani que despertaram a curiosidade de Alessandro Volta para os estudos eletroquímicos no final do século XVIII.

SÉRIE BRONZE

1. Complete com **oxidação** ou **redução**.

a) A IUPAC recomenda escrever a equação da semirreação no sentido da _____ nas tabelas dos potenciais-padrão do eletrodo.

Equação da semirreação	E^0
$Zn^{2+} + 2e^- \rightleftarrows Zn$	$-0,76$ V
$Cu^{2+} + 2e^- \rightleftarrows Cu$	$+0,34$ V
$Ag^+ + e^- \rightleftarrows Ag$	$+0,80$ V

b) O cátion Ag^+ tem maior facilidade em sofrer _____.

c) O símbolo $\rightleftarrows$ indica que uma semirreação, em princípio, pode ocorrer no sentido da _____ ou no da _____, dependendo da outra semicélula presente.

d) Unindo as duas semicélulas de Zn e Cu teremos:
menor E^0, sofre _____, inverter a semiequação da tabela:
$Zn \longrightarrow Zn^{2+} + 2e^-$ $+0,76$ V
maior E^0, sofre _____, manter a semiequação da tabela:
$Cu^{2+} + 2e^- \longrightarrow Cu$ $+0,34$ V
equação global:
$Zn + Cu^{2+} \longrightarrow Zn^{2+} + Cu$ $+1,10$ V

2. Complete as lacunas a seguir de acordo com as informações presentes na célula voltaica abaixo.

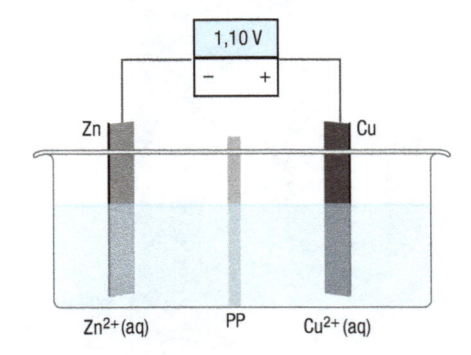

a) A ddp da pilha vale _____.

b) O polo negativo é _____.

c) O polo positivo é _____.

d) O potencial de eletrodo de cobre é _____ que o do eletrodo de zinco, pois é o polo positivo da pilha.

3. Com base em uma pilha cobre-alumínio, complete a tabela a seguir com os dados pedidos.

$Cu^{2+} + 2e^- \longrightarrow Cu$ $E^0 = +0,34$ V
$Al^{3+} + 3e^- \longrightarrow Al$ $E^0 = -1,66$ V

	ELETRODO DE COBRE	ELETRODO DE ALUMÍNIO
Polo (+ ou −)		
Catodo ou anodo?		
Semirreação		
Cálculo de ΔE^0		
Reação global		

SÉRIE PRATA

1. (UEPB) Na montagem de uma pilha foram utilizados um eletrodo de níquel e outro de prata.
   a) Escreva a equação global da pilha.
   b) Calcule a sua diferença de potencial.

   DADOS: $Ni^{2+} + 2e^- \longrightarrow Ni \qquad E^0 = -0,25\ V$
   $Ag^+ + e^- \longrightarrow Ag \qquad E^0 = +0,80\ V$

2. Calcule a ddp da pilha: $Al\ |\ Al^{3+}\ ||\ Fe^{2+}\ |\ Fe$.

   DADOS: $Al^{3+} + 3e^- \longrightarrow Al \qquad -1,66\ V$
   $Fe^{2+} + 2e^- \longrightarrow Fe \qquad -0,44\ V$

3. (PUC – SP) Para realizar um experimento, será necessário montar uma pilha que forneça uma diferença de potencial igual a 2 V.
   a) Escolha o par de eletrodos para fornecer exatamente essa ddp.
   b) Equacione o processo global da pilha.
   c) Qual é o polo negativo e qual é o polo positivo da pilha escolhida?

   DADOS: $Mg^{2+} + 2e^- \rightleftarrows Mg \qquad -2,38\ V$
   $Al^{3+} + 3e^- \rightleftarrows Al \qquad -1,66\ V$
   $Zn^{2+} + 2e^- \rightleftarrows Zn \qquad -0,76\ V$
   $2\ H^+ + 2e^- \rightleftarrows H_2 \qquad 0,0\ V$
   $Cu^{2+} + 2e^- \rightleftarrows Cu \qquad +0,34\ V$

4. (CEETEPS – SP) Dois metais diferentes são colocados, cada qual numa solução aquosa de um de seus sais, e conectados a um voltímetro, conforme ilustrado a seguir.

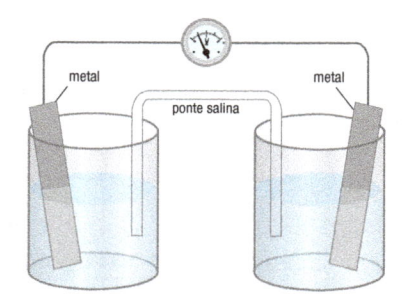

O voltímetro registra a diferença de potencial no sistema.

Considere os seguintes metais e os respectivos potenciais de redução:

METAL	SEMIRREAÇÃO	E^0 (V) (REDUÇÃO)
prata	$Ag^+ + e^- \longrightarrow Ag$	+0,8
cobre	$Cu^{2+} + 2e^- \longrightarrow Cu$	+0,3
chumbo	$Pb^{2+} + 2e^- \longrightarrow Pb$	−0,1
zinco	$Zn^{2+} + 2e^- \longrightarrow Zn$	−0,8

A maior diferença de potencial no sistema será registrada quando os metais utilizados forem:
a) prata e cobre.
b) prata e zinco.
c) cobre e zinco.
d) cobre e chumbo.
e) chumbo e zinco.

5. (UFRJ) Considere uma pilha de prata/magnésio e as semirreações representadas a seguir, com seus respectivos potenciais de redução.

$Mg^{2+} + 2e^- \longrightarrow Mg \qquad E^0 = -2,37\ V$

$Ag^+ + e^- \longrightarrow Ag \qquad E^0 = +0,80\ V$

O oxidante, o redutor e a diferença de potencial da pilha estão indicados, respectivamente, em

a) Mg, Ag^+, +3,17.
b) Mg, Ag^+, +3,97.
c) Ag^+, Mg, +1,57.
d) Mg^{+2}, Ag, −3,17.
e) Ag^+, Mg, +3,17.

6. (UFTM – MG) A figura representa a pilha formada entre as placas de Pb e Zn.

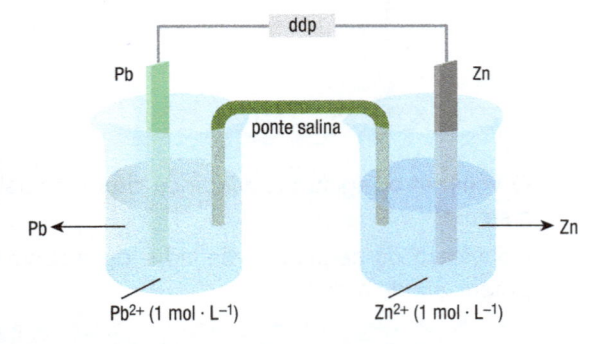

$Pb^{2+}(aq) + 2e^- \longrightarrow Pb(s) \qquad E^0 = -0,13\ V$

$Zn^{2+}(aq) + 2e^- \longrightarrow Zn(s) \qquad E^0 = -0,76\ V$

A partir da análise da figura, é correto afirmar que essa pilha tem ddp igual a:

a) 0,89 V e a placa de chumbo como catodo.
b) 0,63 V e a placa de chumbo como anodo.
c) 0,63 V e a placa de zinco como catodo.
d) 0,63 V e a placa de zinco como anodo.
e) 0,89 V e a placa de zinco como anodo.

7. (PUC – RJ) Considere a célula eletroquímica a seguir e os potenciais das semirreações:

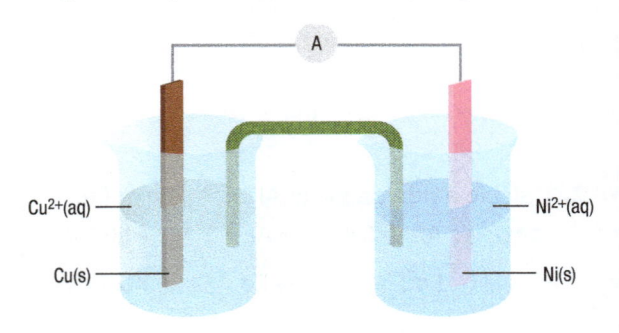

$Cu^{2+}(aq) + 2e^- \longrightarrow Cu(s) \qquad \Delta E^0 = +0,34\ V$

$Ni^{2+}(aq) + 2e^- \longrightarrow Ni(s) \qquad \Delta E^0 = +0,25\ V$

Sobre o funcionamento da pilha, e fazendo uso dos potenciais dados, é INCORRETO afirmar que:

a) os elétrons caminham espontaneamente, pelo fio metálico, do eletrodo de níquel para o de cobre.
b) a ponte salina é fonte de íons para as meia-pilhas.
c) no anodo ocorre a semirreação

$Ni(s) \longrightarrow Ni^{2+}(aq) + 2e^-$

d) no catodo ocorre a semirreação

$Cu^{2+}(aq) + 2e^- \longrightarrow Cu(s)$

e) a reação espontânea que ocorre na pilha é:

$Cu(s) + Ni^{2+}(aq) \longrightarrow Cu^{2+}(aq) + Ni(s)$

SÉRIE OURO

1. (UEMG) Pilhas são dispositivos que produzem corrente elétrica, explorando as diferentes capacidades das espécies de perderem ou de ganharem elétrons. A figura ao lado mostra a montagem de uma dessas pilhas.

A seguir, estão representadas algumas semirreações e seus respectivos potenciais de redução:

$Al^{3+}(aq) + 3e^- \longrightarrow Al(s)$ $E^0 = -1{,}66$ V

$Ni^{2+}(aq) + 2e^- \longrightarrow Ni(s)$ $E^0 = -0{,}25$ V

$Mg^{2+}(aq) + 2e^- \longrightarrow Mg(s)$ $E^0 = -2{,}37$ V

$Fe^{2+}(aq) + 2e^- \longrightarrow Fe(s)$ $E^0 = -0{,}44$ V

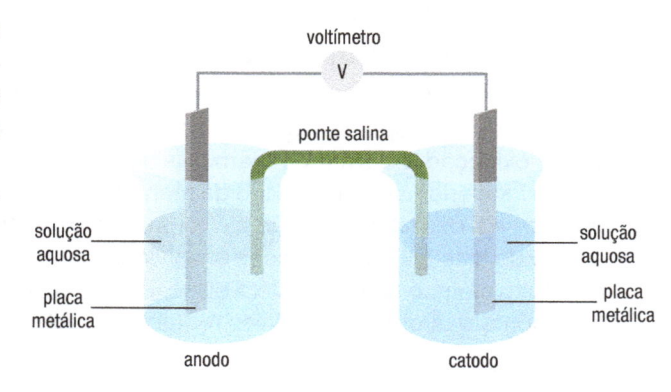

A pilha de maior diferença de potencial pode ser constituída no anodo e no catodo, respectivamente, pelos eletrodos de

a) alumínio e magnésio.
b) magnésio e níquel.
c) alumínio e ferro.
d) ferro e níquel.

2. (UNIFESP) A figura representa uma pilha formada com os metais Cd e Ag, mergulhados nas soluções de $Cd(NO_3)_2(aq)$ e $AgNO_3(aq)$, respectivamente. A ponte salina contém solução de $KNO_3(aq)$.

a) Sabendo que a diferença de potencial da pilha, nas condições padrão, é igual a $+1{,}20$ V e que o potencial-padrão de redução do cádmio é igual a $-0{,}40$ V, calcule o potencial-padrão de redução da prata. Apresente seus cálculos.

b) Para qual recipiente ocorre migração dos íons K^+ e NO_3^- da ponte salina? Justifique sua resposta.

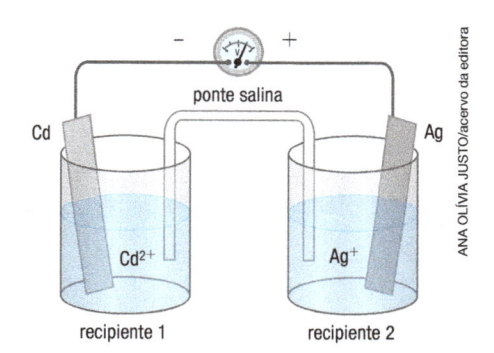

3. (PUC) **DADOS:** Potenciais de redução

$Pt^{2+}(aq) + 2e^- \longrightarrow Pt(s)$ $E^0 = +1,20$ V

$Cu^{2+}(aq) + 2e^- \longrightarrow Cu(s)$ $E^0 = +0,34$ V

$Zn^{2+}(aq) + 2e^- \longrightarrow Zn(s)$ $E^0 = -0,76$ V

Uma pilha é um dispositivo que se baseia em uma reação de oxirredução espontânea cujas semirreações de redução e oxidação ocorrem em semicélulas independentes. Para o funcionamento adequado da montagem é necessário que seja permitido fluxo de elétrons entre os eletrodos e fluxo de íons entre as soluções envolvidas, mantendo-se o circuito elétrico fechado. Além disso, é fundamental evitar o contato direto das espécies redutora e oxidante.

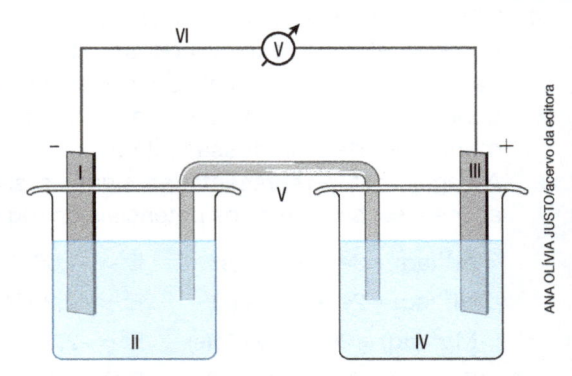

Considere o esquema ao lado.

Considere que as soluções aquosas empregadas são todas de concentração 1,0 mol/L nas espécies indicadas. Haverá passagem de corrente elétrica na aparelhagem com ddp medida pelo voltímetro de 1,10 V, somente se cada componente do esquema corresponder a:

	I	II	III	IV	V	VI
a)	Zn(s)	$Zn^{2+}(aq)$	Cu(s)	$Cu^{2+}(aq)$	$KNO_3(aq)$	fio de cobre
b)	Zn(s)	$Cu^{2+}(aq)$	Cu(s)	$Zn^{2+}(aq)$	$KNO_3(aq)$	fio de prata
c)	Cu(s)	$Cu^{2+}(aq)$	Zn(s)	$Zn^{2+}(aq)$	$C_2H_5OH(aq)$	fio de cobre
d)	Cu(s)	$Zn^{2+}(aq)$	Zn(s)	$Cu^{2+}(aq)$	$C_2H_5OH(aq)$	fio de prata
e)	Pt(s)	$Zn^{2+}(aq)$	Pt(s)	$Cu^{2+}(aq)$	$KNO_3(aq)$	fio de cobre

4. (UEL – PR) Potenciais-padrão de redução:

$H^+, \frac{1}{2} H_2$ .... $E = 0$

Cu^{2+}, Cu .... $E = +0,34$ volt

Fe^{2+}, Fe .... $E = -0,44$ volt

Se em vez do par $H^+, \frac{1}{2} H_2$, escolhido como tendo potencial-padrão de redução igual a zero, fosse escolhido o par Fe^{2+}, Fe como padrão, fixando-se a este o valor zero, nessa nova escala os potenciais-padrão de redução dos pares Cu^{2+}, Cu e $H^+, \frac{1}{2}, H_2$, seriam, respectivamente, em volt:

a) +0,10 e +0,34.   b) –0,10 e –0,34.   c) –0,78 e –0,44.   d) –0,78 e +0,44.   e) +0,78 e +0,44.

5. (UNESP) Atualmente, a indústria produz uma grande variedade de pilhas e baterias, muitas delas impossíveis de serem produzidas sem as pesquisas realizadas pelos eletroquímicos nas últimas décadas. Para todas as reações que ocorrem nestas pilhas e baterias, utiliza-se o valor de E^0 do eletrodo-padrão de hidrogênio, que convencionalmente foi adotado como sendo 0 V. Com base nesse referencial, foram determinados os valores de E^0 a 25 °C para as semicelas ao lado.

SEMIRREAÇÃO	$E^0 = (V)$
$2\,H^+(aq) + 2e^- \rightleftarrows H_2(g)$	0,00*
$Cu^{2+}(aq) + 2e^- \rightleftarrows Cu^0(s)$	+0,34**
$Zn^{2+}(aq) + 2e^- \rightleftarrows Zn^0(s)$	–0,76**
$Ag^+(aq) + e^- \rightleftarrows Ag^0(s)$	+0,80**

*eletrodo padrão   **em relação ao eletrodo-padrão

Caso o valor de E^0 da semirreação de redução da prata tivesse sido adotado como padrão, seria correto afirmar que

a) a produção de pilhas e baterias pela indústria seria inviabilizada.
b) a pilha de Daniell ($Zn(s) \mid Zn^{2+}(aq) \parallel Cu^{2+}(aq) \mid Cu(s)$) seria de 1,9 V.
c) todas as pilhas poderiam ter 0,80 V a mais do que têm hoje.
d) apenas algumas pilhas poderiam não funcionar como funcionam hoje.
e) nenhuma mudança na ddp de pilhas e baterias seria notada.

6. (FMABC – SP) **DADOS:** Potencial de redução padrão em solução aquosa (E^0_{red}):

$Ag^+(aq) + e^- \longrightarrow Ag(s)$ $E^0_{red} = 0,80\text{ V}$ $\quad Ni^{2+}(aq) + 2e^- \longrightarrow Ni(s)$ $E^0_{red} = -0,25\text{ V}$

$Cu^{2+}(aq) + 2e^- \longrightarrow Cu(s)$ $E^0_{red} = 0,34\text{ V}$ $\quad Fe^{2+}(aq) + 2e^- \longrightarrow Fe(s)$ $E^0_{red} = -0,44\text{ V}$

$Pb^{2+}(aq) + 2e^- \longrightarrow Pb(s)$ $E^0_{red} = -0,13\text{ V}$ $\quad Zn^{2+}(aq) + 2e^- \longrightarrow Zn(s)$ $E^0_{red} = -0,76\text{ V}$

É comum em laboratórios didáticos a construção de pilhas utilizando-se de duas semicélulas eletroquímicas, cada uma contendo uma lâmina de um metal imersa em uma solução de concentração $1,0\text{ mol} \cdot L^{-1}$ de cátions do próprio metal. Essas duas semicélulas são conectadas com um fio condutor (em geral de cobre) unindo as lâminas metálicas e uma ponte salina (em geral contendo solução aquosa de nitrato de potássio) que permite a passagem de íons entre as soluções.

Em um laboratório foram encontradas as seguintes semicélulas eletroquímicas: Ag^+/Ag, Cu^{2+}/Cu, Pb^{2+}/Pb, Ni^{2+}/Ni, Fe^{2+}/Fe, Zn^{2+}/Zn, possibilitando a montagem de diversas pilhas.

A pilha que apresenta a menor ddp entre essas opções tem

a) o metal Pb no polo negativo e o metal Cu no polo positivo.
b) o metal Ag no polo negativo e o metal Zn no polo positivo.
c) o metal Ni no polo negativo e o metal Pb no polo positivo.
d) o metal Cu no polo negativo e o metal Ag no polo positivo.

7. (UFRJ) Duas pilhas são apresentadas esquematicamente a seguir; os metais X e Y são desconhecidos.

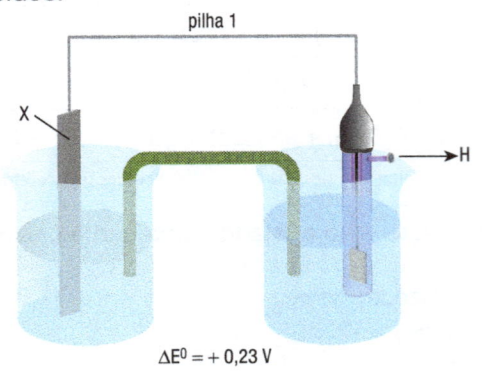

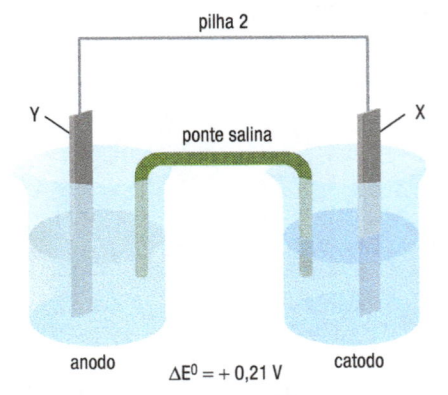

pilha 1

ΔE⁰ = + 0,23 V

pilha 2

ponte salina

anodo   ΔE⁰ = + 0,21 V   catodo

A tabela a seguir apresenta alguns potenciais-padrão de redução:

SEMIRREAÇÃO	ΔE⁰ (V)
$Zn^{2+} + 2e^- \longrightarrow Zn$	–0,76 V
$Fe^{2+} + 2e^- \longrightarrow Fe$	–0,44 V
$Ni^{2+} + 2e^- \longrightarrow Ni$	–0,23 V
$Cu^{2+} + 2e^- \longrightarrow Cu$	+0,34 V
$Pb^{2+} + 2e^- \longrightarrow Pb$	–0,13 V
$Ag^+ + e^- \longrightarrow Ag$	+0,80 V

a) Utilizando as informações da tabela, identifique o metal Y da pilha 2. Justifique sua resposta.

b) Considere a seguinte reação espontânea:

$$Zn + CuCl_2 \longrightarrow ZnCl_2 + Cu$$

Indique o agente oxidante dessa reação. Justifique sua resposta.

8. (PUC – SP) **DADO:** todas as soluções aquosas citadas apresentam concentração 1 mol/L do respectivo cátion metálico.

A figura a seguir apresenta esquema da pilha de Daniell.

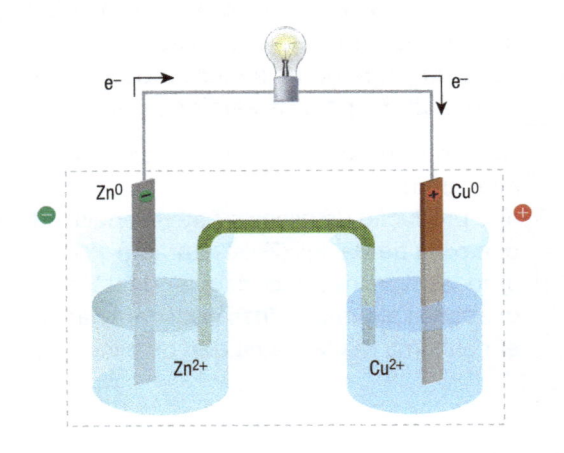

Nessa representação, o par Zn/Zn^{2+} é o anodo da pilha, enquanto o par Cu^{2+}/Cu é o catodo. A reação global é representada por:

$$Zn(s) + Cu^{2+}(aq) \longrightarrow Zn^{2+}(aq) + Cu(s)$$
$$\Delta E = 1,10 \text{ V}$$

Ao substituirmos a célula contendo o par Zn/Zn^{2+} por Al/Al^{3+}, teremos a equação

$$2\,Al(s) + 3\,Cu^{2+}(aq) \longrightarrow 2\,Al^{3+}(aq) + 3\,Cu(s)$$
$$\Delta E = 2,00 \text{ V}$$

Uma pilha utilizando as células Al/Al^{3+} e Zn/Zn^{2+} é mais bem descrita por

	anodo	catodo	ΔE (V)
a)	Zn/Zn^{2+}	Al^{3+}/Al	3,10
b)	Zn/Zn^{2+}	Al^+/Al	0,90
c)	Al/Al^{3+}	Zn^{2+}/Zn	3,10
d)	Al/Al^{3+}	Zn^{2+}/Zn	1,55
e)	Al/Al^{3+}	Zn^{2+}/Zn	0,90

9. (UNESP) Pode-se montar um circuito elétrico com um limão, uma fita de magnésio, um pedaço de fio de cobre e um relógio digital, como mostrado na figura.

O suco ácido do limão faz o contato entre a fita de magnésio e o fio de cobre, e a corrente elétrica produzida é capaz de acionar o relógio.

DADOS:
$Mg^{2+} + 2e^- \longrightarrow Mg(s)$ $E^0 = -2{,}36$ V
$2 H^+ + 2e^- \longrightarrow H_2(g)$ $E^0 = 0{,}00$ V
$Cu^{2+} + 2e^- \longrightarrow Cu(s)$ $E^0 = 0{,}34$ V

Com respeito a esse circuito, pode-se afirmar que:
a) se o fio de cobre for substituído por um eletrodo condutor de grafite, o relógio não funcionará.
b) no eletrodo de magnésio ocorre a semirreação:
$Mg(s) \longrightarrow Mg^{2+} + 2e^-$
c) no eletrodo de cobre ocorre a semirreação:
$Cu^{2+} + 2e^- \longrightarrow Cu(s)$
d) o fluxo de elétrons pelo circuito é proveniente do eletrodo de cobre.
e) a reação global que ocorreu na pilha é:
$Cu^{2+} + Mg(s) \longrightarrow Cu(s) + Mg^{2+}$

10. (UFPR) Considere a seguinte célula galvânica.

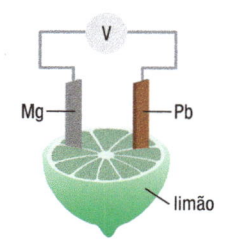

DADOS:
$Mg^{2+} + 2e^- \longrightarrow Mg(s)$ $E^0 = -2{,}36$ V
$Pb^{2+} + 2e^- \longrightarrow Pb(s)$ $E^0 = -0{,}13$ V
$2 H^+(aq) + 2e^- \longrightarrow H_2(g)$ $E^0 = 0{,}00$ V

Sobre essa célula, assinale a alternativa INCORRETA.
a) A placa de magnésio é o polo positivo.
b) O suco de limão é a solução eletrolítica.
c) Os elétrons fluem da placa de magnésio para a placa de chumbo através do circuito externo.
d) A barra de chumbo é o catodo.
e) No anodo ocorre uma semirreação de oxidação.

11. (ENEM) Em 1938, o arqueólogo alemão Wilhelm König, diretor do Museu Nacional do Iraque, encontrou um objeto estranho na coleção da instituição, que poderia ter sido usado como uma pilha, similar às utilizadas em nossos dias. A suposta pilha, datada de cerca de 200 a.C., é constituída de um pequeno vaso de barro (argila) no qual foram instalados um tubo de cobre, uma barra de ferro (aparentemente corroída por ácido) e uma tampa de betume (asfalto), conforme ilustrado.

Considere os potenciais-padrão de redução:

$E^0_{red}(Fe^{2+} \mid Fe) = -0{,}44$ V;
$E^0_{red}(H^+ \mid H_2) = 0{,}00$ V;
$E^0_{red}(Cu^{2+} \mid Cu) = +0{,}34$ V

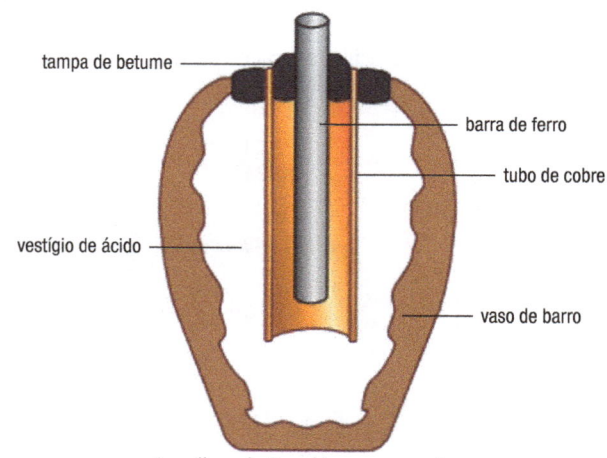

As pilhas de Bagdá e a acupuntura.
Disponível em: <http://jornalggn.com.br>. Acesso em: 14 dez. 2014. Adaptado.

Nessa suposta pilha, qual dos componentes atuaria como catodo?
a) A tampa de betume.
b) O vestígio de ácido.
c) A barra de ferro.
d) O tubo de cobre.
e) O vaso de barro.

12. (FGV) Certas pilhas em formato de moeda ou botão, que são usadas em relógios de pulso e em pequenos aparelhos eletrônicos, empregam os metais zinco e prata em seu interior. Uma delas é representada no esquema da figura a seguir, e os potenciais-padrão de redução são fornecidos para reações envolvendo os seus componentes.

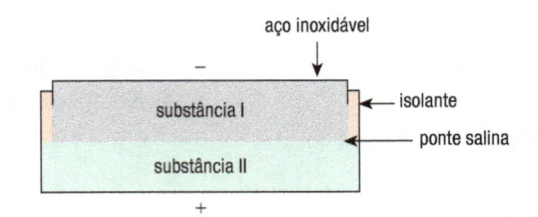

$Zn^{2+}(aq) + 2e^- \longrightarrow Zn(s)$ $E^0 = -0,76$ V

$Ag_2O(s) + H_2O(l) + 2e^- \longrightarrow 2 Ag(s) + 2 OH^-(aq)$ $E^0 = +0,80$ V

Considerando-se a pilha representada no esquema, a substância I, o potencial-padrão teórico e os produtos da reação global são, respectivamente:

a) zinco metálico; +0,04 V; prata metálica e hidróxido de zinco.
b) zinco metálico; +1,56 V; prata metálica e hidróxido de zinco.
c) zinco metálico; +1,56 V; óxido de prata e hidróxido de zinco.
d) prata metálica; +0,04 V; óxido de prata e zinco metálico.
e) prata metálica; +1,56 V; óxido de prata e zinco metálico.

SÉRIE PLATINA

1. (FUVEST – SP) Na montagem a seguir, dependendo do metal (junto com seus íons) tem-se as seguintes pilhas, cujo catodo (onde ocorre redução) é o cobre:

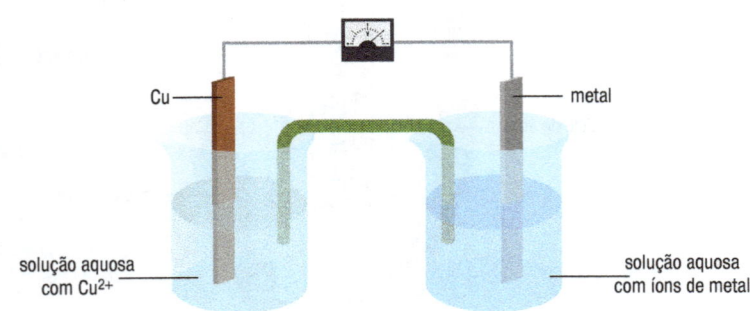

PILHA	ΔE° (V)
cobre-alumínio	2,00
cobre-chumbo	0,47
cobre-magnésio	2,71
cobre-níquel	0,59

Nas condições-padrão e montagem análoga, a associação que representa uma pilha em que os eletrodos estão indicados corretamente é

a) níquel (catodo) / chumbo (anodo).
b) magnésio (catodo) / chumbo (anodo).
c) magnésio (catodo) / alumínio (anodo).
d) alumínio (catodo) / níquel (anodo).
e) chumbo (catodo) / alumínio (anodo).

2. (FUVEST – SP – adaptada) Um estudante realizou um experimento para avaliar a reatividade dos metais Pb, Zn e Fe. Para isso, mergulhou, em separado, uma pequena placa de cada um desses metais em cada uma das soluções aquosas dos nitratos de chumbo, de zinco e de ferro. Com suas observações, elaborou a tabela ao lado, em que (sim) significa formação de sólido sobre a placa e (não) significa nenhuma evidência dessa formação.

SOLUÇÃO	METAL		
	Pb	Zn	Fe
$Pb(NO_3)_2(aq)$	(não)	(sim)	(sim)
$Zn(NO_3)_2(aq)$	(não)	(não)	(não)
$Fe(NO_3)_2(aq)$	(não)	(sim)	(não)

a) Com base nos resultados experimentais apresentados acima, coloque os cátions Pb^{2+}, Zn^{2+} e Fe^{2+} em ordem crescente de potencial de redução.

Dica: Quanto menor o E^0_{red} maior a reatividade do metal.

Ordem crescente de potencial de redução: _____

A seguir, o estudante montou três diferentes pilhas galvânicas, conforme esquematizado.

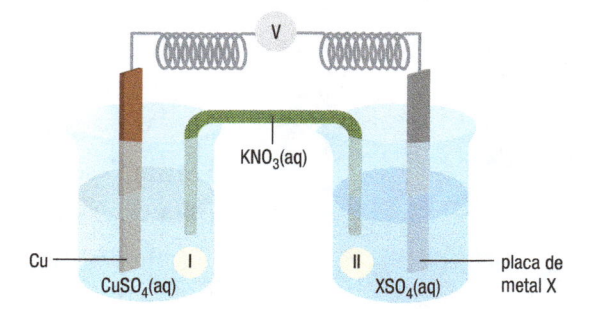

Nessas três montagens, o conteúdo do béquer I era uma solução aquosa de $CuSO_4$ de mesma concentração, e essa solução era renovada na construção de cada pilha. O eletrodo onde ocorria a redução (ganho de elétrons) era o formado pela placa de cobre mergulhada em $CuSO_4(aq)$. Em cada uma das três pilhas, o estudante utilizou, no béquer II, uma placa de um dos metais X (Pb, Zn, ou Fe) mergulhada na solução aquosa de seu respectivo nitrato.

O estudante mediu a força eletromotriz das pilhas montadas, obtendo os valores de 0,44 V, 0,75 V e 1,07 V, não necessariamente na ordem dos metais apresentada anteriormente.

b) Associe os eletrodos (de Pb, de Zn ou de Fe) com os valores de 0,44 V, 0,75 V e 1,07 V. Justifique sua resposta com base na ordem de potencial de redução no item (a).

0,44 V: _____ / 0,75 V: _____ / 1,07 V: _____.

c) Nas pilhas montadas, o estudante substituiu o voltímetro por um amperímetro e utilizou uma ponte salina preenchida com solução aquosa de KNO_3. Indique a função da ponte salina e para qual béquer (I ou II) cada íon presente originalmente na ponte migra com o funcionamento da pilha.

Béquer I: _____ / Béquer II: _____

CAPÍTULO 12
Pilhas Comerciais e Células Combustíveis

Nos capítulos anteriores desta unidade, apresentamos e estudamos as **células voltaicas**, em especial a pilha de Daniell, proposta na primeira metade do século XIX.

Agora, pense nos equipamentos que você conhece que utilizam pilhas ou até mesmo nos carros elétricos.

Você consegue imaginar uma "pilha de Daniell" sendo utilizada para fornecer energia para esses equipamentos?

Claro que não! As pilhas que utilizamos hoje em dia evoluíram muito desde a criação da pilha de Volta em 1800 e o objetivo deste capítulo é justamente acompanhar parte dessa evolução e apresentar os principais tipos de pilhas e baterias propostos e utilizados nos últimos quase 200 anos!

Cada equipamento eletroeletrônico demanda uma voltagem específica, o que significa que, atualmente, temos praticamente uma infinidade de pilhas e baterias diferentes, com tamanhos e características distintas!

12.1 Pilha Seca

A principal deficiência da pilha de Daniell era justamente a sua portabilidade, uma vez que dependia de solução aquosa para compor o eletrólito das meias-células.

Uma das primeiras pilhas que substituiu os eletrólitos líquidos por uma pasta úmida foi a proposta pelo francês George **Leclanché** (1839-1882) por volta de 1865. A pilha de Leclanché ficou conhecida como "pilha seca" justamente pelo fato de ter substituído as soluções aquosas por uma pasta úmida, que continha os íons dissolvidos.

Observe, ao lado, o corte de uma pilha seca.

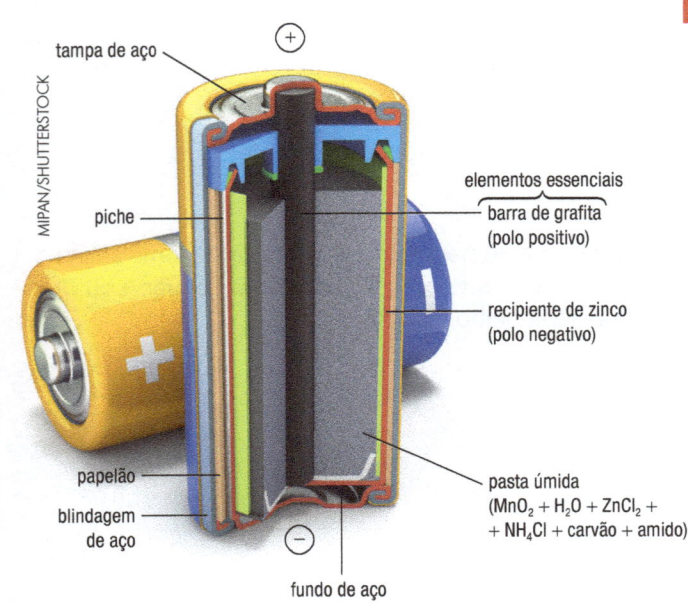

- tampa de aço
- piche
- elementos essenciais
  - barra de grafita (polo positivo)
  - recipiente de zinco (polo negativo)
- papelão
- blindagem de aço
- fundo de aço
- pasta úmida ($MnO_2 + H_2O + ZnCl_2 + NH_4Cl$ + carvão + amido)

O recipiente de zinco é o local onde ocorre oxidação (anodo). No meio da pilha temos uma barra de grafita que vai receber os elétrons provenientes da oxidação do zinco e que percorreram o circuito externo.

A pasta úmida contém MnO_2 (sofre redução na barra de grafita), NH_4Cl (cátion NH_4^+ participa na semirreação de redução), $ZnCl_2$ (retira NH_3 formado ao redor da barra de grafita), H_2O (aumenta a mobilidade dos íons), carvão em pó (aumenta a condutividade elétrica) e amido (aglutinante).

As semirreações que ocorrem na pilha seca podem ser representadas por:

Anodo (oxidação): $Zn \longrightarrow Zn^{2+} + 2e^-$

Catodo (redução): $2\ MnO_2 + 2\ NH_4^+ + 2e^- \longrightarrow Mn_2O_3 + H_2O + 2\ NH_3$

Equação global: $Zn + 2\ MnO_2 + 2\ NH_4^+ \longrightarrow Zn^{2+} + Mn_2O_3 + H_2O + 2\ NH_3$

Com uso dessa pilha, o NH_3 (amônia, uma substância volátil que evapora com facilidade) formado ao redor da barra de grafita forma uma camada isolante, o que acarreta uma drástica redução da ddp. É por isso que se adiciona à pasta úmida o $ZnCl_2$ que tem a função de manter o NH_3 dissolvido:

$$Zn^{2+} + 6\ NH_3 \longrightarrow [Zn(NH_3)_6]^{2+}$$
$$\text{hexaminzinco}$$

A presença de NH_4Cl e $ZnCl_2$ tornam a pasta ácida, devido à hidrólise do NH_4^+ e do Zn^{2+}, razão pela qual essa pilha também é conhecida como pilha seca ácida. Em virtude desse caráter do eletrólito, se a pasta ácida corroer o recipiente de zinco e vazar para o equipamento, ela pode danificar o aparelho em que a pilha está sendo usada. Esse é um dos motivos por trás da recomendação de que as pilhas devem ser removidas dos aparelhos quando estes não estão sendo utilizados durante períodos prolongados.

LIGANDO OS PONTOS!

Talvez alguns de vocês tenham ouvido falar da dica de colocar a pilha no congelador ou no *freezer* para prolongar a sua vida útil.

A explicação que fundamenta esse conselho é a seguinte: abaixar a temperatura dificultaria a evaporação da amônia e, portanto, a camada isolante seria formada com maior dificuldade.

Infelizmente, esse conselho tem dois problemas! Primeiro, a temperatura de liquefação da amônia gasosa, a 1 atm, é de –33 °C. Então, apesar de a temperatura menor favorecer menos a evaporação da amônia, apenas uma parcela pequena da amônia gasosa condensará em congeladores convencionais. Segundo, uma vez retirada a pilha do congelador para colocarmos no aparelho, a temperatura voltará a aumentar e o "ganho" de vida útil será perdido novamente.

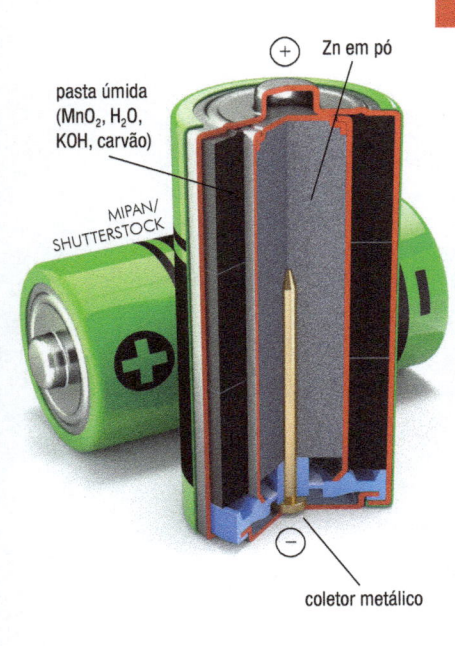

12.2 Pilha Alcalina

A **pilha alcalina**, proposta em meados do século XX, é um aprimoramento da pilha seca de Leclanché, na qual a pasta de NH_4Cl e de $ZnCl_2$ é substituída por uma pasta de KOH – daí o nome alcalina.

Observe ao lado um corte de uma pilha alcalina.

O anodo também é constituído por zinco, porém diferentemente da pilha seca, na pilha alcalina o zinco encontra-se em formato de um pó metálico e utiliza-se um coletor metálico (de latão, por exemplo) por onde o fluxo de elétrons passa para o circuito externo.

Já o catodo corresponde a uma pasta úmida que contém MnO_2 (sofre redução), KOH (OH^- participa da semirreação de redução), H_2O (aumenta a mobilidade dos íons) e carvão em pó (aumenta a condutividade elétrica).

As semirreações que ocorrem na pilha alcalina podem ser representadas por:

Anodo (oxidação): $Zn \longrightarrow Zn^{2+} + 2e^-$

Catodo (redução): $2\ MnO_2 + H_2O + 2e^- \longrightarrow Mn_2O_3 + 2\ OH^-$

Equação global: $Zn + 2\ MnO_2 + H_2O \longrightarrow Zn^{2+} + Mn_2O_3 + H_2O + 2\ OH^-$

Em relação à pilha seca de Leclanché, a pilha alcalina apresenta uma vida útil de 5 a 8 vezes maior, porque o zinco não fica exposto diretamente ao meio ácido da pasta nem ocorre a formação de uma camada isolante de amônia. Por outro lado, trata-se de uma pilha mais cara que a pilha seca.

12.3 Bateria Chumbo-ácido

As pilhas seca e alcalina apresentadas anteriormente são pilhas que apresentam uma única descarga, ou seja, quando os reagentes são consumidos, essas pilhas esgotam-se completamente, sendo necessário substituí-las.

Em 1859, o francês Gaston **Planté** (1834-1889) inventou a primeira pilha recarregável, a **bateria de chumbo-ácido**, que pode ser recarregada por meio da passagem de corrente elétrica no sentido inverso.

O nome bateria indica um conjunto de pilhas ligadas em série e as baterias de chumbo-ácido são bastante conhecidas pela sua utilização em automóveis, sendo responsáveis pelo fornecimento de energia para diversos componentes elétricos do carro, como faróis, rádio, ar-condicionado e, também, a partida.

Quando falamos em baterias chumbo-ácido, pensamos imediatamente nos automóveis, porém elas apresentam inúmeras aplicações! São utilizados **bancos de baterias chumbo-ácido** como *backup* em empresas de telecomunicações em caso de falta de energia. Você já reparou que mesmo sem luz nossos celulares continuam funcionando? Graças a essas baterias!

No caso dos carros convencionais, são utilizadas baterias de 12 V, que podem ser representadas pelo esquema ao lado.

Trata-se de uma pilha constituída por um **anodo de Pb** e um **catodo de PbO$_2$**, ambos mergulhados em uma solução aquosa de H$_2$SO$_4$ 30% em massa, o que é equivalente a uma solução com densidade de 1,28 g/cm^3.

As baterias chumbo-ácido são constituídas por placas alternadas de Pb e PbO$_2$, imersas em um eletrólito de H$_2$SO$_4$ concentrado.

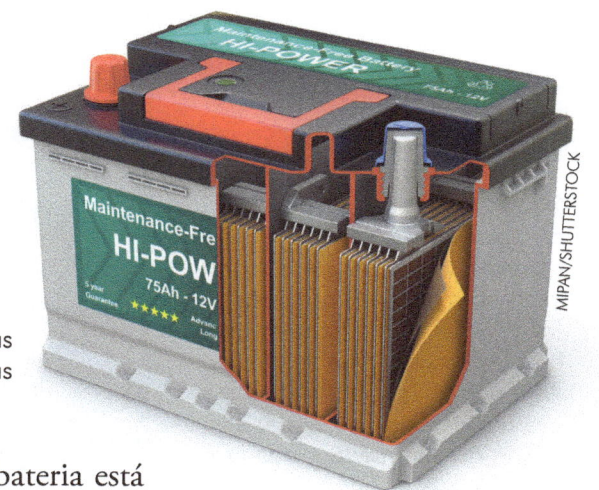

Durante a descarga da bateria, isto é, quando a bateria está fornecendo energia para os demais componentes elétricos, as semirreações que ocorrem podem ser representadas por:

Anodo (oxidação): $Pb + SO_4^{2-} \longrightarrow PbSO_4 + 2e^-$ $\quad E^0 = +0,35$ V

Catodo (redução): $PbO_2 + 4\,H^+ + SO_4^{2-} + 2e^- \longrightarrow PbSO_4 + 2\,H_2O$ $\quad E^0 = +1,69$ V

Equação global: $Pb + PbO_2 + 4\,H^+ + 2\,SO_4^{2-} \longrightarrow 2\,PbSO_4 + 2\,H_2O$ $\quad \Delta E^0 = 2,04$ V

Portanto, para uma bateria de 12 V, temos, na realidade, 6 células ligadas em série. Outra observação importante em relação ao processo de descarga dessa bateria é que, em virtude do consumo de H$_2$SO$_4$, ocorre diminuição da densidade da bateria ao longo do seu funcionamento. Isso possibilita que a densidade seja utilizada para verificar se a bateria ainda tem carga suficiente: valores inferiores a 1,20 g/cm^3 indicam que bateria não apresenta carga suficiente para funcionamento.

O fato de em ambos os eletrodos (anodo e catodo) ocorrer a formação de PbSO$_4$, um sólido que fica aderido às placas de Pb e PbO$_2$, respectivamente, permite que essa bateria seja recarregada pela passagem de uma corrente elétrica no sentido inverso. À medida que uma fonte externa força o fluxo de elétrons no sentido contrário daquele que ocorre na descarga, o PbSO$_4$ é convertido em Pb em um eletrodo e em PbO$_2$ em outro eletrodo. A equação global do processo de recarga será inversa da de descarga:

$$2\ PbSO_4 + 2\ H_2O \longrightarrow Pb + PbO_2 + 2\ H_2SO_4$$

Nos veículos, a recarga da bateria é realizada a partir do **alternador**, um gerador elétrico conectado ao motor do veículo e que transforma a energia cinética do motor em corrente alternada, que é convertida em corrente contínua por um retificador – esta, sim, utilizada para "carregar a bateria".

12.4 Pilha de Lítio

E qual é a pilha que utilizamos nos nossos celulares? As pilhas ou baterias utilizadas nos celulares devem atender a duas características principais: duração e leveza. As pilhas que venceram essa corrida tecnológica foram as **pilhas de lítio**, propostas entre as décadas de 1970 e 1980.

Não só os celulares, mas também os carros elétricos se baseiam na utilização de baterias de lítio para fornecimento de energia, como o Tesla Model S, que contém mais de 7.000 células de pilhas de íon-lítio, que são posicionadas sobre o chassi do veículo e possibilitam atingir 249 km/h e ter autonomia de 629 km.

Capítulo 12 – Pilhas Comerciais e Células Combustíveis **253**

As baterias de íon-lítio são utilizadas nos celulares, pois possuem alta capacidade de armazenar carga e podem ser recarregadas milhares de vezes.

Atualmente, há muitos modelos distintos para as pilhas de lítio, cada um apresentando componentes e funcionamentos distintos. Um desses modelos é aquele baseado no fluxo de íons de lítio (Li^+) entre um eletrodo formado por um óxido metálico e outro eletrodo formado por grafita.

O lítio, na sua forma metálica, é muito reativo, razão pela qual essas pilhas utilizam o lítio na forma iônica, tipicamente na forma de um óxido de metal-lítio, por exemplo o $LiCoO_2$ (óxido de lítio e cobalto).

Durante a descarga dessa pilha, as semirreações que ocorrem podem ser representadas por:

Anodo (oxidação): $Li_xC \longrightarrow x\,Li^+ + xe^- + C$

Catodo (redução): $Li_{1-x}CoO_2 + x\,Li^+ + xe^- \longrightarrow LiCoO_2$

Equação global: $Li_xC + Li_{1-x}CoO_2 \longrightarrow C + LiCoO_2$

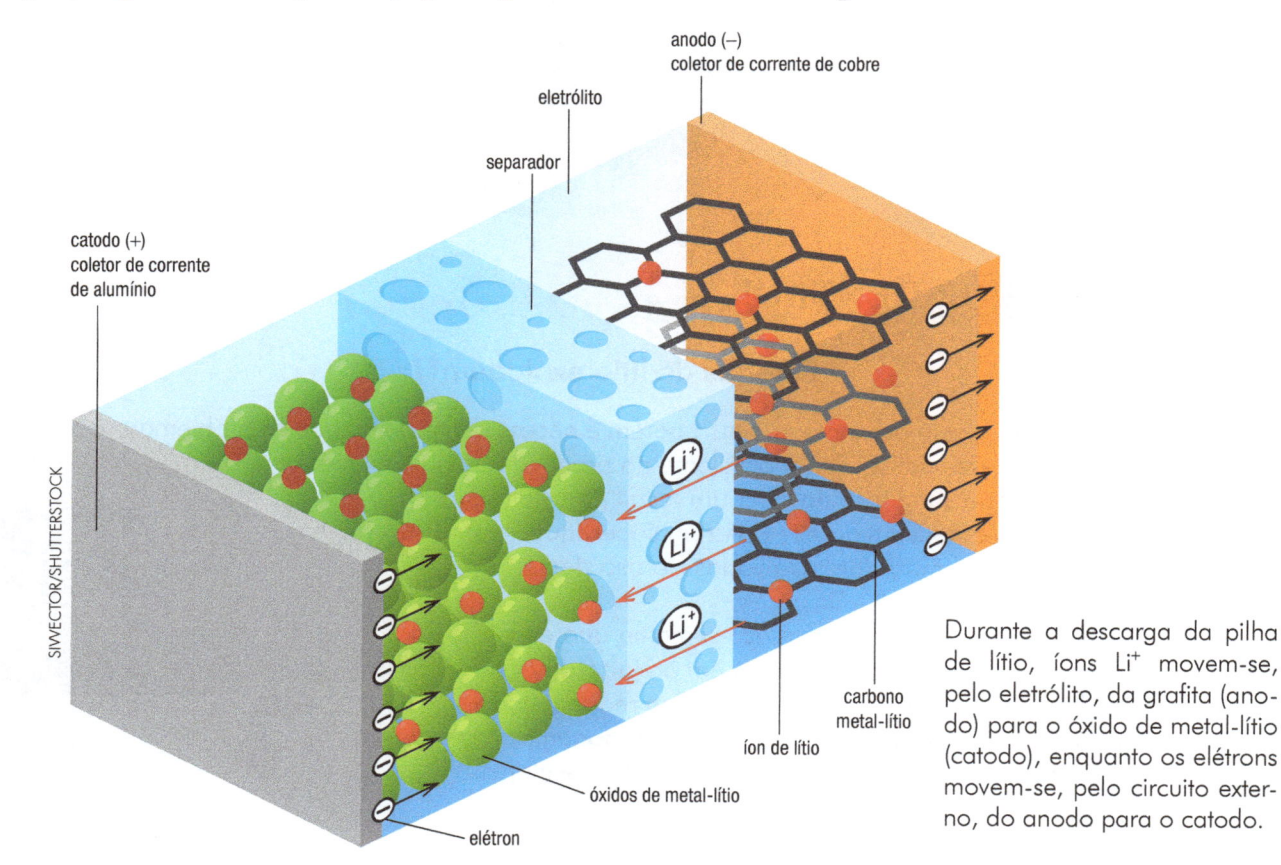

Durante a descarga da pilha de lítio, íons Li^+ movem-se, pelo eletrólito, da grafita (anodo) para o óxido de metal-lítio (catodo), enquanto os elétrons movem-se, pelo circuito externo, do anodo para o catodo.

LEMBRE-SE!

Na pilha de lítio que estudamos, **não é** o íon Li$^+$ que sofre oxidação ou redução! Durante a descarga e a carga dessa pilha, o Li$^+$ mantém-se no mesmo estado de oxidação (cátion monovalente). Portanto, a espécie que sofre oxidação (perda de elétrons) durante a descarga no anodo é a própria grafita, enquanto é o cátion de cobalto (presente no óxido metálico) que sofre redução (recebimento de elétrons).

Já durante a carga dessa pilha, a utilização de uma fonte de corrente elétrica contínua externa é responsável por inverter o fluxo dos íons de Li$^+$ pelo eletrólito e de elétrons pelo circuito externo. A equação global que representa a carga da pilha de lítio pode ser representada por:

$$C + LiCoO_2 \longrightarrow Li_xC + Li_{1-x}CoO_2$$

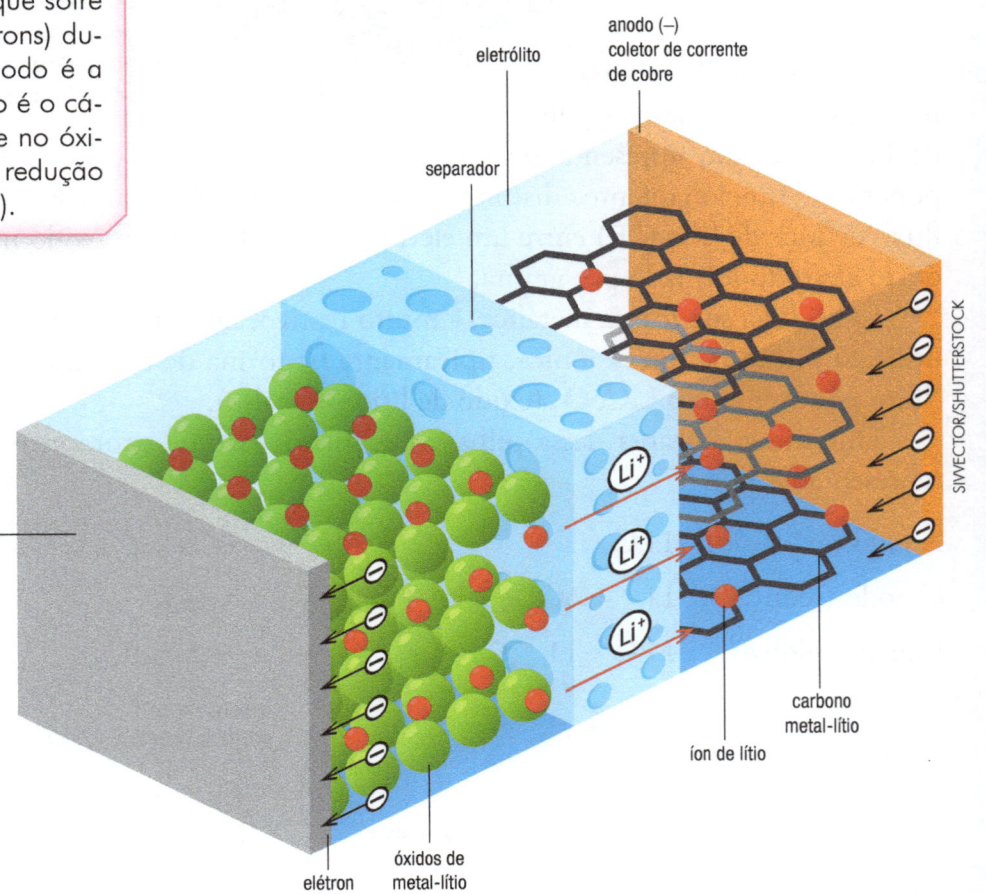

Já na carga, tanto os íons Li$^+$ (pelo eletrólito) quanto os elétrons (pelo circuito externo) movem-se do eletrodo de óxido metálico para o eletrodo de grafita.

- catodo (+) coletor de corrente de alumínio
- separador
- eletrólito
- anodo (−) coletor de corrente de cobre
- óxidos de metal-lítio
- elétron
- íon de lítio
- carbono metal-lítio

FIQUE POR DENTRO!

Baterias de lítio explodem?!

A resposta para essa pergunta é "sim!", porém é necessário ressaltar que os problemas ocorrem em decorrência de algum problema na produção dessas baterias!

Em 2016, a Samsung teve de fazer um *recall* do celular Note 7 depois de diversos consumidores relatarem superaquecimento e até mesmo queimaduras associadas ao uso desse telefone.

Não há informações oficiais, mas estima-se que esse problema pode ter custado à empresa um prejuízo da ordem de US$ 5 bilhões e demandou toda uma readequação das etapas de controle de qualidade dos componentes (com destaque para as baterias) utilizados na produção dos celulares.

Capítulo 12 – Pilhas Comerciais e Células Combustíveis **255**

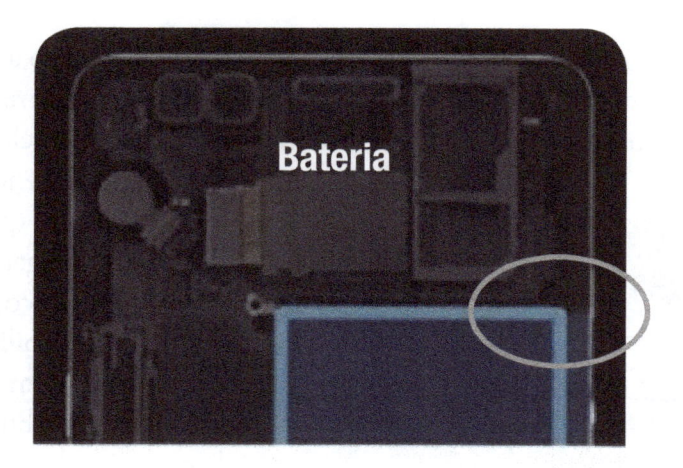

Bateria

Com defeito   **Normal**

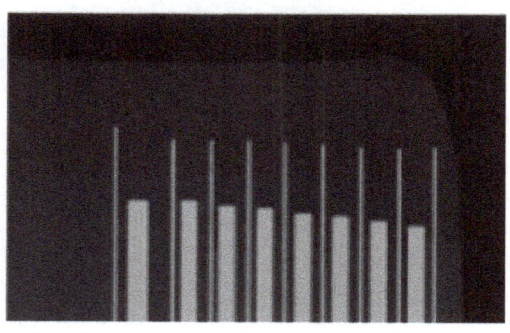

Disponível em: <https://tecnoblog.net/206208/galaxy-note-7-explicacao-samsung/>. Acesso em: 29 jan. 2021.

Após testarem 200.000 telefones e 30.000 baterias, técnicos da Samsung identificaram que a causa do problema estava relacionada com deficiências na fabricação dessas baterias. Em um dos lotes utilizados, foi identificada uma compactação excessiva da bateria, em decorrência de uma deflexão do eletrodo negativo no canto superior direito da bateria, o que favorecia a ocorrência de curto-circuito.

Essa não foi a primeira vez que baterias de lítio causaram prejuízos gigantescos! Em 2013, um princípio de incêndio em uma das células de uma bateria de lítio em um avião Boeing 787 da All Nippon Airways (ANA) forçou essa aeronave a fazer um pouso de emergência no Japão e levou essa companhia a manter no chão todos os aviões desse modelo até que o problema fosse identificado e resolvido. Estima-se que essa parada custou à ANA cerca de US$ 1,1 bilhão por dia.

JORDAN TAN/SHUTTESTOCK

12.5 Células a Combustível

As células voltaicas que estudamos até o momento apresentam quantidade fixa de reagentes, sendo que algumas delas podem ser recarregadas e outras não. Entretanto, temos ainda as **células a combustível**, que são células que produzem energia elétrica a partir da energia química armazenada em um combustível (geralmente gás hidrogênio) e um comburente (geralmente gás oxigênio).

As células a combustível diferem-se da maioria das outras pilhas e baterias pela necessidade de **fornecimento contínuo** dos reagentes (combustível e comburente) para manter a geração de corrente elétrica.

Observe a seguir o esquema de funcionamento de uma célula a combustível que utiliza gás hidrogênio (H_2) e gás oxigênio (O_2) em meio ácido.

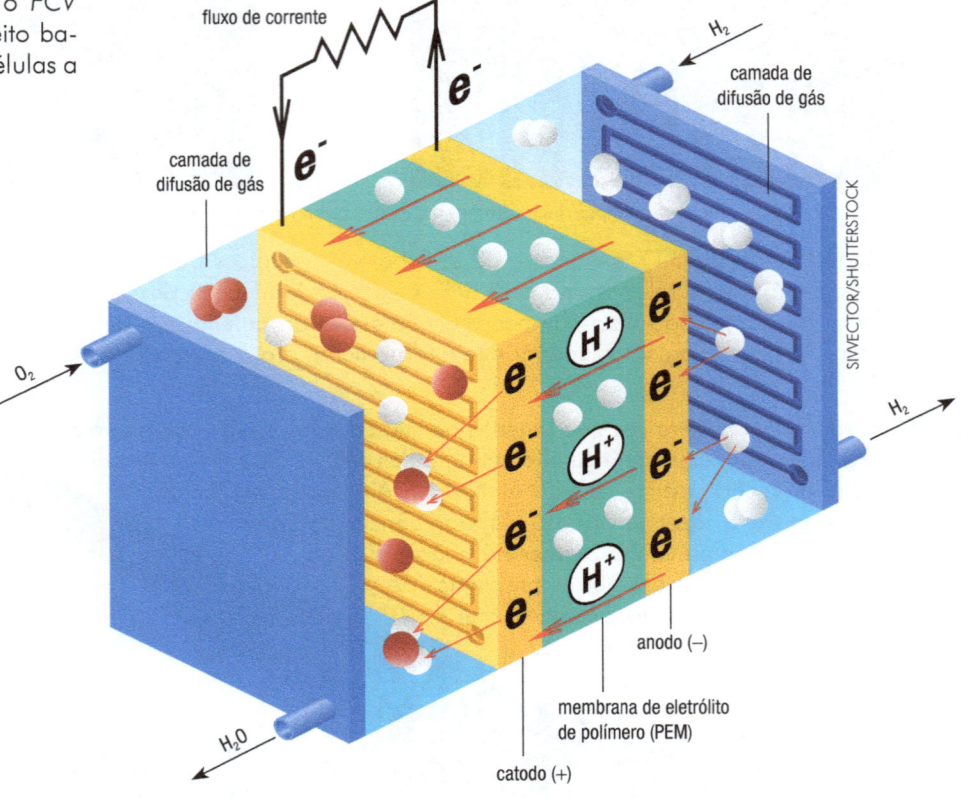

Em 2015, a montadora japonesa Honda apresentou o *FCV Concept*, um carro conceito baseado na tecnologia de células a combustíveis.

Durante o funcionamento dessa célula a combustível, as semirreações que ocorrem podem ser representadas por:

Anodo (oxidação): $H_2 \longrightarrow 2\,H^+ + 2e^-$ $\quad E^0 = +0,00$ V

Catodo (redução): $\dfrac{1}{2}O_2 + 2\,H^+ + 2e^- \longrightarrow H_2O$ $\quad E^0 = +1,23$ V

Equação global: $H_2 + \dfrac{1}{2}O_2 \longrightarrow H_2O$ $\quad \Delta E^0 = 1,23$ V

FIQUE POR DENTRO!

Balanceamento pelo método íon-elétron

Outros combustíveis podem ser utilizados nas células a combustível, como metanol e etanol. Se fosse utilizado metanol (CH_3OH), em meio ácido, quais seriam as semirreações que ocorreriam nessa célula a combustível?

No caso do metanol, sabemos que a equação global dessa célula a combustível pode ser representada por:

$$2\ CH_3OH + 3\ O_2 \longrightarrow 2\ CO_2 + 4\ H_2O$$

Agora, para escrever essas semirreações balanceadas, podemos utilizar o **método íon elétron** ou **método da semirreação**, que corresponde a uma sequência de etapas utilizadas para balancear reações de oxirredução.

1. Separar as duas equações simplificadas (não balanceadas) das semirreações de oxidação e de redução.

   Na equação global, é possível identificar que o agente oxidante é o O_2 (cujo Nox do oxigênio varia de 0 no O_2 para –2 no H_2O) e o agente redutor é o CH_3OH (cujo Nox do carbono varia de –2 no CH_3OH para +4 no CO_2).

   Semirreação de oxidação
   $CH_3OH \longrightarrow CO_2$

   Semirreação de redução
   $O_2 \longrightarrow H_2O$

2. Balancear (em caso de necessidade) os átomos diferentes de oxigênio e hidrogênio.

   Nesse caso, não há necessidade, pois o carbono na semirreação de oxidação já está balanceado: um carbono no CH_3OH para cada carbono no CO_2.

3. Balancear (em caso de necessidade) os átomos de oxigênio usando **H_2O**.

   Semirreação de oxidação
   $CH_3OH + \mathbf{H_2O} \longrightarrow CO_2$

   Semirreação de redução
   $O_2 \longrightarrow H_2O + \mathbf{H_2O}$

4. Balancear (em caso de necessidade) os átomos de hidrogênio usando H^+.

   Semirreação de oxidação
   $CH_3OH + H_2O \longrightarrow CO_2 + \mathbf{6\ H^+}$

   Semirreação de redução
   $O_2 + \mathbf{4\ H^+} \longrightarrow 2\ H_2O$

5. Balancear as cargas elétricas adicionando **elétrons (e^-)**.

   Na semirreação de oxidação, os elétrons são adicionados nos produtos. Já na semirreação de redução, os elétrons são adicionados nos reagentes.

   Semirreação de oxidação
   $CH_3OH + H_2O \longrightarrow CO_2 + 6\ H^+ + \mathbf{6e^-}$

   Semirreação de redução
   $O_2 + 4\ H^+ + \mathbf{4e^-} \longrightarrow 2\ H_2O$

6. Igualar os elétrons e somar as semirreações para obter a equação global.

   Nesse caso, já sabemos a equação global, porém esse método de balanceamento também permite determinar a equação global balanceada. Para igualarmos os elétrons, precisamos multiplicar a semirreação de oxidação por 2 e a de redução por 3.

   Semirreação de oxidação: $2\ CH_3OH + 2\ H_2O \longrightarrow 2\ CO_2 + 12\ H^+ + 12e^-$

   Semirreação de redução: $3\ O_2 + 12\ H^+ + 12e^- \longrightarrow 6\ H_2O$

   Equação global: $2\ CH_3OH + 3\ O_2 \longrightarrow 2\ CO_2 + 4\ H_2O$

LIGANDO OS PONTOS!

Século XXI: o século do hidrogênio?!

Ao longo de sua história, a humanidade utilizou-se de diversas fontes de energia. A civilização iniciou-se com a descoberta do fogo, por meio da lenha; passou pela domesticação de animais; descobriu as vantagens do carvão; aproveitou a força da água; queimou óleo animal, natural e gás; usou o vapor como alicerce para a revolução industrial; refinou o petróleo; descobriu a energia elétrica e a atômica; e, por fim, (re)descobriu o hidrogênio como fonte primária, infinita e limpa.

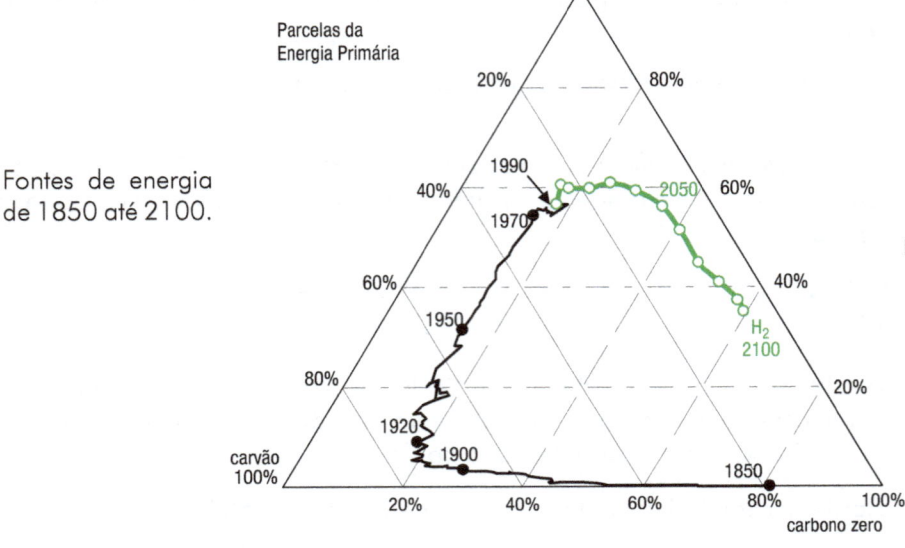

Fontes de energia de 1850 até 2100.

Parcelas da Energia Primária

BARRETO, L.; MAKIHIRA, A.; RIAHI, K. The Hydrogen Economy in the 21st Century: a sustainable development scenario. *Disponível em:* <http://www.iiasa.ac.at/Research/ECS/docs/h2short.pdf>. Acesso em: 29 Jan. 2021.

O efeito estufa e o fato de as fontes atuais de energia basearem-se em combustíveis fósseis, como o petróleo, impulsionaram, nos últimos anos, a procura por fontes alternativas de energia. Nessa procura, retomou-se o estudo das células a combustível, propostas, no século XIX, pelo britânico Sir William Robert **Grove** (1811-1896) e produzidas, pela primeira vez, na década de 1930.

Como vimos neste capítulo, a célula combustível pode ser definida como um dispositivo que converte a energia química em energia elétrica a partir de uma reação de oxirredução.

Atualmente, a indústria automobilística tem a projeção de que essa tecnologia pode contribuir para reduzir as emissões de CO_2, uma vez que, durante a operação de um veículo movido a hidrogênio (por uma célula a combustível), há produção apenas de H_2O:

$$H_2 + \frac{1}{2} O_2 \longrightarrow H_2O$$

Entretanto, ainda há entraves relacionados à produção industrial de H_2. Atualmente, gás hidrogênio é produzido a partir da reforma de combustíveis fósseis, como CH_4, que pode ser equacionada por:

$$CH_4 + H_2O \longrightarrow 3\,H_2 + CO$$

O gás CO, monóxido de carbono, é considerado um gás tóxico, sendo usualmente convertido em CO_2. Assim, apesar de não ocorrer emissão de CO_2 durante o movimento do veículo, a cadeia total de produção de H_2 também contribui com a emissão de gases de efeito estufa.

Dessa forma, desenvolver novas tecnologias de produção de H_2 e aumentar a eficiência das tecnologias já existentes são apenas alguns dos pré-requisitos para a humanidade efetivamente se aproximar cada vez mais de uma matriz energética limpa e sustentável.

SÉRIE BRONZE

1. Complete as frases a seguir com as informações corretas sobre a evolução histórica das pilhas e baterias

▶▶ Na pilha de Leclanché, inventada por volta de 1865, o eletrólito é uma a. _____ contendo os íons dissolvidos.

▶▶ Um dos problemas da pilha de Leclanché é que, com seu uso, o eletrólito adquire caráter b. _____, devido à c. _____ dos íons NH_4^+ e Zn^{2+}, o que pode acarretar vazamentos e danificar o equipamento em que a pilha está sendo usada.

▶▶ Para corrigir esse e outros problemas da pilha de Leclanché, foi proposta a pilha alcalina, na qual o eletrólito apresenta caráter d. _____.

▶▶ As baterias de chumbo-ácido foram uma das primeiras pilhas e. _____ produzidas pelo ser humano. A f. _____ da bateria pode ser representada pela equação $Pb + PbO_2 + 2\ H_2SO_4 \longrightarrow 2\ PbSO_4 + 2\ H_2O$.

O consumo de H_2SO_4 durante a g. _____ evidencia que ocorre h. _____ da densidade da bateria durante esse processo.

▶▶ Atualmente, os equipamentos eletrônicos mais modernos utilizam baterias recarregáveis à base de i. _____, que apresentam j. _____ densidade de carga e k. _____ velocidade de recarga.

2. Em relação a uma célula a combustível de hidrogênio em meio ácido, complete corretamente com as informações pedidas.

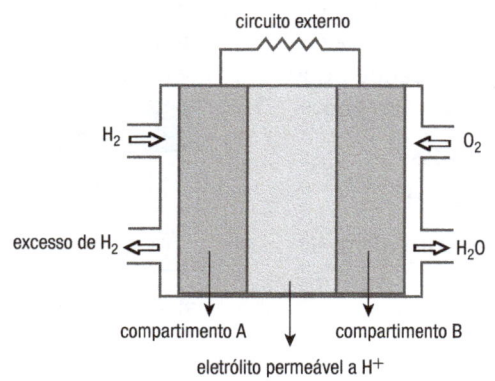

▶▶ No anodo (compartimento a. _____) ocorre a semirreação de b. _____, que pode ser equacionada por c. _____.

▶▶ No catodo (compartimento d. _____) ocorre a semirreação de e. _____, que pode ser equacionada por f. _____.

▶▶ A equação global é dada por g. _____.

▶▶ Durante o funcionamento da célula combustível, os elétrons migram do compartimento h. _____ para o compartimento i. _____ pelo j. _____. Já os íons H^+ migram do compartimento k. _____ para o compartimento l. _____ pelo m. _____.

3. Utilizando o método íon-elétron, escreva as semirreações de oxidação e de redução balanceadas para equações a seguir, que ocorrem em meio ácido.
   a) $CH_4 + 2\ O_2 \longrightarrow CO_2 + 2\ H_2O$
   b) $2\ CH_3OH + 3\ O_2 \longrightarrow 2\ CO_2 + 4\ H_2O$
   c) $CH_3CH_2OH + 3\ O_2 \longrightarrow 2\ CO_2 + 3\ H_2O$

SÉRIE PRATA

1. (PUC – MG) As pilhas de mercúrio são muito utilizadas em relógios, câmaras fotográficas, calculadoras e aparelhos de audição. As reações que ocorrem durante o funcionamento da pilha são:

   $Zn + 2\ OH^- \longrightarrow ZnO + H_2O + 2e^-$

   $HgO + H_2O + 2e^- \longrightarrow Hg + 2\ OH^-$

   Sobre essa pilha, identifique a afirmativa INCORRETA.
   a) O HgO funciona como o anodo da pilha.
   b) O zinco metálico é o agente redutor.
   c) A reação se realiza em meio alcalino.
   d) O zinco sofre um aumento de seu número de oxidação.
   e) O oxigênio não varia seu número de oxidação.

2. (UFJF – MG) A pilha de mercúrio é popularmente conhecida como pilha em forma de "botão" ou "moeda", muito utilizada em calculadoras, controles remotos e relógios. Nessa pilha existe um amálgama de zinco (zinco dissolvido em mercúrio), óxido de mercúrio (II), e o eletrólito é o hidróxido de potássio. A partir das semirreações de redução do zinco e do mercúrio e seus respectivos potenciais-padrão de redução, mostrados no quadro abaixo, assinale a alternativa que represente a pilha de mercúrio corretamente.

SEMIRREAÇÕES	E^0 (V)
$Zn^{2+}(aq) + 2e^- \rightleftharpoons Zn(s)$	$-0,76$
$Hg^{2+}(aq) + 2e^- \rightleftharpoons Hg(l)$	$+0,85$

   a) $Zn(s) \mid Zn^{2+}(aq) \parallel Hg^{2+}(aq) \mid Hg(l)\ \ \Delta E^0 = +1,61\ V$
   b) $Zn^{2+}(aq) \mid Zn(s) \parallel Hg(l) \mid Hg^{2+}(aq)\ \ \Delta E^0 = -1,61\ V$
   c) $Hg^{2+}(aq) \mid Hg(l) \parallel Zn(s) \mid Zn^{2+}(aq)\ \ \Delta E^0 = +1,61\ V$
   d) $Hg^{2+}(aq) \mid Hg(l) \parallel Zn^{2+}(aq) \mid Zn(s)\ \ \Delta E^0 = -1,61\ V$
   e) $Zn^{2+}(aq) \mid Hg^{2+}(aq) \parallel Zn(s) \mid Hg(l)\ \ \Delta E^0 = +0,99\ V$

3. (UDESC) As baterias classificadas como células secundárias são aquelas em que a reação química é reversível, possibilitando a recarga da bateria. Até pouco tempo atrás, a célula secundária mais comum era a bateria de chumbo/ácido, que ainda é empregada em carros e outros veículos. As semirreações padrões que ocorrem nesta bateria são descritas abaixo:

I. $PbSO_4(s) + 2e^- \longrightarrow Pb(s) + SO_4^{2-}(aq)$ –0,36 v

II. $PbO_2(s) + 4\,H^+(aq) + SO_4^{2-}(aq) + 2e^- \longrightarrow$
$\longrightarrow PbSO_4(s) + 2\,H_2O(l)$ +1,69 V

Considerando a reação de célula espontânea, asssinale a alternativa que apresenta a direção da semirreação I e seu eletrodo; a direção da semirreação II e seu eletrodo; e o potencial-padrão da bateria, respectivamente,

a) Direção direta no anodo; direção inversa no catodo; +1,33 v.
b) Direção inversa no anodo; direção direta no catodo; +2,05 v.
c) Direção inversa no catodo; direção direta no anodo; +2,05 v.
d) Direção direta no anodo; direção inversa no catodo; +2,05 v.
e) Direção inversa no anodo; direção direta no catodo; +1,33 v.

4. (UPF – RS) Os drones são aeronaves não tripuladas e estão cada vez mais presentes em nosso cotidiano. Um dos desafios para a utilização de drones é o desenvolvimento de pilhas ou baterias que possibilitem maior autonomia de voo. Com relação às baterias, cuja representação da equação da reação química é

$PbO_2(s) + 2H_2SO_4(aq) + Pb(s) \longrightarrow$
$\longrightarrow 2\,PbSO_4(s) + 2\,H_2O(l)$

avalie as afirmações a seguir e marque **V** para **Verdadeiro** e **F** para **Falso**.

( ) O íon Pb^{4+} presente no $PbO_2(s)$, se comporta como catodo.
( ) O Pb(s) funciona como anodo.
( ) O $H_2SO_4(aq)$ é o polo negativo da bateria.
( ) Os elétrons fluem do anodo para o catodo.

A sequência **correta** de preenchimento dos parênteses, de cima para baixo, é:
a) V – F – F – F.
b) F – V – F – V.
c) V – F – V – F.
d) V – V – F – V.
e) F – F – F – V.

5. (UNIFESP) um substituto mais leve, porém mais caro, da bateria de chumbo é a bateria de prata-zinco. Nesta, a reação global que ocorre, em meio alcalino, durante a descarga é

$Ag_2O(s) + Zn(s) + H_2O(l) \longrightarrow Zn(OH)_2(s) + 2\,Ag(s)$

O eletrólito é uma solução de KOH a 40% e o eletrodo de prata/óxido de prata está separado do zinco/hidróxido de zinco por uma folha de plástico permeável ao íon hidróxido. A melhor representação para a semirreação que ocorre no anodo é:

a) $Ag_2O + H_2O + 2e^- \longrightarrow Ag + 2\,OH^-$
b) $Ag_2O + 2\,OH^- + 2e^- \longrightarrow 2\,Ag + O_2 + H_2O$
c) $2\,Ag + 2\,OH^- \longrightarrow Ag_2O + H_2O + 2e^-$
d) $Zn + 2\,H_2O \longrightarrow Zn(OH)_2 + 2\,H^+ + 2e^-$
e) $Zn + 2\,OH^- \longrightarrow Zn(OH)_2 + 2e^-$

6. (UNIFESP) A bateria primária de lítio-iodo surgiu em 1967, nos Estados Unidos, revolucionando a história do marca-passo cardíaco. Ela pesa menos que 20 g e apresenta longa duração, cerca de cinco a oito anos, evitando que o paciente tenha que se submeter a frequentes cirurgias para trocar o marca-passo. O esquema dessa bateria é representado na figura.

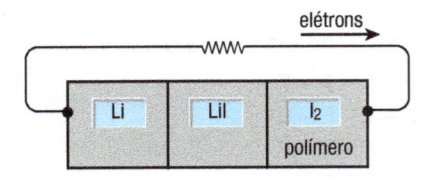

Para esta pilha, são dadas as semirreações de redução:

$Li^+ + e^- \longrightarrow Li$ $E^0 = -3{,}05$ V

$I_2 + 2e^- \longrightarrow 2\,I^-$ $E^0 = +0{,}54$ V

São feitas as seguintes afirmações sobre esta pilha:

I. No anodo ocorre a redução do íon Li^+.
II. A ddp da pilha é +2,51 V.
III. O catodo é o polímero/iodo.
IV. O agente oxidante é o I_2.

São corretas as afirmações contidas apenas em:

a) I, II, III.
b) I, II, IV.
c) I e III.
d) II e III.
e) III e IV.

7. (UNESP) O hidrogênio molecular obtido na reforma a vapor do etanol pode ser usado como fonte de energia limpa em uma célula de combustível, esquematizada a seguir.

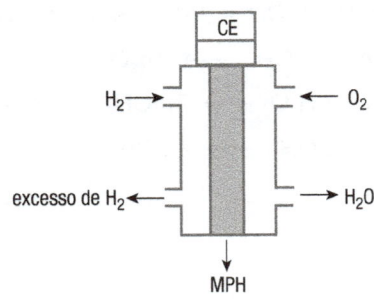

MPH: membrana permeável a H^+
CE: circuito elétrico externo

Neste tipo de dispositivo, ocorre a reação de hidrogênio com oxigênio do ar, formando água como único produto. Escreva a semirreação que acontece no compartimento onde ocorre a oxidação (anodo) da célula de combustível. Qual o sentido da corrente de elétrons pelo circuito elétrico externo?

8. FATEC – SP) Os motores de combustão são frequentemente responsabilizados por problemas ambientais, como a potencialização do efeito estufa e da chuva ácida, o que tem levado pesquisadores a buscar outras tecnologias.

Uma dessas possibilidades são as células de combustíveis de hidrogênio que, além de maior rendimento, não poluem.

Observe o esquema:

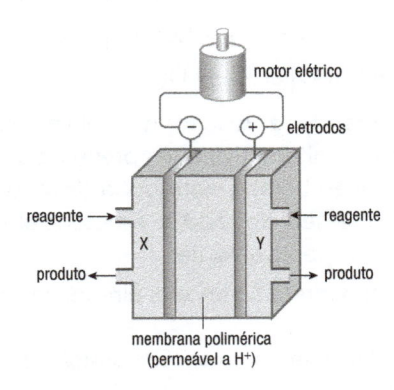

Semirreações do processo:

▶▶ anodo: $H_2 \longrightarrow 2\,H^+ + 2e^-$

▶▶ catodo: $O_2 + 4\,H^+ + 4e^- \longrightarrow 2\,H_2O$

Sobre a célula de hidrogênio esquematizada, é correto afirmar que:

a) ocorre eletrólise durante o processo.
b) ocorre consumo de energia no processo.
c) o anodo é o polo positivo da célula combustível.
d) a proporção entre os gases reagentes é $2\,H_2 : 1\,O_2$.
e) o reagente que deve ser adicionado em X é o oxigênio.

9. (FGV) Fontes alternativas de energia têm sido foco de interesse global como a solução viável para crescentes problemas do uso de combustíveis fósseis. Um exemplo é a célula a combustível microbiológica que emprega como combustível a urina. Em seu interior, compostos contidos na urina, como ureia e resíduos de proteínas, são transformados por microrganismos que constituem um biofilme no anodo de uma célula eletroquímica que produz corrente elétrica.

Disponível em: <http://www.rsc.org/chemistryworld/News/2011/October/31101103.asp. Adaptado.

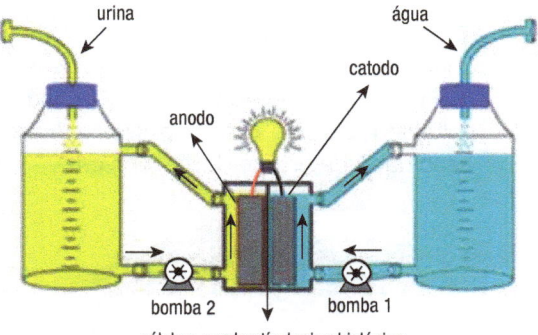

Sobre essa célula eletroquímica, é correto afirmar que, quando ela entra em operação com a geração de energia elétrica, o biofilme promove a

a) oxidação, os elétrons transitam do anodo para o catodo, e o catodo é o polo positivo da célula.
b) oxidação, os elétrons transitam do catodo para o anodo, e o catodo é o polo positivo da célula.
c) oxidação, os elétrons transitam do anodo para o catodo, e o catodo é o polo negativo da célula.
d) redução, os elétrons transitam do anodo para o catodo, e o catodo é o polo positivo da célula.
e) redução, os elétrons transitam do catodo para o anodo, e o catodo é o polo negativo da célula.

SÉRIE OURO

1. (UFSCAR – SP) A pilha seca, representada na figura, é uma célula galvânica com os reagentes selados dentro de um invólucro. Essa pilha apresenta um recipiente cilíndrico de zinco, com um bastão de carbono no eixo central. O eletrólito é uma mistura pastosa e úmida de cloreto de amônio, óxido de manganês (IV) e carvão finamente pulverizado.

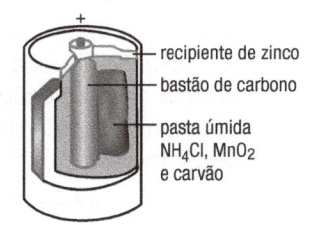

As equações das reações envolvidas na pilha são:

$2\ MnO_2(s) + 2\ NH_4^+(aq) + 2e^- \longrightarrow$
$\longrightarrow Mn_2O_3(s) + 2\ NH_3(aq) + H_2O(l)$

$Zn(s) \longrightarrow Zn^{2+}(aq) + 2e^-$

Considere as seguintes afirmações sobre a pilha seca:

I. O recipiente de zinco é o anodo.
II. Produz energia através de um processo espontâneo.
III. O NH_4^+ sofre redução.
IV. Os elétrons migram do anodo para catodo através do eletrólito.

Está correto apenas o que se afirma em:

a) I, II e III.
b) II, III e IV.
c) I e II.
d) I e IV.
e) II e III

2. (UFMG) A principal diferença entre as pilhas comuns e as alcalinas consiste na substituição, nestas últimas, do cloreto de amônio pelo hidróxido de potássio. Assim sendo, as semirreações que ocorrem podem ser representadas

▶▶ nos casos das pilhas comuns, por:

catodo: $2\ MnO_2(s) + 2\ NH_4^+(aq) + 2e^- \longrightarrow$
$\longrightarrow Mn_2O_3(s) + 2\ NH_3(aq) + H_2O(l)$

anodo: $Zn(s) \longrightarrow Zn^{2+}(aq) + 2e^-$

▶▶ no caso das pilhas alcalinas, por:

catodo: $2\ MnO_2(s) + H_2O(l) + 2e^- \longrightarrow$
$\longrightarrow Mn_2O_3(s) + 2\ OH^-(aq)$

anodo: $Zn(s) + 2\ OH^-(aq) \longrightarrow Zn(OH)_2(s) + 2e^-$

Considerando-se essas informações, é INCORRETO afirmar que

a) em ambas as pilhas, a espécie que perde elétrons é a mesma.
b) em ambas as pilhas, o Zn(s) é o agente redutor.
c) na pilha alcalina, a reação de oxirredução se dá em meio básico.
d) na pilha comum, o íon $NH_4^+(aq)$ é a espécie que recebe elétrons.

3. (Exercício resolvido) (UFRJ) Nas baterias de chumbo, usadas nos automóveis, os eletrodos são placas de chumbo (Pb e PbO_2) imersas em solução de ácido sulfúrico concentrado, com densidade da ordem de 1,280 g/cm³.

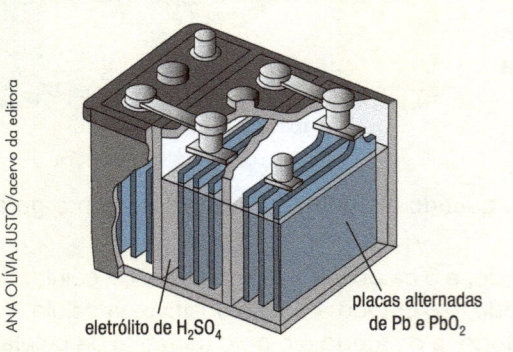

As reações que ocorrem durante a descarga da bateria são as seguintes:

I. $Pb(s) + SO_4^{2-} \longrightarrow PbSO_4(s) + 2e^-$

II. $PbO_2(s) + 4 H^+ + SO_4^{2-} + 2e^- \longrightarrow$
    $\longrightarrow PbSO_4(s) + 2 H_2O(l)$

a) Qual das duas reações ocorre no polo negativo (anodo) da bateria? Justifique sua resposta.
b) Explique o que acontece com a densidade da solução da bateria durante sua descarga.

Resolução:

a) No anodo temos uma oxidação. Portanto, ocorre a reação representada pela equação I.
b) Durante a descarga, há consumo de H_2SO_4, o que provoca a redução da densidade da solução da bateria.

4. (UFBA – adaptada) A bateria chumbo/ácido utilizada na geração de energia elétrica para automóveis pode ser recarregada pelo próprio dínamo do veículo.

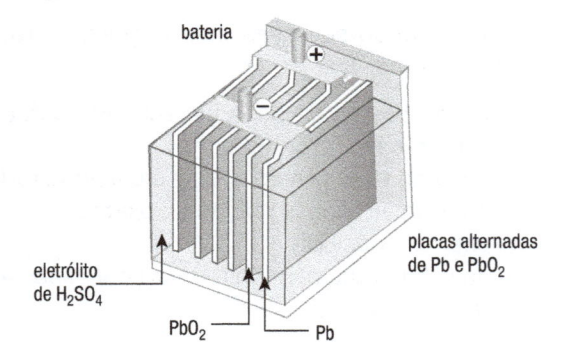

DADOS:

$PbO_2(s) + SO_4^{2-}(aq) + 4 H^+(aq) + 2e^- \rightleftarrows$
$\rightleftarrows PbSO_4(s) + 2 H_2O(l)$ $E^0 = +1,69$ V

$PbSO_4(s) + 2e^- \rightleftarrows Pb(s) + SO_4^{2-}(aq)$ $E^0 = -0,36$ V

Associando-se as informações da tabela e da figura, julgue as afirmativas a seguir em verdadeiro ou falso:

I. O eletrodo de óxido de chumbo é o anodo da bateria.
II. A diferença de potencial de 6 pilhas associadas em série é 12,30 V.
III. Uma semirreação que ocorre na bateria é:

$Pb(s) + SO_4^{2-}(aq) \longrightarrow PbSO_4(s) + 2e^-$

IV. No processo de recarga, a placa de chumbo é o anodo da bateria.
V. Quando ocorre descarga da bateria, a densidade da solução diminui, devido ao consumo de íons sulfato e à formação de água.
VI. Durante o processo de descarga da bateria, são envolvidos 4 elétrons/átomo de Pb.

5. (UNESP) As bateriais dos automóveis são cheias com solução aquosa de ácido sulfúrico. Sabendo-se que essa solução contém 38% de ácido sulfúrico em massa e densidade igual a 1,29 g/cm³, pergunta-se:

a) Qual é a concentração do ácido sulfúrico em mol por litro [massa molar do $H_2SO_4 = 98$ g/mol]?
b) Uma bateria é formada pela ligação em série de 6 pilhas eletroquímicas internas, onde ocorrem as semirreações representadas a seguir:

polo negativo (–):

$Pb + SO_4^{2-} \longrightarrow PbSO_4 + 2e^-$ $E = +0,34$ V

polo positivo (+):

$PbSO_4 + 2 H_2O \longrightarrow PbSO_4 + SO_4^{2-} + 4 H^+ + 2e^-$
$E = -1,66$ V

Qual é a diferença de potencial (voltagem) dessa bateria?

6. (VUNESP) Pilhas recarregáveis, também denominadas células secundárias, substituem, com vantagens para o meio ambiente, as pilhas comuns descartáveis. Um exemplo comercial são as pilhas de níquel-cádmio (nicad), nas quais, para a produção de energia elétrica, ocorrem os seguintes processos:

I. O cádmio metálico, imerso em uma pasta básica contendo íons OH⁻(aq), reage produzindo hidróxido de cádmio (II), um composto insolúvel.

II. O hidróxido de níquel (III) reage produzindo hidróxido de níquel (II), ambos insolúveis e imersos numa pasta básica contendo íons OH⁻(aq).

a) Escreva a semirreação que ocorre no anodo de uma pilha nicad.

b) Uma TV portátil funciona adequadamente quando as pilhas instaladas fornecem uma diferença de potencial entre 12,0 e 14,0 V. Sabendo-se que E^0 (Cd^{2+}, Cd) = –0,81 V e E^0 (Ni^{3+}, Ni^{2+}) = +0,49 V, nas condições de operação descritas, calcule a diferença de potencial em uma pilha de níquel-cádmio e a quantidade de pilhas, associadas em série, necessárias para que a TV funcione adequadamente.

7. (PUC) **DADOS:**

Cd^{2+}(aq) + 2e⁻ ⇌ Cd(s) E^0 = –0,40 V

$Cd(OH)_2$(s) + 2e⁻ ⇌ Cd(s) + 2 OH⁻(aq) E^0 = –0,81 V

Ni^{2+}(aq) + 2e⁻ ⇌ Ni(s) E^0 = –0,23 V

$Ni(OH)_3$(s) + e⁻ ⇌ $Ni(OH)_2$(s) + OH⁻(aq) E^0 = +0,49 V

As baterias de níquel-cádmio ("ni-cad") são leves e recarregáveis, sendo utilizadas em muitos aparelhos portáteis como telefones e câmaras de vídeo. Essas baterias têm como características o fato de os produtos formados durante a descarga serem insolúveis e ficarem aderidos nos eletrodos, permitindo a recarga quando ligada a uma fonte externa de energia elétrica. Com base no texto e nas semirreações de redução fornecidas, a equação que melhor representa o processo de **descarga** de uma bateria de níquel-cádmio é:

a) Cd(s) + 2 $Ni(OH)_3$(s) ⟶ $Cd(OH)_2$(s) + 2 $Ni(OH)_2$(s)

b) Cd(s) + Ni(s) ⟶ Cd^{2+}(aq) + Ni^{2+}(aq)

c) $Cd(OH)_2$(s) + 2 $Ni(OH)_2$(s) ⟶ Cd(s) + 2 $Ni(OH)_3$(s)

d) Cd^{2+}(aq) + Ni^{2+}(aq) ⟶ Cd(s) + Ni(s)

e) Cd(s) + Ni(s) + 2 OH⁻(aq) ⟶ $Cd(OH)_2$(s) + Ni^{2+}(aq)

8. (UFES) Atualmente, os aparelhos celulares mais sofisticados, também conhecidos como *smartphones*, possuem uma autonomia de funcionamento que permite alcançar até 25 horas de uso intenso e ininterrupto. Grande parte dessa autonomia se deve ao emprego de baterias recarregáveis de íons de lítio, que armazenam três vezes mais que uma bateria de níquel cádmio, além de não apresentarem "efeito de memória". Para ajudar você a entender melhor o funcionamento de uma bateria de íons de lítio, são apresentadas as semirreações abaixo, que podem descrever o processo de carga desse tipo de bateria:

I. $LiCoO_2$(s) ⟶ $Li_{1-x}CoO_2$(s) + x Li^+(solução) + x e⁻

II. C(s) + x Li^+(solução) + x e⁻ ⟶ Li_xC(s)

a) Determine o número de oxidação (Nox) do cobalto no composto $LiCoO_2$.

b) Escreva a equação global para o processo de descarga de uma bateria de íons de lítio, com base nas semirreações I e II apresentadas acima.

c) Sabendo que o eletrodo de $LiCoO_2$ é o anodo e que o eletrodo de carbono é o catodo, identifique qual desses dois eletrodos é o agente redutor durante o processo de carga das baterias de íons de lítio.

9. (FGV) Uma bateria de recarga ultrarrápida foi desenvolvida por pesquisadores da Universidade Stanford. Ela emprega eletrodos de alumínio e de grafite; e, como eletrólito, um sal orgânico que é líquido na temperatura ambiente, cloreto de 1-etil-3-metilimidazolio, representado pela fórmula [EMIm]Cl.

Durante as reações, o alumínio metálico forma espécies complexas com o ânion cloreto, $AlCl_4^-$ e $Al_2Cl_7^-$. Nos demais aspectos, a operação da bateria segue o comportamento usual de uma pilha.

Um esquema de sua operação é representado na figura.

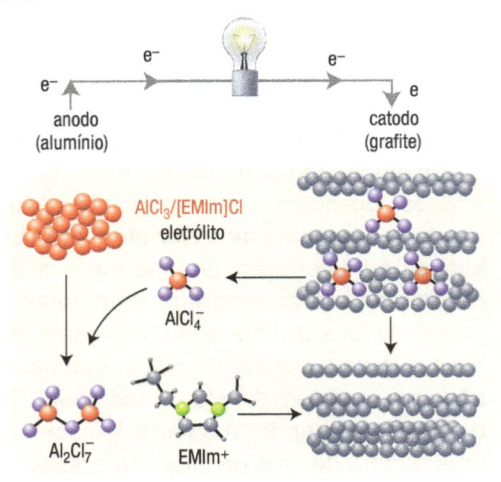

Reação I: $Al + 7\ AlCl_4^- \longrightarrow 4\ Al_2Cl_7^- + 3e^-$
Reação II: $C_n[AlCl_4] + e^- \longrightarrow C_n + AlCl_4^-$

LIN, M. C. e col. An ultrafast rechargeable aluminium-ion battery. **Nature**, 520, 324-328. 16 April 2015. Adaptado.

Quando esta bateria está operando no sentido de fornecer corrente elétrica, o eletrodo de grafite é o polo _____. A reação I é a reação de _____, e, na reação global, o total de elétrons envolvidos para cada mol de alumínio metálico que participa do processo é _____.

As lacunas são preenchidas, correta e respectivamente, por:

a) negativo ... oxidação ... três
b) negativo ... oxidação ... quatro
c) positivo ... oxidação ... três
d) positivo ... redução ... três
e) positivo ... redução ... quatro

10. (ACAFE – SC) Recentemente, uma grande fabricante de produtos eletrônicos anunciou o *recall* de um de seus produtos, pois estes apresentavam problemas em suas baterias do tipo íons lítio. Considere a ilustração esquemática dos processos eletroquímicos que ocorrem nas baterias de íons lítio retirada do artigo "Pilhas e Baterias: Funcionamento e Impacto Ambiental", da revista **Química Nova na Escola**, n. 11, 2000, p. 8.

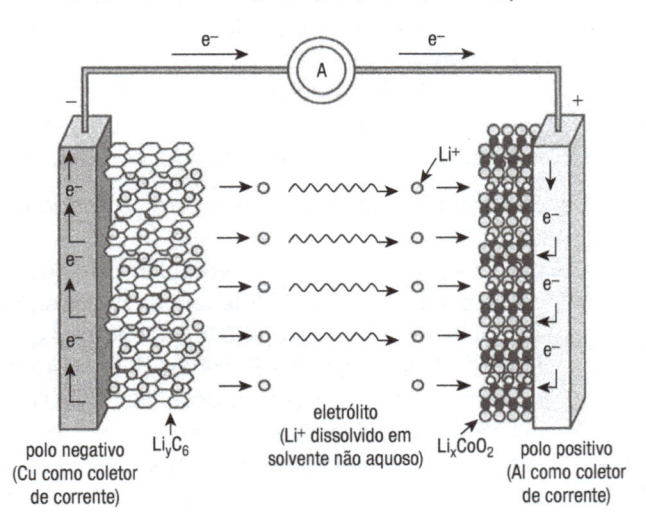

Semirreação anódica (descarga da bateria):

$$Li_yC_6(s) \longrightarrow C_6(s) + y\ Li^+(solv) + y\ e^-$$

Semirreação catódica (descarga da bateria):

$$Li_xCoO_2(s) + y\ Li^+(solv) + y\ e^- \longrightarrow Li_{x+y}CoO_2(s)$$

Analise as afirmações a seguir.

I. Durante a descarga da bateria, os íons lítio se movem no sentido do anodo para o catodo.
II. A reação global para a descarga da bateria pode ser representada por:

$$Li_xCoO_2(s) + Li_yC_6(s) \longrightarrow Li_{x+y}CoO_2(s) + C_6(s)$$

III. Durante a descarga da bateria, no catodo, o cobalto sofre oxidação na estrutura do óxido, provocando a entrada de íons lítio em sua estrutura.

Assinale a alternativa correta.

a) Todas as afirmações estão corretas.
b) Apenas I e II estão corretas.
c) Todas as afirmações estão incorretas.
d) Apenas a I está correta.

11. (UEL – PR) Como uma alternativa menos poluidora e, também, em substituição ao petróleo estão sendo desenvolvidas células a combustível de hidrogênio. Nessas células, a energia química se transforma em energia elétrica, sendo a água o principal produto. A imagem a seguir mostra um esquema de uma célula a combustível de hidrogênio, com as respectivas reações

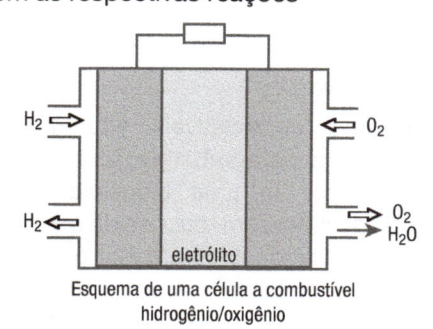

Esquema de uma célula a combustível hidrogênio/oxigênio

Semirreações:

$2 H^+ + 2e^- \rightleftarrows H_2(g)$ $E^0 = 0,00$ V

$O_2(g) + 4 H^+ + 4e^- \rightleftarrows 2 H_2O(l)$ $E^0 = -1,23$ V

Reação global

$H_2(g) + \frac{1}{2} O_2(g) \rightleftarrows H_2O(g)$

$\Delta H^0 = -246,6$ kJ/mol de H_2O

Com base na imagem, nas equações e nos conhecimentos sobre o tema, considere as afirmativas a seguir.

I. No eletrólito, o fluxo dos íons H^+ é do eletrodo alimentado com o gás hidrogênio para o eletrodo alimentado com o gás oxigênio.
II. Na célula a combustível de hidrogênio, a energia química é produzida por duas substâncias simples.
III. Durante operação da célula, são consumidos 2 mol de $O_2(g)$ para formação de 108 g de água.
IV. A quantidade de calor liberado na formação de 2 mol de água, no estado líquido, é maior que 246,6 kJ.

Estão corretas apenas as afirmativas:

a) I e II. c) III e IV. e) I, III e IV.
b) II e III. d) I, II e IV.

DADO: massa molar H_2O = 18 g/mol.

12. (UNICAMP – SP) Há quem afirme que as grandes questões da humanidade simplesmente restringem-se às necessidades e à disponibilidade de energia. Temos de concordar que o aumento da demanda de energia é uma das principais preocupações atuais. O uso de motores de combustão possibilitou grandes mudanças, porém seus dias estão contados. Os problemas ambientais pelos quais esses motores podem ser responsabilizados, além de seu baixo rendimento, têm levado à busca de outras tecnologias.

Uma alternativa promissora para os motores de combustão são as celas de combustível que permitem, entre outras coisas, rendimentos de até 50% e operação em silêncio. Uma das mais promissoras celas de combustível é o hidrogênio, mostrada no esquema abaixo:

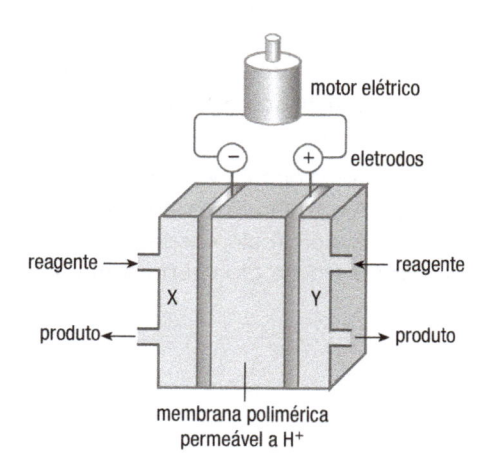

Nessa cela, um dos compartimentos é alimentado por hidrogênio gasoso e o outro, por oxigênio gasoso. As semirreações que ocorrem nos eletrodos são dadas pelas equações:

anodo: $H_2(g) = 2 H^+ + 2e^-$

catodo: $O_2(g) + 4 H^+ + 4e^- = 2 H_2O$

a) Por que se pode afirmar, do ponto de vista químico, que esta cela de combustível é "não poluente"?
b) Qual dos gases deve alimentar o compartimento X? Justifique.
c) Que proporção de massa entre os gases você usaria para alimentar a cela de combustível? Justifique.

DADO: H = 1, O = 16.

13. (UNICAMP – SP) Uma proposta para obter energia limpa é a utilização de dispositivos eletroquímicos que não gerem produtos poluentes, e que utilizem materiais disponíveis em grande quantidade ou renováveis. O esquema abaixo mostra, parcialmente, um dispositivo que pode ser utilizado com essa finalidade.

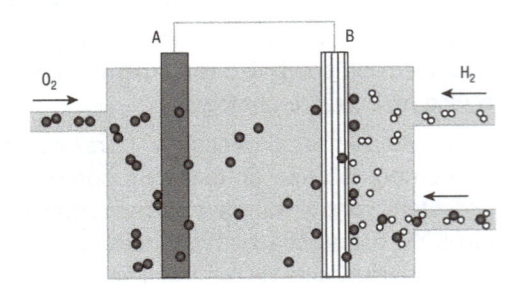

Nesse esquema, os círculos podem representar átomos, moléculas ou íons. De acordo com essas informações e o conhecimento de eletroquímica, pode-se afirmar que nesse dispositivo a corrente elétrica flui de:

a) A para B e o círculo ● representa o íon O^{2-}.
b) B para A e o círculo ● representa o íon O^{2+}.
c) B para A e o círculo ● representa o íon O^{2-}.
d) A para B e o círculo ● representa o íon O^{2+}.

14. (ENEM) Grupos de pesquisa em todo o mundo vêm buscando soluções inovadoras, visando a produção de dispositivos para a geração de energia elétrica. Dentre eles, pode-se destacar as baterias de zinco-ar, que combinam o oxigênio atmosférico e o metal zinco em um eletrólito aquoso de caráter alcalino. O esquema de funcionamento da bateria zinco-ar está apresentado na figura.

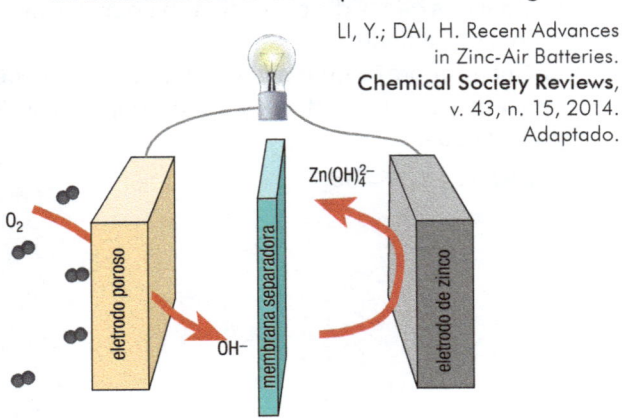

LI, Y.; DAI, H. Recent Advances in Zinc-Air Batteries. **Chemical Society Reviews**, v. 43, n. 15, 2014. Adaptado.

No funcionamento da bateria, a espécie química formada no anodo é:

a) $H_2(g)$.
b) $O_2(g)$.
c) $H_2O(l)$.
d) $OH^-(aq)$.
e) $Zn(OH)_4^{2-}(aq)$.

15. (ENEM) Texto I

Biocélulas combustíveis são uma alternativa tecnológica para substituição das baterias convencionais. Em uma biocélula microbiológica, bactérias catalisam reações de oxidação de substratos orgânicos. Liberam elétrons produzidos na respiração celular para um eletrodo, onde fluem por um circuito externo até o catodo do sistema, produzindo corrente elétrica. Uma reação típica que ocorre em biocélulas microbiológicas utiliza o acetato como substrato.

AQUINO NETO, S. **Preparação e Caracterização de Bioanodos para Biocélula e Combustível Etanol/O_2**.
Disponível em: <www.teses.usp.br.>
Acesso em: 23 jun. 2015. Adaptado.

Texto II

Em sistemas bioeletroquímicos, os potenciais-padrão (E^0) apresentam valores característicos. Para as biocélulas de acetato, considere as seguintes semirreações de redução e seus respectivos potenciais:

$2 CO_2 + 7 H^+ + 8e^- \longrightarrow$
$\longrightarrow CH_3COO^- + 2 H_2O \qquad E^{0'} = -0,3 V$

$O_2 + 4H^+ + 4e^- \longrightarrow 2 H_2O \qquad E^{0'} = +0,8 V$

SCOTT, K.; YU, E. H. Microbial electrochemical and fuel cells: fundamentals and applications. **Woodhead Publishing Series in Energy**, n. 88, 2016. Adaptado.

Nessas condições, qual é o número mínimo de biocélulas de acetato, ligadas em série, necessárias para se obter uma diferença de potencial de 4,4 V?

a) 3   b) 4   c) 6   d) 9   e) 15

SÉRIE PLATINA

1. (FUVEST – SP) O lítio foi identificado no século XIX a partir das observações do naturalista e estadista brasileiro José Bonifácio de Andrada e Silva. Em 2019, esse elemento ganhou destaque devido ao Prêmio Nobel de Química, entregue aos pesquisadores John Goodenough, Stanley Whittingham e Akira Yoshino pelas pesquisas que resultaram na bateria recarregável de íon lítio. Durante o desenvolvimento dessa bateria, foi utilizado um eletrodo de $CoO_2(s)$ (semirreação I) em conjunto com um eletrodo de lítio metálico intercalado em grafita ($LiC_6(s)$) (semirreação II) ou um eletrodo de lítio metálico ($Li(s)$) (semirreação III).

(I) $CoO_2(s) + Li^+(aq) + 1e^- \longrightarrow LiCoO_2(s)$ $\quad E° = +1,00\ V$

(II) $Li^+(aq) + C_6(s) + 1e^- \longrightarrow LiC_6(s)$ $\quad E° = -2,84\ V$

(III) $Li^+(aq) + 1e^- \longrightarrow Li(s)$ $\quad E° = -3,04\ V$

Considerando essas semirreações:

a) Escreva a reação global da bateria que utiliza o lítio metálico como um dos eletrodos.

b) Indique qual dos dois materiais, lítio metálico ou lítio metálico intercalado em grafita, será um agente redutor mais forte. Justifique com os valores de potencial de redução padrão.

Em 1800, José Bonifácio descobriu o mineral petalita, de fórmula $XAlSi_4O_{10}$ (na qual X é um metal alcalino). Em 1817, ao assumir que X = Na, o químico sueco Johan Arfwedson observou que a petalita apresentaria uma porcentagem de metal alcalino superior ao determinado experimentalmente. Ao não encontrar outros substitutos conhecidos que explicassem essa incongruência, ele percebeu que estava diante de um novo elemento químico, o Lítio (Li).

c) Explique, mostrando os cálculos, como a observação feita por Arfwedson permitiu descobrir que o elemento novo era o Lítio.

NOTE E ADOTE:

▶▶ Massas molares (g · mol⁻¹): Li = 7; O = 16; Na = 23; Al = 27; Si = 28.

▶▶ % em massa de Al na petalita: 8,8%

2. (UNIFESP – adaptada) Uma tecnologia promissora para redução do uso de combustíveis fósseis como fonte de energia são as células combustíveis, nas quais os reagentes são convertidos em produtos por meio de processos eletroquímicos, com produção de energia elétrica, que pode ser armazenada ou utilizada diretamente. A figura apresenta o desenho esquemático de uma célula combustível formada por duas câmaras, dotadas de catalisadores adequados, onde ocorrem as semirreações envolvidas no processo.

O contato elétrico entre as duas câmaras será através de uma membrana permeável a íons H^+ e do circuito elétrico externo, por onde os elétrons fluem e acionam, no exemplo da figura, um motor elétrico. Apesar de os produtos da célula combustível acima e de um motor a combustão serem os mesmos, a eficiência da célula combustível é maior, além de operar em temperaturas mais baixas.

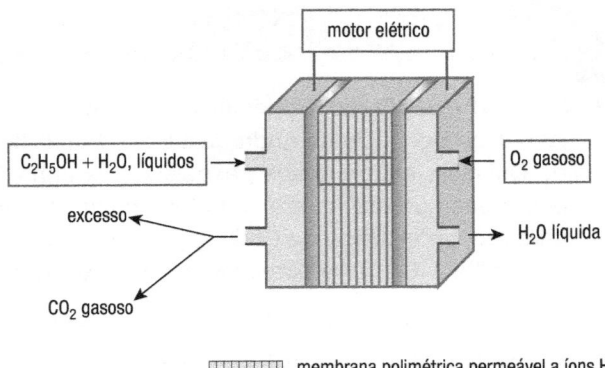

Acerca do funcionamento da célula combustível descrita e das semirreações que nela ocorrem, julgue, com base no método íon-elétron para balanceamento de reações de oxirredução, as afirmações a seguir.

I. Na câmara da direita, onde é adicionado o gás oxigênio, ocorre a semirreação de redução.
II. O sentido dos elétrons, no circuito externo, se dá, durante o funcionamento normal da célula, da câmara da esquerda para a câmara da direita.
III. Considerando a semirreação balanceada da qual faz parte o etanol, para cada mol de etanol consumido são transferidos 12 mol de elétrons.

É(são) correta(s):

a) apenas a afirmação I.
b) apenas a afirmação II.
c) apenas a afirmação III.
d) apenas as afirmações I e II.
e) as afirmações I, II e III.

Corrosão

13

As pilhas e baterias que estudamos nos últimos capítulos correspondem a processos de oxirredução espontâneos **desejáveis**, uma vez que utilizamos essa espontaneidade para gerar uma corrente elétrica, que alimenta uma diversidade de dispositivos elétricos.

Entretanto, nem toda reação de oxirredução espontânea apresenta benefícios para o ser humano. Os processos de **corrosão de metais** também são baseados em reações de oxirredução que ocorrem na superfície dos metais em contato com o ambiente ao redor.

Tema deste capítulo, a corrosão de metais impacta diversas aplicações humanas, uma vez que apresenta custos diretos e indiretos que devem ser considerados a fim de evitar acidentes ou catástrofes maiores.

13.1 Corrosão do Ferro

O ferro sofre corrosão na presença de O_2 e H_2O, sendo o produto formado chamado popularmente de **ferrugem**. Uma equação que representa esse processo pode ser descrita por:

$$2\,Fe(s) + O_2(g) + 2\,H_2O(l) \longrightarrow 2\,Fe(OH)_2(s)$$

A natureza eletroquímica da corrosão de metais foi evidenciada, pela primeira vez, em 1926, pelo inglês **Ulick Evans**, que estudou a corrosão de ferro em contato com uma gota de água e ar.

Entre todos os metais mais utilizados pelo ser humano, a corrosão do ferro (e do aço, liga metálica constituída majoritariamente por ferro) é a que mais impacta as atividades humanas, pois este é o metal mais utilizado por nós atualmente, com destaque na indústria automobilística e na indústria da construção civil.

Vamos considerar um pedaço de ferro em contato com O_2 e uma gota de água. No pedaço de ferro, teremos uma região onde ocorre a oxidação (região anódica) e outra região onde ocorre a redução (região catódica).

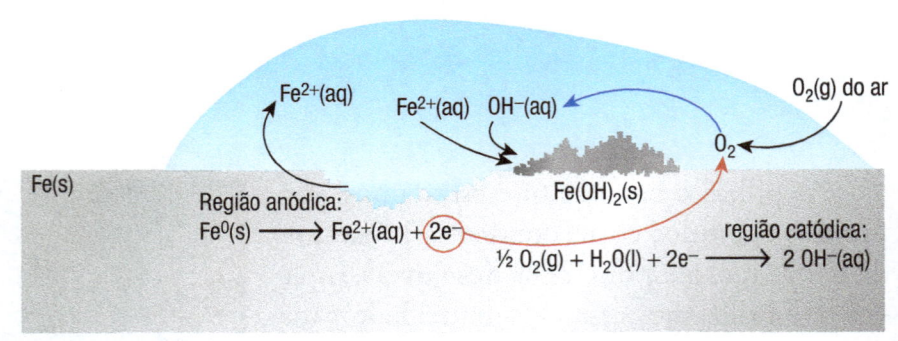

Corrosão do ferro em contato com a água.

Na região anódica, localizada na superfície do metal abaixo da gota, ocorre a oxidação do metal ferro, que resulta em pequenos buracos (defeitos) na superfície do metal e pode ser representada por:

$$Fe(s) \longrightarrow Fe^{2+}(aq) + 2\,e^-$$

Na região catódica, localizada próxima à borda da gota, onde a concentração de O_2 é maior, os elétrons cedidos pelo ferro reduzem o O_2 em presença de água, o que pode ser representado por:

$$\frac{1}{2}O_2(g) + H_2O(l) + 2\,e^- \longrightarrow 2\,OH^-(aq)$$

No interior da gota, os íons Fe^{2+} e OH^- se encontram, produzindo $Fe(OH)_2$, que precipita:

$$Fe^{2+}(aq) + 2\,OH^-(aq) \longrightarrow Fe(OH)_2(s)$$

A equação global que representa essas três etapas pode ser equacionada por:

$$2\,Fe(s) + O_2(g) + 2\,H_2O(l) \longrightarrow 2\,Fe(OH)_2$$

Caso O_2 esteja disponível, uma parte do $Fe(OH)_2$ pode ser oxidada a $Fe(OH)_3$:

$$2\,Fe(OH)_2(s) + \frac{1}{2}O_2(g) + H_2O(l) \longrightarrow 2\,Fe(OH)_3(s)$$

Assim, a ferrugem consiste na mistura de $Fe(OH)_2$ e $Fe(OH)_3$, que é formada na superfície do ferro. Trata-se de um sólido poroso e pouco compacto, que não fica aderido à superfície do ferro, deixando o metal exposto à corrosão.

FIQUE POR DENTRO!

Fatores que aceleram a corrosão

A presença, no ar, de CO_2, SO_2, SO_3 e outras substâncias ácidas acelera o processo de corrosão, pois os íons H^+ reagem com a os íons OH^- formados na reação catódica, deslocando essa reação para a direita e favorecendo a oxidação do ferro.

Outro fator que acelera a corrosão é a presença, na gota aquosa, de sais dissolvidos (com destaque para o cloreto de sódio). Os íons dissolvidos na gota (por exemplo, Na^+ e Cl^-) conferem maior mobilidade aos íons produzidos na oxidação (Fe^{2+}) e na redução (OH^-), acelerando a reação de corrosão. É por esse motivo que a corrosão é mais acentuada nas regiões litorâneas!

13.2 Proteção contra Corrosão

Existem diversos mecanismos de proteção contra corrosão do ferro, que podem ser divididos em três grupos: barreira física, proteção catódica e proteção anódica.

Na **barreira física**, o objetivo é evitar que o ferro entre em contato com os reagentes responsáveis por sua corrosão (O_2 e H_2O). Uma das possibilidades é por meio da pintura. É por isso que é recomendado o conserto e a pintura de eventuais batidas na lataria do carro: se a parte metálica ficar exposta (sem tinta), ela pode ser oxidada e eventualmente ser necessária a troca da peça – procedimento quase sempre mais custoso do que o conserto inicial.

Em portões e peças de ferro é usual lixar o metal (para eliminar a ferrugem formada) e aplicar, em seguida, uma ou mais demãos de tinta à base de zarcão (Pb_3O_4), que impede que o ferro fique exposto ao ar e à água.

Outra possibilidade de barreira física é o recobrimento do metal por outro metal mais nobre (menos reativo) nas condições de utilização da peça. As latas comuns de alimentos em conserva, por exemplo, são protegidas por uma película de estanho (folha de Flandres), que impede o ferro de ficar exposto ao ar e à água. O estanho (mais nobre que o ferro) não reage nas condições utilizadas. Entretanto, se a lata estiver amassada, é possível que parte do revestimento se solte, expondo o ferro, que pode ser oxidado e sofrer corrosão.

Na **proteção catódica**, o metal a ser protegido deve atuar como **catodo** de um processo eletroquímico. Esse tipo de proteção é utilizado para retardar a corrosão do ferro (ou do aço) em canalizações de água, oleodutos, gasodutos, cascos de navios, tanques subterrâneos, entre outras estruturas.

Nesse caso, liga-se a estrutura a ser protegida a blocos de outro metal mais reativo que o ferro (E^0_{red} (Fe^{2+}/Fe) = − 0,44 V), como magnésio (E^0_{red} (Mg^{2+}/Mg) = = − 2,36 V) e zinco (E^0_{red} (Zn^{2+}/Zn) = − 0,76 V). Esses metais, que apresentam menor potencial de redução, oxidam-se preferencialmente ao ferro, "**sacrificando-se**" no seu lugar, razão pela qual esses metais são chamados de **metais de sacrifício** ou **anodo de sacrifício**.

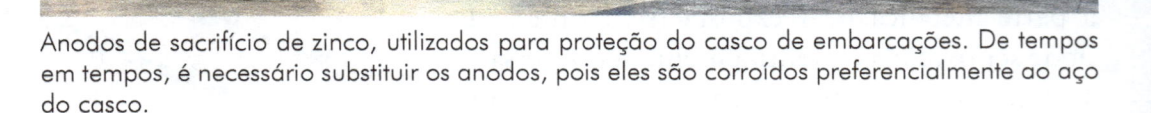

Anodos de sacrifício de zinco, utilizados para proteção do casco de embarcações. De tempos em tempos, é necessário substituir os anodos, pois eles são corroídos preferencialmente ao aço do casco.

Enquanto os metais de sacrifício atuam como anodos (por exemplo, Zn ⟶ Zn^{2+} + 2 e$^-$ ou Mg ⟶ Mg^{2+} + 2 e$^-$), o ferro atua como catodo, no qual o O$_2$ do ar é reduzido em presença de água $\left(\frac{1}{2} O_2 + H_2O + 2\ e^- \longrightarrow 2\ OH^-\right)$.

Por fim, na **proteção anódica**, o metal a ser protegido deve atuar como **anodo** de um processo eletroquímico, sendo o local da reação de oxidação. Isso pode parecer estranho em um primeiro momento, porém a proteção anódica somente pode ser aplicada em materiais que, ao oxidarem, formam uma película protetora, chamada de **camada passiva**, que protegerá o restante do material de continuar oxidando.

Esse é o tipo de proteção que ocorre, por exemplo, com peças de alumínio. O alumínio (E^0_{red} (Al^{3+}/Al) = − 1,66 V) é um metal mais reativo que o ferro (E^0_{red} (Fe^{2+}/Fe) = − 0,44 V), porém ele não sofre corrosão como o ferro. Isso ocorre porque, ao ser oxidado, o alumínio forma uma película protetora de Al$_2$O$_3$, que é bastante compacta e fica aderida à superfície do metal.

$$4\ Al(s) + 3\ O_2(g) \longrightarrow 2\ Al_2O_3(s)$$

Essa película protetora, com espessura da ordem de 10^{-5} mm, previne o contato do metal com agentes oxidantes que poderiam promover a sua corrosão.

Esse tipo de proteção anódica também atua na proteção do **aço inoxidável**, uma liga metálica composta por ferro, carbono e cromo. No aço inoxidável, substitui-se parte dos átomos de ferro por átomos de cromo.

O cromo (E^0_{red} (Cr^{3+}/Cr) $= -0,74$ V) é um elemento que oxida-se preferencialmente ao ferro (E^0_{red} (Fe^{2+}/Fe) $= -0,44$ V) e forma uma camada de óxido (Cr_2O_3) muito fina e compacta, que evita que o ferro tenha contato com potenciais agentes oxidantes presentes no ambiente.

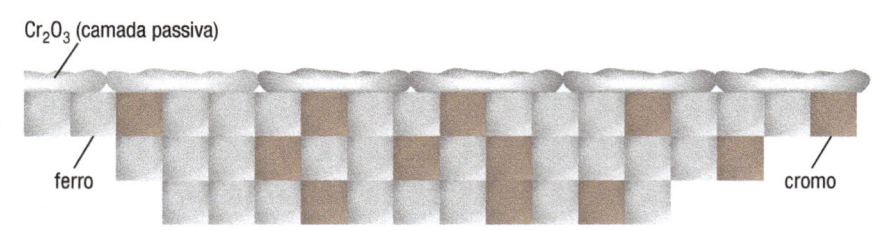

Para um aço ser classificado como inoxidável, ele deve possuir no mínimo 10,5% de cromo em sua composição.

LIGANDO OS PONTOS!

Custos da corrosão para a sociedade

A corrosão é reconhecida como um dos problemas mais sérios da sociedade atual e resulta em perdas anuais de centenas de bilhões de dólares. Nos últimos anos, diversos estudos foram realizados em vários países, incluindo Estados Unidos, Reino Unido, Japão, Alemanha e China, para estimar os custos diretos e indiretos da corrosão. Esses estudos concluíram que os custos totais associados a processos de corrosão variam entre 1 e 5% do PIB (Produto Interno Bruto) de cada país.

Em 2002, um estudo coordenado pela NACE (organização criada em 1943 como *National Association of Corrosion Engineers*) e atualmente com escritórios em uma dezena de países (no Brasil, está estabelecida em São Paulo) estimou que os *custos diretos* da corrosão de metais nos Estados Unidos em US$ 276 bilhões, o que era equivalente a 3,1% do PIB norte-americano da época do estudo. Se fossem somados os *custos indiretos*, o relatório da NACE indicava que os custos totais deveriam corresponder a cerca de 6% do PIB nacional.

Os *custos diretos* estão relacionados à substituição de peças de equipamento e de estruturas, além de serviços de manutenção.

Já os *custos indiretos* são aqueles que incluem, por exemplo, atividades de manutenção ou substituição de emergência, isto é, que não estavam programadas, perda de produtividade devido a atrasos e falhas, pagamento de multas e taxas em virtude da corrosão, além de outros custos relacionados às atividades impactadas pelos processos corrosivos.

No Brasil, a estimativa é que os **custos totais** da corrosão, considerando todos os setores produtivos, sejam em torno de 3,5 a 4,0% do PIB, de acordo com um livro publicado pelo Cepel (Centro de Pesquisas de Energia Elétrica) em 2006.

SÉRIE BRONZE

1. Complete o diagrama a seguir com as informações corretas sobre o processo de corrosão de metais.

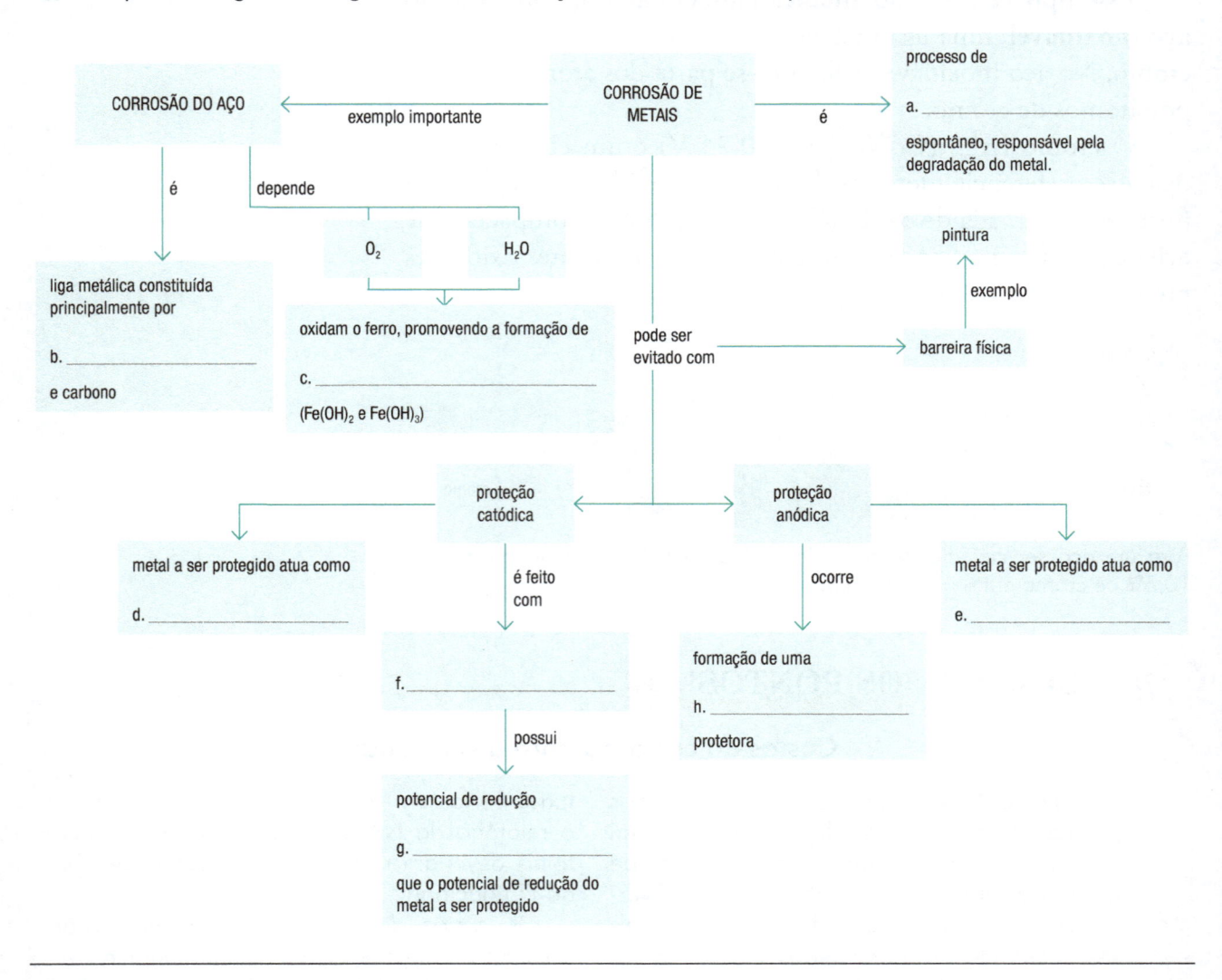

Diagrama:

- CORROSÃO DE METAIS
  - exemplo importante → CORROSÃO DO AÇO
    - é → liga metálica constituída principalmente por
      - b. _____
      - e carbono
    - depende → O_2 e H_2O → oxidam o ferro, promovendo a formação de
      - c. _____ ($Fe(OH)_2$ e $Fe(OH)_3$)
  - é → processo de
    - a. _____
    - espontâneo, responsável pela degradação do metal.
  - pode ser evitado com → barreira física ← exemplo — pintura
  - proteção catódica
    - metal a ser protegido atua como
      - d. _____
    - é feito com
      - f. _____
      - possui potencial de redução
      - g. _____ que o potencial de redução do metal a ser protegido
  - proteção anódica
    - ocorre → formação de uma
      - h. _____ protetora
    - metal a ser protegido atua como
      - e. _____

---

2. Complete com **anódica** e **catódica**.

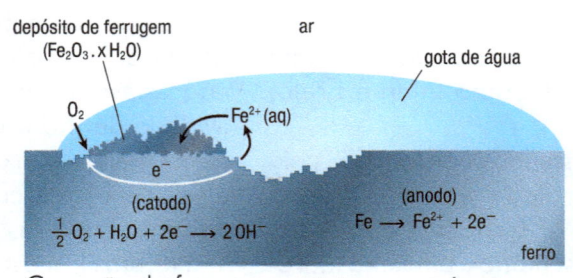

Corrosão do ferro em contato com a água.

depósito de ferrugem ($Fe_2O_3 \cdot x\,H_2O$) — ar — gota de água
- O_2
- Fe^{2+} (aq)
- e^-
- (catodo) $\frac{1}{2}O_2 + H_2O + 2e^- \rightarrow 2\,OH^-$
- (anodo) $Fe \rightarrow Fe^{2+} + 2e^-$
- ferro

No pedaço de ferro temos uma região _____ onde ocorre a oxidação do Fe a Fe^{2+}. Os elétrons produzidos migram pelo metal para outra região chamada de _____ , onde O_2 é reduzido. A região catódica geralmente contém impurezas que facilitam a transferência de elétrons. Os íons Fe^{2+} formados se dissolvem na gota.

3. Complete as equações do processo de corrosão do ferro.

a) oxidação do Fe

b) redução do O_2

c) formação de $Fe(OH)_2$

d) equação global

e) oxidação do $Fe(OH)_2$

A ferrugem é uma mistura contendo $Fe(OH)_2$ e $Fe(OH)_3$.

SÉRIE PRATA

1. (FUVEST-SP) Um pedaço de palha de aço foi suavemente comprimido no fundo de um tubo de ensaio e este foi cuidadosamente emborcado em um béquer contendo água à temperatura ambiente, conforme ilustrado ao lado. Decorridos alguns dias à temperatura ambiente, qual das figuras abaixo representa o que será observado?

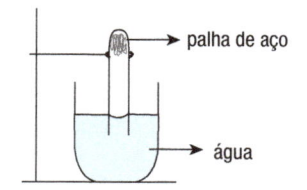

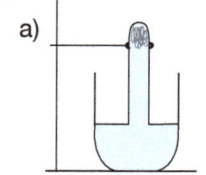

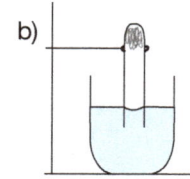

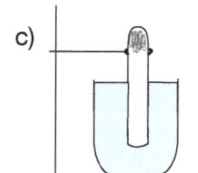

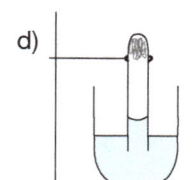

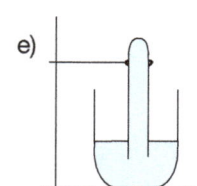

a) b) c) d) e)

2. (MACKENZIE – SP) Para retardar a corrosão de um encanamento de ferro, pode-se ligá-lo a um outro metal, chamado de metal de sacrifício, que tem a finalidade de se oxidar antes do ferro. Conhecendo o potencial-padrão de redução, pode-se dizer que o melhor metal para atuar como metal de sacrifício é:

	E^0_{red}
$Ag^+ + e^- \rightleftarrows Ag^0$	+0,80 V
$Cu^{2+} + 2e^- \rightleftarrows Cu^0$	+0,34 V
$Fe^{2+} + 2e^- \rightleftarrows Fe^0$	−0,44 V
$Hg^{2+} + 2e^- \rightleftarrows Hg^0$	+0,85 V
$Au^{3+} + 3e^- \rightleftarrows Au^0$	+1,50 V
$Mg^{2+} + 2e^- \rightleftarrows Mg^0$	−2,37 V

a) Cu
b) Hg
c) Au
d) Ag
e) Mg

3. (CEETEPS – SP) Uma fita de um determinado metal (que pode ser cobre, chumbo, zinco ou alumínio) foi enrolada em torno de um prego de ferro, e ambos mergulhados numa solução de água salgada. Observou-se, após algum tempo, que o prego de ferro foi bastante corroído.

Dados os potenciais-padrão de redução:

$Cu^{2+}(aq) + 2e^- \longrightarrow Cu(s)$ $E^0_{red} = +0,34$ V
$Pb^{2+}(aq) + 2e^- \longrightarrow Pb(s)$ $E^0_{red} = -0,13$ V
$Fe^{2+}(aq) + 2e^- \longrightarrow Fe(s)$ $E^0_{red} = -0,44$ V
$Zn^{2+}(aq) + 2e^- \longrightarrow Zn(s)$ $E^0_{red} = -0,76$ V
$Al^{3+}(aq) + 3e^- \longrightarrow Al(s)$ $E^0_{red} = -1,66$ V

conclui-se que o metal da fita deve ser:

a) Cu ou Pb.
b) Al ou Pb.
c) Al ou Cu.
d) Zn ou Al.
e) Zn ou Pb.

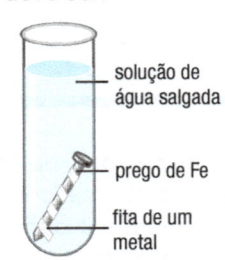

4. (MACKENZIE – SP) um método caseiro para limpar joias de prata, escurecidas devido ao contato com H_2S presente no ar, consiste em colocá-las em solução aquosa diluída de bicarbonato de sódio, embrulhadas em folha de alumínio.

Sabendo que a equação simplificada que representa essa reação é:

$$2\ Al(s) + 3\ Ag_2S(s) + 6\ H_2O(l) \longrightarrow$$
$$\longrightarrow 2\ Al(OH)_3(s) + 6\ Ag(s) + 3\ H_2S(g)$$

pode-se concluir que:

a) a prata é um redutor mais forte que o alumínio.
b) o cátion alumínio deve ter potencial de redução maior do que o do cátion da prata.
c) o alumínio é um redutor mais forte do que a prata.
d) íons prata são oxidados.
e) o alumínio é um oxidante mais forte do que a prata.

SÉRIE OURO

1. (FUVEST – SP) Para investigar o fenômeno de oxidação de ferro, fez-se o seguinte experimento: no fundo de cada um de dois tubos de ensaio, foi colocada uma amostra de fios de ferro, formando uma espécie de novelo. As duas amostras de ferro tinham a mesma massa. O primeiro tubo foi invertido e mergulhado, até certa altura, em um recipiente contendo água. Com o passar do tempo, observou-se que a água subiu dentro do tubo, atingindo seu nível máximo após vários dias.
Nessa situação, mediu-se a diferença (x) entre os níveis de água no tubo e no recipiente. Além disso, observou-se a corrosão parcial dos fios de ferro. O segundo tubo foi mergulhado em um recipiente contendo óleo em lugar de água. Nesse caso, observou-se que não houve corrosão visível do ferro e o nível do óleo, dentro e fora do tubo, permaneceu o mesmo.

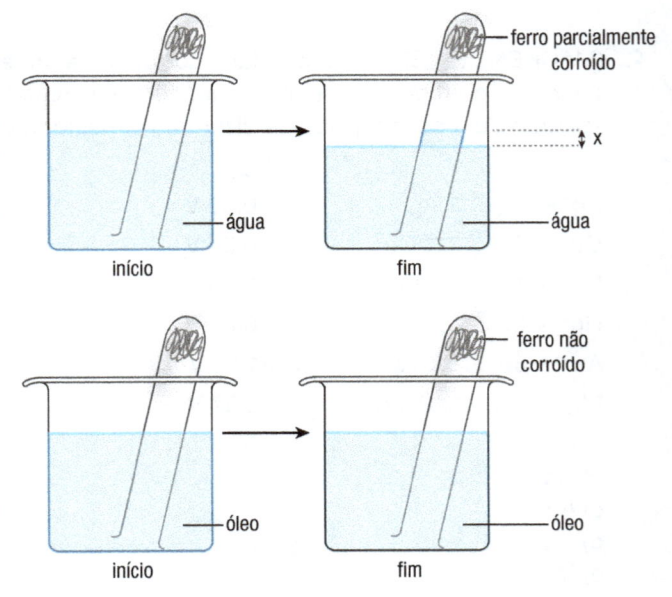

Sobre tal experimento, considere as seguintes afirmações:

I. Com base na variação (x) da altura da coluna de água dentro do primeiro tubo de ensaio, é possível estimar a porcentagem de oxigênio no ar.
II. Se o experimento for repetido com massa maior de fios de ferro, a diferença entre o nível da água no primeiro tubo e no recipiente será maior que x.
III. O segundo tubo foi mergulhado no recipiente com óleo a fim de avaliar a influência da água no processo de corrosão.

Está correto o que se afirma em:

a) I e II, apenas. b) I e III, apenas. c) II, apenas. d) III, apenas. e) I, II e III.

2. (UNIFOR – CE) O esquema ao lado refere-se à corrosão do ferro pela ação do oxigênio do ar, em presença de água.

O examinador de um vestibular deu à digitadora o esquema correto da corrosão do ferro. Entretanto, a digitadora cometeu vários erros e liberou o esquema ao lado, em que

I. trocou as palavras anodo e catodo;
II. escreveu errada uma das reações de oxirredução;
III. escreveu errado a fórmula do composto de ferro depositado na superfície.

Está correto o que se afirma em

a) I, somente.
b) II, somente.
c) III, somente.
d) I e II, somente.
e) I, II e III.

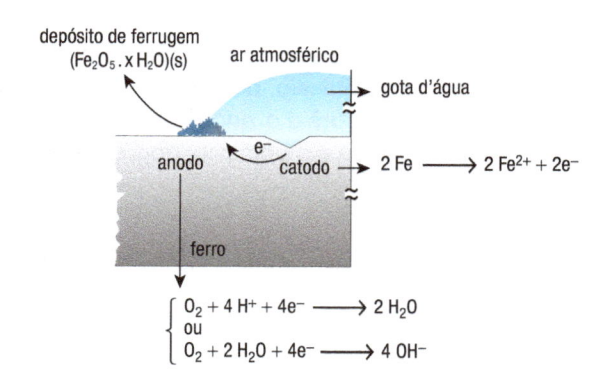

3. (ENEM) Utensílios de uso cotidiano e ferramentas que contêm ferro em sua liga metálica tendem a sofrer processo corrosivo e enferrujar. A corrosão é um processo eletroquímico e, no caso do ferro, ocorre a precipitação do óxido de ferro (III) hidratado, substância marrom pouco solúvel, conhecida como ferrugem. Esse processo corrosivo é, de maneira geral, representado pela equação química:

$$4\ Fe(s) + 3\ O_2(g) + 2\ H_2O(l) \longrightarrow 2\ \underbrace{Fe_2O_3 \cdot H_2O(s)}_{ferrugem}$$

Uma forma de impedir o processo corrosivo nesses utensílios é

a) renovar sua superfície, polindo-a semanalmente.
b) evitar o contato do utensílio com o calor, isolando-o termicamente.
c) impermeabilizar a superfície, isolando-a de seu contato com o ar úmido.
d) esterilizar frequentemente os utensílios, impedindo a proliferação de bactérias.
e) guardar os utensílios em embalagens, isolando-os do contato com outros objetos.

4. (ENEM) O boato de que os lacres das latas de alumínio teriam um alto valor comercial levou muitas pessoas a juntarem esse material na expectativa de ganhar dinheiro com sua venda. As empresas fabricantes de alumínio esclarecem que isso não passa de uma "lenda urbana", pois ao retirar o anel da lata, dificulta-se a reciclagem do alumínio. Como a liga do qual é feito o anel contém alto teor de magnésio, se ele não estiver junto com a lata, fica mais fácil ocorrer a oxidação do alumínio no forno. A tabela apresenta as semirreações e os valores de potencial-padrão de redução de alguns metais:

SEMIRREAÇÃO	POTENCIAL-PADRÃO DE REDUÇÃO (V)
$Li^+ + e^- \longrightarrow Li$	−3,05
$K^+ + e^- \longrightarrow K$	−2,93
$Mg^{2+} + e^- \longrightarrow Mg$	−2,36
$Al^{3+} + e^- \longrightarrow Al$	−1,66
$Zn^{2+} + e^- \longrightarrow Zn$	−0,76
$Cu^{2+} + e^- \longrightarrow Cu$	+0,34

Disponível em: <http://www.sucatas.com>. Acesso em: 28 fev. 2012. Adaptado.

Com base no texto e na tabela, que metais poderiam entrar na composição do anel das latas com a mesma função do magnésio, ou seja, proteger o alumínio da oxidação nos fornos e não deixar diminuir o rendimento da sua reciclagem?

a) Somente o lítio, pois ele possui o menor potencial de redução.
b) Somente o cobre, pois ele possui o maior potencial de redução.
c) Somente o potássio, pois ele possui potencial de redução mais próximo do magnésio.
d) Somente o cobre e o zinco, pois eles sofrem oxidação mais facilmente que o alumínio.
e) Somente o lítio e o potássio, pois seus potenciais de redução são menores do que o do alumínio.

5. (MACKENZIE – SP) Em instalações industriais sujeitas à corrosão, é muito comum a utilização de um metal de sacrifício, o qual sofre oxidação mais facilmente do que o metal principal que compõe essa instalação, diminuindo portanto eventuais desgastes dessa estrutura. Quando o metal de sacrifício se encontra deteriorado, é providenciada sua troca, garantindo-se a eficácia do processo denominado proteção catódica.

METAL	EQUAÇÃO DA SEMIRREAÇÃO	POTENCIAIS-PADRÃO DE REDUÇÃO (E^0_{red})
magnésio	$Mg^{2+}(aq) + 2e^- \rightleftarrows Mg(s)$	−2,38 V
zinco	$Zn^{2+}(aq) + 2e^- \rightleftarrows Zn(s)$	−0,76 V
ferro	$Fe^{2+}(aq) + 2e^- \rightleftarrows Fe(s)$	−0,44 V
chumbo	$Pb^{2+}(aq) + 2e^- \rightleftarrows Pb(s)$	−0,13 V
cobre	$Cu^{2+}(aq) + 2e^- \rightleftarrows Cu(s)$	+0,34 V
prata	$Ag^+(aq) + e^- \rightleftarrows Ag(s)$	+0,80 V

Considerando uma estrutura formada predominantemente por ferro e analisando a tabela acima que indica os potenciais-padrão de redução (E^0_{red}) de alguns outros metais, ao ser eleito um metal de sacrifício, a melhor escolha seria

a) o magnésio.   b) o cobre.   c) o ferro.   d) o chumbo.   e) a prata.

6. (FATEC – SP) A facilidade com que partículas recebem elétrons é expressa pela grandeza denominada potencial de eletrodo. Considere os potenciais-padrão de redução.

SEMIRREAÇÕES	E^0_{red}
$Mg^{2+}(aq) + 2e^- \longrightarrow Mg(s)$	–2,37 V
$Zn^{2+}(aq) + 2e^- \longrightarrow Zn(s)$	–0,76 V
$Fe^{2+}(aq) + 2e^- \longrightarrow Fe(s)$	–0,44 V
$Sn^{2+}(aq) + 2e^- \longrightarrow Sn(s)$	–0,14 V
$Cu^{2+}(aq) + 2e^- \longrightarrow Cu(s)$	+0,36 V
$\frac{1}{2} O_2(g) + H_2O(l) + 2e^- \longrightarrow 2\ OH^-(aq)$	+0,41 V

Pregos de ferros limpos e polidos foram submetidos às seguintes condições:

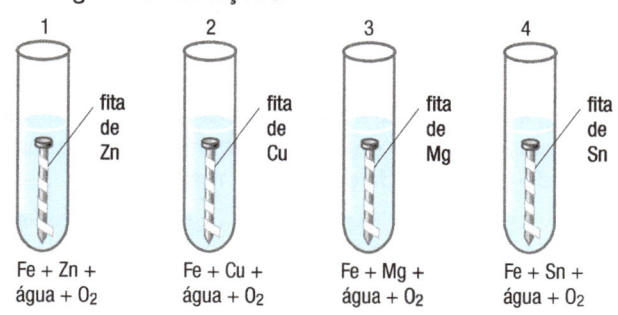

1 — fita de Zn — Fe + Zn + água + O_2
2 — fita de Cu — Fe + Cu + água + O_2
3 — fita de Mg — Fe + Mg + água + O_2
4 — fita de Sn — Fe + Sn + água + O_2

Analise as afirmações.

I. A tensão elétrica da pilha formada por cobre e oxigênio em meio aquoso é maior que a tensão elétrica da pilha formada por ferro e oxigênio em meio aquoso.
II. A corrosão do ferro é mais intensa quando o ferro está em contato com o cobre e estanho.
III. Metais como o zinco e o magnésio, em contato com ferro, podem retardar ou mesmo impedir a formação de ferrugem.

Está(ão) correta(s):

a) somente as afirmações I e II.
b) somente as afirmações I e III.
c) somente a afirmação II.
d) as afirmações I, II e III.
e) somente as afirmações II e III.

7. (PUC) **DADOS:**

$Fe^{3+}(aq) + e^- \longrightarrow Fe^{2+}(aq)$ $E^0 = +0,77$ V
$Fe^{2+}(aq) + 2e^- \longrightarrow Fe(s)$ $E^0 = -0,44$ V
$Cu^{2+}(aq) + 2e^- \longrightarrow Cu(s)$ $E^0 = +0,34$ V

A formação da ferrugem é um processo natural e que ocasiona um grande prejuízo. Estima-se que cerca de 25% da produção anual de aço é utilizada para repor peças ou estruturas oxidadas.
Um estudante resolveu testar métodos para evitar a corrosão em um tipo de prego. Ele utilizou três pregos de ferro, um em cada tubo de ensaio. No tubo I, ele deixou o prego envolto por uma atmosfera contendo somente gás nitrogênio e fechou o tubo. No tubo II, ele enrolou um fio de cobre sobre o prego, cobrindo metade de sua superfície. No tubo III, ele cobriu todo o prego com uma tinta aderente.

Após um mês o estudante verificou formação de ferrugem

a) em nenhum dos pregos.
b) apenas no prego I.
c) apenas no prego II.
d) apenas no prego III.
e) apenas nos pregos I e II.

8. (ENEM) Alimentos em conserva são frequentemente armazenados em latas metálicas seladas, fabricadas com um material chamado folha de flandres, que consiste de uma chapa de aço revestida com uma fina camada de estanho, metal brilhante e de difícil oxidação. É comum que a superfície interna seja ainda revestida por uma camada de verniz à base de epóxi, embora também existam latas sem esse revestimento, apresentando uma camada de estanho mais espessa.

SANTANA, V. M. S. A leitura e a química das substâncias. **Cadernos PDE**. Ivaiporã Secretaria de Estado da Educação do Paraná (SEED); Universidade Estadual de Londrina, 2010. Adaptado.

Comprar uma lata de conserva amassada no supermercado é desaconselhável porque o amassado pode

a) alterar a pressão no interior da lata, promovendo a degradação acelerada do alimento.
b) romper a camada de estanho, permitindo a corrosão do ferro e alterações do alimento.
c) prejudicar o apelo visual da embalagem, apesar de não afetar as propriedades do alimento.
d) romper a camada de verniz, fazendo com que o metal tóxico estanho contamine o alimento.
e) desprender camadas de verniz, que se dissolverão no meio aquoso, contaminando o alimento.

9. (FUVEST – SP) A cúpula central da Basílica de Aparecida do Norte receberá novas chapas de cobre que serão envelhecidas artificialmente, pois, expostas ao ar, só adquiriram a cor verde das chapas atuais após 25 anos. Um dos compostos que conferem cor verde às chapas de cobre, no envelhecimento natural, é a malaquita $CuCO_3 \cdot Cu(OH)_2$. Dentre os constituintes do ar atmosférico, são necessários e suficientes para a formação da malaquita:

a) nitrogênio e oxigênio.
b) nitrogênio, dióxido de carbono e água.
c) dióxido de carbono e oxigênio.
d) dióxido de carbono, oxigênio e água.
e) nitrogênio, oxigênio e água.

10. (FUVEST – SP) Panelas de alumínio são muito utilizadas no cozimento de alimentos. os potenciais de redução (E^0) indicam ser possível a reação desse metal com água. A não ocorrência dessa reação é atribuída à presença de uma camada aderente e protetora de óxido de alumínio formada na reação do metal com o oxigênio do ar.

a) Escreva a equação balanceada que representa a formação da camada protetora.
b) Com os dados de E^0, explique como foi feita a previsão de que o alumínio pode reagir com água.

DADOS:

▶▶ $Al^{3+} + 3e^- \rightleftarrows Al$ $E^0 = -1,66$ V
▶▶ $2 H_2O + 2e^- \rightleftarrows H_2 + 2 OH^-$ $E^0 = -0,83$ V

SÉRIE PLATINA

1. (FUVEST – SP) Um método largamente aplicado para evitar a corrosão em estruturas de aço enterradas no solo, como tanques e dutos, é a proteção catódica com um metal de sacrifício. Esse método consiste em conectar a estrutura a ser protegida, por meio de um fio condutor, a uma barra de um metal diferente e mais facilmente oxidável, que, com o passar do tempo, vai sendo corroído até que seja necessária sua substituição.

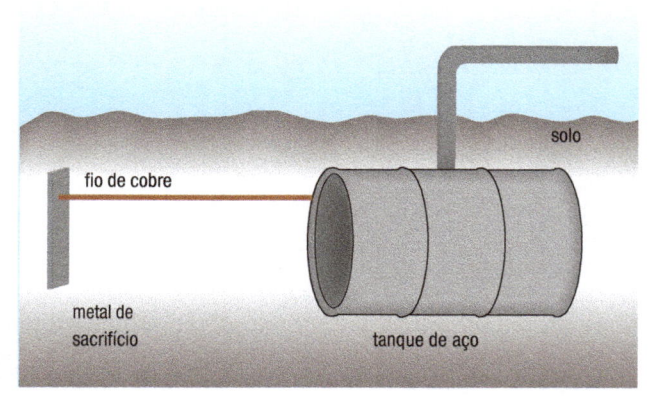

BURROWS, et al. **Chemistry**. Oxford, 2009. Adaptado.

Um experimento para identificar quais metais podem ser utilizados como metal de sacrifício consiste na adição de um pedaço de metal a diferentes soluções contendo sais de outros metais, conforme ilustrado, e cujos resultados são mostrados na tabela. O símbolo (+) indica que foi observada uma reação química e o (–) indica que não se observou qualquer reação química.

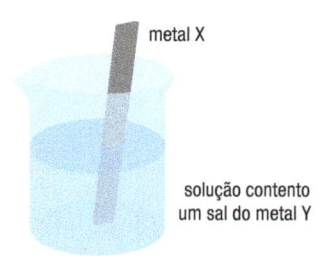

METAL X				
Soluções	Estanho	Alumínio	Ferro	Zinco
$SnCl_2$		+	+	+
$AlCl_3$	–		–	–
$FeCl_3$	–	+		+
$ZnCl_2$	–	+	–	

Da análise desses resultados, conclui-se que pode(m) ser utilizado(s) como metal(is) de sacrifício para tanques de aço:

a) Al e Zn.
b) somente Sn.
c) Al e Sn.
d) somente Al.
e) Sn e Zn.

NOTE E ADOTE:

▶▶ o aço é uma liga metálica majoritariamente formada pelo elemento ferro.

2. (ALBERT EINSTEIN – SP) **DADOS:** potencial de redução-padrão em solução aquosa (E^0_{red}):

$Ag^+(aq) + e^- \longrightarrow Ag(s)$ $E^0_{red} = 0,80$ V
$Cu^{2+}(aq) + 2e^- \longrightarrow Cu(s)$ $E^0_{red} = 0,34$ V
$Pb^{2+}(aq) + 2e^- \longrightarrow Pb(s)$ $E^0_{red} = -0,13$ V
$Ni^{2+}(aq) + 2e^- \longrightarrow Ni(s)$ $E^0_{red} = -0,25$ V
$Fe^{2+}(aq) + 2e^- \longrightarrow Fe(s)$ $E^0_{red} = -0,44$ V
$Zn^{2+}(aq) + 2e^- \longrightarrow Zn(s)$ $E^0_{red} = -0,76$ V
$Mg^{2+}(aq) + 2e^- \longrightarrow Mg(s)$ $E^0_{red} = -2,37$ V

Tubulações metálicas são largamente utilizadas para o transporte de líquidos e gases, principalmente água, combustíveis e esgoto. Esses encanamentos sofrem corrosão em contato com agentes oxidantes como o oxigênio e a água, causando vazamentos e elevados custos de manutenção.

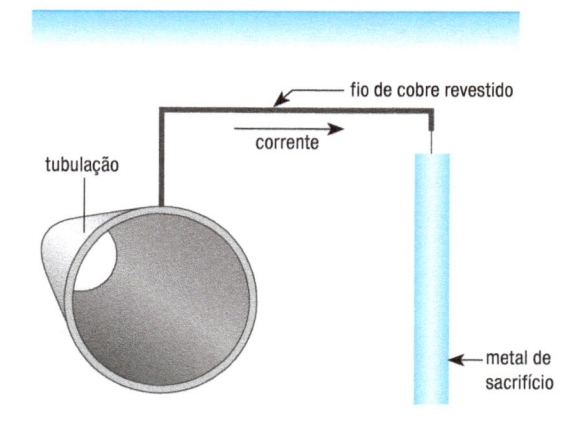

Uma das maneiras de prevenir a oxidação dos encanamentos é conectá-los a um metal de sacrifício, método conhecido como proteção catódica. Nesse caso, o metal de sacrifício sofre a corrosão, preservando a tubulação.

Considerando os metais relacionados na tabela de potencial de redução padrão, é possível estabelecer os metais apropriados para a proteção catódica de tubulações de aço (liga constituída principalmente por ferro) ou de chumbo.

Caso a tubulação fosse de aço, os metais adequados para atuarem como metais de sacrifício seriam X e, caso a tubulação fosse de chumbo, os metais adequados para atuarem como proteção seriam Y.

Assinale a alternativa que apresenta todos os metais correspondentes às condições X e Y.

	X	Y
a)	Ag e Cu	Ni e Fe
b)	Ag e Cu	Ni, Fe, Zn e Mg
c)	Zn e Mg	Ni, Fe, Zn e Mg
d)	Zn e Mg	Ag e Cu

3. (UFRJ) Em um laboratório de controle de qualidade de uma indústria, peças de ferro idênticas foram separadas em dois grupos e submetidas a processos de galvanização distintos: um grupo de peças foi recoberto com cobre e o outro grupo com níquel, de forma que a espessura da camada metálica de deposição fosse exatamente igual em todas as peças. Terminada a galvanização, notou-se que algumas peças tinham apresentado defeitos idênticos.

Em seguida, amostras de peças com defeitos (B e D) e sem defeitos (A e C), dos dois grupos, foram colocadas numa solução aquosa de ácido clorídrico, como mostra a figura ao lado.

Com base nos potenciais-padrão de redução a seguir, ordene as peças A, B, C e D em ordem decrescente em termos da durabilidade da peça de ferro. Justifique sua resposta.

$Fe^{2+}(aq) + 2e^- \longrightarrow Fe(s)$ $\qquad \Delta E_{red} = -0,41$ Volt

$Ni^{2+}(aq) + 2e^- \longrightarrow Ni(s)$ $\qquad \Delta E_{red} = -0,24$ Volt

$2 H^+(aq) + 2e^- \longrightarrow H_2(g)$ $\qquad \Delta E_{red} = 0,00$ Volt

$Cu^{2+}(aq) + 2e^- \longrightarrow Cu(s)$ $\qquad \Delta E_{red} = +0,34$ Volt

4. (ITA – SP) A tabela abaixo (corrosão do ferro em água aerada) mostra as observações feitas, sob as mesmas condições de pressão e temperatura, com pregos de ferro, limpos e polidos e submetidos a diferentes meios.

	CORROSÃO DO FERRO EM ÁGUA AERADA	
	Sistema inicial	Observações durante os experimentos
1.	Prego limpo e polido, imerso em água aerada.	Com o passar do tempo surgem sinais de aparecimento de ferrugem ao longo do prego (formação de um filme fino de uma substância sólida com coloração marrom-alaranjada).
2.	Prego limpo e polido, envolvido com graxa e imerso em água aerada.	Não há alteração perceptível com o passar do tempo.
3.	Prego limpo e polido, envolvido por uma tira de magnésio e imerso em água aerada.	Com o passar do tempo observa-se a precipitação de grande quantidade de uma substância branca, mas a superfície do prego continua aparentemente intacta.
4.	Prego limpo e polido, envolvido por uma tira de estanho e imerso em água aerada.	Com o passar do tempo surgem sinais de aparecimento de ferrugem ao longo do prego.

a) Escreva as equações químicas balanceadas para a(s) reação(ões) nos experimentos 1, 3 e 4, respectivamente.

b) Com base nas observações feitas, sugira duas maneiras diferentes de evitar a formação de ferrugem sobre o prego.

c) Ordene os metais empregados nos experimentos descritos na tabela acima segundo o seu poder redutor. Mostre como você raciocinou para chegar à ordenação proposta.

CAPÍTULO 14 — Eletrólise

Durante nosso estudo de Eletroquímica, trabalhamos com as pilhas, nas quais reações de oxirredução espontâneas são utilizadas para gerar uma corrente elétrica.

Entretanto, além desse processo espontâneo, a Eletroquímica também é responsável pelo estudo de processos nos quais a energia elétrica (corrente elétrica) é utilizada para favorecer (isto é, forçar) a ocorrência de uma reação de oxirredução em um determinado sentido.

Esses processos, que serão o foco de estudo deste capítulo, são chamados de **eletrólise** e têm como principal objetivo a obtenção de novas substâncias.

```
           reação de oxirredução
              ↑           ↓
          pilha        eletrólise
       (espontâneo)   (não espontâneo)
              ↓           ↑
              energia elétrica
```

O alumínio, segundo metal mais utilizado no mundo, tem uma série de aplicações devido a sua baixa densidade e é produzido a partir do processo de **eletrólise da alumina**, que será estudado neste capítulo.

14.1 Mecanismo da Eletrólise

Observe a seguir o esquema de um processo de eletrólise, alimentado por uma célula voltaica similar à que já estudamos.

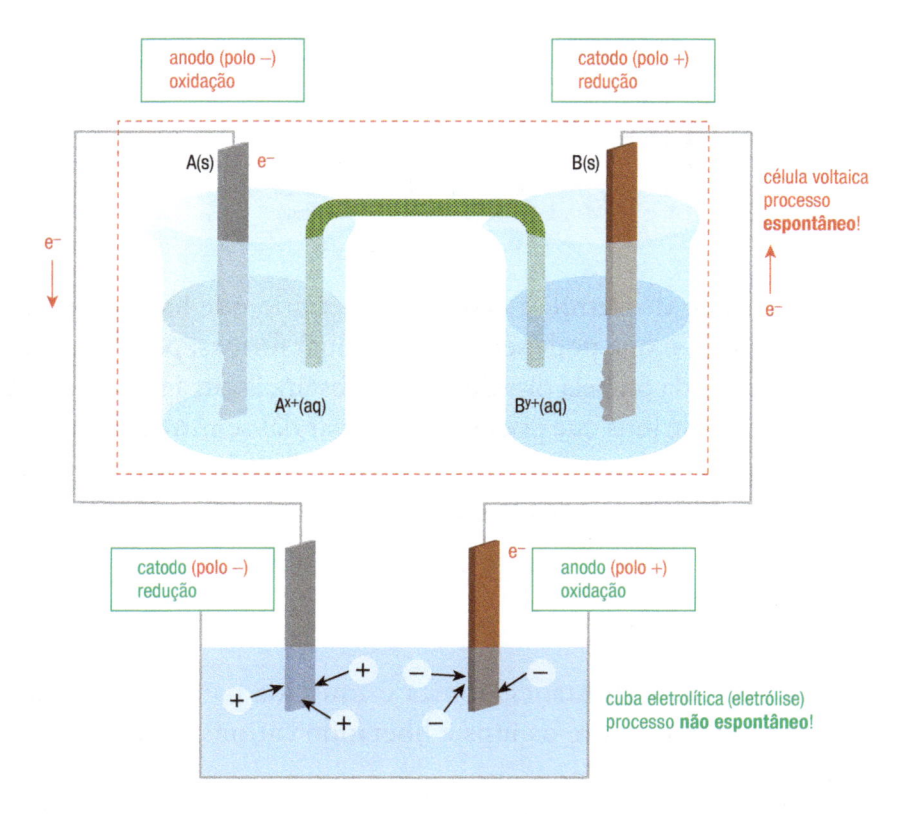

anodo (polo −)
oxidação

catodo (polo +)
redução

A(s)

B(s)

A^{x+}(aq)

B^{y+}(aq)

célula voltaica
processo **espontâneo**!

catodo (polo −)
redução

anodo (polo +)
oxidação

cuba eletrolítica (eletrólise)
processo **não espontâneo**!

O recipiente em que é feita a eletrólise é chamado de **célula eletrolítica** ou **cuba eletrolítica**.

O anodo da célula voltaica (polo negativo) envia elétrons para o catodo da cuba (polo negativo, por ser considerado uma extensão do polo negativo da célula voltaica), que irá atrair os cátions presentes na cuba, ocorrendo uma redução.

O catodo da célula voltaica (polo positivo) retira elétrons do anodo da cuba (polo positivo, por ser considerado uma extensão do polo positivo da célula voltaica), que irá atrair os ânions da cuba, ocorrendo uma oxidação para repor os elétrons que migram para a célula voltaica.

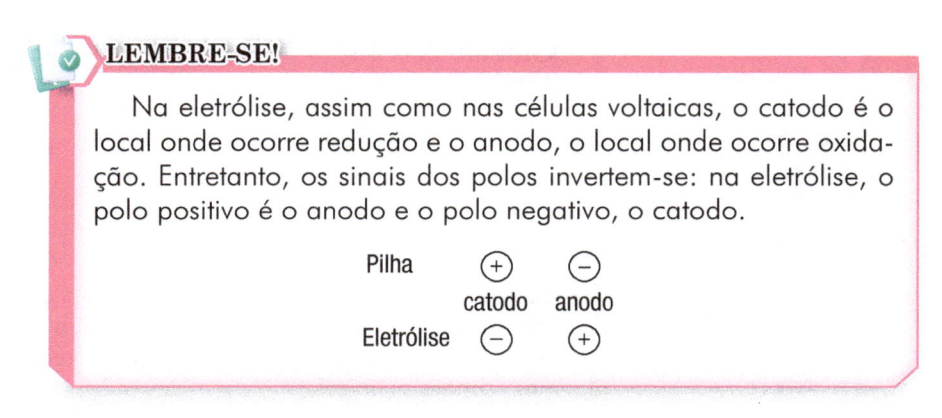

> **LEMBRE-SE!**
>
> Na eletrólise, assim como nas células voltaicas, o catodo é o local onde ocorre redução e o anodo, o local onde ocorre oxidação. Entretanto, os sinais dos polos invertem-se: na eletrólise, o polo positivo é o anodo e o polo negativo, o catodo.
>
> Pilha   ⊕   ⊖
>   catodo anodo
> Eletrólise   ⊖   ⊕

A célula voltaica utilizada no esquema abaixo é geralmente simbolizada por um traço maior indicando o polo positivo e um traço menor indicando o polo negativo:

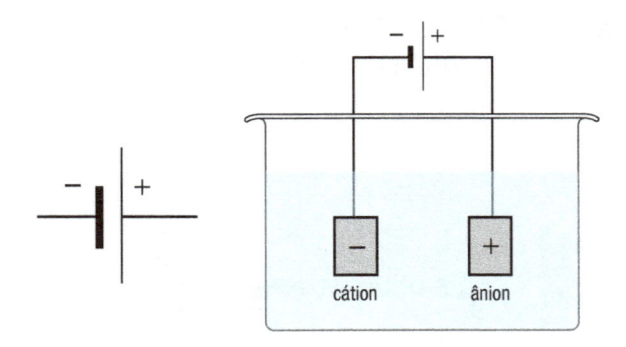

Para que o processo de eletrólise ocorra, é necessário que haja mobilidade de íons na cuba eletrolítica, o que pode ser gerada de duas formas: pela fusão da substância que será eletrolisada ou pela dissolução da substância em água. Em ambos os casos temos a liberação de íons que poderão participar das semirreações de redução e de oxidação. No primeiro caso, temos o que chamamos de **eletrólise ígnea**, enquanto, no segundo, temos a chamada **eletrólise aquosa**.

14.2 Eletrólise Ígnea

Na **eletrólise ígnea**, a substância iônica é aquecida para obter a sua fusão, rompendo a ligação iônica entre os íons e liberando cátions e ânions do reticulado cristalino.

Uma das aplicações mais simples desse tipo de eletrólise é a **eletrólise ígnea do cloreto de sódio (NaCl)**. O cloreto de sódio (NaCl), ao fundir, libera os íons Na^+ e Cl^-, que participam, respectivamente, das semirreações de redução e de oxidação. Observe a seguir essas equações balanceadas.

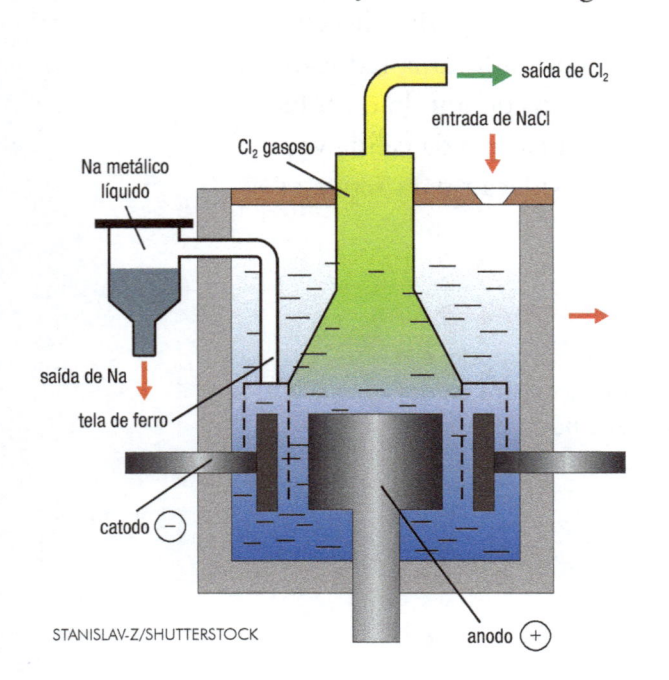

Fusão: $NaCl(s) \xrightarrow{\Delta} Na^+(l) + Cl^-(l)$

Catodo: $Na^+(l) + e^- \longrightarrow Na(l)$

Anodo: $Cl^-(l) \longrightarrow e^- + \frac{1}{2} Cl_2(l)$

Global: $NaCl(s) \xrightarrow{i} Na(l) + \frac{1}{2} Cl_2(g)$

O processo de eletrólise ígnea do NaCl permite a obtenção de sódio metálico, que não é encontrado isolado na natureza e é utilizado, por exemplo, como agente redutor em algumas reações químicas.

A reciclagem de alumínio é um processo economicamente favorável, pois demanda 20 vezes menos energia que a produção primária a partir da bauxita. O Brasil é conhecido por ser o país que mais recicla latinhas de alumínio: mais de 98%! Entretanto, infelizmente, esse índice é alcançado mais pelo fato de o desemprego e a baixa renda favorecerem a atuação de "catadores de lixo" do que pela consciência do povo brasileiro em reciclar seus próprios resíduos.

Além da eletrólise ígnea do NaCl, a principal aplicação desse tipo de eletrólise é, sem a menor dúvida, na produção industrial de alumínio.

O principal minério de alumínio é a bauxita, material que contém um óxido de alumínio hidratado que pode ser representado por $Al_2O_3 \cdot n\, H_2O$ (ou por $Al(OH)_3$). Na primeira etapa do processamento, chamada de **processo Bayer**, a bauxita é purificada e obtém-se alumina (óxido de alumínio: Al_2O_3).

Na sequência, a alumina é fundida e submetida à eletrólise ígnea, obtendo-se, então, o metal alumínio – esse processo é conhecido como **processo Hall-Héroult**. Como a alumina pura apresenta ponto de fusão de 2.072 °C, o Al_2O_3 é misturado a um fundente (criolita: Na_3AlF_6), reduzindo a temperatura necessária para fundir essa mistura para cerca de 1.000 °C.

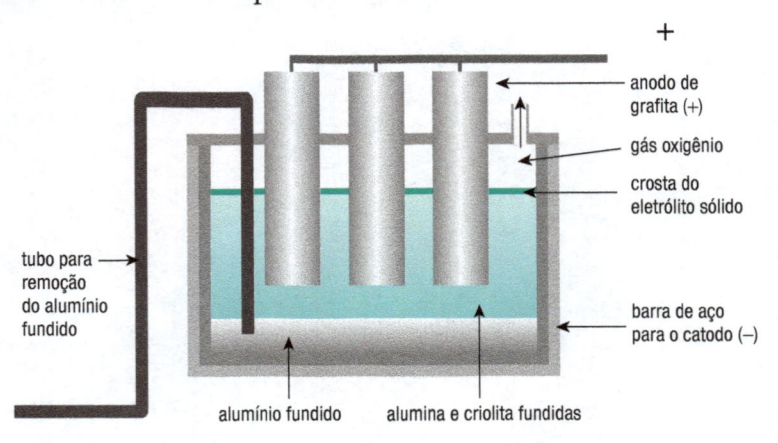

As equações químicas que representam o processo Hall-Héroult são:

Fusão: $Al_2O_3(s) \xrightarrow{\Delta} 2\ Al^{3+}(l) + 3\ O^{2-}(l)$

Catodo: $Al^{3+}(l) + 3e^- \longrightarrow Al(l)$

Anodo: $O^{2-}(l) \longrightarrow 2e^- + \dfrac{1}{2} O_2(l)$

Global: $Al_2O_3(s) \xrightarrow{i} 2\ Al(l) + \dfrac{3}{2} O_2(g)$

Como o anodo é constituído de grafita, o gás oxigênio (O_2) produzido na oxidação reage com o próprio anodo, favorecendo a formação de CO_2. Por esse motivo, os anodos devem ser periodicamente trocados.

$$C + O_2 \longrightarrow CO_2$$

14.3 Eletrólise Aquosa

Na **eletrólise aquosa**, a substância iônica é dissolvida em água para liberação dos cátions e ânions. Nesse caso, entretanto, além dos íons provenientes da dissolução da substância iônica, também temos a presença, na cuba eletrolítica, dos íons provenientes da autoionização da água (H^+ e OH^-), que também podem participar das reações de oxidação e redução.

Assim, na eletrólise aquosa, precisamos saber qual íon terá maior **facilidade de descarga** no catodo e no anodo, isto é, qual íon receberá e doará elétrons com maior facilidade.

As filas de facilidade de descarga no catodo e no anodo não dependem apenas do potencial de E^0, mas também de outros fatores, sendo determinadas experimentalmente.

Para o catodo, ela pode ser resumida em:

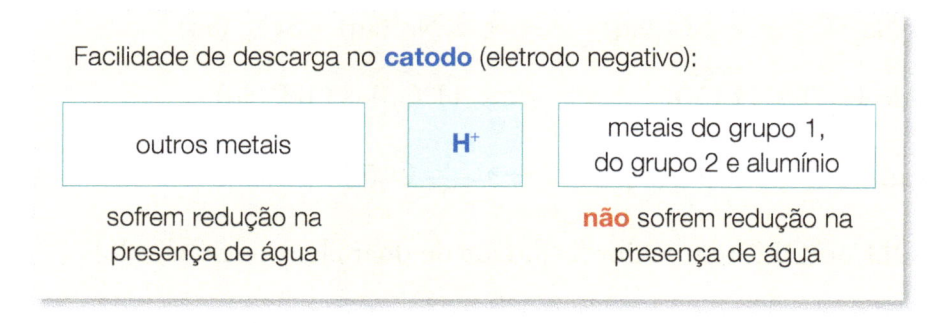

Facilidade de descarga no **catodo** (eletrodo negativo):

| outros metais | H⁺ | metais do grupo 1, do grupo 2 e alumínio |

sofrem redução na presença de água | | **não** sofrem redução na presença de água

Já para o anodo, temos:

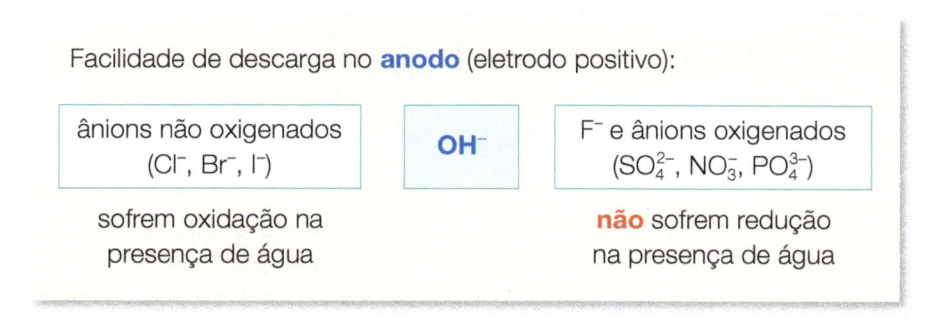

Facilidade de descarga no **anodo** (eletrodo positivo):

| ânions não oxigenados (Cl⁻, Br⁻, I⁻) | OH⁻ | F⁻ e ânions oxigenados (SO_4^{2-}, NO_3^-, PO_4^{3-}) |

sofrem oxidação na presença de água | | **não** sofrem redução na presença de água

Vamos agora utilizar essas informações para escrever as equações que ocorrem na eletrólise aquosa de algumas substâncias.

Na eletrólise aquosa de NaCl, temos as seguintes equações:

Dissociação do NaCl: $\quad$ NaCl(aq) $\longrightarrow$ Na⁺(aq) + Cl⁻(aq)

Autoionização do H_2O: $\quad H_2O(l) \rightleftarrows$ H⁺(aq) + OH⁻(aq)

Anodo (oxidação): $\quad$ 2 Cl⁻(aq) $\longrightarrow Cl_2(g) + 2e^-$

(entre Cl⁻ e OH⁻, o Cl⁻ tem maior facilidade de doar elétrons no anodo)

Catodo (redução): $\quad$ 2 H⁺(aq) + 2e⁻ $\longrightarrow H_2(g)$

(entre Na⁺ e H⁺, o H⁺ tem maior facilidade de receber elétrons no catodo)

Equação global: $\quad$ 2 NaCl(aq) + 2 H_2O(l) $\longrightarrow H_2(g) + Cl_2(g)$ + 2 Na⁺(aq) + 2 OH⁻(aq)

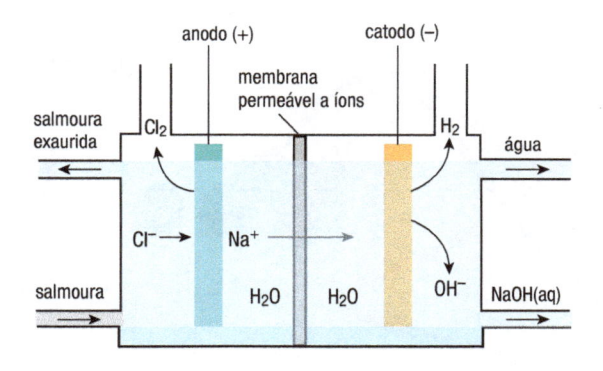

A eletrólise aquosa do NaCl (salmoura) permite a obtenção de uma série de produtos: H_2, Cl_2 e NaOH. Trata-se do principal processo utilizado na produção de NaOH, utilizado como matéria-prima na indústria petroquímica, na indústria de papel e celulose, na fabricação de sabões e detergentes. Se forem colocadas algumas gotas de fenolftaleína ao redor do catodo, a solução ficará avermelhada devido ao consumo de H⁺, o que faz com que localmente [OH⁻] > [H⁺].

E se fizéssemos a eletrólise aquosa do Na_2SO_4? Nesse caso, as equações seriam:

Dissociação do Na_2SO_4: $\quad Na_2SO_4(aq) \longrightarrow 2\,Na^+(aq) + SO_4^{2-}(aq)$

Autoionização do H_2O: $\quad H_2O(l) \rightleftarrows H^+(aq) + OH^-(aq)$

Anodo (oxidação): $\quad 2\,OH^-(aq) \longrightarrow \dfrac{1}{2}O_2(g) + H_2O(l) + 2e^-$

(entre SO_4^{2-} e OH^-, o OH^- tem maior facilidade de doar elétrons no anodo)

Catodo (redução): $\quad 2\,H^+(aq) + 2e^- \longrightarrow H_2(g)$

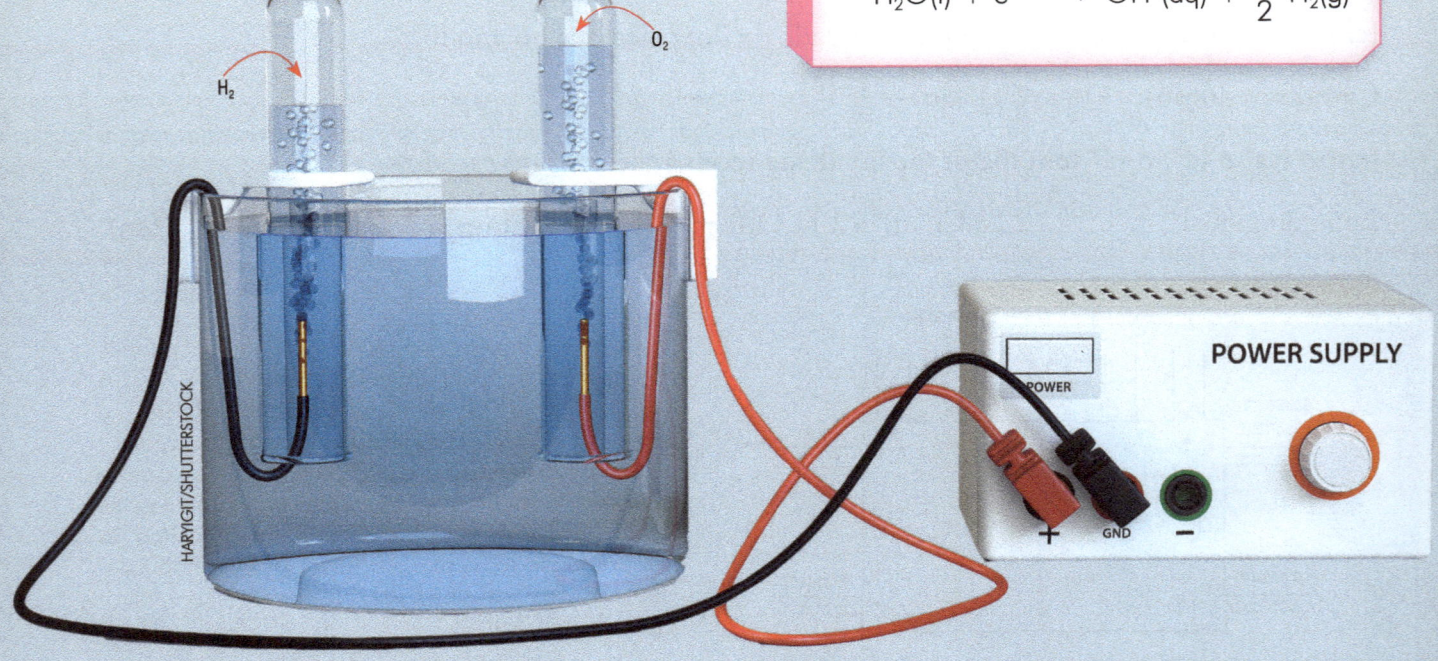

(entre Na^+ e H^+, o H^+ tem maior facilidade de receber elétrons no catodo)

Equação global: $\quad H_2O(l) \longrightarrow H_2(g) + \dfrac{1}{2}O_2(g)$

Na eletrólise aquosa do Na_2SO_4, estamos realizando, na realidade, a eletrólise da água. Porém, é necessário adicionar um soluto eletrolítico para aumentar a condutividade elétrica da solução e possibilitar a eletrólise. Devido à estequiometria da equação global, $H_2O \longrightarrow H_2 + \dfrac{1}{2}O_2$, no tubo de ensaio que coleta o gás hidrogênio (ligado ao polo negativo – catodo), o volume de gás coletado é o dobro do volume coletado de gás oxigênio (polo positivo – anodo).

> **LEMBRE-SE!**
>
> Neste capítulo, estamos representando a participação da água na eletrólise aquosa a partir da sua autoionização, seguida da redução do H^+ ou da oxidação do OH^-. Porém, também é frequente utilizarmos equações que representam diretamente a oxidação e a redução da água:
>
> ▸▸ oxidação da água:
> $$H_2O(l) \longrightarrow 2\,H^+(aq) + \dfrac{1}{2}O_2(g) + 2e^-$$
>
> ▸▸ redução da água:
> $$H_2O(l) + e^- \longrightarrow OH^-(aq) + \dfrac{1}{2}H_2(g)$$

FIQUE POR DENTRO!

Eletrólise aquosa com eletrodo ativo

Nos exemplos anteriores de eletrólise aquosa, os eletrodos utilizados nos processos de eletrólise foram considerados sempre inertes, isto é, não participam ativamente da eletrólise, atuando como condutores de elétrons. Entretanto, em alguns casos de eletrólise, o próprio eletrodo metálico pode participar da semirreação de oxidação no anodo, fornecendo elétrons para o circuito. Quando isso ocorre, classificamos o eletrodo como *ativo*.

Um dos principais processos industriais que se baseia na eletrólise aquosa com eletrodos ativos é a *purificação eletrolítica do cobre*. O cobre é o terceiro metal mais utilizado pelo ser humano e é extraído de minérios como a calcopirita ($CuFeS_2$) e a calcosita (Cu_2S).

Na extração de cobre desses minerais, obtém-se cobre metálico com pureza de cerca de 90 a 95%. Apesar de relativamente alta, essa pureza é insuficiente para aplicações elétricas, pois mesmo teores pequenos de impurezas reduzem a condutividade elétrica do cobre.

Assim, é necessário realizar uma etapa de *refino eletrolítico do cobre*, para obtenção de cobre metálico com teores de pureza superiores a 99,9%. Utiliza-se como anodo uma peça de cobre impuro e como catodo, um fio de cobre puro. Observe os esquemas a seguir.

Nesse caso, não temos uma equação global, uma vez que o cobre do anodo é transferido para a solução na forma de Cu^{2+} e este deposita-se no catodo novamente sob a forma de cobre metálico (Cu).

As impurezas mais reativas do que o cobre também se oxidam no anodo, mas não são reduzidas no catodo, permanecendo em solução. É o caso de impurezas como ferro e zinco, que apresentam menor E^0_{red} que o cobre.

$Cu^{2+} + 2e^- \longrightarrow Cu \quad E^0_{red} = +0,34\ V$

$Fe^{2+} + 2e^- \longrightarrow Fe \quad E^0_{red} = -0,44\ V$

$Zn^{2+} + 2e^- \longrightarrow Zn \quad E^0_{red} = -0,76\ V$

Já as impurezas menos reativas que o cobre não se oxidam no anodo e acabam por se depositarem embaixo do anodo, formando uma lama anódica. É o caso de impurezas como ouro e prata, que apresentam maior E^0_{red} que o cobre.

$Cu^{2+} + 2e^- \longrightarrow Cu \quad E^0_{red} = +0,34\ V$

$Ag^+ + e^- \longrightarrow Ag \quad E^0_{red} = +0,80\ V$

$Au^{3+} + 3e^- \longrightarrow Au \quad E^0_{red} = +1,68\ V$

Ao final, essa lama anódica também é comercializada e contribui para tornar o processo de refino eletrolítico do cobre economicamente viável.

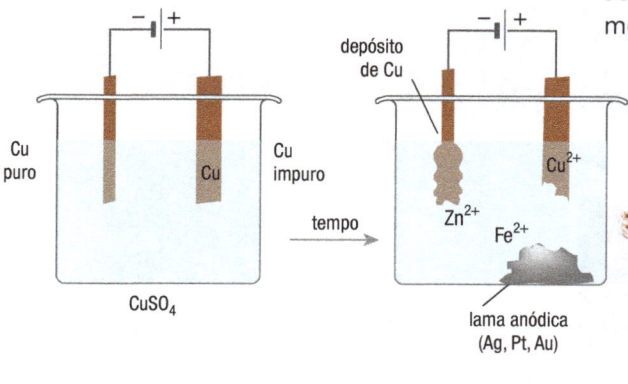

Considerando apenas o cobre, as equações que representam o processo de refino de cobre são:

anodo (oxidação): $Cu(s) \longrightarrow Cu^{2+}(aq) + 2e^-$

catodo (redução): $Cu^{2+}(aq) + 2e^- \longrightarrow Cu(s)$

14.4 Galvanoplastia

A galvanoplastia ou eletrodeposição (ou ainda deposição eletrolítica) é uma técnica utilizada para revestir peças com determinado metal por meio da eletrólise. Esse recobrimento pode ter tanto a função de proteger a peça contra corrosão, aumentando a sua durabilidade, quanto para efeito decorativo. Dependendo do metal utilizado nesse recobrimento, temos nomes específicos, por exemplo, cromação para o recobrimento por cromo, niquelação para o recobrimento por níquel ou prateação para o recobrimento por prata, entre outros.

Por meio de galvanização, peças são recobertas com metais que lhes confere maior proteção contra a corrosão. As barras de metal (à direita) foram galvanizadas, processo que pode ocorrer por sua imersão em tanque (foto à esquerda) contendo zinco derretido, por exemplo.

Muito mais frequente do que poderíamos supor, peças que sofreram galvanização fazem parte do nosso cotidiano, como calhas que conduzem a água das chuvas, tubulações, motor e escapamento tanto de motos como de carros, torneiras, parafusos, entre tantas outras aplicações.

Independentemente do metal que comporá o recobrimento, o objeto a ser recoberto é ligado ao polo negativo do gerador e atuará como catodo. Já o anodo geralmente é composto pelo metal que será utilizado no recobrimento (ou por eletrodo inerte, por exemplo, de platina), de modo a repor cátions consumidos no catodo. Por fim, a solução eletrolítica contém os cátions do metal que se quer como revestimento.

Tomando como exemplo o processo de prateação, as equações químicas que descrevem o processo de galvanização são:

anodo (oxidação): $Ag(s) \longrightarrow Ag^+(aq) + e^-$

catodo (redução): $Ag^+(aq) + e^- \longrightarrow Ag(s)$

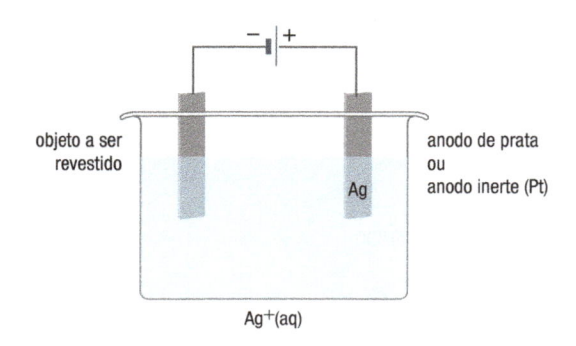

No processo de eletrodeposição, não há equação global, pois temos, na realidade, transferência de átomos do metal do anodo para o catodo. Se for utilizado um eletrodo inerte (Pt), a concentração de íons $Ag^+(aq)$ diminui ao longo do processo, sendo necessário repor esses íons de outra forma.

LIGANDO OS PONTOS!

As contribuições da eletrólise para a Química

Com a proposição da primeira célula voltaica por Alessandro Volta em 1800, os químicos passaram a se utilizar da corrente elétrica contínua por essas células para isolar uma série de novos elementos químicos.

Entre esses químicos, destacou-se o inglês Humphry **Davy** (1779-1848), que utilizou uma célula voltaica para avaliar os efeitos da corrente elétrica através de substâncias fundidas e de soluções aquosas de algumas substâncias.

Em 1807, foi Davy quem realizou a eletrólise ígnea de sais como carbonato de sódio (Na_2CO_3) e de carbonato de potássio (K_2CO_3) para isolar, respectivamente, os metais alcalinos sódio e potássio.

Além desses dois elementos, Davy também isolou pela primeira vez os metais alcalinoterrosos magnésio, cálcio, estrôncio e bário, todos a partir de processos eletrolíticos.

Humphry Davy. Gravura de G. R. Newton, sobre pintura de Thomas Lawrence, 1830.

SÉRIE BRONZE

1. Complete o diagrama a seguir com as informações corretas sobre o processo de eletrólise.

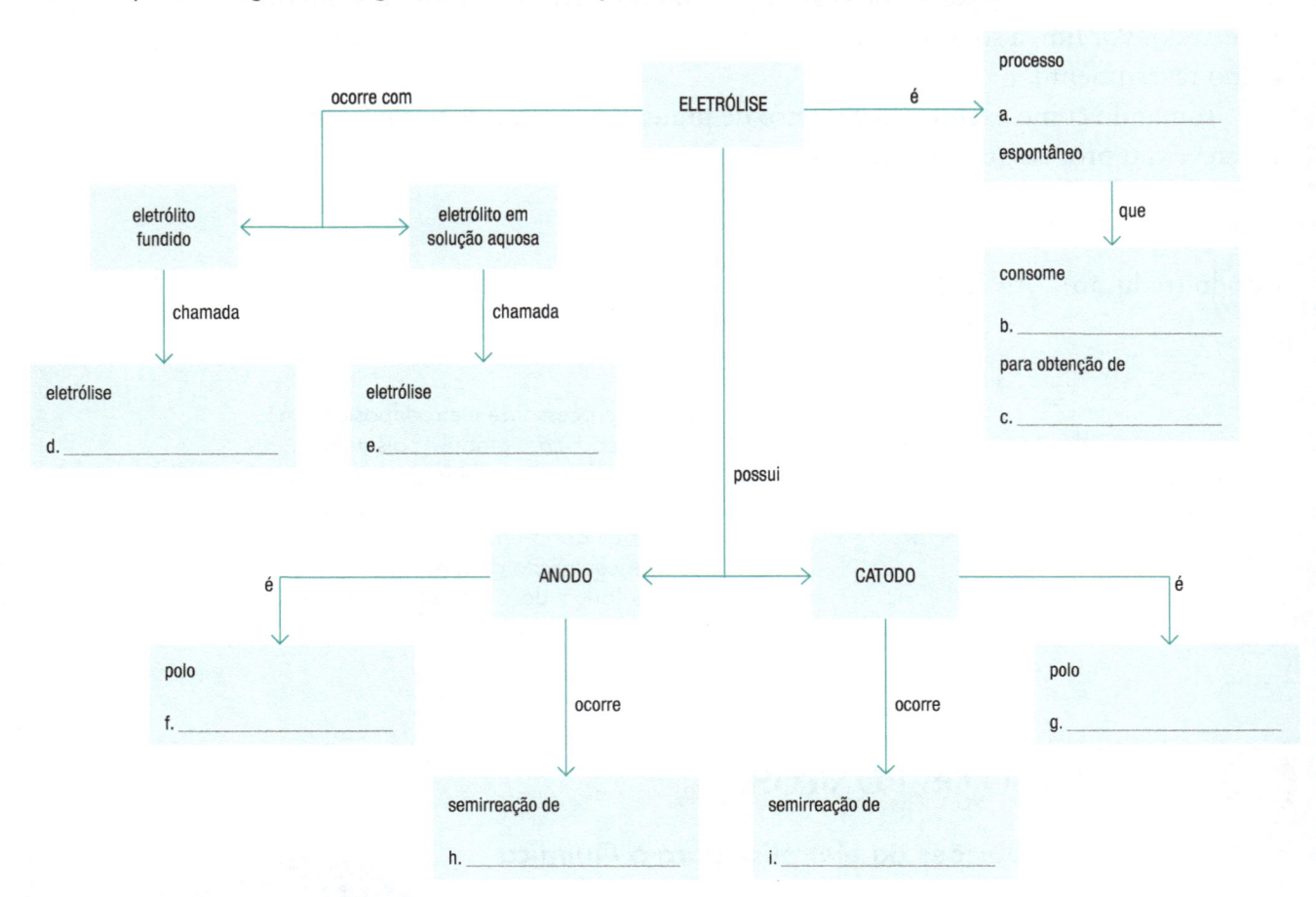

```
                    ocorre com        ELETRÓLISE        é         processo
                                                                  a. _____
                                                                  espontâneo
       eletrólito                eletrólito em                         │ que
       fundido                   solução aquosa                        ▼
                                                                  consome
         │ chamada                   │ chamada                    b. _____
         ▼                           ▼                            para obtenção de
       eletrólise                  eletrólise                     c. _____
       d. _____               e. _____
                                        possui

                   é                                                é
           ANODO  ◄─────────────────────────────► CATODO
             │                                         │
             ▼                                         ▼
           polo                                      polo
           f. _____                             g. _____
             │ ocorre                                  │ ocorre
             ▼                                         ▼
         semirreação de                            semirreação de
         h. _____                             i. _____
```

SÉRIE PRATA

1. Complete as informações pedidas abaixo sobre eletrólise ígnea do cloreto de sódio (NaCl).

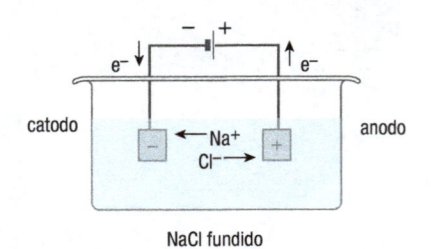

(diagrama: catodo – anodo, Na^+, Cl^-, NaCl fundido)

a) Equação de dissociação do NaCl:

b) Semirreação catódica:

c) Semirreação anódica:

d) Equação global:

2. Complete as informações pedidas abaixo sobre eletrólise ígnea do cloreto de magnésio ($MgCl_2$).

a) Equação de dissociação do $MgCl_2$:

b) Semirreação catódica:

c) Semirreação anódica:

d) Equação global:

3. Complete as informações abaixo sobre a eletrólise ígnea da alumina (Al_2O_3), processo utilizado na produção de alumínio metálico a partir da bauxita (minério de alumínio).

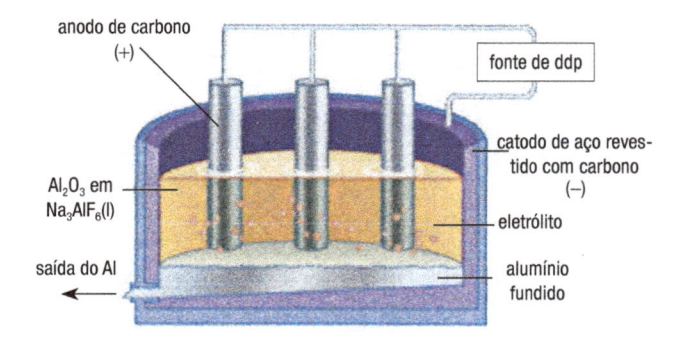

a) Equação de dissociação do Al_2O_3:

b) Semirreação catódica:

c) Semirreação anódica:

d) Equação global:

4. Complete as informações abaixo sobre a eletrólise aquosa do cloreto de sódio (NaCl), com eletrodos inertes.

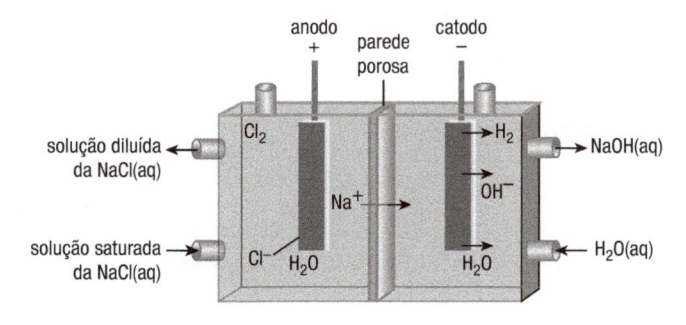

a) Equação de dissociação do NaCl:

b) Equação de autoionização da H_2O:

c) Semirreação catódica:

d) Semirreação anódica:

e) Equação global:

5. Complete as informações abaixo sobre a eletrólise aquosa do cloreto de níquel ($NiCl_2$), com eletrodos inertes.

a) Equação de dissociação do $NiCl_2$:

b) Equação de autoionização da H_2O:

c) Semirreação catódica:

d) Semirreação anódica:

e) Equação global:

6. Complete as informações pedidas abaixo sobre a eletrólise aquosa do sulfato de sódio (Na_2SO_4), com eletrodos inertes.

a) Equação de dissociação do Na_2SO_4:

b) Equação de autoionização da H_2O:

c) Semirreação catódica:

d) Semirreação anódica:

e) Equação global:

7. (MACKENZIE – SP) De acordo com os conceitos de eletroquímica, é correto afirmar que:

a) a ponte salina é a responsável pela condução de elétrons durante o funcionamento de uma pilha.
b) na pilha representada por Zn | Zn^{2+} || Cu^{2+} | Cu, o metal zinco representa o catodo da pilha.
c) o resultado positivo da ddp de uma pilha, por exemplo, + 1,10 V, indica a sua não espontaneidade, pois essa pilha está absorvendo energia do meio.
d) na eletrólise, o anodo é o polo positivo, onde ocorre o processo de oxidação.
e) a eletrólise ígnea só ocorre quando os compostos iônicos estiverem em meio aquoso.

8. (FMABC – SP) Considere o seguinte sistema utilizado na purificação de cobre metálico.

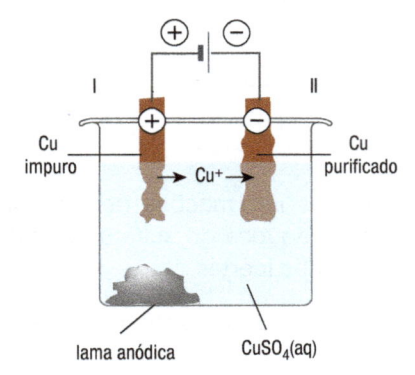

Neste processo
a) II representa o catodo onde ocorre a oxidação.
b) II representa o anodo onde ocorre a redução.
c) I representa o catodo onde ocorre a oxidação.
d) I representa o catodo onde ocorre a redução.
e) I representa o anodo onde ocorre a oxidação.

9. Complete as informações pedidas a seguir sobre a niquelação de uma peça metálica a partir da eletrólise aquosa do $NiSO_4$, com anodo de níquel.

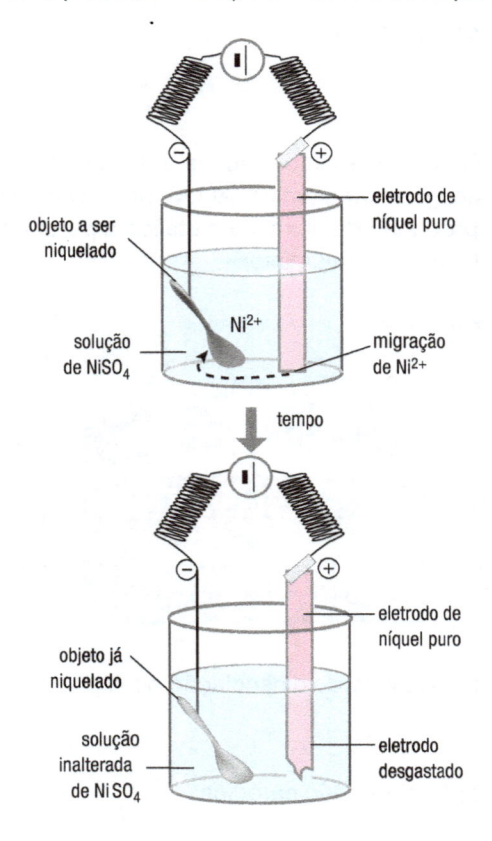

a) Equação de dissociação do $NiSO_4$:

b) Equação de autoionização da H_2O:

c) Semirreação catódica:

d) Semirreação anódica:

e) Equação global:

SÉRIE OURO

1. (FAMERP – SP) O magnésio é utilizado na confecção de ligas leves e em outros importantes compostos, como o leite de magnésia, $Mg(OH)_2$, um antiácido estomacal e laxante. A figura representa a obtenção do magnésio metálico, feita a partir da eletrólise ígnea do cloreto de magnésio.

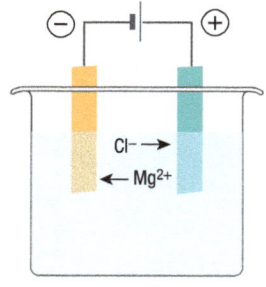

a) Escreva a equação que representa a redução do magnésio. Indique o nome do eletrodo em que essa redução ocorre.

b) Considerando que a concentração de HCl no estômago confere ao suco gástrico pH = 2, determine a concentração de íons H^+ presentes no suco gástrico. Calcule a quantidade, em mol, de $Mg(OH)_2$ necessária para neutralizar 100 mL de suco gástrico, conforme a equação a seguir:

$$2\ HCl + Mg(OH)_2 \longrightarrow MgCl_2 + 2\ H_2O$$

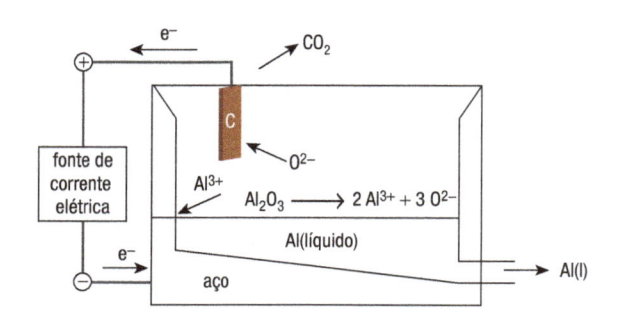

O processo ocorre em alta temperatura, de forma que o óxido se funde e seus íons se dissociam. O alumínio metálico é formado e escoado na forma líquida.

As semirreações que ocorrem na cuba eletrolítica são

▸▸ Polo positivo: $C + 2\ O^{2-} \longrightarrow CO_2 + 4e^-$

▸▸ Polo negativo: $Al^{3+} + 3e^- \longrightarrow Al$

A quantidade em mols de CO_2 que se forma para cada mol de Al e o polo negativo da cuba eletrolítica são, respectivamente,

a) 4/3 e anodo, onde ocorre a redução.
b) 3/4 e anodo, onde ocorre a oxidação.
c) 4/3 e catodo, onde ocorre a redução.
d) 3/4 e catodo, onde ocorre a redução.
e) 3/4 e catodo, onde ocorre a oxidação.

2. (FGV) O Brasil é o sexto principal país produtor de alumínio. Sua produção é feita a partir da bauxita, mineral que apresenta o óxido Al_2O_3. Após o processamento químico da bauxita, o óxido é transferido para uma cuba eletrolítica na qual o alumínio é obtido por processo de eletrólise ígnea. Os eletrodos da cuba eletrolítica são as suas paredes de aço, polo negativo, e barras de carbono, polo positivo.

3. (ENEM) A obtenção do alumínio dá-se a partir da bauxita ($Al_2O_3 \cdot 3\ H_2O$), que é purificada e eletrolisada numa temperatura de 1.000 °C. Na célula eletrolítica, o anodo é formado por barras de grafita ou carvão, que são consumidas no processo de eletrólise, com formação de gás carbônico, e o catodo é uma caixa de aço coberta de grafita.

A etapa de obtenção do alumínio ocorre no

a) anodo, com formação de gás carbônico.
b) catodo, com redução do carvão na caixa de aço.
c) catodo, com oxidação do alumínio na caixa de aço.
d) anodo, com depósito de alumínio nas barras de grafita.
e) catodo, com o fluxo de elétrons das barras de grafita para a caixa de aço.

4. (ENEM) Eu também podia decompor a água, se fosse salgada ou acidulada, usando a pilha de Daniell como fonte de força. Lembro o prazer extraordinário que sentia ao decompor um pouco de água em uma taça para ovos quentes, vendo-a separar-se em seus elementos, o oxigênio em um eletrodo, o hidrogênio no outro. A eletricidade de uma pilha de 1 volt parecia tão fraca, e no entanto podia ser suficiente para desfazer um composto químico, a água.

SACKS, O. **Tio Tungstênio**: memórias de uma infância química. São Paulo: Cia. das Letras, 2002.

O fragmento do romance de Oliver Sacks relata a separação dos elementos que compõem a água. O princípio do método apresentado é utilizado industrialmente na

a) obtenção de ouro a partir de pepitas.
b) obtenção de calcário a partir de rochas.
c) obtenção de alumínio a partir de bauxita.
d) obtenção de ferro a partir de seus óxidos.
e) obtenção de amônia a partir de hidrogênio e nitrogênio.

5. (ENEM) A eletrólise é um processo não espontâneo de grande importância para a indústria química. Uma de suas aplicações é a obtenção do gás cloro e do hidróxido de sódio, a partir de uma solução aquosa de cloreto de sódio. Nesse procedimento, utiliza-se uma célula eletroquímica, como ilustrado.

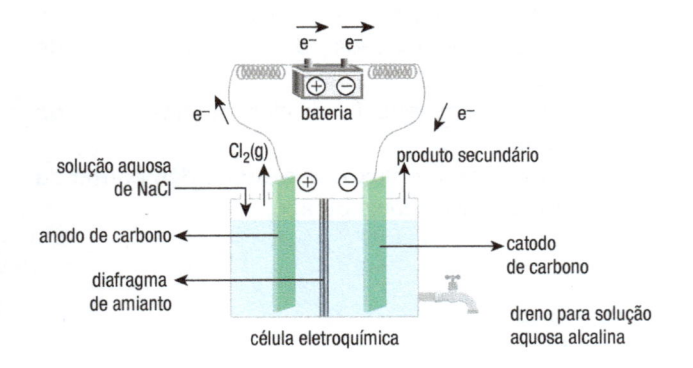

SHREVE, R. N.; BRINK Jr., J. A. **Indústrias de Processos Químicos**. Rio de Janeiro: Guanabara Koogan, 1997. Adaptado.

No processo eletrolítico ilustrado, o produto secundário obtido é o

a) vapor-d'água.
b) oxigênio molecular.
c) hipoclorito de sódio.
d) hidrogênio molecular.
e) cloreto de hidrogênio.

Utilize o texto para responder às questões de números **6** e **7**.

A soda cáustica, NaOH, é obtida industrialmente como subproduto da eletrólise da salmoura, NaCl em H_2O, que tem como objetivo principal a produção do gás cloro. Esse processo é feito em grande escala em uma cuba eletrolítica representada no esquema da figura:

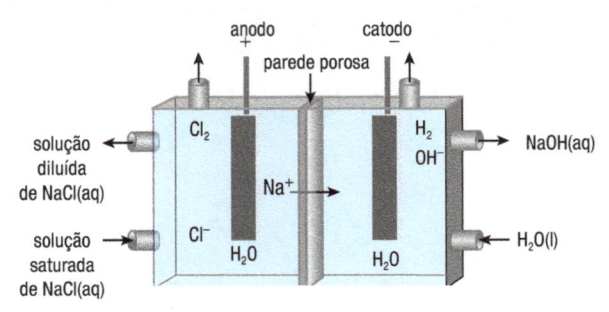

Do compartimento em que se forma o gás hidrogênio, a solução concentrada de hidróxido de sódio é coletada para que esse composto seja separado e, no estado sólido, seja embalado e comercializado.

6. (FGV) A separação da soda cáustica formada no processo de eletrólise é feita por

a) fusão.
b) sublimação.
c) condensação.
d) cristalização.
e) solubilização.

7. (FGV) Na produção do cloro por eletrólise da salmoura, a espécie que é oxidada e as substâncias que são os reagentes da reação global do processo são, correta e respectivamente,

a) íon sódio e NaCl + H_2.
b) água e NaCl + H_2O.
c) íon cloreto e NaCl + H_2O.
d) íon hidrogênio e NaOH + H_2O.
e) íon hidróxido e NaCl + H_2.

8. (FGV) Em um experimento em laboratório de Química, montou-se uma célula eletrolítica de acordo com o esquema:

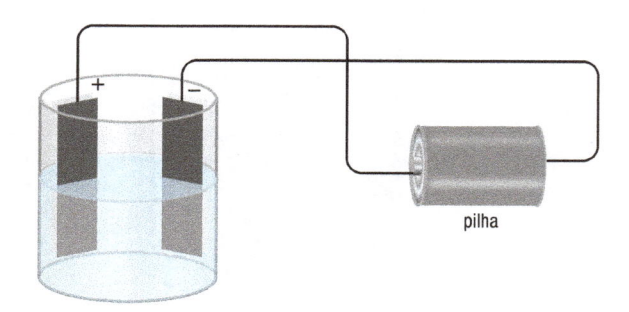

Usaram-se como eletrodo dois bastões de grafite, uma solução aquosa 1,0 mol · L^{-1} de CuSO$_4$ em meio ácido a 20 °C e uma pilha.

Alguns minutos após iniciado o experimento, observaram-se a formação de um sólido de coloração amarronzada sobre a superfície do eletrodo de polo negativo e a formação de bolhas na superfície do eletrodo de polo positivo.

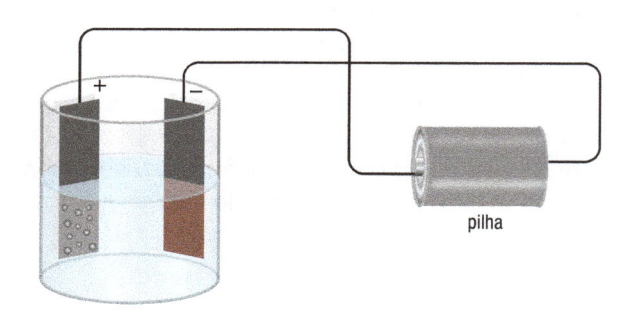

Com base nos potenciais de redução a 20 °C,

Cu^{2+}(aq) + 2e$^-$ ⟶ Cu(s)	+0,34 V
2 H$^+$(aq) + 2e$^-$ ⟶ H$_2$(g)	0,00 V
O$_2$(g) + 4 H$^+$(aq) + 4e$^-$ ⟶ 2 H$_2$O(l)	+1,23 V

É correto afirmar que se forma cobre no
a) catodo; no anodo, forma-se O$_2$.
b) catodo; no anodo, forma-se H$_2$O.
c) anodo; no catodo, forma-se H$_2$.
d) anodo; no catodo, forma-se O$_2$.
e) anodo; no catodo, forma-se H$_2$O.

9. (Exercício resolvido) (FUVEST – SP) Uma solução aquosa de iodeto de potássio (KI) foi eletrolisada, usando-se a aparelhagem esquematizada na figura. Após algum tempo de eletrólise, adicionam-se algumas gotas de solução de fenolftaleína na região do eletrodo A e algumas gotas de solução de amido na região do eletrodo B. Verificou-se o aparecimento da cor rosa na região de A e da cor azul (formação de iodo) na região de B.

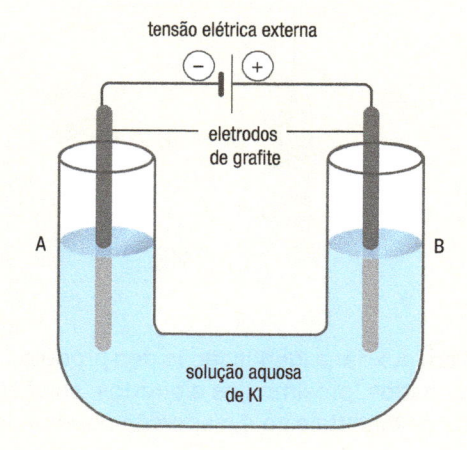

Nessa eletrólise:

I. no polo negativo, ocorre redução da água com formação de OH$^-$ e de H$_2$.
II. no polo positivo, o iodeto ganha elétrons e forma iodo.
III. a grafita atua como condutora de elétrons.

Dessas afirmações, apenas:
a) I é correta.
b) II é correta.
e) II e III são corretas.
c) III é correta.
d) I e III são corretas.

Resolução:

I. Correta: polo negativo (catodo): ocorre redução da água (ou do H$^+$).

$$2\ H_2O(l) + 2e^- \longrightarrow H_2(g) + 2\ OH^-(aq)$$

ou $2\ H^+(aq) + 2e^- \longrightarrow H_2(g)$

II. Incorreta: polo positivo (anodo): I$^-$ perde elétrons

$$2\ I^-(aq) \longrightarrow I_2(s) + 2e^-$$

III. Correta: a grafita atua como condutora de elétrons (eletrodo).

Resposta: alternativa d.

10. (PUC) O indicador fenolftaleína é incolor em pH < 8 e rosa em pH acima de 8. O amido é utilizado como indicador da presença de iodo em solução, adquirindo uma intensa coloração azul devido ao complexo iodo-amido formado.

Um experimento consiste em passar corrente elétrica contínua em uma solução aquosa de iodeto de potássio (KI). O sistema está esquematizado a seguir.

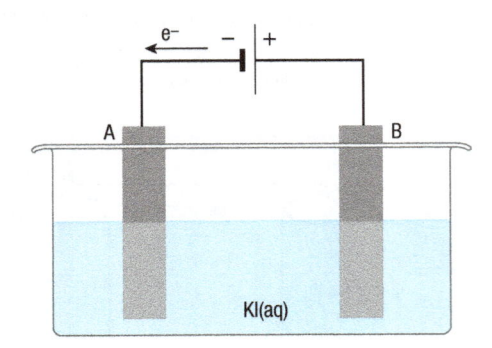

Para auxiliar a identificação dos produtos, são adicionados, próximo aos eletrodos, solução alcoólica de fenolftaleína e dispersão aquosa de amido.

Sobre o experimento é incorreto afirmar que:

a) haverá formação de gás no eletrodo B.
b) a solução ficará rosa próximo ao eletrodo A.
c) no eletrodo B ocorrerá o processo de oxidação.
d) o eletrodo A é o catodo do sistema eletrolítico.
e) a solução ficará azul próximo ao eletrodo B.

11. (UEPG – PR – adaptada) A figura abaixo representa a eletrólise da água.

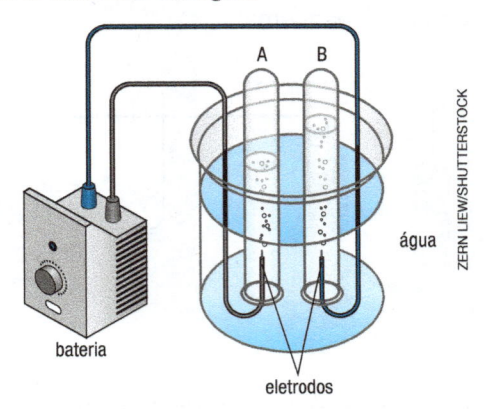

Sobre o sistema apresentado, assinale o que for incorreto, considerando que as semirreações que ocorrem nos eletrodos são:

Semirreações:

$$4\,OH^-(aq) \longrightarrow 2\,H_2O(l) + O_2(g) + 4e^-$$
$$4\,H^+(aq) + 4e^- \longrightarrow 2\,H_2(g)$$

a) O gás A é o hidrogênio.
b) O eletrodo que libera o gás A é o catodo da reação.
c) O eletrodo que libera o gás B é o polo positivo da eletrólise.
d) Na eletrólise, o processo químico não espontâneo ocorre devido a uma fonte de energia elétrica.
e) O gás B é água no estado gasoso.

12. (UNICAMP – SP) Observe o esquema a seguir, representativo da eletrólise da água:

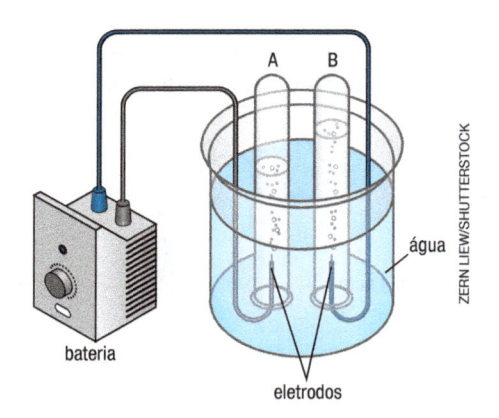

As semirreações que ocorrem no eletrodo são:

$$2\ H_2O(l) + 2e^- \longrightarrow 2\ OH^-(aq) + H_2(g)$$
$$2\ H_2O(l) \longrightarrow 4\ H^+(aq) + O_2(g) + 4e^-$$

A partir dessas informações:

a) Identifique os gases A e B.
b) Indique se, após um certo tempo de eletrólise, o meio estará ácido, básico ou neutro. Por quê?

13. (FUVEST – SP) Em uma aula de laboratório de Química, a professora propôs a realização da eletrólise da água.

Após a montagem de uma aparelhagem como a da figura abaixo, e antes de iniciar a eletrólise, a professora perguntou a seus alunos qual dos dois gases, gerados no processo, eles esperavam recolher em maior volume. Um dos alunos respondeu: "O gás oxigênio deve ocupar maior volume, pois seus átomos têm oito prótons e oito elétrons (além dos nêutrons) e, portanto, são maiores que os átomos de hidrogênio, que, em sua imensa maioria, têm apenas um próton e um elétron".

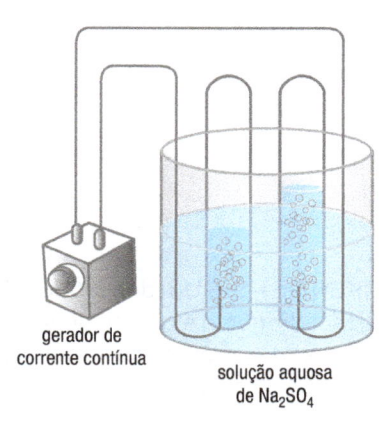

Observou-se, porém, que, decorridos alguns minutos, o volume de hidrogênio recolhido era o dobro do volume de oxigênio (e essa proporção se manteve no decorrer da eletrólise), de acordo com a seguinte equação química:

$$2\ H_2O(l) \longrightarrow 2\ H_2(g) + O_2(g)$$
$$\qquad\qquad\qquad 2\ \text{vols.} \quad 1\ \text{vol.}$$

a) Considerando que a observação experimental não corresponde à expectativa do aluno, explique por que a resposta dada por ele está incorreta.

Posteriormente, o aluno perguntou à professora se a eletrólise da água ocorreria caso a solução aquosa de Na_2SO_4 fosse substituída por outra. Em vez de responder diretamente, a professora sugeriu que o estudante repetisse o experimento, porém substituindo a solução aquosa de Na_2SO_4 por uma solução aquosa de sacarose ($C_{12}H_{22}O_{11}$).

b) O que o aluno observaria ao realizar o novo experimento sugerido pela professora? Explique.

14. (FUVEST – SP) Água contendo Na₂SO₄ apenas para tornar o meio condutor e o indicador fenolftaleína é eletrolisada com eletrodos inertes. Nesse processo, observa-se desprendimento de gás:

a) de ambos os eletrodos e aparecimento de cor vermelha somente ao redor do eletrodo negativo.
b) de ambos os eletrodos e aparecimento de cor vermelha somente ao redor do eletrodo positivo.
c) somente do eletrodo negativo e aparecimento de cor vermelha ao redor do eletrodo positivo.
d) somente do eletrodo positivo e aparecimento de cor vermelha ao redor do eletrodo negativo.
e) de ambos os eletrodos e aparecimento de cor vermelha ao redor de ambos os eletrodos.

15. (MACKENZIE – SP) Um dos modos de se produzirem gás hidrogênio e gás oxigênio em laboratório é promover a eletrólise (decomposição pela ação da corrente elétrica) da água, na presença de sulfato de sódio ou ácido sulfúrico. Nesse processo, usando para tal um recipiente fechado, migram para o catodo (polo negativo) e anodo (polo positivo), respectivamente, H₂ e O₂. Considerando-se que as quantidades de ambos os gases são totalmente recolhidas em recipientes adequados, sob mesmas condições de temperatura e pressão, é correto afirmar que

DADOS: massas molares (g · mol⁻¹): H = 1 e O = 16.

a) o volume de H₂(g) formado, nesse processo, é maior do que o volume de O₂(g).
b) serão formados 2 mol de gases para cada mol de água decomposto.
c) as massas de ambos os gases formados são iguais no final do processo.
d) o volume de H₂(g) formado é o quádruplo do volume de O₂(g) formado.
e) a massa de O₂(g) formado é o quádruplo da massa de H₂(g) formado.

16. (FUVEST – SP) As etapas finais de obtenção do cobre a partir da calcosita, Cu₂S, são, sequencialmente:

I. ustulação (aquecimento ao ar);
II. refinação eletrolítica (esquema abaixo).

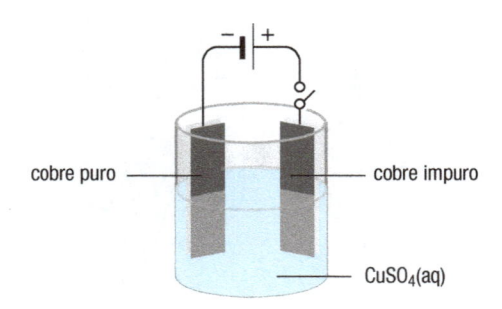

a) Escreva a equação da ustulação da calcosita.
b) Descreva o processo da refinação eletrolítica, mostrando o que ocorre em cada um dos polos ao se fechar o circuito.
c) Reproduza abaixo o esquema dado e indique nele o sentido do movimento dos elétrons no circuito e o sentido do movimento dos íons na solução, durante o processo de eletrólise.

17. (ENEM) Para que apresente condutividade elétrica adequada a muitas aplicações, o cobre bruto obtido por métodos térmicos é purificado eletroliticamente. Nesse processo, o cobre bruto impuro constitui o anodo da célula, que está imerso em uma solução de CuSO₄. À medida que o cobre impuro é oxidado no anodo, íons Cu²⁺ da solução são depositados na forma pura no catodo. Quanto às impurezas metálicas, algumas são oxidadas, passando à solução, enquanto outras simplesmente se desprendem do anodo e se sedimentam abaixo dele. As impurezas sedimentadas são posteriormente processadas, e sua comercialização gera receita que ajuda a cobrir os custos do processo. A série eletroquímica a seguir lista o cobre e alguns metais presentes como impurezas no cobre bruto de acordo com suas forças redutoras relativas.

ouro
platina
prata
cobre
chumbo
níquel
zinco

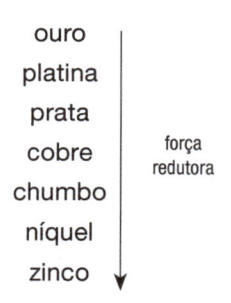

força redutora ↓

Entre as impurezas metálicas que constam na série apresentada, as que se sedimentam abaixo do anodo de cobre são

a) Au, Pt, Ag, Zn, Ni e Pb.
b) Au, Pt e Ag.
c) Zn, Ni e Pb.
d) Au e Zn.
e) Ag e Pb.

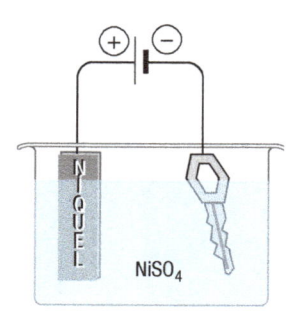

18. (FATEC – SP) Para a cromação de um anel de aço, um estudante montou o circuito eletrolítico representado na figura a seguir, utilizando uma fonte de corrente contínua.

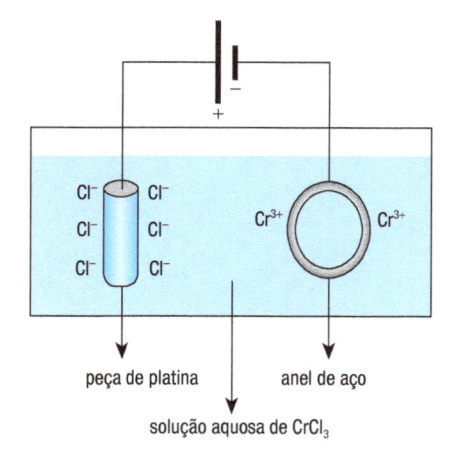

peça de platina — anel de aço
solução aquosa de $CrCl_3$

Durante o funcionamento do circuito, é correto afirmar que ocorre

a) liberação de gás cloro no anodo e depósito de cromo metálico no catodo.
b) liberação de gás cloro no catodo e depósito de cromo metálico no anodo.
c) liberação de gás oxigênio no anodo e depósito de platina metálica no catodo.
d) liberação de gás hidrogênio no anodo e corrosão da platina metálica no catodo.
e) liberação de gás hidrogênio no catodo e corrosão do aço metálico no anodo.

19. (UFV – MG) O processo de galvanização consiste no revestimento metálico de peças condutoras que são colocadas como eletrodos negativos em um circuito de eletrólise (observe o esquema abaixo).

$NiSO_4$

Considere as seguintes afirmativas:

I. Na chave, ocorre a reação $Ni^{2+} + 2e^- \longrightarrow Ni^0$.
II. No polo positivo, ocorre oxidação do níquel.
III. No polo positivo, ocorre a reação
$Ni^0 \longrightarrow Ni^{2+} + 2e^-$
IV. O eletrodo positivo sofre corrosão durante a eletrólise.
V. A chave é corroída durante o processo.

A alternativa que contém apenas as afirmativas corretas é:

a) I, II, III, IV e V.
b) I, II, III e IV.
c) I, II e III.
d) II e III.
e) I, II, III e V.

20. (FUVEST – SP) Para pratear eletroquimicamente um objeto de cobre e controlar a massa de prata depositada no objeto, foi montada a aparelhagem esquematizada na figura abaixo.

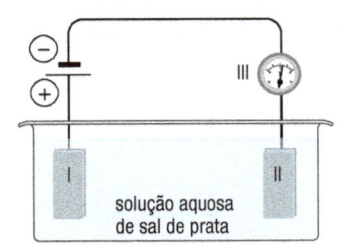

Nessa figura, I, II e III são, respectivamente:

a) o objeto de cobre, uma chapa de platina e um amperímetro.
b) uma chapa de prata, o objeto de cobre e um voltímetro.
c) o objeto de cobre, uma chapa de prata e um voltímetro.
d) o objeto de cobre, uma chapa de prata e um amperímetro.
e) uma chapa de prata, o objeto de cobre e um amperímetro.

21. (FUVEST – SP) Com a finalidade de niquelar uma peça de latão, foi montado um circuito, utilizando-se fonte de corrente contínua, como representado na figura.

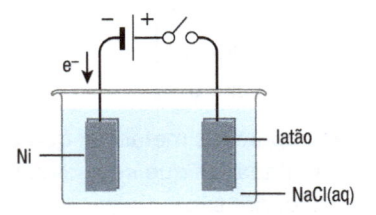

No entanto, devido a erros experimentais, ao fechar o circuito, não ocorreu a niquelação da peça. Para que essa ocorresse, foram sugeridas as alterações:

I. Inverter a polaridade da fonte de corrente contínua.
II. Substituir a solução aquosa de NaCl por solução aquosa de $NiSO_4$.
III. Substituir a fonte de corrente contínua por uma fonte de corrente alternada de alta frequência.

O êxito do experimento requereria apenas:

a) a alteração I.
b) a alteração II.
c) a alteração III.
d) as alterações I e II.
e) as alterações II e III.

SÉRIE PLATINA

1. (UNESP) Nas salinas, o cloreto de sódio é obtido pela evaporação da água do mar em uma série de tanques. No primeiro tanque, ocorre o aumento da concentração de sais na água, cristalizando-se sais de cálcio. Em outro tanque ocorre a cristalização de 90% do cloreto de sódio presente na água. O líquido sobrenadante desse tanque, conhecido como salmoura amarga, é drenado para outro tanque. É nessa salmoura que se encontra a maior concentração de íons Mg^{2+}(aq), razão pela qual ela é utilizada como ponto de partida para a produção de magnésio metálico.

Salina da região de Cabo Frio.
Disponível em: <www2.uol.com.br/Sciam>.

A obtenção de magnésio metálico a partir da salmoura amarga envolve uma série de etapas: os íons Mg^{2+} presentes nessa salmoura são precipitados sob a forma de hidróxido de magnésio por adição de íons OH^-.

Por aquecimento, esse hidróxido transforma-se em óxido de magnésio que, por sua vez, reage com ácido clorídrico, formando cloreto de magnésio que, após cristalizado e fundido, é submetido à eletrólise ígnea, produzindo magnésio metálico no catodo e cloro gasoso no anodo.

Dê o nome do processo de separação de misturas empregado para obter o cloreto de sódio nas salinas e informe qual é a propriedade específica dos materiais na qual se baseia esse processo. Escreva a equação da reação que ocorre na primeira etapa da obtenção de magnésio metálico a partir da salmoura amarga e a equação que representa a reação global que ocorre na última etapa, ou seja, na eletrólise ígnea do cloreto de magnésio.

2. (UNICAMP – SP – adaptada) Gás cloro (Cl_2) pode ser obtido a partir da eletrólise aquosa de cloreto de sódio. Um processo eletroquímico moderno e menos agressivo ao meio ambiente, em que se utiliza uma membrana semipermeável, evita que toneladas de mercúrio, utilizado no processo eletroquímico convencional, sejam dispensadas anualmente na natureza. Esse processo moderno está parcialmente esquematizado na figura abaixo.

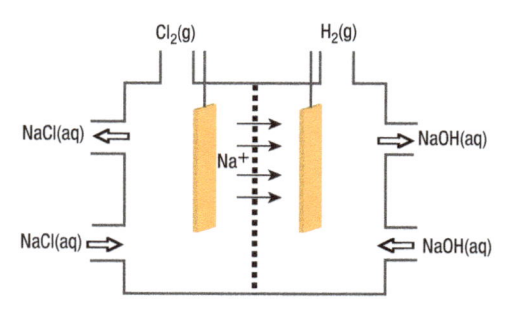

a) Na figura acima, falta representar uma fonte de corrente elétrica. Complete o desenho com essas informações, não se esquecendo de anotar os sinais da fonte, de indicar se ela é uma fonte de corrente alternada ou de corrente contínua e de indicar o sentido do fluxo de elétrons.
b) Escreva as equações balanceadas que representam as semirreações de oxidação e redução ocorridas no processo eletrolítico. Escreva também a equação global que representa o processo de eletrólise aquosa do cloreto de sódio.
c) A produção mundial de gás cloro é de 60 milhões de toneladas por ano. Se a produção anual de gás cloro fosse obtida apenas pelo processo esquematizado na figura acima, qual seria a produção de gás hidrogênio em milhões de toneladas?

DADOS: massas molares (g/mol): H = 1; Cl = 35,5.

CAPÍTULO 15
Eletroquímica Quantitativa

Nesta unidade, desenvolvemos o **estudo qualitativo** da Eletroquímica, dividindo-a em dois grandes blocos: em primeiro lugar, o estudo das **células voltaicas**, dispositivos que permitem a geração de uma corrente elétrica contínua a partir de uma reação de oxirredução espontânea. Em segundo lugar, o estudo da **eletrólise**, fenômeno no qual utilizamos uma corrente elétrica contínua com o objetivo de favorecer a obtenção de novas substâncias.

Em ambos os casos, nos preocupamos em analisar o que é consumido e o que é produzido, porém ainda não nos perguntamos qual é a **quantidade** de reagentes e de produtos envolvidos nesses processos. Esse é o foco do nosso último capítulo: estudar os **aspectos quantitativos** dos processos eletroquímicos! Vamos lá?

Culinária tem muito de Química! A correta proporção dos ingredientes que reagem é fundamental para se obter o melhor resultado. Pegue, por exemplo, o conhecido bolo "red velvet" (veludo vermelho), que tem esse nome em função da cor vermelha de sua massa. Essa coloração é obtida a partir da reação do cacau (não do chocolate!), que contém antocianina, em contato com o ácido do vinagre, outro ingrediente da receita. Cacau e vinagre devem estar presentes na massa desse bolo em proporção adequada a fim de que se tenha o melhor dos vermelhos! (*Dica*: acrescentar um pouco de suco de limão à massa ajuda a obter a cor vermelha.)

15.1 Proporções Estequiométricas em Semirreações

A proporção estequiométrica em uma equação química qualquer indica a proporção, **em mol**, entre reagentes e produtos. Por exemplo, a equação balanceada da combustão completa do metano

$$1\ CH_4(g) + 2\ O_2(g) \longrightarrow 1\ CO_2(g) + 2\ H_2O(g)$$

indica que 1 mol de metano (CH_4) reage com 2 mol de gás oxigênio (O_2) para formar 1 mol de dióxido de carbono (CO_2) e 2 mol de água (H_2O).

Em uma semirreação, seja ela de oxidação ou de redução, isso também ocorre. Por exemplo, na eletrólise aquosa de uma solução de $ZnSO_4$, no catodo temos a redução do Zn^{2+}, que pode ser equacionada por:

$$1\ Zn^{2+}(aq) + 2e^- \longrightarrow 1\ Zn(s)$$

Os coeficientes estequiométricos da semirreação acima indicam que 1 mol de Zn^{2+}(aq) reage com 2 mol de elétrons para formar 1 mol de $Zn(s)$.

Outro exemplo que estudamos é a eletrólise da água, cujas semirreações são descritas por:

A deposição eletrolítica de uma camada de zinco sobre peças de aço é um processo chamado de **galvanização**, sendo utilizado para proteger as peças da corrosão.

Oxidação: $\quad 2\ OH^-(aq) \longrightarrow \dfrac{1}{2} O_2(g) + 1\ H_2O(l) + 2e^-$

Redução: $\quad 2\ H^+(aq) + 2e^- \longrightarrow 1\ H_2(g)$

Equação global: $1\ H_2O(l) \longrightarrow 1\ H_2(g) + \dfrac{1}{2} O_2(g)$

A semirreação de redução indica que para produzir 1 mol de H_2 é necessário que 2 mol de H^+ reajam com 2 mol de elétrons.

Na eletrólise da água, obtemos gás oxigênio no polo positivo (anodo) e gás hidrogênio no polo negativo (catodo) na proporção 1 O_2 : 2 H_2. É por esse motivo que o volume de gás recolhido no tubo da direita é praticamente o dobro do volume de gás recolhido no tubo da esquerda.

15.2 Relação entre Quantidade em Mols de Elétrons e Carga Elétrica

Quando estamos analisando os aspectos quantitativos em processos eletroquímicos, é comum relacionarmos a quantidade de elétrons a sua carga elétrica. No início do século XX, o físico estadunidense Robert **Millikan** (1868-1953) determinou o valor da carga elétrica de um elétron como sendo igual a $1{,}6 \cdot 10^{-19}$ C.

Entretanto, em Química, dificilmente trabalhamos com um único elétron nas proporções envolvidas nas semirreações, mas sim com mols de elétrons. Com base na constante de Avogadro ($6{,}02 \cdot 10^{23}$ mol^{-1}), podemos determinar a carga de um mol de elétrons, cujo valor é conhecido como constante de Faraday (F):

$$1 \text{ elétron} \longrightarrow 1{,}6 \cdot 10^{-19} \text{ C}$$
$$1 \text{ mol de elétrons} = 6{,}02 \cdot 10^{23} \text{ elétrons} \longrightarrow 1 \text{ F}$$

de onde **1 F $\cong$ 96.500 C/mol**.

Voltando às semirreações destacadas anteriormente, podemos agora relacionar as quantidades em mols dos produtos e reagentes à carga dos elétrons envolvidos:

1 Zn²⁺(aq)	+	**2**e⁻	⟶	**1** Zn(s)		**2** H⁺(aq)	+	**2**e⁻	⟶	**1** H₂(g)
1 mol		2 mol		1 mol		2 mol		2 mol		1 mol
1 mol		2 F		1 mol		2 mol		2 F		1 mol
1 mol		2 · 96.500 C		1 mol		2 mol		2 · 96.500 C		1 mol

FIQUE POR DENTRO!

Relação entre carga elétrica e intensidade de corrente

A carga elétrica (Q), em coulombs, que passa por um circuito elétrico pode ser calculada multiplicando-se a intensidade de corrente (i), em amperes, pelo intervalor de tempo (Δt), em segundos:

$$Q = i \cdot \Delta t$$

Cuidado com as unidades, principalmente do intervalo de tempo, que deve estar em segundos!

LIGANDO OS PONTOS!

A experiência de Millikan (1909)

Robert Millikan determinou experimentalmente a carga do elétron em um famoso experimento conhecido como o "experimento da gota de óleo".

Nesse experimento, Millikan analisou a queda de pequenas gotículas de óleo que foram carregadas eletricamente pela ação de uma radiação ionizante. Ele ajustava a diferença de potencial entre as placas positiva e negativa até que as gotículas caíssem com velocidade constante.

Essa situação significava que a força elétrica atuante sobre a gotícula se igualava à força peso:

$$F_{elétrica} = P$$
$$q \cdot E = m \cdot g \Rightarrow q = \frac{m \cdot g}{E}$$

onde q é a carga da gotícula, E é o módulo do campo elétrico entre as placas, m é a massa da gotícula e g é a aceleração da gravidade.

Ao repetir essa análise com diversas gotas, Millikan observou que as cargas calculadas eram múltiplas de um mesmo valor, a qual ele denominou de **carga elementar** e que hoje se sabe que é igual a e = $1,6 \cdot 10^{-19}$ C.

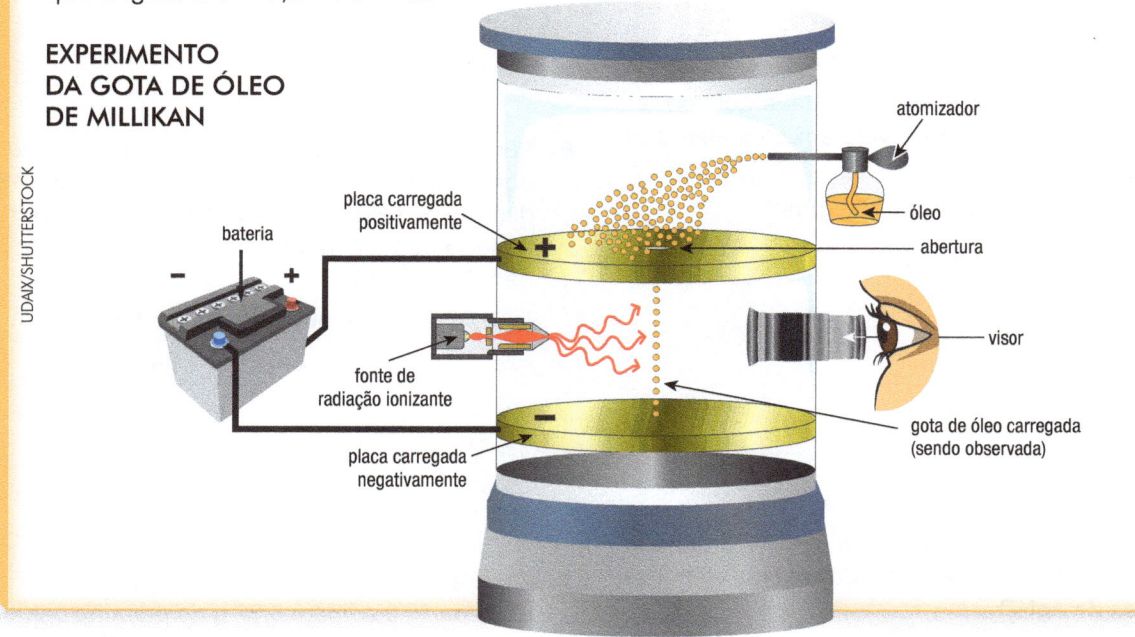

EXPERIMENTO DA GOTA DE ÓLEO DE MILLIKAN

SÉRIE BRONZE

1. Complete o diagrama a seguir com as informações corretas sobre os aspectos quantitativos da eletroquímica.

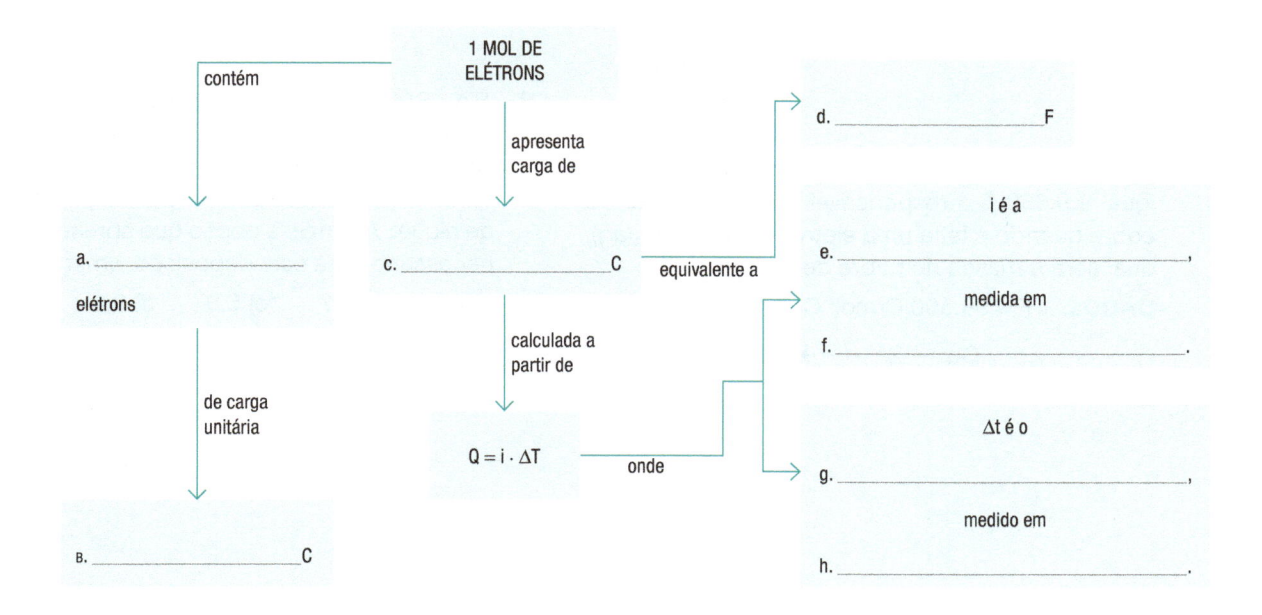

1 MOL DE ELÉTRONS
- contém → a. _____ elétrons → de carga unitária → b. _____ C
- apresenta carga de → c. _____ C
  - equivalente a → d. _____ F
  - i é a → e. _____, medida em → f. _____.
  - calculada a partir de Q = i · ΔT, onde:
    - ΔT é o → g. _____, medido em → h. _____.

SÉRIE PRATA

1. Qual é a quantidade em mols de elétrons que deve passar por um circuito eletrolítico a fim de depositar meio mol de prata metálica na eletrólise de $AgNO_3(aq)$?

$$Ag^+ + e^- \longrightarrow Ag$$

2. Calcule a massa de prata depositada quando temos 0,2 F de carga envolvida em uma eletrólise aquosa de $AgNO_3$.

DADO: massa molar (Ag) = 108 g/mol.

$$Ag^+ + e^- \longrightarrow Ag$$

3. Calcule o volume de O_2 liberado nas CNTP quando temos 0,01 F de carga envolvida em uma eletrólise aquosa de $AgNO_3$.

DADO: volume molar nas CNTP = 22,4 L/mol.

$$H_2O \longrightarrow 2e^- + \frac{1}{2} O_2 + 2 H^+$$

4. Se considerarmos que uma quantidade de carga igual a 9.650 C é responsável pela deposição do cobre quando é feita uma eletrólise de $CuSO_4(aq)$, qual será a massa de cobre depositada?

DADOS: 1 F = 96.500 C/mol; Cu = 64 g/mol.

$$Cu^{2+} + 2e^- \longrightarrow Cu$$

5. (UFS – SE) Numa célula eletrolítica contendo solução aquosa de $AgNO_3$ flui uma corrente elétrica de 5 A durante 9.650 s. Nessa experiência, quantos gramas de prata metálica são obtidos?

DADOS: 1 F = 96.500 C/mol; Ag = 108; Q = i Δt.

$$Ag^+ + e^- \longrightarrow Ag$$

6. Numa pilha, uma lata de zinco funciona como um dos eletrodos. Que massa de Zn é oxidada a Zn^{2+} durante a descarga desse tipo de pilha, por um período de 60 minutos, envolvendo uma corrente de $5,36 \cdot 10^{-1}$ A?

DADOS: 1 F = 96.500 C/mol; Zn = 65; Q = i Δt.

$$Zn \longrightarrow Zn^{2+} + 2e^-$$

7. Calcular o tempo necessário para que uma corrente de 19,3 A libere 4,32 g de prata no catodo.

DADOS: 1 F = 96.500 C/mol; Ag = 108; Q = i Δt.

$$Ag^+ + e^- \longrightarrow Ag$$

8. (ITA – SP) Deseja-se depositar uma camada de 0,85 g de níquel metálico no catodo de uma célula eletrolítica, mediante a passagem de uma corrente elétrica de 5 A através de uma solução aquosa de nitrato de níquel. Assinale a opção que apresenta o tempo necessário para esta deposição, em minutos.

a) 4,3 b) 4,7 c) 5,9 d) 9,3 e) 17,0

9. (FUVEST – SP) Qual é a massa de cobre depositada na eletrólise de uma solução de $CuSO_4$, sabendo-se que numa cela contendo $AgNO_3$ e ligada em série com a cela de $CuSO_4$, há um depósito de 1,08 g de Ag?

a) 0,32 g   c) 0,96 g   e) 6,4 g
b) 0,64 g   d) 3,2 g

DADOS: Ag = 108; Cu = 64.

10. (UEL – PR) Considere duas soluções aquosas, uma de nitrato de prata ($AgNO_3$) e outra de um sal de um metal X, cuja carga catiônica é desconhecida. Quando a mesma quantidade de eletricidade passa através das duas soluções, 1,08 g de prata e 0,657 g de X são depositados. Com base nessas informações, é correto afirmar que a carga iônica de X é:

a) –1.   b) +1.   c) +2.   d) +3.   e) +4.

DADOS: Ag = 108 g/mol; X = 197 g/mol.

SÉRIE OURO

1. (PUC – SP) O alumínio é um metal leve e muito resistente, tendo diversas aplicações industriais. Esse metal passou a ser explorado economicamente a partir de 1886, com a implementação do processo Héroult-Hall. O alumínio é encontrado geralmente na bauxita, minério que apresenta alto teor de alumina (Al_2O_3).

O processo Héroult-Hall consiste na redução do alumínio presente na alumina (Al_2O_3) para alumínio metálico, por meio de eletrólise. A semirredução é representada por

$$Al^{3+} + 3e^- \longrightarrow Al$$

Se uma cela eletrolítica opera durante uma hora, passando carga equivalente a 3.600 F, a massa de alumínio metálico produzida é:

a) 32,4 kg.
b) 97,2 kg.
c) 27,0 kg.
d) 96,5 kg.
e) 3,60 g.

DADO: massa molar do Al = 27 g/mol.

2. (UNESP) O alumínio metálico é produzido pela eletrólise do composto Al_2O_3, fundido, consumindo uma quantidade muito grande de energia. A reação química que ocorre pode ser representada pela equação:

$$4\ Al^{3+} + 6\ O^{2-} + 3\ C \longrightarrow 4\ Al + 3\ CO_2$$

Em um dia de trabalho, uma pessoa coletou 8,1 kg de alumínio nas ruas de uma cidade, encaminhado-os para reciclagem.

a) Calcule a quantidade de alumínio coletada, expressa em mols de átomos.
b) Quanto tempo é necessário para produzir uma quantidade de alumínio equivalente a 2 latinhas de refrigerante, a partir do Al_2O_3, sabendo-se que a célula eletrolítica opera com uma corrente de 1 A?

DADOS: 1 mol de elétrons = 96.500 C; 1 C = 1A · 1s; massa molar do alumínio = 27 g/mol; 2 latinhas de refrigerante = 27 g.

3. (UNICAMP – SP – adaptada) Na reciclagem de embalagens de alumínio, usam-se apenas 5% da energia despendida na sua fabricação a partir do minério de bauxita. No entanto, não se deve esquecer a enorme quantidade de energia envolvida nessa fabricação ($3{,}6 \cdot 10^6$ joules por latinha), além do fato de que a bauxita contém (em média) 55% de óxido de alumínio (alumina) e 45% de resíduos sólidos.

a) Escreva a semirreação catódica que ocorre na eletrólise ígnea do Al_2O_3.

b) Considerando que em 2010 o Brasil produziu $32 \cdot 10^6$ toneladas de alumínio metálico a partir da bauxita, calcule quantas toneladas de resíduos sólidos foram geradas nesse período por essa atividade.

DADOS: massas molares em g/mol: Al_2O_3 = 102; Al = 27.

c) Calcule o número de banhos que poderiam ser tomados com a energia necessária para produzir apenas uma latinha de alumínio, estimando em 10 minutos o tempo de duração do banho, em um chuveiro cuja potência é de 3.000 W.

DADO: $W = J \cdot s^{-1}$.

---

4. (Exercício resolvido) (MACKENZIE – SP) Uma indústria que obtém o alumínio por eletrólise ígnea do óxido de alumínio utiliza 150 cubas por onde circula uma corrente de 965 A em cada uma. Após 30 dias, funcionando ininterruptamente, a massa de alumínio obtida é de aproximadamente:

a) 35,0 toneladas.
b) 1,2 tonelada.
c) 14,0 toneladas.
d) 6,0 toneladas.
e) 25,0 toneladas.

DADOS: massa molar do Al = 27 g/mol; 1 F = = 96.500 C/mol.

Resolução:

Δt = 30 dias = $30 \cdot 24$ h = $30 \cdot 24 \cdot 3.600$ s

Δt = 2.592.000 s

$Q = i \cdot \Delta t = 965 \cdot 2.592.000$ C

$Al^{3+} + 3e^- \longrightarrow Al$

     3 mol   1 mol

        $3 \cdot 96.500$ C ———— 27 g

$965 \cdot 2.592.000$ C ———— m

m = 233.280

g $\cong$ 233 kg

Como temos 150 cubas,

m_{TOTAL} = $150 \cdot 233$ kg = 34.950 kg $\cong$ 35,0 t

Resposta: alternativa a.

---

5. (FUVEST – SP) O alumínio é produzido pela eletrólise de Al_2O_3 fundido. Uma usina opera com 300 cubas eletrolíticas e corrente de $1{,}1 \cdot 10^5$ amperes em cada uma delas. A massa de alumínio, em toneladas, produzida em um ano é de aproximadamente:

a) $1{,}0 \cdot 10^5$ b) $2{,}0 \cdot 10^5$ c) $3{,}0 \cdot 10^5$ d) $1{,}0 \cdot 10^8$ e) $2{,}0 \cdot 10^8$

DADOS: 1 ano = $3{,}2 \cdot 10^7$ segundos; massa molar do Al = 27 g/mol; carga elétrica necessária para neutralizar um mol de íons monovalentes = $9{,}6 \cdot 10^4$ coulombs/mol.

6. (UNESP) Em um experimento, um estudante realizou, nas Condições Ambiente de Temperatura e Pressão (CATP), a eletrólise de uma solução aquosa de ácido sulfúrico, utilizando uma fonte de corrente elétrica contínua de 0,200 A durante 965 s. Sabendo que a constante de Faraday é 96.500 C/mol e que o volume molar de gás nas CATP é 25.000 mL/mol, o volume de $H_2(g)$ desprendido durante essa eletrólise foi igual a

a) 30,0 mL.
b) 45,0 mL.
c) 10,0 mL.
d) 25,0 mL.
e) 50,0 mL.

7. (UNICAMP – SP) A galvanoplastia consiste em revestir um metal por outro a fim de protegê-lo contra a corrosão ou melhorar sua aparência. O estanho, por exemplo, é utilizado como revestimento do aço empregado em embalagens de alimentos. Na galvanoplastia, a espessura da camada pode ser controlada com a corrente elétrica e o tempo empregados. A figura ao lado é uma representação esquemática desse processo.

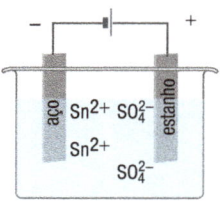

Considerando a aplicação de uma corrente constante com intensidade igual $9,65 \cdot 10^{-3}$ A, a massa depositada de estanho após 1 min 40 s será de aproximadamente

DADOS: 1 mol de elétrons corresponde a uma carga de 96.500 C; Sn: 119 g · mol^{-1}.

a) 0,6 mg e ocorre, no processo, a transformação de energia química em energia elétrica.
b) 0,6 mg e ocorre, no processo, a transformação de energia elétrica em energia química.
c) 1,2 mg e ocorre, no processo, a transformação de energia elétrica em energia química.
d) 1,2 mg e ocorre, no processo, a transformação de energia química em energia elétrica.

8. (MACKENZIE – SP) Pode-se niquelar (revestir com uma fina camada de níquel) uma peça de um determinado metal. Para esse fim, devemos submeter um sal de níquel (II), normalmente o cloreto, a um processo denominado eletrólise em meio aquoso. Com o passar do tempo, ocorre a deposição de níquel sobre a peça metálica a ser revestida, gastando-se certa quantidade de energia. Para que seja possível o depósito de 5,87 g de níquel sobre determinada peça metálica, o valor da corrente elétrica utilizada, para um processo de duração de 1.000 s, é de

a) 9,65 A.
b) 10,36 A.
c) 15,32 A.
d) 19,30 A.
e) 28,95 A.

DADOS: constante de Faraday = 96.500 C; massa molar em (g/mol) Ni = 58,7.

9. (MACKENZIE – SP) A cromagem é um tipo de tratamento superficial em que um metal de menor nobreza é recoberto com uma fina camada de cromo, sob condições eletrolíticas adequadas, com o propósito decorativo ou anticorrosivo. Uma empresa fez a cromagem de dez peças metálicas idênticas, utilizando uma solução de nitrato de cromo (III) em um processo de eletrólise em meio aquoso. Cada peça foi submetida a uma corrente elétrica de 3,86 A, durante 41 minutos e 40 segundos, assim a massa total de cromo consumida foi de, aproximadamente,

DADOS: constante de Faraday = 96.500 C; massa molar do cromo em (g · mol^{-1}) = 52.

a) 1,73 g.
b) 5,20 g.
c) 17,30 g.
d) 52,00 g.
e) 173,00 g.

10. (FGV) Soluções aquosas de NiSO₄, CuSO₄ e Fe₂(SO₄)₃, todas de concentração 1 mol/L, foram eletrolisadas no circuito esquematizado, empregando eletrodos inertes.

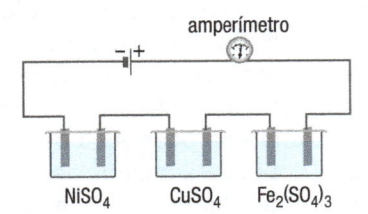

Após um período de funcionamento do circuito, observou-se a deposição de 29,35 g de níquel metálico a partir da solução de NiSO₄. São dadas as massas molares, expressas em g/mol: Cu = 63,50; Fe = 55,80; Ni = 58,70.

Supondo 100% de rendimento no processo, as quantidades de cobre e de ferro, em gramas, depositadas a partir de suas respectivas soluções são, respectivamente,

a) 21,17 e 18,60.
b) 21,17 e 29,35.
c) 31,75 e 18,60.
d) 31,75 e 27,90.
e) 63,50 e 88,80.

11. (ITA – SP) Em um experimento eletrolítico, uma corrente elétrica circula através de duas células durante 5 horas. Cada célula contém condutores eletrônicos de platina. A primeira célula contém solução aquosa de íons Au³⁺ enquanto, na segunda célula, está presente uma solução aquosa de íons Cu²⁺.

Sabendo que 9,85 g de ouro puro foram depositados na primeira célula, assinale a opção que corresponde à massa de cobre, em gramas, depositada na segunda célula eletrolítica.

DADOS: massas molares (g/mol): Cu = 63,5; Au = 197.

a) 2,4   b) 3,6   c) 4,8   d) 6,0   e) 7,2

12. (FEI – SP) Duas cubas eletrolíticas dotadas de eletrodos inertes, ligadas em série, contêm, respectivamente, solução aquosa de AgNO₃ e solução aquosa de KI. Certa quantidade de eletricidade acarreta a deposição de 108 g de prata na primeira cuba. Em relação às quantidades e à natureza das substâncias liberadas, respectivamente, no catodo e no anodo da segunda cuba, pode-se dizer (massas atômicas (u): H = 1; O = 16; K = 39; Ag = 108; I = 127):

a) 39 g de K e 8 g de O₂
b) 11,2 L (CNTP) H₂ e 127 g de I₂
c) 11,2 L (CNTP) H₂ e 5,6 g de O₂
d) 39 g de K e 127 g de I₂
e) 1 g de H₂ e 254 g de I₂

13. (MACKENZIE – SP) Utilizando eletrodos inertes, foram submetidas a uma eletrólise aquosa em série duas soluções aquosas de nitrato, uma de níquel (II) e outra de um metal Z, cuja carga catiônica é desconhecida. Após 1 hora, 20 minutos e 25 segundos, utilizando uma corrente de 10 A, foram obtidos 14,500 g de níquel e 25,875 g do metal Z.

DADOS: massas molares (g/mol) Ni = 58 e Z = 207; 1 Faraday = 96.500 C.

De acordo com essas informações, é correto afirmar que a carga iônica do elemento químico Z é igual a

a) +1.   b) +2.   c) +3.   d) +4.   e) +5.

14. (FUVEST – SP) Células a combustível são opções viáveis para gerar energia elétrica para motores e outros dispositivos. O esquema representa uma dessas células e as transformações que nela ocorrem.

$$H_2(g) + \frac{1}{2} O_2(g) \longrightarrow H_2O(g) \quad \Delta H = -240 \text{ kJ/mol de } H_2$$

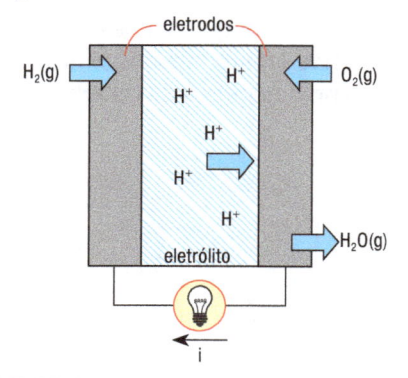

NOTE E ADOTE:

▸▸ carga de um mol de elétrons = 96.500 coulomb.

A corrente elétrica (i), em ampere (coulomb por segundo), gerada por uma célula a combustível que opera por 10 minutos e libera 4,80 kJ de energia durante esse período de tempo, é

a) 3,32.
b) 6,43.
c) 12,9.
d) 386.
e) 772.

15. (PUC – SP) A célula combustível é um exemplo interessante de dispositivo para a obtenção de energia elétrica para veículos automotores, com uma eficiência superior aos motores de combustão interna. Uma célula combustível que vem sendo desenvolvida utiliza o metanol como combustível. A reação ocorre na presença de água em meio ácido, contando com eletrodos de platina.

Para esse dispositivo, no eletrodo A ocorre a seguinte reação:

$$CH_3OH(l) + H_2O(l) \longrightarrow$$
$$\longrightarrow CO_2 + 6\, H^+(aq) + 6e^- \quad E^0 = -0,02 \text{ V}$$

Enquanto que no eletrodo B ocorre o processo:

$$O_2(g) + 4\, H^+(aq) + 4e^- \longrightarrow 2\, H_2O(l) \quad E^0 = 1,23 \text{ V}$$

Para esse dispositivo, os polos dos eletrodos A e B, a ddp da pilha no estado padrão e a carga elétrica que percorre o circuito no consumo de 32 g de metanol são, respectivamente,

a) negativo, positivo, $\Delta E^0 = 1,21$ V, Q = 579.000 C.
b) negativo, positivo, $\Delta E^0 = 1,21$ V, Q = 386.000 C.
c) negativo, positivo, $\Delta E^0 = 1,25$ V, Q = 96.500 C.
d) positivo, negativo, $\Delta E^0 = 1,25$ V, Q = 579.000 C.
e) positivo, negativo, $\Delta E^0 = 1,87$ V, Q = 96.500 C.

DADOS: constante de Faraday (F) = 96.500 C; massa molar do CH_3OH = 32 g/mol.

SÉRIE PLATINA

1. (UNICAMP – SP) A cada quatro anos, durante os Jogos Olímpicos, bilhões de pessoas assistem à tentativa do Homem e da Ciência de superar limites. Podemos pensar no entretenimento, na geração de empregos, nos avanços da Ciência do Desporto e da tecnologia em geral. Como esses jogos podem ser analisados do ponto de vista da Química? Essa questão é um dos exemplos de como o conhecimento químico é ou pode ser usado nesse contexto.

Ao contrário do que muitos pensam, a medalha de ouro da Olimpíada de Beijing é feita de prata, sendo apenas recoberta com uma fina camada de ouro obtida por deposição eletrolítica. Na eletrólise, a medalha cunhada em prata atua como o eletrodo em que o ouro se deposita. A solução eletrolítica é constituída de um sal de ouro (III). A quantidade de ouro depositada em cada medalha é de 6,0 gramas.

a) Supondo que o processo de eletrólise tenha sido conduzido em uma solução aquosa de ouro (III) contendo excesso de íons cloreto em meio ácido, equacione a reação total do processo eletroquímico. Considere que no anodo forma-se o gás cloro.

b) Supondo que tenha sido utilizada uma corrente elétrica constante de 2,5 amperes no processo eletrolítico, quanto tempo (em minutos) foi gasto para se fazer a deposição do ouro em uma medalha? Mostre os cálculos.

DADOS: massa molar do ouro: 197 g/mol; constante de Faraday = 96.500 coulomb · mol^{-1}; 1 ampere = = 1 coulomb · s^{-1}; .

2. (FUVEST – SP) Em uma oficina de galvanoplastia, uma peça de aço foi colocada em um recipiente contendo solução de sulfato de cromo (III) [$Cr_2(SO_4)_3$], a fim de receber um revestimento de cromo metálico. A peça de aço foi conectada, por meio de um fio condutor, a uma barra feita de um metal X, que estava mergulhada em uma solução de um sal do metal X. As soluções salinas dos dois recipientes foram conectadas por meio de uma ponte salina. Após algum tempo, observou-se que uma camada de cromo metálico se depositou sobre a peça de aço e que a barra de metal X foi parcialmente corroída.

A tabela a seguir fornece as massas dos componentes metálicos envolvidos no procedimento:

	MASSA INICIAL (g)	MASSA FINAL (g)
Peça de aço	100,00	102,08
Barra de metal X	100,00	96,70

NOTE E ADOTE:

▶▶ massas molares (g/mol) Mg = 24, Cr = 52, Mn = 55, Zn = 65.

a) Escreva a equação química que representa a semirreação de redução que ocorreu nesse procedimento.

b) O responsável pela oficina não sabia qual era o metal X, mas sabia que podia ser magnésio (Mg), zinco (Zn) ou manganês (Mn), que formam íons divalentes em solução nas condições do experimento. Determine, mostrando os cálculos necessários, qual desses três metais é X.

3. (FUVEST – SP) A determinação do elétron pode ser feita por método eletroquímico, utilizando a aparelhagem representada na figura abaixo.

Duas placas de zinco são mergulhadas em uma solução aquosa de sulfato de zinco ($ZnSO_4$). Uma das placas é conectada ao polo positivo de uma bateria. A corrente que flui pelo circuito é medida por um amperímetro inserido entre a outra placa de Zn e o polo negativo da bateria.

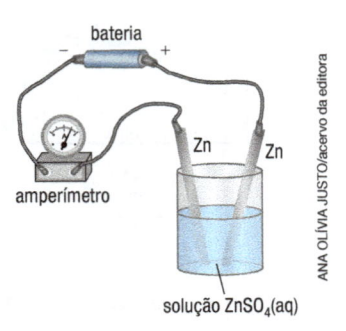

A massa das placas é medida antes e depois da passagem de corrente elétrica por determinado tempo. Em um experimento, utilizando essa aparelhagem, observou-se que a massa da placa, conectada ao polo positivo da bateria, diminuiu de 0,0327 g. Este foi, também, o aumento de massa da placa conectada ao polo negativo.

a) Descreva o que aconteceu na placa em que houve perda de massa e também o que aconteceu na placa em que houve ganho de massa.

b) Calcule a quantidade de matéria de elétrons (em mol) envolvida na variação de massa que ocorreu em uma das placas do experimento descrito.

c) Nesse experimento, fluiu pelo circuito uma corrente de 0,050 A durante 1.920 s. Utilizando esses resultados experimentais, calcule a carga de um elétron.

DADOS: massa molar do Zn = 65,4 g · mol^{-1}; constante de Avogadro = 6,0 · 10^{23} mol^{-1}.

4. (UNESP) O valor da constante de Avogadro é determinado experimentalmente, sendo que os melhores valores resultam da medição de difração de raios X de distâncias reticulares em metais e em sais. O valor obtido mais recentemente e recomendado é 6,02214 × 10^{23} mol^{-1}.

Um modo alternativo de se determinar a constante de Avogadro é utilizar experimentos de eletrólise. Essa determinação se baseia no princípio enunciado por Michael Faraday (1791-1867), segundo o qual a quantidade de produto formado (ou reagente consumido) pela eletrólise é diretamente proporcional à carga que flui pela célula eletrolítica.

Observe o esquema que representa uma célula eletrolítica composta de dois eletrodos de zinco metálico imersos em uma solução 0,10 mol · L^{-1} de sulfato de zinco ($ZnSO_4$). Os eletrodos de zinco estão conectados a um circuito alimentado por uma fonte de energia, com corrente contínua (CC), em série com um amperímetro (amp) e com um resistor (R) com resistência ôhmica variável.

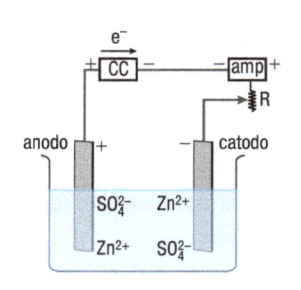

Após a realização da eletrólise aquosa, o eletrodo de zinco que atuou como catodo no experimento foi levado para secagem em uma estufa e, posteriormente, pesado em uma balança analítica. Os resultados dos parâmetros medidos estão apresentados na tabela.

PARÂMETRO	MEDIDA
carga	168 C
massa do eletrodo de Zn inicial (antes da realização da eletrólise)	2,5000 g
massa do eletrodo de Zn final (após a realização da eletrólise)	2,5550 g

Escreva a equação química balanceada da semirreação que ocorre no catodo e calcule, utilizando os dados experimentais contidos na tabela, o valor da constante de Avogadro obtida.

DADOS: massa molar, em g · mol^{-1}: Zn = 65,4; carga do elétron, em C · elétron^{-1}: 1,6 × 10^{-19}.

5. (FUVEST – SP) Um estudante realizou um experimento para verificar a influência do arranjo de células eletroquímicas em um circuito elétrico. Para isso, preparou 3 células idênticas, cada uma contendo solução de sulfato de cobre (II) e dois eletrodos de cobre, de modo que houvesse corrosão em um eletrodo e deposição de cobre em outro. Em seguida, montou, sucessivamente, dois circuitos diferentes, conforme os Arranjos 1 e 2 ilustrados. O estudante utilizou uma fonte de tensão (F) e um amperímetro (A), o qual mediu uma corrente constante de 60 mA em ambos os casos.

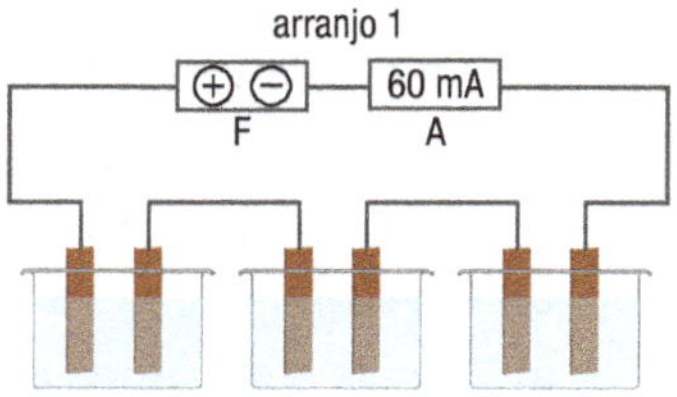

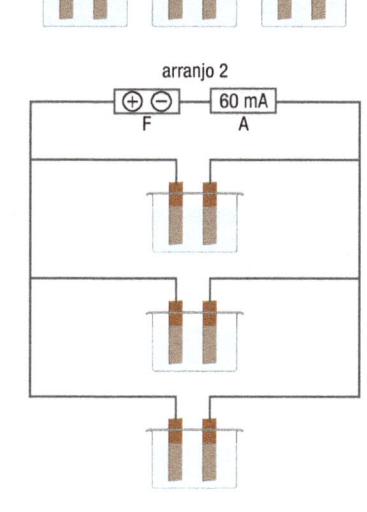

a) Considere que a fonte foi mantida ligada, nos arranjos 1 e 2, por um mesmo período de tempo. Em qual dos arranjos o estudante observará maior massa nos eletrodos em que ocorre deposição? Justifique.

b) Em um outro experimento, o estudante utilizou apenas uma célula eletroquímica, contendo 2 eletrodos cilíndricos de cobre, de 12,7 g cada um, e uma corrente constante de 60 mA. Considerando que os eletrodos estão 50% submersos, por quanto tempo o estudante pode deixar a célula ligada antes que toda a parte submersa do eletrodo que sofre corrosão seja consumida?

NOTE E ADOTE:

▸▸ Considere as três células eletroquímicas como resistores com resistências iguais.
▸▸ Massa molar do cobre: 63,5 g/mol.
▸▸ 1 A = 1 C/s
▸▸ Carga elétrica de 1 mol de elétrons: 96.500 C.

6. (UERJ – adaptada) Em um experimento, a energia elétrica gerada por uma pilha de Daniell foi utilizada para a eletrólise de 500 mL de uma solução aquosa de $AgNO_3$, na concentração de $0,01\ mol \cdot L^{-1}$. Observe o esquema:

A pilha empregou eletrodos de zinco e de cobre, cujas semirreações de redução são:

$Zn^{2+}(aq) + 2e^- \longrightarrow Zn(s)$ $E^0 = -0,76\ V$

$Cu^{2+}(aq) + 2e^- \longrightarrow Cu(s)$ $E^0 = +0,34\ V$

Sabendo que a eletrólise empregou eletrodos inertes e houve deposição de todos os íons prata contidos na solução de $AgNO_3$,

a) Calcule a diferença de potencial, em volts, gerada pela pilha de Daniell. Apresente os cálculos.
b) Escreva as equações das semirreações de oxidação e redução que ocorrem na cuba eletrolítica.
c) Calcule a massa, em gramas, de prata depositada na cuba eletrolítica.
d) Calcule a massa, em gramas, do anodo consumido na pilha de Daniell para depositar toda a massa de prata determinada no item (c).

DADOS: massas molares (g/mol): $Cu = 64$; $Zn = 65$; $Ag = 108$.

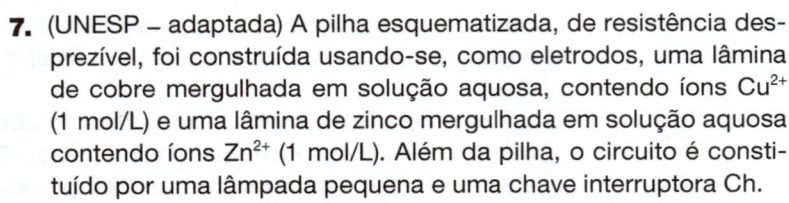

7. (UNESP – adaptada) A pilha esquematizada, de resistência desprezível, foi construída usando-se, como eletrodos, uma lâmina de cobre mergulhada em solução aquosa, contendo íons Cu^{2+} (1 mol/L) e uma lâmina de zinco mergulhada em solução aquosa contendo íons Zn^{2+} (1 mol/L). Além da pilha, o circuito é constituído por uma lâmpada pequena e uma chave interruptora Ch.

a) Escreva as equações balanceadas que representam as semirreações que ocorrem no catodo e no anodo e calcule a diferença de potencial, em volts, fornecida pela pilha.

DADOS: potencial-padrão de redução:

$E^0_{red}(Cu^{2+}/Cu) = +0,34\ V$; $E^0_{red}(Zn^{2+}/Zn) = -0,76\ V$.

Com a chave fechada, o catodo teve um incremento de massa de 63,5 mg após 193 s.

b) Calcule a quantidade de carga, em coulomb, transferida durante o funcionamento da pilha.

DADOS: massas molares (g/mol): $Zn = 65,4$; $Cu = 63,5$; constante de Faraday = 96.500 C/mol.

c) Considerando que a corrente elétrica se manteve constante durante o intervalo de funcionamento da pilha, calcule a intensidade de corrente, em ampere, e potência elétrica, em watt, dissipada pela lâmpada nesse período.

DADOS: $P = U \cdot i$.

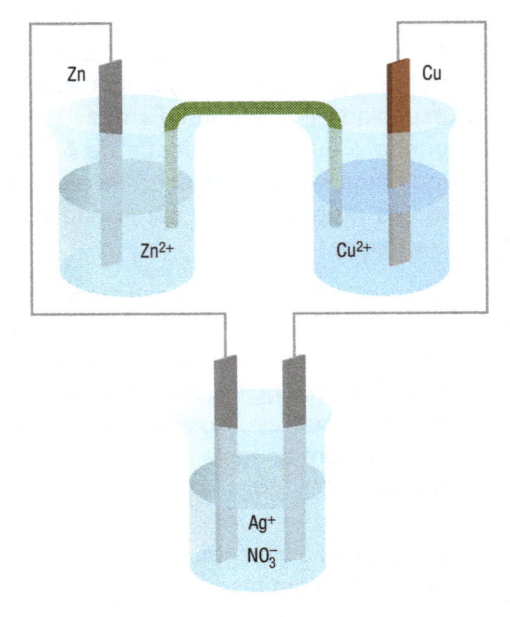

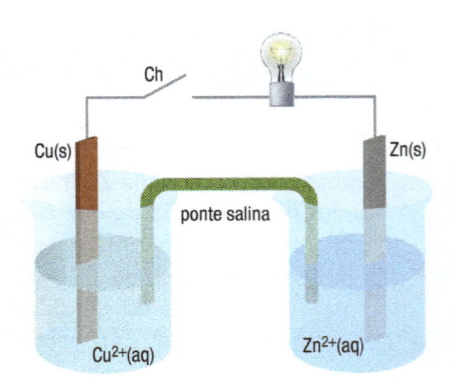